概念（二）

强制阐释争鸣集

中国社会科学出版社重大项目出版中心 编

中国社会科学出版社

目　录

第一部分　作者意图

作者能不能死 …………………………………… 张　江（3）
"意图"在不在场 ………………………………… 张　江（16）
多元阐释须以文本"自在性"为依据
　　——张江与哈派姆关于文艺理论的对话 …… 张　江　哈派姆（34）
意图岂能成为谬误
　　——张江与本尼特、罗伊尔、莫德、博斯托克
　　　英国对话录 ……………… 张　江　安德鲁·本尼特等（54）
高保真、低保真、无保真与无线保真阐释
　　——与张江教授关于文本意图
　　　问题的讨论 ………………………… 马西莫·里奥尼（69）
文学批评的任务主要不在于还原作者的意图 ……… 朱立元（85）
从文本意义到文学意义 …………………………… 周　宪（93）
文本意图与阐释限度
　　——兼论"强制阐释"的文化症候和逻辑缺失 ……… 陈定家（101）
作者意图与文本意义的众声喧哗 ………………… 段建军（111）
作者的意图投注与读者的文本解读 ……………… 吴玉杰（122）
历史事物中的主观意图及其客观阐释 …………… 吴晓明（131）
试论作者意图与阐释标准 ………………………… 袁　渊（146）

"意图"怎样存在 ·· 李啸闻(161)
作者意图、文本意图与文本阐释 ················ 刘月新 阜士亮(172)

第二部分 阐释的前置模式

阐释模式的统一性问题
　　——致朱立元、王宁、周宪先生 ························ 张　江(187)
略谈文学批评中理论模式的两重性 ························ 朱立元(194)
文学批评的模式与创造性应用 ······························ 王　宁(201)
解释的有效性与反思性 ······································ 周　宪(208)

第三部分 阐释的边界

阐释的边界 ·· 张　江(217)
追求文本自在意蕴与阐释者生成意义的有机结合 ········ 朱立元(225)
阐释的边界与经典的形成 ··································· 王　宁(232)
二分路径与居间路径
　　——关于文学研究的一个方法论问题 ················ 周　宪(240)
开放与封闭
　　——阐释的边界讨论之一 ···························· 张　江(248)
不确定关系的确定性
　　——阐释的边界讨论之二 ···························· 张　江(269)
文本的角色
　　——关于强制阐释的对话 ······ 张　江　伊拉莎白·梅内迪等(292)
阐释的"界"线
　　——从盲人摸象谈起 ···································· 丁国旗(305)
阐释的边界及其可变性 ······································ 李　勇(315)
阐释的边界：文本阐释的有效性问题探析 ······ 张良丛　唐东霞(329)
游移的边界
　　——论文学阐释的开放性 ······················ 黄　莎　周计武(342)
艾柯反对艾柯：阐释的悖论与辩证的阐释 ··············· 宋　伟(355)

第四部分 批评伦理

批评的公正性 …………………………………… 张　江（365）
文学阐释的协商性 ……………………………… 周　宪（373）
批评的公正性和阐释的多元性 ………………… 王　宁（380）
批评的伦理 ……………………………………… 张　江（387）
阐释的有效性和文学批评伦理学 ……………… 王　宁（394）
关于批评伦理问题的再思考 …………………… 朱立元（401）
如何"强制"，怎样"阐释"？
　　——重建我们时代的批评伦理 …………… 李遇春（409）
文学批评的阐释伦理 ………………… 熊海洋　周计武（420）

第一部分

作者意图

作者能不能死

张 江

作者与文本的关系，是一个令人困扰的原点性问题。在当代西方文艺学和阐释学理论中，从20世纪初俄国的形式主义兴起，经过结构主义到解构主义，传统的作者与文本关系的定位被彻底颠覆。新批评的"意图谬误"，罗兰·巴特的"作者之死"，福柯的"什么是作者"，一条线索下来，疏离和否定作者，隔绝和阻断作者与文本的关系，视文本为纯粹的、悬浮的词与物，成为主流观点和基本主张。在讨论和研究这个问题的时候，笔者总是感到疑惑，文本是书写者的创造物，书写者与文本的关系可以被人为地消抹、被阐释者蔑视为无吗？笔者认为，无论怎样辩解，无论多深奥的学说，作者或者说文本的书写者都是一种"存在"，是一种"有"，在文本生成及后来的阐释中"在场"，无论你喜不喜欢，其客观影响和作用永远都是"在"的。

一　文本是书写者的文本

文本是书写者的创造物，无论从什么基点出发，都不能否认这个客观事实。一个确定的文本，有一个确定的书写者，是这一个书写者生产了这个文本，从而使文本以"有"和"存在"的方式呈现于我们面前。没有书写者的创造，文本就不会存在。这个刻在羊皮

---

* 本文原刊于《哲学研究》2016年第5期。
** 作者单位：中国社会科学院。

纸上的存在，是可以触摸、翻阅、留存的，是一个不能否认的物质存在。我们以这个存在为基点，展开全部理解和阐释。从历史传承的意义上说，文本为书写者所有，这是既定的事实。《哈姆雷特》是莎士比亚的个人创造物，这是无可争议的，不允许他人分割。而且正是因为它是莎士比亚的作品，《哈姆雷特》才有确定的经典意义。除非有切实的考古证据，否则，把它说成是别人的作品，就是历史虚无主义。从现代版权的意义上说，文本的作者决然不能被忽视，社会必须承认作者对文本的所有权，说作者死了，文本归属于他人，有可能构成一种违法行为。对此有人诘难：一个流传古老的民族史诗和神话文本，它的作者是谁？比如著名的希腊神话故事，就没有确定的作者。这就证明，对一部作品而言，作者的有与无，并没有多少意义。这一看法是错误的。希腊神话，作为历史流传的精神文本，是民族集体的创作。无数的个体说唱者，在诸多时代的大事件中，创造出自己的故事，经过历史和民族的检验，不断地淘洗和加工，符合民族物质与精神诉求的因素被整合放大，背离民族利益与传统的因素被淘汰和修正，从而才有了今天能够读到的经典文本。文本的作者是谁？就是古希腊时代各民族集体（或者说是民族个体，或者是作为一个整体的多民族的个体）。时代和民族创造了希腊神话，通过神话表达民族意志，锻造民族精神。后人阐释文本，不是或主要不是为了认识和欣赏文本自身，而是要以文本为桥梁和导引，认识和体察那个时代和民族的演进与成长。这就是作者存在的意义，也是难以消解和去除作者的根据。

  以传统的理论看，书写者之所以书写，是为了表达，是要表达他自己的感受和思想，表达某个或某几个社会群体的感受和思想。这些感受和思想，通过文字构建为文本，使主观的精神现象物化为客观的存在，书写者的思想和情感定格于此，以文本的状态留传于后人。这是一个贯注与播撒的过程。书写者的精神诉求都倾注在文本里。文本是作者的对象化，是物化的作者，是作者实现自己、留存自己的方式和手段。他以此文本与后人对话，无穷地再现自己和延展自己的思想。作者可以物质性地死亡，而精神却在，文本扎根于作者的精神之中，或者说文本因为精神而存在。在这一点上，笔者更赞成意大利哲学家贝蒂的观点：文本或者说作品，是作者"精神的客观化物"。①对此，曾有中国学者给予精准阐释。潘德荣先生指出：何为"精神的客观化物"？"诸如文字、密码数字、艺术的象征、语言与音乐表象、面部表情、行为举止方式等，均为富有意义的形式，亦即精神显（现）自身、从而成为能得以被辨认的客观化物。"② 当然，这种客观化物与其自身所负载的意义内容是不同的，它们之间的区分在于："客观化物是属于'物理层次'的，它所携带的意义内容属于精神性的。所谓精神现象的认识，就是通过客观化物而把握精神、亦即客观化物所承载的意义内容。"③ 这些论述证明，在贝蒂的立场上，无论其意义如何，文本首先是作者的创造物，也就是作者精神的客观化产物。富有思想和精神力量的作者，向我们提供极具个性化的精神产物，而这个精神产物是别人无法复制、再造和替代的。正是在这样个性化的产物之中，作者与文本融合炼化，作者赋予文本以思想和精神，文本承载它们而化身为物质的作者。否认作者就否认了文本，文本的存在就是完全不同的另一种意义和价值。

按照福柯的说法，书写已经不是表达，以他的期望和判断说，"当代写作已经使自身从表达的范围中解放了出来"，不再指涉书写者的思想感情与价值观念，它只是一种词语的游戏和操练，符号的无声积累和繁衍，词语的书写游戏，既无能指也无所指，更与书写者无关。在书写中，"关键不是表现和抬高书写的行为，也不是使一个主体固定在语言之中，而是创造一个可供书写主体永远消失的空间"。④ 我们不评论这个判断本身的价值和意义，仅就福柯的表述看，有三点值得讨论。其一，如果说书写只是一种词语游戏，而不是书写者的意图表达，那么游戏本身是不是一种表达？如果是，那么是谁在表达？福柯自己的话已经确证，游戏者就是书写的主体，是游戏者这个主体在游戏。据此，我们清楚地看见，书写者或者说游戏

---

① 潘德荣：《西方诠释学史》，北京大学出版社2013年版，第374页。
② 同上。
③ 同上。
④ [法]福柯：《什么是作者？》，米佳燕译，载王岳川等编《后现代主义文化与美学》，北京大学出版社1992年版，第288页。

者是"在"的，所谓"创造一个可供书写主体永远消失的空间"，其中明确出现书写主体的概念就是明证。其二，如果说不表达主体思想，书写是纯粹的词语游戏，那么这个游戏出的产品，其符号的选择与排列、词语的结构与解构，是不是游戏者的自主书写？这个行为是不是自觉的有意义的行为？他这样"游戏"，而不是那样"游戏"，这其中渗透的是作者的思想情感和价值取向，毫无歧义地表达着书写者的存在，显示了这一个词语"游戏"绝对不同于另外一个词语"游戏"，隐含和彰显书写者的意志，抹是抹不掉的，更无法彻底消解。其三，"创造一个可供书写主体永远消失的空间"，本身也要留下书写者作为主体的痕迹。且不说"书写主体"的精确表达，退一步讲，如果说书写主体真的要消失，那也是一个渐进的过程，是在词语的"游戏"中逐步"消失"，"消失"的方式及路径也因主体不同而差异明显。一个文本中的主体消失与另一个文本中的主体消失方式截然不同，否则，文本将因模仿、抄袭、类同而失去存在价值。就是对作者到底有与没有的问题，福柯也是有不同提法的。在《什么是作者？》一文里，在用作者功能替代作者，并指出作者功能的四个表现后，福柯又出人意料地举出一个新的概念——"话语创始人"。他说："此外，在十九世纪里，欧洲曾出现过另一类更与众不同的、既不应与'伟大的'文学作者、宗教本文的作者相混同，也不应与科学的创立者们相混淆的作者。我们将武断地把那些属于后一类的人称之为'话语的创始人'。他们之所以与众不同在于他们不只是他们自己著作的作者。他们已经创造了某种别的东西：其它本文构成的可能性与规则。比如，在这点上他们就与实际上不过是他自己本文的作者的小说家迥然不同。弗洛伊德不仅是《释梦》或《玩笑与无意识的关系》的作者；马克思也不只是《共产党宣言》和《资本论》的作者。他们都奠定了话语无穷无尽的可能性。"[①] 在笔者看来，这是一个明显的矛盾。总体上说，福柯是主张消灭作者的，但在这里，无论是什么文本的制造者，福柯都要称之为"作者"。这

---

① [法]福柯：《什么是作者？》，米佳燕译，载王岳川等编《后现代主义文化与美学》，北京大学出版社1992年版，第299页。

个事实本身说明，文本的制造者只能是作者，除了作者，没有其他的称谓。更重要的是，弗洛伊德、马克思，不仅是其重要著作的作者，而且又被称为"话语的创始人"，那么，这个"话语的创始人"是不是话语的作者？福柯认为："当我称马克思或弗洛伊德是话语的创始人时，我指的是他们不但使某些类同成为可能，而且还（同样重要）使某些差别成为可能。他们远不止为他们的话语，而且为某种属于他们所创立的东西创造了可能性。"① 这赋予"话语创始人"以很重要的功能负载，同时也说明，这些话语创始人，也就是自己著作的书写者，不仅在其本人的著作中有深刻永久的影响，而且在以此为基础的话语扩张和繁衍中继续发挥方向性的影响。作者不可能虚无。在"话语创始人"的作用下，作者永远不死。

二　书写者的身份认同

身份认同，是当代文化和哲学研究中的一个重要问题。自我的存在与消失，主体的肯定与否定，"我是谁""你又是谁"的问题，表面上看是自我和主体的式微，而实际上，正是自我的感觉暗淡和由此而生起的焦虑，才有了人们奋力寻找自我、叩问自我、突出地强化自我的思想和理论行为。没有人愿意放弃自我。20世纪中叶以后的一些哲学流派企图消灭和拆解主体，注定难以实现其目的。那么书写者呢？书写者如何面对自我身份认同问题？关于书写者与文本的关系，有三种情况需要讨论：作品就是自传或半自传；作家的经历深刻影响写作，文本是作家经历的折射；与作家本人经历毫无关系，号称完全虚构的文本。前两种情况不需要讨论，因为作家就是要通过作品表达自己，在作品中，作家论证自己，也要读者印证自己。此类文本，在文学史上占有极大比重。核心是第三种情况，看起来文本与作者的经历没有任何关系，作者本人也要宣称所谓"零度写作"，绝不投射书写者本人的任何思想情感和判断。在这种

---

① [法]福柯：《什么是作者？》，米佳燕译，载王岳川等编《后现代主义文化与美学》，北京大学出版社1992年版，第300页。

情况下，文学文本似乎好一些，特别是以虚构为天职的小说类文本，但即便是这类文本，也可以从中找到作者无处不在的幽灵。更难考证的，也许是哲学和历史文本，比如福柯的《什么是作者？》，福柯本人的影响，他的政治社会文化的追求，他的世界观、价值观的影响难道毫无症候和征兆，福柯可以不在文本之中，人们可以不计较是福柯在说吗？

  先说经典中的作者。福柯是以贝克特的话为起点开始这个话题讨论的——"谁在说话又有什么关系"。那么我们就看贝克特如何面对文本中的身份认同问题，或者说他如何认识作者与文本的关系，他如何在文本中验证自己。贝克特是法国荒诞派戏剧大师。他的戏剧理念及实践，以实验的、抽象的、荒诞不经的面目呈现于世人，简洁、抽象、梦呓般的风格给人以震撼。那里面似乎完全没有作者的印记，似乎给阐释者留下了广阔的空间。但是，这种理解有些浮浅。深入地考察和体味，我们可以看到，作为文本的书写者，贝克特从来没有离开自己的作品，他的记忆和思考、他的情感和语言，以至他真诚皈依的存在主义的哲学原点，幽灵般地潜没于字里行间。直接一点的事实是，他的大部分作品，都有对他自己童年、青年、爱情、家人和身体体验的指涉。最突出的是，贝克特的儿时记忆在其文本中随处可见，以鲜明的自我的方式存在和表白着。贝克特曾经强调和赞赏罗兰·巴特的作者已死，但是，他无法否认，大量的意象与细节，把他自己的人生经历熔铸于文本之中，使文本成为经历的认证："一个男人和他的儿子手拉手走过一座座山""有一棵落叶松每年总是比其他的树提早一周变绿""采石的铿锵声响彻他家上方的山间"。对此，贝克特如何对待？他只能由衷地认可："它们都是挥之不去的。"[①] 它们必然出现在文本中，成为文本深处最活跃的幽灵。间接的证明则是语言的使用。文本中经常出现的都柏林民间语言，那种缓慢且不时停顿的节奏，让我们瞬即认证书写者的爱尔兰身份。"在《瓦特》中，贝克特这里首次实现了他的独特风格：一种富于保留性和不确定性的句法，

[①] ［英］詹姆斯·诺尔森：《贝克特肖像》，王绍祥译，上海人民出版社2006年版，第20页。

否认又承认其他可能的情况,逗号的非凡运用。"① 这种语言风格在《终局》中体现得更加典型:"克劳夫:(目光呆滞,语调平直)终局,这是终局,将要终局,可能将要终局。(略停)谷粒加到谷粒上,一颗接着一颗,有一天,突然地,成了一堆,一小堆,讨厌的一堆。(略停)他没法再惩罚我。"② 有人指出,这种重复、停顿和不确定性的语言表达,不仅是都柏林人的语言表达方式,也是贝克特母亲的言语方式。作为没落贵族的后裔,贝克特的母亲以虔敬新教闻名,她对儿子耳提面授,引导他走向理解圣经、理解新教和理解语言的道路。而贝克特又把这些一般的文化要素凝结成为独特的自我形象驻留于文本之中,成为与读者交往的主体。

关于作者的在场与缺席,贝克特曾经迷惑过:"如果我可以,我要去哪里?如果我可以,我会去当谁?如果我有声音,我要说什么?谁说的这个,说是我说的?""我不在他的脑子里。我不在他的旧躯体里。然而我还是在那里,因为他而在那里,和他在一起。一切都乱了。""本来有他就够了,本来我该不在场。但不是这样的,他想要我在那里,有外形,有世界,和他一样,管他什么样,我是一切,就像他是虚无。""然后故事开始,一切开始,我又站得远远的。我远远地站在我的故事之外,等它开始,等它结束,这声音不可能是我的。"③ 贝克特以诗性的语言,表达他和漂浮于其作品之上的"他"的关系。在这里,贝克特以"我"和"他"的关系,展现出一种精神上的分裂:"我"是生活中的我,"他"是作者的我;"他"不停地胁迫"我"说话,代替"我"说话;"他"指责"我"词不达意(he would like it to be my fault that words fail him);"我"要和"他"分离。然而,可以分离吗?能够分离吗?恰恰是因为"我"和"他"无法分离,"我"才如此强调分离。因为"我"就是"他","他"就是"我",他的痛苦就是我的痛苦,我的死亡就是他的死亡,所以

---

① Cronin, A., *Samuel Beckett: The Last Modernist*, London: Harper Collins, 1996, p. 337.
② 《贝克特选集》第4卷,赵家鹤等译,湖南文艺出版社2006年版,第6—7页。
③ Beckett, S., *Stories & Texts for Nothing*, New York: Grove Press, 1967, pp. 91–92.

我要站得远远的，与作品保持距离，以消解记忆的疼痛。贝克特远离作者身份的姿态，恰恰清楚地告诉我们，他和他作品之间的关联如何深刻又难以勾销。有材料证明，作为荒诞派大师，贝克特却十分在意"作者意图"。他的电视剧《游走四方形》（Quad）中有四个人像疯子一样从广场的四个角落出发匆忙穿越广场，看上去小心翼翼，又好像刻意避开广场的中心。詹姆斯·诺尔森请教贝克特：广场中心那个危险地带是否是道教中的"安静的中心"？贝克特否定说："不是，至少，这并不是我的本意。"他想强调的是"人类'存在'中不断出现的烦躁情绪"。① 令人烦恼的"作者意图"，没有那么容易被消解，这是作者和读者都必须寻找和证明的身份认同。

再说福柯本人。福柯不同于其他理论家的一个根本特点，是他的著作总是鲜明地与他自己生动的人生实践紧密联系，更确切地说，一些重要著作就是他浸入生活，用深入观察以至切身体验凝聚起来的，是他实践自我、实现自我的记录。他撰写《疯癫与文明》的生活动因是，他应朋友的邀请，到圣安娜医院协助工作，也到巴黎的监狱接触犯人，对他们进行深入的观察。福柯说："我感到自己同病人非常接近，与他们没有太大的区别。"这段经历促成他后来用"历史批判或结构分析的方式来写精神病学史。"② 据记载，1952 年，福柯同朋友在瑞士"目睹了一个终生难忘的场面"，这个场面是当地精神病院的病人参与当地的狂欢节的活动。福柯自己描述："狂欢节这天，疯人——显然不是那些病情严重的疯人——经过梳妆打扮后进入小镇。他们是在狂欢，而居民们则站在远处十分紧张地观看。归根到底，这是极其可怕的。因为只有这一天他们可以全体出去，而这一天他们必须实实在在装扮疯人。"刘北成先生指出："在福柯后来的著作中，尤其是《疯癫与文明》对愚人节的描绘中，可以看到这一记忆的痕迹。"③《规训与惩罚》写于 1972 年至 1974 年。在这时期前后，从 1968 年的五月风暴

---

① [英] 詹姆斯·诺尔森：《贝克特肖像》，王绍祥译，上海人民出版社 2006 年版，第 13 页。
② 刘北成：《福柯思想肖像》，中国人民大学出版社 2012 年版，第 36 页。
③ 同上书，第 35—36 页。

以后，女权运动、同性恋解放运动、监狱改革运动、环境保护运动、反精神病学运动，等等，各种政治性抗议活动风起云涌。福柯是这些运动特别是监狱改革运动的积极参加者，同时他也展开了其政治领域里的"极限体验"：1971年，福柯领衔创立了"监狱情况协会"，收集和公布监狱情况；同年的5月1日，福柯到监狱门口组织集会，声援犯人运动，遭到警察击打并被拘审；1972年1月18日，福柯和萨特、德勒兹夫妇，带领支持者在卡斯蒂格利昂大街聚集，并到司法部前厅召开新闻发布会，被防暴警察驱赶到街上，"福柯站在最前列，满脸涨红，青筋暴露，竭尽全力抗拒"；"1972年12月，又一名阿尔及利亚人死在警察局。有几十个人举行哀悼和抗议的游行。警察驱散人群，逮捕示威者……福柯、莫里亚克和热奈为抢回被捕者而同警察搏斗。他们也遭到殴打"；1973年3月31日的数千人的游行中，福柯和莫里亚克走在队伍的最前列……。① 对此法兰西学院的教授们深为吃惊和不满，但是福柯并没有停止他的学术研究和创造，"尽管社会政治斗争占用了不少时间，但这对于福柯的思想来说，具有重大意义"，"正如有的研究者指出的，这是福柯对尼采所说的'破坏愉悦'的体验，是福柯本人所说的一种'极限体验'"。② 这些行动告诉我们，福柯此时正在投入书写的《规训与惩罚》是怎样写成的，他在这个书写中投入怎样的体验。作为书写者，他要在文本中得到身份认同，用文本表达自己，用书写证明自己。正是在这个意义上，有人满怀敬畏地说："于是，我们现在看到了这样一个福柯——那是一个自我创造、自我毁灭又自我发现的令人迷惑的形象，一个'退入他的作品的表现形式之中的'形象"③，福柯"把自己的各种最疯狂的冲动注入自己的著作，力图理解之，同时阐释并表达之"④，"毋宁说，他的oeuvre（作品）似乎是他的书和他的生活的共同体现"。⑤ 这就是身份认同，是一个负责

---

① 刘北成：《福柯思想肖像》，中国人民大学出版社2012年版，第186—188页。
② 同上书，第195页。
③ [美]詹姆斯·米勒：《福柯的生死爱欲》，高毅译，上海人民出版社2005年版，第212页。
④ 同上书，第530页。
⑤ 同上书，第525页。

任的书写者的应为之举,是以自己的实践和思想、行动和书写的共进行为,去寻找和实现的身份认同。对此,我们可以说"谁在说话又有什么关系"吗?不是福柯在说话,就没有这些文本;文本里没有了福柯,文本就失去意义。两者之间的关系是:福柯就是文本,文本就是福柯。文本不死,福柯不死。

三 作者为什么要死

作者死了,文本不是作者的文本,这样一个在常人看来似乎是荒谬的话题,怎样成为哲学和阐释学的重大主题?这是值得深思的。很明显,这也是一种话语霸权。作者明明在,作者的思想明明也在,从形式主义到巴特再到福柯,为什么要作者去死呢?

形式主义的目的是单纯的。它要摆脱以至决绝19世纪以后占统治地位的社会历史批评。在很大程度上说,这是一种反叛,也是一种进步。在持续多年的社会历史批评的影响下,文学背离了文学,用社会学、历史学以及作家的生平和轶事考证文本,文学失去了独立和自由,文学批评成为社会历史主张的附庸。文学应该回到文学本身,这个主张单纯却极富魅力。罗兰·巴特的诉求就更为深刻和复杂。"作者之死"只是一种隐喻,是一个问题的提起。在"作者之死"的背后,是解构主义的反主体、反中心、反理性的主张,是解构主义在文艺理论和阐释学领域的强暴扩张。福柯的《什么是作者?》更为深刻和系统。福柯以"人之死"为起点,论证"作者之死"的必然性,分析了作者的话语功能和话语实践条件,把"作者死了"的华丽口号变成严整的理论。抛开这些深奥的哲学思辨和政治社会诉求,从阐释学的意义上看,这些口号和学说的根本目的是什么?

我们可以判断,问题的核心是关于文本解读的话语权及其标准。从阐释的权力来说,作者死了,读者成为最高阐释者和文本的创造者。在文本意义的多维空间中,任何阐释都可以生成,批评家和普通读者一样,随意衍生自己的结论。从阐释的标准来说,文本没有了作者,意义不再有源头,阐释就不再受单一意义的支配,各种想象和体验相互对话竞争,任何阐释都是正确的。试想,当人们随心所欲、毫无限制地阐释文本的时候,文本的作者跳出来说他的本意是什么,阐释还会继续下去吗?更何况作者本人未必就是文本的最后评判者,他的书写常常背离自己的本来意图,甚至就没有意图。"当我们认为作者具有无穷无尽的创造力时,我们的阅读和批评实践却使他或她进入了一个将意义和意味限制到单一的无歧义状态的语言的泥沼。因此,福柯总结说:'作者是一个由于我们害怕意义增生而构想出来的意识形态形象。'我们希望文本有一个统一的作者,因为统一的作者会以文本存在具体意义的观念来取悦我们。"① 巴特说得更加直接:"我们现在知道文本不是一行释放单一的'神学'意义(从作者—上帝那里来的'信息')的词,而是一个多维的空间,各种各样的写作在其中交织着、冲突着,没有一种是起源性的。文本是来自文化的无数中心的引语构成的交织物……作者一旦被驱逐,解释一个文本的主张就变得毫无益处。给文本一个作者,是给文本横加限制,是给文本以最后的所指,是封闭了写作。"② 正是这种阐释思想和作者理论,使得20世纪中叶以来,西方文论中的"强制阐释"成为潮流。阐释成为各种理论任意发挥和竞争的试验场。"强制阐释是指,背离文本话语,消解文学指征,以前在的立场和模式,对文本和文学作符合论者主观意图和结论的阐释。"③ 强制阐释之所以风行,其主要动力就在从形式主义开始的作者理论。

20世纪的西方文艺理论,几经曲折和发展,三种类型的理论转换,其线索大致清楚。从时间顺序上说,从作者中心,到文本中心,再到读者中心,三个历史段落起伏有致,后者否定前者,中心替代中心。传统的社会学批评衰落以后,克罗齐的直觉主义、弗洛伊德的精神分析学、荣格的神话原型理论,虽然独到新颖,但从本质上说,依然是以作者为中心;以雅各布森为代表的"俄国形式主义"、兰塞姆倡导的"新批评",以及罗兰·巴特等人引领的"结构主义",则彻

---

① [英]安德鲁·本尼特、尼古拉·罗伊尔:《关键词:文学、批评与理论导论》,汪正龙等译,广西师范大学出版社2007年版,第24页。
② 同上书,第22—23页。
③ 张江:《强制阐释论》,《文学评论》2014年第6期。

底转向以文本为中心;英伽登的"阅读现象学"、伽达默尔的阐释学,姚斯、伊瑟尔创立的接受美学,成为以读者为中心的骨干代表。应该说,这个纵向分类是有道理的。一个时期当中,哪种理论更新潮、更具影响力,中心自然形成。但深入考察下去,我们能够发现,在这些表象背后,有一个更强大的力量在起作用,这个力量以各种策略和方法表现自己,推动20世纪的文论走向了另外一条道路,形成了新的中心,这个中心就是理论。以理论为中心,是20世纪60年代以后西方文艺理论的基本走向和态势。其基本表现是,理论是全部活动的最高标准和目的。所有阐释的出发点和落脚点都在理论自身。理论标准是刚性标准,理论修正事实,事实服从理论。理论的自我生产,是理论无限膨胀的唯一方式。理论的自我检验,是理论自称真理的标准。在文艺学领地,作者之后,文本之后,读者之后,理论成为中心,一切文本阐释都以理论为中心,理论成为文本阐释的唯一根据。但是,文本不是为理论而生的,文本只为自己发出或隐藏声音,理论要达到目的,只有强制阐释文本,让理论的作者成为文本的作者。我们可以梳理一下,西方当代诸多思潮和主义,有几个能够脱离这一窠臼?这恰恰是要作者去死的核心动因。詹姆逊在阐释海德格尔有关艺术作品起源的一段话时曾这样说过:"我们知道海德格尔后期总带有点神秘主义的色彩,这段话到底是什么意思?我的解释是很出格的,但既然海德格尔已经死了,我们也就有进行各种解释的权利。"[①] 从这里我们是不是可以看到,那些活着的人却要作者去死的隐秘动机?作者真死假死并不重要,重要的是阐释的话语权和标准在谁手里。消灭了历史,消灭了作者,强制阐释就有了借口和自由,理论才有了暴力和强权。

当然,放眼历史纵深,"作者之死"不过是"上帝之死"的延伸。"上帝死了"是尼采的著名口号,提出这个口号的目的,是要表达他彻底否定人类的理性、传统形而上学体系的决心和意志。从某种意义上讲,"上帝死了"和"重估一切价值",开启了当代西方哲学

[①] [美] 詹姆逊:《后现代主义与文化理论》,唐小兵译,北京大学出版社1997年版,第183页。

以至当代西方文论的基本取向。特别是以德里达等人为代表的解构主义,更是滥觞于此。上帝死了,任人重新开启对一切事物的一切认识;"作者死了",任人重新开启对一切文本的一切解读。认识和解读的根据是什么?不是事物和文本本身,也不是理性和规则,而是生命的冲动和权力意志,是"陶铸的意志",是"同化的意志"。据此,才有今天我们碰撞的所有需要辨析与解释的诸多理念和价值,包括本文正在讨论的"作者能不能死"。这是一个内容广阔的论题,本文无力承担,相信理论界会有更加深入和切实的研究。

"意图"在不在场*

张 江**

从文本书写开始到结束，或更确切地说，从书写者确定文本书写的第一念头起始，直至文本最后完成交付于公众，书写者的全部思考与表达方式，都将被视为作者主体自觉作用的意图（intention）。20世纪40年代以来，当代西方文艺理论的总体倾向是，否定文本的意图存在，否定意图对阐释的意义，绝对地抛开作者及文本意图，对文本作符合论者目的的强制阐释，推动文本阐释走上相对主义、虚无主义的道路。我们认为，无论怎样消解和抵制意图，意图总是存在于文本之中，哪怕是"作者死了"，文本交付于读者以后而无法更改，意图——确切地说作者的意图，依然在场，它决定着文本的质量与价值，影响他者对文本的理解与阐释。这种影响和决定，可能不为他者所知觉，他者也可以自动抵制意图，但是，意图的渗透与决定力量，贯穿于文本理解与阐释的全部过程之中，无论你承认还是不承认，接受还是不接受，它始终发生作用，让人无法逃避。主观地以为他者可以脱离作者意图而独立地决定文本的意义或意味，只能是一种妄想。令人不解的是，如此明白简易的道理，为什么被彻底瓦解？又是何种理论为意图消解提供了根据？这些理论本身的根据又在哪里？回顾百年来西方文艺理论的发展过程，完全否定进而完全消解意图的存在，阻隔意图对理解和阐释的作用及影响，理论上的缘由很多，但是，最根本、最核心的是这样几条线索：其一，是维姆萨特（W. K. Wimsatt）的"意

---

* 本文原刊于《社会科学战线》2016年第9期。
** 作者单位：中国社会科学院。

图谬误"（Intentional Fallacy），否定作者意图对文本阐释的影响；其二，是克莱夫·贝尔（Clive Bell）"有意味的形式"（Significant Form），彻底切断作者与文本的生产及建构的关系；其三，是结构主义的符号学，认为一切文本都是符号的自行运作，作者只是操作符号的工具，符号系统的自组织与自结构是文本生成的根本方式。本文由此线索逐一展开讨论，以求教于各方。

一 "意图谬误"

从现有史料分析，否定和消解作者意图在理解和阐释中的作用，应该起源于20世纪初期的俄国形式主义。以什克洛夫斯基（Viktor Shklovsky）为代表的俄国形式主义文论家，奋力反抗统治理论与批评领域多年的社会历史批评，将理论和阐释的立场由以作者为中心转向以文本为中心，为文学的独立性和自足性开辟新路，开启了20世纪西方文艺理论生长繁衍的大幕。在此基础上，以兰色姆（John Crowe Ransom）、艾略特（Thomas Stearns Eliot）、瑞恰兹（Ivor Armstrong Richards）为代表的英美新批评学派，把以文本为中心的批评浪潮推向极端，特别是所谓"意图谬误"的著名论断，为否定和消解意图提供了有影响的理论分析与根据。"意图谬误"是一个具有标志性的理论和阐释概念，讨论意图及意图的作用，首先要对此作出分析。

所谓"意图谬误"，是20世纪40年代新批评传入美国以后，由维姆萨特与比尔兹利（Jr. Monroe Beardsley）共同提出并闻名于世的。《意图谬见》（亦译《意图谬误》）初版于1946年的《斯旺尼评论》第54号上，再度发表于维姆萨特的文集《语像》当中。意图谬误的核心内容是："就衡量一部文学作品成功与否来说，作者的构思或意图既不是一个适用的标准，也不是一个理想的标准。"[①] 针对由柏拉图和亚里士多德的模仿论起始，到19世纪以后兴起的实证主义、浪漫主义批评，无一不是把作品意义与作者意图相捆绑，把作品视为作者意图客观化的产物，认为作品内容是作者意图的自觉展开，意图是

---

① 赵毅衡：《"新批评"文集》，中国社会科学出版社1988年版，第209页。

作品生成的起源的传统认识,维姆萨特提出,意图谬误就是演绎于这个"起始论"的逻辑,认为文本的"起源要么存在于作者的头脑,要么存在于文学的历史和社会的前事先例"。维姆萨特认为,从批评的基准说,以往的一切批评方法,"弗洛伊德的学说及它的各种变调","日内瓦学派深入作者的作品背后进行'我思'的探究",社会学及历史学的实证批评方法,都是无效的,因为"一部艺术作品,无法依据时代条件或作品的起源而加以说明"。[①] 历史上的意图谬误,"将诗和诗的产生过程相混淆,这是哲学家们称为'起源谬见'的一种特例,其始是从写诗的心理原因中推衍批评标准,其终则是传记式批评和相对主义"[②]。"文学批评中凡棘手的问题,鲜有不是因为批评家的研究在其中受到作者'意图'的限制而产生的。"[③] 我们应当承认,意图谬误的提法有其合理的一面,它巩固并壮大了文学本体的批评意识,对20世纪及以后的文学理论与批评建设产生了深刻影响。但是,意图谬误的消极作用也是明显的,尤其是它对实践中作者与文本合理关系的全盘否定,对社会历史批评方法的全面否定和排斥,其思想方法和思维方式上简单而粗暴的矫枉过正,不仅完全切断了文本与外部世界的关系,而且切断了文本与创作者之间的关系,从而使意图谬误的论点蜕化为重大谬误。从维姆萨特的原始表述中,我们可以找到诸多谬误。首先应该确定,维姆萨特并不绝对否认意图的存在,因为他知道,从文学生产的大前提上说,"一首诗的出现不是偶然的","一首诗的词句出自头脑而不是出自帽子"。[④] 他对"意图"的定义及普遍接受程度所做的判断——"'意图'这个词,一如我们对它的用法,就相当于常话中所说的'他已打算好的事',这一点已经为大家所普遍地明确接受或者是默认"——也可以证明,他是承认意图本身的存在的,只是反对意图在理解和阐释过程中的作用。这一点与后现代主义的极端提法有本质上的差别。同时,他也承认:意图作

[①] [美] 韦勒克:《近代文学批评史》第6卷,杨自伍译,上海译文出版社2009年版,第489页。
[②] 赵毅衡:《"新批评"文集》,中国社会科学出版社1988年版,第228页。
[③] 同上书,第209页。
[④] 同上书,第210页。

为"作者内心的构思或计划","同作者对自己作品的态度,他的看法,他动笔的始因等有着显著的关联"。① 他的立场,一是反对把意图作为文本批评的根据,因为"人们必须要问,一个批评家是怎么指望得到关于意图问题的答案的?他将如何去搞清诗人所要做的事情?如果诗人是成功地做到了他所要做的事,那么他的诗本身就表明了他要做的是什么。如果他没有成功,那么他的诗也就不足为凭了"②。二是反对把意图作为评价文本意义和价值的标准,因为"诗就是存在,自足的存在而已"③。因此,"就衡量一部文学作品成功与否来说,作者的构思或意图既不是一个适用的标准,也不是一个理想的标准"④。三是他认为一部文学作品,主要是指诗歌,并"不是作者自己的",因为"它一生出来就立刻脱离作者来到世界上,作者的用意已不复作用于它,也不再受作者支配","这诗已属于公众的了"。⑤应该说,以上三点是维姆萨特主张"意图谬误"最基本的依据。但是,深入解读下去,就是在这些基本依据中,我们也看到其中充斥的矛盾和对立。其一,在逻辑上说,维姆萨特认定评价作品是有标准的,只是作者意图"既不是一个适用的标准,也不是一个理想的标准",既然如此,我们当然要问,在第一条根据中提出的,"如果诗人是成功地做到了他所要做的事",这个"成功"是什么意思?其二,维姆萨特认为,如果诗人成功了,诗本身就表明了意图是成功的标准;如果他没有成功,"那么他的诗也就不足为凭了"。前一句表达了意图与作品的一致性,也就是说,意图与文本契合,书写就是成功的;后一句说,如果意图没有实现,诗就失去了存在的价值,这是不是还难以逃脱意图是评价和判断作品是否成功的标准?其三,从关于意图的定义看,维姆萨特是承认意图存在的,而且在前两条根据中也或明或暗地暴露了意图的作用,但在第三条根据中他却又说,文本"一生出来就立刻脱离作者来到世界上,作者的用意已不复作用于它,

---

① 赵毅衡:《"新批评"文集》,中国社会科学出版社1988年版,第209页。
② 同上书,第210页。
③ 同上。
④ 同上书,第209页。
⑤ 同上书,第211页。

也不再受作者支配",我们不能不疑问,作者离开了文本还可以理解,难道意图也从作品中脱壳而出,不在文本现场了?一个明显的事实是,如果意图是一种谋划,那么它将贯穿于作品创作的全过程,展开并实现于作品的语言、结构、风格等全部安排之中,随文本而进入历史。他人可以否定它,也可以弃而不顾,但是,它和文本熔铸于一体,甚或说它们就是文本,是客观存在的。作者支配不了文本,是说文本付梓,他无法修改既定的文本;作者支配不了意图,是说意图在文本之中,同样无法改变。犹如维姆萨特自己所说,如果它被实现,则无须去作者处寻找,如果没有实现,那作品便"不足为凭"。这是不是可以证明,意图及其作用一直是"在"的,并随同文本的存在而持续发挥作用,哪怕是"作者死了",意图依然还在?当然,至于批评家能不能找到,想不想去找,找到了又该如何面对,则另当别论。

为证明"意图谬误",维姆萨特用艾略特的创作实践证明自己。他通过批评艾略特的用典、诗题、引语、注释来猜测或假想诗人的意图,认为是"意图谬误"。他甚至无奈地批评说:"如果艾略特和其他当代诗人有什么他们自己所特有的错误,那可能就在于'谋划'得太多了。"[1] 鉴于其对"起始论"的反对态度,这种自相矛盾的说法,确实令人瞠目。文本不起源于作者意图,文本又起源于哪里?他说:"在一些诗的背后,有着全部的生活、感觉上和心理上的经验,它们在某种意义上,是这诗的成因。"[2] 这是否正是他所反对的,是否就是所谓"起始论"的明确表达?他主张文本与社会历史无关,与作者的经历无关,但韦勒克却引经据典地证明"维姆萨特在传记生平和文学史方面,怀有极大的兴趣。他发表过许多正式言论,承认文字意义的历史决定因素,以及社会环境的冲击和影响。"他援引维姆萨特的如下论述:"意义寓于文本之外,而存在于文字全部历史以及具体使用文字的语境之中。作者的文字经验,以及文字使作者产生的联想,形成了文字历史的一个部分。""历史起因以一种显著的方式,进入了文

---

[1] 赵毅衡:《"新批评"文集》,中国社会科学出版社1988年版,第225页。
[2] 同上书,第219页。

学作品的根本意义。"① 既如此，任何严肃的、负责任的理论家和批评家，都必须深入作者，研究生产作者意图进而生产文本的历史传统和语境，以期正确理解和阐释文本，"意图"说又何为"谬误"？

二 "有意味的形式"

"有意味的形式"是英国美学家克莱夫·贝尔提出的一个重要命题。他以此命题为基准，否定艺术产品的指称性意义，质疑创作者意图的存在和作用，建构艺术包括创作本身的独立性与自足性。后现代的诸多理论，借此扩大和嚣张起文本与书写者及书写意图无关的思潮。什么是"有意味的形式"？贝尔的定义是："在各个不同的作品中，线条、色彩以某种特殊方式组合成某些形式或形式之间的关系，它们激发和唤起我们的审美情感。这些线条、色彩的关系和组合，这些在审美意义上感人的形式，我称之为'有意味的形式'。"② 而且，贝尔认为，"有意味的形式，是一切视觉艺术的唯一共同特征"③。在贝尔看来，"有意味的形式"是纯形式。这个形式排斥一切指称性因素，且严格规约于线条、色彩本身的组合。它不再现任何客观形式，也不是传达思想的工具，"人们只需承认，依照某些不为人知的神秘规则排列和组合的形式，确实以某种特殊的方式感动我们，而对艺术家来说，依照这些规则去排列、组合出能够感动我们的形式，正是其任务所在"④。考察和欣赏艺术品，"我们没有权利，而且也没有必要去窥探隐匿在作品背后的作者的心理状态"⑤。很明显，如此定义和

---

① ［美］韦勒克：《近代文学批评史》第6卷，杨自伍译，上海译文出版社2009年版，第502—503页。
② "In each, lines and colours combined in a particular way, certain forms and relations of forms, stir our aesthetic emotions. These relations and combinations of lines and colours, these aesthetically moving forms, I call 'Significant Form'." Clive Bell, *Art*, New York: Frederick A. Stokes Company, 1913, p. 8.
③ Clive Bell, *Art*, New York: Frederick A. Stokes Company, 1913, p. 8.
④ Ibid., p. 11.
⑤ "We have no right, neither is there any necessity, to pry behind the object into the state of mind of him who made it." Clive Bell, *Art*, New York: Frederick A. Stokes Company, 1913, p. 11.

规约"有意味的形式",自然绝断了形式与现实及对象世界的关系,打碎了作者在文本生产中的主导地位。贝尔认为:"如果这一提法可以为人们所接受,那么可以得到这样的结论:所谓'有意味的形式'就是使我们借以得到某种'终极现实'感受的形式。"① 这里所说的"终极现实",并不是我们的日常现实,而是"隐藏在所有事物表象背后并赋予不同事物以不同意味的某种东西,这种东西就是终极实在本身"②。贝尔还认为,这种"终极实在"只能通过纯粹的形式自行呈现出来,除此之外,别无他途。反过来说,支配艺术创作的东西实际上就是使艺术家有能力创造出有意味的形式的情感,这种情感则是从"终极实在"那里得来的。他认证,塞尚的作品就是坚持把创作"有意味的形式"作为至高无上的目的。如此看来,"有意味的形式"是一个很纯粹、很极端的形式,它表现的"终极实在"是一个形而上的彼岸动机。

  我们从以上的话语中,可以理解贝尔的良苦用心。艺术的本质特征或者说共性,就是"有意味的形式"。这个形式既不表现世界,也不传达思想。艺术过程本身集中于线条和色彩的组合,在形式构成的过程中,艺术家只是一种工具,具体作品的实现采取何种形式以及如何采取,很大程度上取决于艺术符号系统内部的规则及其制约,与创作者的心理和意图无关。贝尔强调,核心的是纯粹的形式和自足的特性,其余都不在欣赏者和批评家关注之列。毫无疑问,"有意味的形式"是一个重要发明,是影响深远的理念创新。但问题的关键在于,无论怎样纯粹和玄虚,"有意味的形式"是不是能够阻隔和否定作者对文本的意图决定,创作者的心理是不是与文本形成无关,对任何形式的艺术文本的理解,是不是只能停留于文本呈现的自足形式?回到贝尔的论证,人们可以提出这样一个疑问:那个生成意味的线条与色彩,是谁在涂抹与组合?他为什么要如此涂抹,有没有动机或者意

---

① "If this suggestion were accepted it would follow that 'significant form' was form behind which we catch a sense of ultimate reality." Clive Bell, *Art*, New York: Frederick A. Stokes Company, 1913, p. 54.

② Clive Bell, *Art*, New York: Frederick A. Stokes Company, 1913, pp. 69 – 70.

图？所谓"终极实在"的情感是一种什么样的情感？"有意味的形式"是不是表达情感以至思想的工具？我们来逐一讨论。第一，一个显然的事实是，线条与色彩不是自动挥洒与组织的，不是什么"看不见的手"的随意之作，更不是什么超验世界的客观理念的显现。艺术家是挥洒它们并创造作品的主体。无论这个作品辉煌还是暗淡，最终都是艺术家自身动作的结果，他人无法替代。哪怕是周身涂抹颜料在画布上自由翻滚，其"色彩与线条"也完全是艺术家的主体动作——如果这称得上是艺术家和艺术的话。从这个意义上讲，无论怎样"有意味的形式"，都是艺术家本体的自觉创造，形式无法阻断作者与文本的联系。第二，无论何种文本，包括无标题音乐，艺术家的书写目的一定是表达，或者表达情感，或者表达意图，且表达情感本身就是表达意图。贝尔自己就曾作出这样一个判断："在我看来，有这样的可能性（纵然绝非肯定）：那个被创造出来的形式之所以如此深深地感动我们，原因就在于它表达了这一形式的创作者的情感。一件艺术作品的线条和色彩传达给我们的，或许正是艺术家自己感受到的某种东西。"① 如果说这段话中还包含什么非确定性因素，比如括号里的"绝非肯定"，或者仍然用疑问的口吻说线条和色彩传达了艺术家的感受，那么再看他的另一段话："当一个艺术家的头脑被一个真实的情感意象所占有，并且能够掌握和转化这个意象时，他似乎就会创造一个好的构图。我想，我们都会认同这样一个看法，即只有当艺术家拥有某种情感意象时，他才能够创造出真正像样的艺术作品来。"② 应该可以确定，在贝尔那里，所谓线条和色彩同样是艺术家"意图"的表达和再现。第三，在艺术技巧的生成与运作上，贝尔强调，简化和构图是艺术创造的真谛，而这个简化和构图，作为实际的艺术技

---

① "It seems to me possible, though by no means certain, that the created form moves us so profoundly because it expresses the emotion of its creator. Perhaps the lines and colours of a work of art convey to us something that the artist felt." Clive Bell, *Art*, New York: Frederick A. Stokes Company, 1913, p. 49.

② "It seems that an artist creates a good design when, having been possessed by a real emotional conception, he is able to hold and translate it. We all agree, I think, that till the artist has had his moment of emotional vision there can be no very considerable work of art." Clive Bell, *Art*, New York: Frederick A. Stokes Company, 1913, pp. 229 – 230.

巧，是艺术家内在精神指导的结果。正是这种内在精神，通过简化对象和构图转换而创造了自足独立的形式。更准确地说："每一种形式的本质以及它与所有其他形式的关系，都取决于艺术家准确表达他所感受到的东西的需要。从这一事实出发，可以说每一种好的构图的出现都存在某种绝对的必然性。"① 贝尔把艺术家的感受称为"绝对的需要"，也正是这种"绝对的需要"决定了艺术作品的形式的必然性，这种感受就具有一种至上意义与核心地位。一件艺术品采取这种形式，而不是别的形式，这样来组合，而不是别的组合，当然是由"绝对的需要"来决定的。这同时意味着，内在的"绝对的需要"决定了什么样的形式和组合是正确的，以及形式的量和度、界限和层次。如此分析，贝尔的"绝对的需要"是不是一种意图，而且是一种不可抗拒和变更的意图？据此，"有意味的形式"能不能阻绝作者与文本的关系，否定意图对文本的决定性意义？如此这般的形式围绕着"绝对的需要"而自组织、自凝聚为自足独立的整体，能不能既不旁涉又不指称外部世界，从而构成独立的、自足的艺术本体？贝尔自己的话就是一个驳斥："每一种形式的本质以及它与其他形式的关系都要取决于艺术家想要准确地表现他们感受到的东西的需要。"形式的本质以及它与其他形式的关系取决于艺术家的需要，体现着作者对文本的决定意义，艺术家的需要是表现他自己所感受到的东西的需要，自觉组织和构建了文本。这"感受到的东西"或者直接是外部世界的映象，或者是这些映象在作者心理、情感、思想上的变幻与折射，证明了文本与外部世界之间指称与被指称的关系；而"想要准确地表现他们感受到的东西的需要"，这个"想要"与"需要"，难道不是许多流派和主义羞于启齿而又无法拒斥的"意图"吗？以所谓"有意味的形式"否定和阻绝作者及作者意图的确定在场，似乎应该休矣。

我们认为，艺术创作有没有意图，或者说有没有目的，是一个伪

---

① "There is an absolute necessity about a good design arising…from the fact that the nature of each form and its relation to all the other forms is determined by the artist's need of expressing exactly what he felt." Clive Bell, *Art*, New York: Frederick A. Stokes Company, 1913, pp. 230-231.

命题。创作是人的主观自觉行为，是艺术家自我表现和表达的基本动作方式。艺术家主观上无意表达和表现，其创作行为难道可以由他人启动？从小的视角切入，艺术家的每一个创意以至诸多细节设计都是有意图的。从大的视野放开，"有意味的形式"更是意图的追求和表达。"如果一个艺术家不把无条件地或不受任何物质和精神限制地创造有意味的形式作为自己唯一确定的任务，他就几乎不可能全神贯注地进行创作，从而实现他的目标。"① 创造"有意味的形式"就是意图，而且是一个大的意图。正是在这个意义上，贝尔极端推崇塞尚，认为"塞尚是完美艺术家的一个典型代表。他是专业画家、诗人或音乐家的完美对偶。他创造了形式，因为只有这样做，他才能够达到其生存的目的——对他关于形式意味的感悟作出表达"②。正是为了达到这一目的，塞尚才花费毕生的精力来表现他所感觉到的情感："当我们试图解释那些画所产生的情感效果时，我们会很自然地转向创作这些画的人们的思想，而且在关于塞尚的故事中寻找永不枯竭的启示源泉。他终其一生，坚持不懈地努力创造能够表达当灵感到来时他所感觉到的东西的形式。"③ 更加启发我们的是，主张"有意味的形式"的贝尔也知道，所谓抽象的无主题的纯艺术所表达的目的或意图，常常不为人所理解，常常是难觅知音。为此，他坚持认为，当艺术家们创造出令人难以读懂的作品时，还是要采取措施给些引导的。而且作者本人也有理由这样做。"为了达到这一目的，他只需要把某个熟悉的物体，一棵树或一个人物加入到他的构图中去，这样便万事大吉了。在确定了高度复杂的形式之间许多极为微妙的关系之后，他可以

---

① "It would be almost impossible for an artist who set himself a task no more definite than that of creating, without conditions or limitations material or intellectual, significant form ever so to concentrate his energies as to achieve his object." Clive Bell, *Art*, New York: Frederick A. Stokes Company, 1913, p. 64.

② Clive Bell, *Art*, New York: Frederick A. Stokes Company, 1913, p. 211.

③ "When we are trying to explain the emotional effectiveness of pictures we turn naturally to the minds of the men who made them, and find in the story of Cézanne an inexhaustible spring of suggestion. His life was a constant effort to create forms that would express what he felt in the moment of inspiration." Clive Bell, *Art*, New York: Frederick A. Stokes Company, 1913, p. 211.

问一下自己，别人是否也能够欣赏它们。"① 据此，我们可以断言，无论何种艺术，无论何种形式，其创造和书写的意图总是在的，这个意图贯彻于艺术创造的全过程，贯彻于文本中的每一个细节。艺术是要有理解和共鸣的，其理解和共鸣的对象也是意图，是表达意图的全部形式，是以形式裹挟的全部内容。"有意味的形式"，其放大和扩张应该以此为准。

三 "纸上的生命"（Paper Beings）

"纸上的生命"是罗兰·巴特提出的一个有影响的观点，也是他否定作者，否定意图，认定"作者死了"，对文本的任意阐释都均等有效论点的重要根据。1966年，巴特推出了力作《叙事作品结构分析导论》。当代美学史家认定，此著是法国叙事学的经典之作。在这部著作里，巴特从谁是叙事作品的授予者的视角，表达了结构主义者注重结构作用、否定作者意图的观点。巴特认为，就当时的水平看，对谁是作品的创造者或叙述者，有三种不同的观点：其一，是常识所认可的作者，全部的叙事作品就是由这个被称为"作者"的人持续表达出来的。其二，是一种完整的意识，这个意识是无个性的，"该意识从高超的角度，从上帝的角度讲故事"，② 也就是我们今天所说的全知的叙事者。其三，是由叙事作品中的每个人物轮流担当，只是叙事者要将其叙述限制在人物所能观察或了解到的范围之内。

对以上三种看法，巴特全部予以否定。他认为，从结构主义和符号学观点来看，叙述者和人物主要是"纸上的生命"。"一部叙事作品的（实际的）作者在任何方面都不能同这部作品的叙述者混为一谈。"③ 那

---

① Clive Bell, *Art*, New York: Frederick A. Stokes Company, 1913, p. 224.

② Roland Barthes and Lionel Duisit, "An Introduction to the Structural Analysis of Narrative", *New Literary History*, Vol. 6, No. 2. On *Narrative and Narratives*, 1975, p. 261.

③ "Narrator and characters, however, at least from our perspective, are essentially 'paper beings'; the (material) author of a narrative is in no way to be confused with the narrator of that narrative", Roland Barthes, *Image Music Text*, Essays selected and translated by Stephen Heath, London: Fontana Press, 1977, p. 111.

种"把作者当成一种实在的主体,把叙事作品当成这主体的工具性表达","是结构分析所不能接受的"。① 巴特的根据是:"(在叙事作品中)说话的人不是(在生活中)写作的人,写作的人也不是存在的人。"② 由此,巴特确定,文本中的叙述者与文本中的人物,都是"纸上的生命",与作者无关,当然也与作者意图无关。就此,所谓作者意图就可以彻底消解,文本的作者及意图本源被完全排除。更进一步的理论是,在结构主义者看来,所有的叙事作品都是符号及其符号活动的结果。符号活动本身,具有自己的组织规则,这种规则具有强大的组织能力,它既组织作品的话语即符号的排列,也组织作品的意义。按照所谓"不及物"写作的说法,叙事文本的意义,并不是通过反映外部现实去获得,而是产生于符号系统自身的深层结构,文本阐释的重要目的,不是揭示文本意义、作者意图、读者反应,而是揭示文本叙事活动中深层的组织成规和基本语法,探索符号自身的组织与活动机制。如此,理论似乎是完备的,但是,我们仍然有几个难以解开的疑惑:

第一,意图有还是没有。无论怎样看待作者,作品或者文本是一个确定的存在,签署作者的名字而流传于世。我们说《哈姆雷特》和《李尔王》只能确证为莎士比亚的作品,联系于莎翁本人关于文本的意图与写作。如果说作者的思考与文本无关,作者的书写与文本中的人物和故事无关,进而更与文本的话语和精神效应无关,那么《哈姆雷特》这类以物质状态呈现的精神文本是怎样出产的,在出产进行过程中又是如何实现的?如果说作者不是叙事者,那文本中不论是公开还是隐藏的叙事者,是谁设计和制造的?这个制造者为什么塑造这样而不是那样一个叙述者?我从来不怀疑,作品或者文本是作家或书写者思想的产物,是他或者她按照自己的想法或意图,去创造自己独特的产品。对此,我们应该注意,就是那位坚决反对意图的存在

---

① Roland Barthes and Lionel Duisit, "An Introduction to the Structural Analysis of Narrative", *New Literary History*, Vol. 6, No. 2. On *Narrative and Narratives*, 1975, p. 261.
② [法]罗兰·巴特:《符号学美学》,董学文等译,辽宁人民出版社1987年版,第134页。

和意义、惊世骇俗地主张"作者死了"的罗兰·巴特，还有一个似乎应该奉为经典的定义，尽管这个定义一直没有为人所重视：写作衍生于作家的有意义的动作（geste significatif）。① 我们可以从这里得到丰富的启示：其一，在巴特看来，写作是一个动作，一个物质性的动作，此动作由作家这个主体发出。其二，此动作本身必须是有意义的，这个意义与书写的内容和方式有关，起码有两个标准可以衡量：一是书写物能够被识别，不被识别的书写没有意义；二是它能够表达为自己进而为他人所理解的内容和形式，不被理解的书写同样没有意义。三是，所谓"衍生"于动作，可以理解为动作生产文本，伴随书写的动作，文本铺展而来，你可以"抬起头来阅读"（巴特语），但绝不能停止书写而生产文本。这意味着什么呢？意味着巴特对作者与文本关系的不同认识和概括。

　　这个认识显然与"作者死了"的极端提法完全矛盾和对立，证明了意图在创作中不可消解的根本性作用，也证明了意图在文本中幽灵般地无处不在。在这个方向之下，还有更多的材料可以证明，巴特对作者和意图的存在、作用和结果有着毫无歧义的论述。在对阿嘉塔·克莉丝蒂小说的分析中，巴特如此判断："在她的作品中，构思的意图在于将杀人犯掩藏在叙事第一人称下。读者会在所有情节中'他'的背后寻找凶手，因为读者是在'我'的影响下的。"② 无任何含糊地指出并肯定作者意图的存在及其决定作用，"我"这个作者的代言人，毫无疑义地证明作者将自己的眼睛赋予了叙述者，以叙述者的名义代替自己做全知全能的叙事。作者的全部意图，通过叙述者得以实施和实现。我们可以判断，这个"我"，即所谓"纸上的生命"，是作者现实生命的化身，或者说，就是作者的生命，它活跃于词语和规

---

① ［法］罗兰·巴特：《写作的零度》，转引自《符号学美学》，董学文等译，辽宁人民出版社1987年版，第153页。（附：有学者将"geste significatif"译为"意指性姿态"。参见罗兰·巴特《写作的零度》，李幼蒸译，中国人民大学出版社2008年版，第13页。在法文中，"geste"有"动作""姿势""手势""姿态"等含义；"significatif"则作"有意义的""有含义的"解。）

② ［法］罗兰·巴特：《符号学美学》，董学文等译，辽宁人民出版社1987年版，第157—158页。

则之中，给读者构建了一部贯穿作者意图轨迹的历史文本。在阐释现代诗歌风格产生的原因时，他说："现代诗歌（如雨果、兰波或沙尔的诗歌）是饱含着风格的，它只是由于一种诗歌创作的意图才成为艺术的。支配着作家的正是风格的'权威性'，此即语言和其躯体内对应物之间绝对自由的联系，有如将一种'新颖性'加于历史传统之上。"① 风格是形式的重要方面，以形式为生命的结构主义者却在这里言定意图决定了风格。而风格及其权威性，却又是由语言与作家身体之内的对应物的联系所决定，是身体决定了风格？或者说身体通过意图决定了风格？无论怎样，作者和作者意图是风格的源头。如此，那些实现风格的叙述者和人物还是"纸上的生命"吗？

第二，符号如何组织文本。在结构主义看来，叙事作品本质上是一种符号活动的结果，这种符号活动有它自身的组织规则，这套规则制约和引领叙事行为，由叙事生成作品，生成意义。叙事学的重要任务就是揭示叙事活动深层的自组织成规，以及类似于语言的基本语法，而非叙事所反映的外部对象，更不是书写者的叙事动机和意图。对这个观点，应该有两个方向的讨论。首先，我们赞成，在一定意义上说，语言是符号，独立的文本是完备自洽的符号系统。符号学研究可以而且应该把各类文本包括文学文本作为对象，给予科学的符码分析。我们也赞成，符号系统有其自我组合及运作的规则，构建科学合理的符号系统，应该而且必须遵照系统规则有序运作，不可以随意变换和破坏规则。另一方面，我们也应发出疑问：如果说文本是符号的，那么是谁在组织符号，符号是否可以自动遵循系统规则组合种种文本？如果"写作衍生于作家的有意义的动作"，那么这个动作是盲目的、非理性的，还是自觉的、筹划的，符号的操作者于操作事先及行进中，有没有自己的预设和构建？我们认为，无论从何种意义上讲，写作是作家自觉的理性活动，是在确定的思维和逻辑规则制约及引领下展开的。其根据就是，写作本身是一种自觉的意识活动，是意

---

① ［法］罗兰·巴特：《写作的零度》，李幼蒸译，中国人民大学出版社 2008 年版，第 10 页。参见罗兰·巴特《符号学美学》，董学文等译，辽宁人民出版社 1987 年版，第 149 页。

识的自主建构行为,自觉的意识活动一旦展开,从初始设计到细节安排,都是意识自身遵照其意向持续展开。在此过程中,就文学写作来说,哪怕书写者已是激情澎湃,疯癫迷狂,理性也始终是主导力量,或者最终要回归理性,以理性的方式和进程推进书写,通过词语编码建构意义。毫无疑问,人类是通过语言展开并实现其思维和意识的。无论什么人,只要是运用公开的、可交流的语言展开思维和意识,其语言所指称的对象,必须与思维所意指的对象相一致;其语言表达的意义,也必须与意识本身所发出的意义相一致。语言表达与意识活动是不可分割的,没有离开意识的语言,也没有离开语言的意识。同时,因为我们赋予符号以语言功能,或者说用符号表征语言,符号与意识的关系也当然如此。对此,胡塞尔从他的意向性理论出发,考察意向活动在语言活动中的作用,并作出了自己的判断。胡塞尔认为:"意义应当处在那些可以在某些方面直观地显现出来的意义—意向之中。"① 胡塞尔提出了"授予意义的活动"(the meaningful filling acts)② 这个重要概念。所谓"授予意义的活动",他指的是在语音、知觉和意义意念之间建立联系的意向性综合活动。在他看来,语言的声音符号或者书写符号与意义的联系,以及概念与判断之间的联系等,都是通过意向活动加以综合或组合而得以实现的。当人们有目的地使用某种表达式来输出思想时,就有确定的理智活动授予表达式以确定的意义。这种理智活动就是胡塞尔所说的"授予意义的活动"。正是通过这种理智的、意向性的活动,每一个语词就不再是纸上的符号或声音,而是具有了一定的意义,并且与对象有了确定的关系。③由此看来,叙事本身所创造的"纸上的生命",就不仅仅是"纸上的";叙事中的人物和声音,无论何种名称,都是叙事者清醒意向的

---

① "Meanings have to be present in meaning—intentions that can come into a certain relation to intuition." Husserl: *Logical Investigations*, Vol. I, translated by J. N. Findlay, Routledge & Kegan Paul: London and Henley, Humanities Press Inc.: New Jersey, 1970, p. 533. 同时参见胡塞尔《逻辑研究》第2卷,倪梁康译,上海译文出版社1998年版,第378页。

② Husserl: *Logical Investigations*, Vol. I, translated by J. N. Findlay, Routledge & Kegan Paul: London and Henley, Humanities Press Inc.: New Jersey, 1970, p. 281.

③ 参见涂纪亮《现代西方语言哲学比较研究》,中国社会科学出版社1996年版,第451页。

观照，因此而展开的全部文字，都是叙事者——从意识与书写的关系说，这些叙事者不是别人——恰恰是书写者本人，是20世纪西方文论主潮中讳莫如深的作者。

第三，意图如何控制书写。关于这一点，当代西方哲学、语言学、文艺学等诸多学科理论都有自己的态度和立场。不同的意见以至完全相反的意见之间的争论辩驳，持续了百年之久。无论是"意义应当处在意义—意向之中"，还是"叙事技巧有印象派之风：其将能指碎解为言辞实体的颗粒，唯借接合凝定，方产生意义"，① 我们都坚定地认为，从人类历史几千年的文学写作看，无论文学的语言和文本被如何解析、命名，写作始终是人的意识行为，是作者自觉的表达和倾听。把一个活生生的文学经典视为符号系统吗？可以。但是，这并不能否定书写意识和意图是实际写作的真正源头。符码是死的，意识和意图才是活的，是作者的意识和意图赋予符号以"生命"和意义。符号可以有自组织的规则，但绝对没有自组织的功能，符号的无序堆砌没有意义，唯有书写者根据或依照符号规则的要求，有意识地自觉组织排列无意义的符码，才使符码成为有意义的符码，而且这个意义是书写者需要的意义。"只有当言谈者怀着要'对某物作出自己的表示'这个目的而发出一组声音（或写下一些文字符号等等）的时候，换言之，只有当他在某些心理行为中赋予这组声音以一个他想告知于听者的意义时，被发出的这组声音才成为被说出的语句，成为告知的话语……听者之所以能理解说者，是因为他把说者看作一个人，这个人不只是在发出声音，而是在和他说话，因而这个人同时在进行着某种赋予意义的行为。"②

当然，理论总是灰色的。文艺实践才是检验理论的标准。我们更认可的是，经典作家对书写的认识和判断，他们对自己的写作是否清醒，是否清楚地意识到自己的意图，并在书写中自觉地展开意图。特

---

① [法]罗兰·巴特：《S/Z》，屠友祥译，上海人民出版社2002年版，第87—88页。

② Husserl: *Logical Investigations*, Vol. I, translated by J. N. Findlay, Routledge & Kegan Paul: London and Henley, Humanities Press Inc.: New Jersey, 1970, pp. 276 - 277. 同时参见胡塞尔《逻辑研究》第2卷第一部分，倪梁康译，上海译文出版社1998年版，第35页。

别是那些被称为意识流的写作,那种被认为是无意识涂抹就可以被称为文本意义的写作,那种以为隐藏于文本叙事背后,以其他什么独特方式叙述文本的写作,就可以否定意图、消解意图、视意图为虚无的观点,在经典作家那里,会有怎样的回答。《尤利西斯》是当代西方意识流小说的经典。乔伊斯笔下的意识流,捕捉人物头脑中毫不连贯、变幻无常、凌乱芜杂、漫无边际的思绪和梦境,几乎令人无法阅读。这是信笔写来,或者是符码的随意堆砌,还是作家意图的精心展开与表达?最典型的是女主人公莫莉的形象,她以文本结束时的长篇梦呓而为各方瞩目。然而,就是这个莫莉,其形象却是乔伊斯精心意图的寄托物。他曾清楚地说过,他要这位看起来很放荡的女人,是一位"头脑完全清醒的、丰满的、超乎道德的、可受精的、不可靠的、讨人喜欢的、精明的、有限度的、谨慎的、满不在乎的妇人",而不是小说家们常常设想的那种热情奔放、不顾一切、想入非非的人物。①《尤利西斯》这部"天书",有没有作者的意图或者说"原意"?他说,"我在这本书(《尤利西斯》)里设置了那么多迷津,它将迫使几个世纪的教授学者们来争论我的原意",而且恶作剧地调侃我们大家:"这就是确保不朽的唯一途径。"② 这真有些意图自现的味道。弗吉尼亚·沃尔夫也以意识流小说的创作著称。但是,对《达洛威夫人》这部作品,沃尔夫却说:"我很想表现自己。我突然对自己的作品产生了浓厚的兴趣。我想表现人们——像奥特王那种人的内心卑鄙的一面,暴露人心的狡诈。"③ 关于《雅各布的房间》,她说:"我在练习创作并反映我的价值观念。"④

结　论

作家的智商不可低估。尤其是理论家们,不要总是以为自己的理

---

① [美]理查德·艾尔曼:《乔伊斯传》,金隄等译,北京十月出版社2016年版,第588—589页。
② [爱尔兰]乔伊斯:《尤利西斯》,萧乾等译,译林出版社2010年版,第15页。
③ [英]伍尔芙:《日记选》,戴红珍等译,百花文艺出版社2012年版,第47页。
④ 同上书,第56页。

解和阐释是最高明的,不要总是蔑视作家的意图和创造。我们欣赏罗兰·巴特曾经说过的这样一段话:"语言和文体是盲目的力量;写作却是来自历史统一性的一种行动,语言和文体是客观物;而写作却是一种功能:它是创作与社会之间的交往,它是被它的社会目的改造成的文学语言,它是紧紧依赖于人类意向并且与历史上重大转折密不可分的形式。"① 尽管这和他后来的主张有很大差异。我们的结论是,作者的意图是"有"的,是"在场"的,灵魂一般潜入文本之中,左右着文本并左右着读者的阐释。你可以有自己的理解,也尽可以无边际地发挥,但是不要说这些发挥是作者的,或者因此而否定意图"在场"。在文本书写与播撒过程中,作者没有把自己的作品强加给读者,他只是按照自己的愿望写下这些文字,表达对人生、对世界的理解和认识。至于其他,他们宽厚地任由他人理解和阐释。面对你的理解和阐释,他保持沉默。文本既已放在那里,他就不再自我辩护。特别是经典作品,作者物质地死掉了,他再也没有机会和权利为自己辩护,而我们,也就是读者,确证自己的理解,并把这种理解强加给作者,坚定地认为自己的理解就是文本的本意,是比作者本人的书写更确切更深刻的意义。这就是强制,就是阐释中的强制霸权和话语。正如罗兰·巴特所说:"阅读则是相反,它驱散,播撒;或是我们面对某个故事,至少清楚地看到我们步步渐进的几分强制。"② 对这种强制,还是应该收敛,应该回到对话的立场,尊重文本,尊重作者,尊重意图,给文本以恰如其分的认识和公正确当的阐释。

---

① [法]罗兰·巴特:《写作的零度》,转引自《符号学美学》,董学文等译,辽宁人民出版社1987年版,第150页。

② [法]罗兰·巴特:《S/Z》,屠友祥译,上海人民出版社2000年版,第52页。

多元阐释须以文本"自在性"为依据

——张江与哈派姆关于文艺理论的对话*

张 江 哈派姆**

张江：我很高兴能够和哈派姆教授谈一谈中国学者对当代西方文论的反应这个话题。20世纪80年代以来，西方文艺理论非常强势地涌入了中国。很多学者为传播西方的文艺理论做了大量的翻译、传播工作。这些理论，比如说解构主义的德里达、福柯，以及耶鲁"四人帮"的米勒和德·曼等，在中国流行得非常广泛。只要是搞人文研究的中国学者，没有人不知道他们。西方文艺理论在中国的学术平台上，比如大学的讲台、各种论坛、众多的学术杂志上，已占有重要位置。我们首先肯定，三十年来这些理论的引进对打开我们的视野、认识西方世界、构建我们自己的文学理论、开展高水平的文学批评都是非常重要的。我们也愿意以更加开阔的眼光、更宽广的胸怀面对世界，吸引更多优秀的、有价值的西方文艺理论到中国来。

哈派姆：这非常有意思，我很赞赏您用"西方理论"这个说法，而不是说美国理论。你所提及的所有这些理论家都来自欧洲，他们被翻译为英文，之后为美国学界所吸收。实际上，翻译是文学理论发展的一个核心问题。我指的不仅是语言上的翻译，而且也是文化的翻译。

张江：这是对的，翻译不仅是语言的翻译，更是文化的、价值观的翻译，正因为如此，让中国学者产生了很大压力和焦虑。20世纪

---

* 本文原刊于《文艺争鸣》2016年第2期。
** 作者单位：张江，中国社会科学院；哈派姆，美国杜克大学。

50年代以来对外国文艺理论引进和推广，用我们的话说，基本上是"学舌"，是"跟着说"。如果仅仅停留于这个状况，就会使中国的文学、文学理论、文学批评失去自己的根基。

哈派姆：但"学舌"一词有它的局限性。因为鹦鹉学舌不是用自己的语言，而只是重复别人的话语。但是，我估计中国和其他国家的学者对待西方理论的态度不光是"鹦鹉学舌"，而是学着讲说自己的语言，而且将会比西方人讲得更好。

张江：您的愿望是很好的，这也是我们的愿望。但是，就目前的实际情况看，西方的理论在中国的盛行是强势的，一些中国学者也处于并热衷于一种"学着说"的状态。而且更令人担忧的是，西方的一些学者习惯用自己的理论来强制阐释中国的经验和实践。中国的一些学者也很主动地运用西方的理论强制阐释我们自己。

哈派姆：您刚才提到的压力和焦虑问题也很有意思。我想就自信的话题多谈一点。就像我刚刚说的，您刚刚提到的很多理论并不是源自美国的理论。雅克·德里达是阿尔及利亚人，朱丽娅·克里斯蒂娃是保加利亚人，保罗·德曼是比利时人，阿多诺、霍克海默和哈贝马斯都是德国人，巴特、福柯和拉康都是法国人。他们的理论都是通过翻译传播到美国的。随着这些他国理论的涌入，很多美国学者也体会过这种焦虑和信心的丧失。后来，美国学者对欧洲理论做出了自己的反应，在有些时候甚至是旗帜鲜明的反对。举例来说，新历史主义就是美国本土对后结构主义强调文本的一种反应。我完全赞同您的感觉，很多西方学者非常强势。但有一点值得指出，那些理论界的领军人物本身大多数都是被位移的、被边缘化的外来户，如果你能理解我是什么意思的话。甚至在欧洲文化中他们也是局外人。您看看那些重量级人物，我刚才说的那些著名人物的情况。或者我们看一个更恰当的例子，爱德华·萨义德，他的自传就叫作《格格不入》（*Out of Place*）。他们的思想都十分强大有力，但他们本身并没有什么权势。这些人在所有的背景中都是异乡人。最著名的思想家往往都是社会上的边缘性人物。

张江：我觉得，西方文艺理论，各个学派、各种思潮、各种观念，确有其长处，但总是被绝对化。按照辩证法的道理，哪怕就是真理，一旦迈过界限，就一定转化为谬误。

哈派姆： 确实如此。理论的表现形式常常是十分霸道的，总想控制整个领域。

张江： 您的判断是有道理的。关键是一些西方学派在生成和推行自己理论的时候，听不见或故意忽略别人的声音。比如，解构主义，它的立脚点和出发点是反对二元对立。是和非、上帝和人、男和女、阴和阳，它本质上说是要反对二元对立，要消解、解构人类理性长期以来的本质主义的追求。这种理论风行世界，甚至已成为一种思维方式。有些中国的学者也争先恐后地接受这个东西。其实，中国的学者对这种二元对立早就有着清醒的认识。比如说，中国有位革命领袖同时也是位哲学家，他写过重要的哲学著作《矛盾论》。他就从揭示普遍存在的矛盾现象出发，指出矛盾双方的是对立，但不是绝对的。所谓二元对立的双方同时是相互转化，相互渗透的，也一定是相互依托，取长补短的，不存在绝对的、没有转化的对立。但有些西方人，比如德里达就把这个看得很死。非此即彼，这应该是西方的思维方式。我们现在需要的，就我看，经过三十多年的努力和奋斗，中国各方面的发展都处于重要的历史转折点。总的大势是，不仅是东方学习西方，西方也应该向东方学习。

哈派姆： 您所说的这位哲学家是谁呢？

张江： 毛泽东。作为哲学家的毛泽东，他也是伟大的政治家和中国革命的领袖。

哈派姆： 也是一位理论家。

张江： 所以我们更强调对立面之间的相互转化。这一点跟一些西方的学者不同。

哈派姆： 从您的陈述我能理解，这使中国学者处于不利的境地。这也正是我为什么要在我们的国家人文中心启动一些新的学术交流项目的原因。很长一段时期，知识的流向是从西方到东方；而我想做的，是逆流而动，也就是从东方到西方。这也是为什么想把更多的中国年轻学者邀请到美国国家人文中心去学习的原因。中国学者应该从自己的视角去阐释这个世界，这是非常自然的、非常理想的。而西方也能够从中受益。这或许就是美国大学在中国一些地方建立分校的结果之一，像纽约大学在上海建有分校、杜克大学在昆山也有分校，还有其他一些美国高校在中国建立了机构。目前，几乎所有的学生都是中国人，但我想如果西方学生也能来这里学习的话，环境将会改善很多，因为那就可以建立起一种双向的知识流动。我想不仅是文学理论方面，更大范围内的西方文化也有很多东西应该向中国学习，我期望能够为这个过程尽自己的绵薄之力。我们也多次邀请到了一些著名的中国学者到我们美国的国家人文中心进行演讲等学术交流活动。

张江：我非常希望中国社会科学院能和你们开展一些交流项目。我们派人去，你们派人来。交换也是可以的，非常希望更多美国学者，特别是青年学者到中国来，了解中国、认识中国，正确地、实事求是地表达中国。

哈派姆：那正是我的希望。你前面提到过经济问题，当前美国最为迫切的一个议题就是经济不平等的问题，现在是从20世纪20年代以来最为严重的时刻。当前中国社会也面临同样的问题吗？

张江：中国政府一直在这方面努力。中国是发展中国家，中国的幅员广大，因此，各区域之间的差异也很大。一些沿海省份像江苏、浙江和广东等地区比内陆省份发展得更好，中部特别是西部地区的发展与东部地区存在一些差异。仍然有7000万的普通百姓处于贫困线以下，他们的生活水准也比沿海地区居民的生活水准低了许多。各级政府做了大量工作去解决这方面的问题，取得了很大成就。我相信中国共产党和政府会在这些方面不断加大力度缩小这一差距，并最终消灭贫困。

哈派姆：我想回到学术的话题，但在此之前我还想就此问题说一句话。在美国，自由资本主义的信条似乎被推向了极致，以至于目前百分之一的人口控制着百分之四十二的财富。我认为这是很不健康的，也不是可持续的。在美国，我们急切需要另外一种信条，以便能够与自由市场这种信条形成竞争，或者对其做出调和，以便我们能够有不同的思想来帮助我们解决这一社会问题。

张江：我认为中美两国在治国理念方面有很大差别，是因为我们之间的价值观不同。资本主义推崇个人主义，因此它必然造成了不同阶层之间思想和经济上的差异。但在中国，我们主张集体主义，在本质上我们的目标和体制是要消除经济文化发展上的差异，实现共同富裕和共同发展。因此我认为这就是区别所在，资本主义制度推崇个人主义，将个人利益置于其他利益之上；社会主义追求集体主义，努力实现个人利益与公共利益的最大平衡。就制度而言，资本主义是不可能消除贫富差距的。社会主义是可能消除贫富差距的，尽管要付出长期艰苦的努力。

哈派姆：我们两个社会有很多共同之处的，首先是它们都是诞生自基于人类平等之上的革命的。在美国《独立宣言》的一句话就是"人皆生而平等"。您的意思是，资本主义市场经济的意识形态切断了人类自然生而平等的思想，它通过制造不平等以使自力更生和个人独立等思想与平等的思想形成了对立，然后又将这些不平等恒久化，并一代一代传承下去。我想我们需要回到所有男人、所有女人都生而平等的思想。当我邀请中国学者汪晖去国家人文中心的时候，他的演讲题目就是天下万物都是平等的，其基础是传统中国哲学。这是一种十分激进的思想。听众都感到十分新奇，但也都十分认可这种思想。

张江：从历史上看，当年你们说人皆生而平等时的那个"人"，其实只是白人，更确切地说是男性白人而不包括黑人、土著、女人，更不包括奴隶的。你们的祖先一边讲生而平等，一边大量地、非常残忍地从非洲买卖黑奴。这不是很大的讽刺吗？

哈派姆：是的，我在清华演讲中刚刚提到过这一点。美国最初十五个总统中就有十二个拥有过黑奴，其中八个即使在他们任总统期间也蓄有奴隶。

张江：那时的美国社会是根本不平等的。直到20世纪60年代黑人才能和白人共同乘坐公共汽车，妇女才拥有选举权。

哈派姆：妇女拥有选举权要早很多，是在20世纪20年代，但你说这方面进步十分缓慢，这是对的。

张江：但在中国，在20世纪40年代的延安，就连文盲老太太都有选举权了。不识字、不能填写选票，就用黑豆做选票，赞成谁就把豆投到代表谁的碗里。

哈派姆：请允许我回到你刚才提到的关于个人主义的话题。美国教育体制的设计模式，是让人们具备管理自己的事务的能力，以便他们为自己负责，打理好自己的生活。实际上，这也是人文学科的功能之一。人文学科就是要训练人们能够施行自己的判断、评价和阐释。你可以说这将导致对个人的过度看重，但大多数美国人会说，个人需要具有决定自己事务的能力。

张江：关于个体与集体之间的关系，我想还有一个历史的根源。这与我们国家的历史和我们民族的起源、我们作为一个东方国家、我们的生产方式以及我们的发展道路有关系。尤其是在1840年以后，作为反抗西方列强侵略的一种方式，我们就必须要强调集体性，要团结起来共御外辱。所以说这其实是由我们的历史条件决定的。但现在我们也越来越注重人的个体性了。注意鼓励推动每个人的自由全面发展。虽然我们这一代人和年轻一代对此的看法有很大差异，但总体上看，现在的人们对个人的权利和选择更加重视了。

哈派姆：我觉得这种情况十分正常，当一个国家受到外敌威胁时，人民一定会团结起来的。而当情况缓解了，安全有了保障之后，人们就会变得更加个人一些。当前在我们国家，我能够看到集体思想的衰退和个人主义思想的高涨，甚至几乎到了一个很不健康的比率了。过去是公立教育负责我们国家中每个人的教育，但现在越来越明显的是国家正在放弃这种教育责任。我自己是在公立学校接受的教育，但我的孩子们都是在私立学校接受的教育，因为私立学校比他们能够进入的公立学校不知要强多少倍。在理论上我还是相信公立教育的，但在实践中却很难实施这种信念。美国社会必须要在个体的自我实现和公众利益之间找到一个平衡点。

张江：中国的学校大多数都是公立学校。当然，从不同地区譬如说西部省份和东部省份，以及不同地方譬如说乡村和城市来的学生，其教育起点是不一样的，这是一个事实。从起点上说，从西部和农村来的学生就没法和从东部、从城市里来的学生拥有一样的受教育机会。这是实际存在的问题。但现在情况正在改变，我们最好的大学像清华大学、北京大学等都在扩大对西部地区和乡村地区的招生规模。我们给予来自这些地区的孩子以更优惠的条件。

哈派姆：我还想听一下您对另一个问题的看法。美国的教育模式是通识教育，学生既学习自然科学和数学，也学习社会科学和人文学科。在大多数的欧洲教育体制中，大学生是不接受通识教育的——他们只是学习一个专业。你认为哪种体制更好一些呢？

张江：我认为，总的来说我们应该施行通识教育，它比单纯的专业教育要更合理一些。但还是那句话，我也反对在这个问题上的绝对化，我们不能走向极端。通识教育非常好，但如果走向极端的话，它也会产生一些不利的因素。因此，我们应该使通识教育和专门教育互相补充以便学生毕业后能有一个自己建立在深厚通识基础上的专业。

哈派姆：很多人将会不赞同你的意见。他们会说我们对专门人才的需求比我们承认的要多。但我想问的是另一个问题，在您看来，高等教育应该服务于个体的需求还是国家的需求？

张江：在我们看来，个人的选择与国家利益之间不是必然的相互对立。相反，它们可以有机地结合起来，并对双方都是有利的。就拿前面举过的那个例子来说，如果一个学生喜欢航空发动机这个专业，他就选择去学习它；如果不喜欢呢，他也可以选择其他。无论学什么专业，对国家都是有用的，也可以发挥自己的特长。理论上讲，个体总是可以将自己的个人兴趣与国家利益结合起来。

哈派姆：你是希望它们能够结合起来。

张江：它们之间不是绝对冲突的。

哈派姆：是的，思考这种情形的一种民主的方式是：只有当个体公民得以实现了自我之时，国家才能富强。

张江：但也只有当你在实现自己的目标时不伤及别人利益的情况下，你个人的利益才能实现，你才能够对这个国家做出贡献。同样，你能对国家、集体做出贡献，个人的价值和利益才能更好地实现。

哈派姆：当然。这就是我先前为什么提出平等这个议题的原因。因为在我看来，似乎有些人的个体利益其实是伤害了大众的利益，这真是个问题。

张江：你有没有因为个体利益而伤害国家利益的具体例子呢？

哈派姆：在美国，有些亿万富翁会向政治选举捐助一大笔金钱，以使他们比那些不如他们富裕的人获得更多的利益，我个人对此感到十分痛苦。

张江：这是现有的资本主义制度、"完全"的市场经济、所谓的民主制度所不能解决掉的根本性问题。我认为，在中国梦和美国梦之间是存在很大差异的。典型的美国梦，尤其是在美国西进运动时期，个人都想去实现他们自己的梦想而非国家的梦想，当然，在这一过程中，他们也同时无意识地推动了国家的发展。但在中国，情形是不一样的。从一开始，我们就推崇将个人的梦想和国家的梦想有意识地、自觉地结合起来。

哈派姆：是有很大的差别，你这样表述是正确的。我们也可以说这里的一个差别就是美国大学校园通常是政治异议的中心。但我想指出，美国的个人主义传统实际上早在美国建国之前就形成了。清教徒们来到美国就是为了追求某种个人主义，那些探索西部的人常常与美国思想有着极大的差异，因此，即使在国家传统形成之前和之外，个人主义思想也是根深蒂固的。

张江：我们回到文学理论问题上来。西方学术界一直存在的二元对立的思维模式，在西方的文艺理论中也很普遍。以前历史主义的批评、决定论的批评、社会学的批评在文艺批评领域中占主导地位。这种历史主义的批评后来走到了尽头。在20世纪初，以形式主义的出现为标志，西方文论出现重大转折，从社会历史批评回到文本分析上来，并集中于文本，这是一个方面的进步。然后，一个又一个新的学派产生，每一派都有自己的优势。但问题在于，这些学派彻底、完全、绝对地否定历史，并绝对地相互否定，这就让西方的文艺理论走进了死胡同。物极必反。一些曾经被否定、颠覆的学说和观点又重新兴起，比如新历史主义兴起，重新审视、检省西方文论所走的偏激的、绝对的道路，回到了历史主义的立场。当然了，它是在吸取20世纪各学派优点的基础上再回到历史主义立场，所以叫新历史主义。这也是历史的必然。这个例子说明了，完全对立的思维是行不通的，一定要在矛盾的对立中互相吸取、互相转化，吸收别人的长处和优点，才能让自己的理论、自己的民族、自己的事业不断发展起来。

哈派姆：这是不同观念碰撞、冲突的意义之所在。所有的思维观点在碰撞、冲突的过程中，会变得更加深邃、更有生命力。

张江：我感觉，当代西方文论，有一个非常突出的特征，我们认为是缺陷。我的提法是"强制阐释"。强制阐释的意思是，西方文论中一些学派、理论，在认识文学、文本的时候，是把自己先前既定的立场和结论强加给文学、文本。用文本来证明自己的立场，因此经常歪曲文本、脱离文学的实践和经验。

哈派姆：对于这点，我想说，不应该对文学进行什么强制性阐释或者要求对其进行阐释，但阐释这种活动对于理解文学来说却是必须的，也是必要的。您认为不经阐释就能够很好地欣赏文学吗？

张江：阐释是必需的。阐释本身的前提也不需要讨论。批评家应该对文学进行阐释，不对文本和作品做科学阐释，文艺批评理论的存在就失去意义。所谓强制阐释讲的是阐释的方式。一个文艺理论家、一个文学批评家在阐释文学文本时，已经前定了一个立场和结论，这个立场和结论是从他自己的理论框架来的，这些理论常常是非文学的理论。阐释者根据这些理论需要确定立场和结论，再选择文本进行阐释，这种阐释的目的，不是要阐释文本，告诉别人文本有什么意义和价值，而是要通过阐释文本来证明自己的理论，这个叫强制阐释。

哈派姆：我想请问您，一个人是否能够抛开自己所有的立场观点，毫无偏见地对文学文本进行阐释？

张江：这要做具体分析。按照伽达默尔的理论，人的认知是有前见的。这个前见是由他自己的教育、精力、社会经历，以及自己的民族背景、甚至是自己的无意识的存在而产生的。我同意这个观点。但这个前见不是立场，不是结论。当人去阐释文本时，这个前见隐藏在人的潜意识里，是不自觉的，非进攻性的，无结论的认知形式。而我说的强制阐释，是人在这个基础上形成的理论的立场，这种立场是自觉的，是有意识的，是进攻性的。这与所谓前见完全不同。不要把前见和立场混淆在一起。西方阐释学的一个重要缺陷，就是不区别前见和立场。我的努力在于，在认识论和本体论意义上，将二者鲜明区别开来，这对传统的阐释学理论是一个新的见解。

哈派姆：我同意这一点。伽达默尔所谓的前见和人们的政治立场是有区别的。但有人可能会说：当提供你自己的阐释时，声明你自己的立场和使命是非常重要的。因为这样做能表明你对读者的坦诚和信赖。比如，你是个女权主义者或者马克思主义者，这个使命或者立场对你而言十分重要，那么你先阐明自己的立场与使命以便你的读者不会将其与前知识混为一谈就是正确的、恰当的。换言之，我同意你这个观点：在伽达默尔式的前知识与政治立场之间存在着区别。有些人感到在提供阐释时提出自己的立场和使命是十分重要的，恰恰是因为那些就是他们的使命和立场。那些东西是他们所相信的，是基于他们的经验和态度之上的。我现在脑海中出现的尤其是马克思主义者，他们经常明确地宣称他们的能动力（agencies）。

张江：我非常赞成这个判断。但要害是，一些有鲜明前置立场的阐释偏偏要掩饰自己的立场，做出一副客观的、公正的样子。对前见与立场的区别，我再举个生活中的例子。比如，一个四川小姑娘去学校报到，遇到了一个四川的小男孩。因为同为四川人，就会有很多相通的东西，比如说语言，就使这个小女孩对小男孩生成好感，这种好感就是一种前见。相处了一段时间，这个小男孩认为可以谈婚论嫁了。这时候，又出现另外一个男孩，这个小女孩本来不喜欢这个新出现的男孩，但因为这个男孩是个"富二代"，为此，小女孩做出鲜明而自觉的选择，下定决心要和富二代谈婚论嫁。这就是立场了。这个立场一旦确定，就会让她无论面对什么困难，都要达到目的。我认为，对这个女孩而言，她对四川男孩的好感是前见，她要嫁给富二代的决心是立场。这种现象在阐释过程中是经常碰到的。

哈派姆：是的，我理解你所说的，但您怎么知道她想嫁给富二代就不是她的前见呢？她的前见也许是，相比于能讲一样的方言、有相似的生活习惯，更重要的是过上富裕生活。我们不知道我们的立场来自于什么。我们以为我们知道，但实际上我们可能并不清楚。

张江：当这个女孩一开始喜欢四川男孩时，这种喜欢就是由前见所决定的。但当她决定离开四川男孩而嫁给那个她并不喜欢的富二代男孩时，她的前见就已经变成了一种立场，即使她有过一种富裕安适的生活的前见，不自知、不自觉的前见进化为自知、自觉的立场。或者说，如果这个小女孩有过富裕生活的前见，那当她决定放弃有好感的同乡小男孩，而选择富二代时，前见就变成了立场。

哈派姆：我能否这样说：文学之所以具有特殊的价值，恰恰在于它能给我们提供一面观察自己的镜子，不是观察我们公众性的一面，而是观察我们隐私性的一面。它会烛照到那个或许连我们自己都没有意识到的自己。换句话说，文学的经验使得前知识变成更加类似于知识的东西。而这就是文学产生的社会性和心理上的作用，它使得我们更加清楚地意识到我们自己的存在。文学经验也许还能够了解那些我们未曾意识到或者不愿意知道的前知识。如果有人读了一个选择了一个他不喜欢的富人而非她挚爱的穷人的故事，她或许就会了解到她自己也有着同样的倾向，然后她或许就会避免去做那样的事情。

张江：有道理。但我在这里讲的不是文学的功能。我讲的是阐释者在阐释的时候，他的前见和立场的区别。我再举个例子。一个女权主义者，在阐释莎士比亚的文本《哈姆雷特》时，她不满意文学史上对《哈姆雷特》的阐释，她认为《哈姆雷特》的主角不是哈姆雷特，而是奥菲莉亚。虽然奥菲莉亚只在《哈姆雷特》中出现过几幕，完全是个配角，但女权主义者为了表达女权主义的诉求，她要推翻文学史上所有对《哈姆雷特》的阐释。她认为，奥菲莉亚之死，是男权主义对女性的压迫，她在奥菲莉亚身上做了很多女权主义的阐释。这个阐释，在我看来，就是一种强制阐释。女权主义的立场在了，女权主义的结论在了，文本不符合她自己的立场和结论，她就把文本打碎，把处于边缘位置的一个配角聚光到舞台中央来。这种阐释过程和阐释方式就充分体现了立场的作用，而不是前见。充分体现了强制阐释者用自己的立场、自己的结论去强制文本的全部过程。

哈派姆：我是否可以这样假设，具有这种想法的批评家或许是因为某种原因而从奥菲莉亚身上看到了自己，而对她而言，这一点或许就成了戏剧的前景而非背景了。这是文学可以对我们产生影响的一种方式。我们总是会对那些最触动我们心灵的因素产生共鸣，这并不必然是出于我们的政治担当或者什么立场，而是由于我们在内心深处到底是谁。我想文学不仅具有向我们展示对于世界而言我们是谁的能力，而且还具有展示我们在内心深处到底是谁的能力，而这种展示有时候会让我们都感到大吃一惊。所以我猜测，那个认为奥菲莉亚是该剧主角的批评家为自己对奥菲莉亚这个悲剧性形象所做出的反应而感到吃惊，而她又在文学批评中将这种吃惊表达了出来。请问您是否相信批评家只能重复关于文学作品的那些已知的和已经为人接受的东西呢？批评家难道没有一种不断发掘一部伟大的文学作品中的新事物——无论它是多么的不着边际——的义务吗？

张江：我赞成批评家对经典文本做多元阐释。但一个更核心的问题是，当年莎士比亚在写奥菲莉亚这个角色时，是不是为了表达女权主义者所阐释的那些东西？莎士比亚是个女权主义者吗？对确定文本的阐释有没有边界？

哈派姆：阐释的确是有边界的。但读者对此可以做出决定。没有一种绝对意义上的正确阐释或者不正确阐释。文学批评家的工作之一，就是通过自己的沉思或推测，为一个文本打开一个新的空间、赋予它一种新的生命。在某种意义上，这种工作就是在微观层面上用新的思想和创造性打开这个世界。这也是在大学课程设置中文学批评课程为什么如此宝贵的原因之一。它让一个沉睡的、死去的文本苏醒过来，焕发出生机。当然，并不是所有的阐释都是可信的或者正确的，但它们确实赋予了这个世界以勃勃生机。

张江：从阐释学的意义上讲，这涉及阐释的合法性的问题。我同意，对于文本的阐释是随着历史的变化、历史的进步，以及阐释者自己立场的不同而有所不同的。但是我确信，阐释者，特别是职业阐释者，一个主要责任是告诉那些不是职业的理解者和欣赏者说，这个文本是个什么东西。我举个现实的例子。比如，中华民族以自己的亲身经历体会了日本帝国主义者对中华民族的奴役、屠杀、掠夺，现在历史在变化，他们的首相安倍说没有这段历史，日本人到中国来没杀过人，可以吗？你可以从你自己的立场出发进行阐释，但是阐释没有确定的结果、没有确定的界限，可以随便歪曲文本和历史吗？

哈派姆：我同意阐释是有边界的，但是文学阐释的边界并不如历史阐释的边界那样清晰。即使阐释得有问题，但毕竟在文学批评的世界里没有人被杀死。错误的阐释不会产生什么害处。如果有机会去体味一下某种新的想法也是有积极意义的。

张江：我同意您的观点，任何人都可以从自己的立场、经历、喜好出发对文本做出自己的理解。但重要的在于，文本本身有没有它本身想告诉人们的那个东西？

哈派姆：我认为作者意图绝对是必不可少的，我昨天也为此做过辩论。但是要了解作者意图，则是十分困难、甚至是不可能的。即使你问作者本人，作者可能也说不清楚，因为有很多主宰着文学产品的真正意图对作者而言都是无意识的，或者仅仅是部分地有意识的。

张江：关于这个问题，我曾请教过中国作家莫言。我问莫言，您写小说时有没有意图？莫言说，有。大多数时候有，但有时候不那么清楚，但更多的时候是我本来是这样想的，结果写出来以后不是我想的那个样子，写作过程中有许多我自己也料想不到的变化，特别是有时候意图不那么清晰，也有时候写出来不是我原先想的那个样子。这都是哈派姆教授您刚才说的情况。但我要问他的是：莫言先生，您写完之后，您把本子交给我去印刷，您明不明白您交给我那个本子写了什么？莫言说，我当然明白，明白自己写了什么。这就够了。我赞成文学的创造性，不可能一个意图到底，也许前一秒和后一秒，人物的命运和情节的变化是天翻地覆的。但有一点必须清楚，如果作家是理智、清醒的，他不可能不知道自己写了什么。如果说一个小说家不知道自己写了什么，那么他就不应是小说家，甚至不是一个理智清醒的人。小说家不知道自己写了什么东西，可能让别人明白你写了什么吗？您说批评家可以做各种阐释。我认为，职业批评家的责任之一就是要把文本自在的含义解释清楚。在我看来，接受美学的要害就在于，把批评家和普通读者混同起来了。接受美学的软肋就是抹杀了批评家和普通读者的区别。

哈派姆：当莫言说"我明白我写的是什么"的时候，他的意思是什么？实际上我一直在思考奥菲莉亚是《哈姆雷特》的主角这个绝妙的想法。在这一意义上我绝对赞同的。根据数个世纪以来的批评，《哈姆雷特》的真正主题不是情节，而是哈姆雷特的精神状态。有些人物似乎就体现了这种精神状态。譬如，弗洛伊德就说过，乔特鲁德体现了哈姆雷特的俄狄浦斯情结。到最后，哈姆雷特的死是由于他所采取的行动所产生的一种后果。你可以说他是自杀的。也可以说奥菲莉亚是哈姆雷特自杀倾向的人物化身。因此，如果你认为奥菲莉亚是该剧的主人公，你可以说哈姆雷特的精神状态是自杀性的而只有奥菲莉亚才能将此揭示出来。但我不会跟初学者讲这种阐释，但一个专业人士有可能会这样分析。

张江：您认为莎士比亚是有意地写出奥菲莉亚这个形象来表现哈姆雷特精神的另一面吗？

哈派姆：我们就来谈谈意图。有些意图是有意识的，但数量是非常少的，也不是最重要的。在本例中，有意识的意图就是写作剧本。再有就是那些无意识的意图，它们在创作行为中可以被信手发挥，而作者从不需要、或许也不应该说得清楚。这些意图只是在创作过程中不知不觉地被表达出来。

张江：批评家的作用是不是把作家不明显的意图变成明显的意图，替代作家自己非常明显的、自觉表达的那个意图？

哈派姆：是的。我想问的一个问题是，您有没有过这样的经历，就是只有等你在着手做某事的时候你才明白你所要做的事？你以为你是在做一件事，后来才意识到你的真正意图是什么。

张江：这种现象有。重要的在于，你最后知道了自己要做的事情。作家就是这样，作品最后可能没写成一开始想写的东西。这是别人强调，文本是开放的，可以多义理解的理由。但更重要的是，他写完之后知道自己写了什么。我做这个事情，可能是下意识的，但我做完之后，我想一想，肯定知道自己做了什么。写的时候不清楚，这个可以有，但写完之后还不清楚，那我就不承认他是作家了。比如，法国荒诞派的尤涅斯库写《秃头歌女》。他写的时候，没有主旨、没有提纲，就写了两个老人毫无逻辑的对话，连题目都是随便起的。但是他写完之后非常明白，他写的是什么，要干什么。

哈派姆：我可以提出另外一种想法吗？当一部作品出版之后，当它被印刷出来在世界各地四处传播时，作者也就失去了对该作品的控制。那部作品不再是该作者的私有财产，而是属于读者，属于公众了。我认为，在作品出版之前，作者的确对作品有百分之百的控制权，但在出版之后，它就属于世界了。而这种控制权的丧失其实是作者意图的一部分。作者进行创作的目的就是要写出一部可以流行于世的作品，就像是放飞一只小鸟。当作者交出自己对作品的控制权的时候，批评就发生了。批评是一种推测和思考的话语，而不是一种法律话语或者数学上的真理。它是一种推测和建议性的话语。

张江：请您先回答一句话。作者写了一个东西，他知不知道自己写了个什么东西？

哈派姆：并不总是知道。作者能够知道他的作品对于每个人的不同意义吗？不可能。

张江：这是两件事。您说的是，作者不知道别人读作品会产生什么想法。这是一句话。我要问的是，作者自己写完了，知不知道自己写了什么。

哈派姆：读者总是试图去寻找作者的意图，但也许永远也抓不住。

张江：比如说您，作为一个著名的文学批评家，您写完一个东西，您知不知道您写了个什么东西？

哈派姆：我知道我写了什么，但我总是对读者们对它的各种理解而感到惊讶。昨天在清华演讲时我竟然有这样的经历：一个学生竟然背出了我多年之前的一部著作中的一段话。显而易见，那位学生比我对那部作品还要熟悉。另外，她对我的作品的解释也让我感到意外，但仍旧是合法的。

张江：作为作者，自己知道写了个什么东西。那这个东西是不是自己有意图写的？

哈派姆：我的意图就是我的作品能够被别人阅读。

张江：要害在于，您知不知道自己写了个什么东西给别人阅读？

哈派姆：我想问题在于我们对文学批评的认识，它应该在多大程度上可以被看作是一种受约束的和负责任的活动。我认为，文学批评不是完全不负责任的天马行空，但这种责任也并不是那么清晰的或者可以明确地界定的。读者总是会判断出某些批评家的阐释要好于另外一些，尽管这些判断随着时间的推移是会发生变化的。刚才当我接受那种建议认为奥菲莉亚是《哈姆雷特》的主角时，我其实是在开玩笑的；我那样发挥的目的是想向你展示我的一个观点：文学批评中的创造性比人们所认为的可能要大得多。

张江：我们讨论的不是一个问题。我再强调一遍，人们对一个文学文本的体会是不同的，而且这种不同的体会是正常的，是对文本本身的丰富，也是作家本身喜欢看到的。这一点我完全同意。我们的争论点不在这儿。我们的分歧在于，作家本人，完成作品之后，他知不知道自己写了个什么东西。如果他知道，有一个东西，这个东西可能跟你的理解不同，但这个东西是存在的，这是讨论全部问题的出发点。这是两件事，不是一件事。

哈派姆： 是的，作家知道他写了什么。但我想自然科学和文学批评这样的人文学科是不同的。$E=mc^2$，$8+8=16$ 等。这里面没有个人意见或者阐释。但在人文学科中，甚至在社会科学中，阐释自由度则要大得多。这是人文学科最为重要的价值之一，是思想更加自由的场域。

张江： 我还是那句话，如果按照西方理论，阐释面对的所有文本，这个文本不仅指文学文本，而且还有社会实践文本，对这种文本，阐释者可以根据自己的立场、历史的变化做出自己的阐释。这是个前提，没有问题。但另外一面，这种阐释是不是正当的？我再简单说，先生给女儿写的信，也是一种文本，对这种文本，是不是别人也可以随意做各种阐释？写这封信没有您要确切表达的本意吗？

哈派姆： 可以肯定的一点是：我女儿对我的信的理解肯定和我的本意不一样。但我想坚持的一点是，文学阅读的教育价值就来自于它欢迎读者的创造性。你可以对文学文本说一些出人意料的东西，一些你以前或许从没想到过的东西，一些别人或许不同意的东西。我想，文学比任何其他事物都更加欢迎这种创造性。

张江： 这个也赞成。但还是要请您回答，给您女儿写的信，自己知道不知道写了什么？

哈派姆： 是的，我知道。

张江： 那就 OK 了。您知道，莫言也知道他自己写了什么，我想马尔克斯和库切也知道他们所写的东西是什么。文本付梓以后无论它如何独立于作家，但作家的精神、意图贯注于文本，不可能消失。找不到它，并不等于它不在。由此意义说，作者永远是在场的。

哈派姆： 这话不假，但文学是永存的，而且它的生命比作家的生命更长。文学的一大功能在于它会不断激发人们就其展开一场持续不断的对话，而这场对话并不必然局限于历史上作者的意图。对于今天的人们而言，《安娜·卡列尼娜》仍旧十分有意义，尽管托尔斯泰及其所有的意图都已经消失无踪了。

张江：这话我不赞成。无论经过多少年，托尔斯泰的意图都在其中，永远不会消失。只是您找与不找，体会不体会而已。因此，我还是想确认一下，您到底是否同意，作家知道自己写了什么？剩下的，我同意您的。

哈派姆：是的。作家知道他自己写了什么，但是他不知道他写的东西意味着什么，不知道它将是如何被评价的，他不知道别人是如何接受其作品的。

张江：这就可以了。关键是前半句，这是我对文本自在性的认识。作家写了个东西，他自己知道写了个什么东西。文学的魅力在于，万千的人对文本体会出万千个意思，可能跟作家不一样，这我也同意。但这两者是有区别的。不过您强调的是读者的任意阐释，我强调的是对作者意图的理解。这两个方面对文本的阐释都有意义。不能因为主张一个方面，就否定另一个方面。

哈派姆：我想说，我女儿会非常同意我这种说法：我并不总是知道我做的是什么。这里有一种回答你的问题的方式。我知道我知道的，但总有些东西对我来说是无意识的，却仍旧是十分真实的。

张江：如果你知道你所知道的东西，批评家的一大责任就是要把作家知道的那个东西说明白。因为你知道的东西，别人可能不知道。批评家的责任就是要把别人不知道的东西说明白，然后进一步把他自己不知道的东西说明白。

哈派姆：完全正确。这么说吧，我有一部分无意识的意图是来自我所居住的世界，但我自己并没有意识到它。我对自己生活于其中的经济制度并不了解。我也不去想它，而事实上我也无法去想它，尽管它是那么真实。我甚至都不知道自己深层的心理驱动力是什么，我也无法思考那些东西，它们对我而言都是无法把握的。我写作时的很多东西都不在我的思考范围之内，但它们仍旧是我的意图的一部分。为了充分透彻地理解我的文本，批评家必须尽力复原产生那部作品的整个世界。这是一项非常困难的任务，因为作者的思想是受语言、种族、阶级、民族、时代和年龄限制的，而且也受到当他写作时无法想到的无数事物的限制。

张江：很高兴我们最终能在一些重要观点上达成一些共识。

哈派姆：是的，共识是很关键的。

张江：首先我赞成您说，文本可以由读者做多义性解释。第二，我不同意说"作者死了"。我赞成您的观点，作者总是在场的，作者的意思是在文本里的。不论读者找没找到，理解不理解，"作者在场"表达的意思是在的。

哈派姆：意思不在别处。但如果你认为找到了意义的话，对话就结束了。批评活动也将随之终止。

张江：对文本的阐释有两种立场、两种态度、两种方法。一种是您这种，认为有多重含义、多重解释，我赞成。您也应该同意，作家的意思在文本里，无论我们找到不找到它，它是在的。批评家的责任在于首先找到文本，然后告诉别人，别人可以做多义理解。批评家也可以做多义理解。但不能用多义理解去否定作者的意图在文本里，而说作者没有意图，或者说找到意图没有意义。作者的意图在文本里，这是一个很古旧的观念。20世纪当代西方文论的各种主义，总的目的、总的倾向就是要否定这个作者意图在文本里这个"在"。

哈派姆：事实上这还有更深刻的意义。它所要攻击的是这样的一些思想：主体是一种自我主宰的精神性实体；人类主体是一个能动体。

张江：是的，就是反理性主义、反本质主义。这有合理的一面。就像我刚才说的，凡事走向绝对，就要出问题。它在这个过程中，发现了、阐释了、挖掘了读者对于文本的意义和作用。这很重要。文学就是通过这种挖掘发挥自己作用的。正因为如此，文学才有无限膨胀的、扩张的魅力。但是，不能因此而否定、消解历史和实践证明是正确的观念，无论这个观念如何古老。我们应该在百年论争和前进的基础上，重新评估文本的意义和作者在场的意义，恰恰因为如此，新历史主义、新形式主义等都主张回到文本，还有各种各样新的学说也在回到这个观点上。我们要肯定作者在场，并不是要简单回到那个古老的观念，要把作者在场及其意图作为阐释的唯一要点，而是要在百年论争取得的成果的基础上，重新认识作者在场的意义，对文本进行科学的、确当的阐释，让我们现在的文论建设进入一个新的境界。

哈派姆：文学批评不仅仅是一种科学，它部分地说也是一种艺术。

张江：你可以用艺术的形式去表达，但是不能把文学批评作为相对主义的标本来宣示给别人。一个基本的问题是，文学是艺术，文学理论是科学，您是否同意？

哈派姆：我并不完全同意。文学理论并不就是或者纯粹是一种艺术，文学批评将其自身与艺术掺杂在一起。

张江：我理解这个话，文学批评的艺术性仅仅是在表达形式上说。文学可以给人无限广阔的理解空间，但是文学理论应该作为一种科学，它应该给别人确切的理解和认识，尽管它和自然科学不同。

哈派姆：我想我们一直是这样做的。这就是为什么我们相信有些阐释比其他一些更可靠、更严谨、更好。我们确实有某种标准，只不过很难说清楚这些标准是什么。

张江：我说表达的形式可以是艺术的形式，可以多一些相对性，少一些确定性，但从总体上说，它是科学的。它与自然科学不同，但是它的确定性是首先的，相对性是第二位的。

哈派姆：批评的义务首先是准确性。

张江：我之所以说这段话，是因为当前相对主义是盛行的。在中国文艺界，这是占上风的。完全否定了作者在场的这个观点，否认文学批评的准确性。

哈派姆：如果文艺批评全部变成主观性的了，那么大学里就没有必要去进行文学研究了。

张江：是的，如果文学批评和文学理论可以任意阐释的话，那么这个学科也就消失了。在这种意义上我们也就否定了我们作为职业批评家存在的意义了。哈派姆主席，我提了这么多十分难以回答的问题，让您受累了，深感歉意！

哈派姆：讨论本身是令人兴奋的，而不是让人感到疲劳。但我过去一周的行程十分紧张，每天都要做好几件不同的事情。

张江：与您的谈话让我深受启发。

哈派姆：我也有同感。

张江：我也开始理解像您这样的美国学者的思考方式了，这与中国学者的思路十分不同。我希望,您下次再来中国的时候我们能够多谈谈文学。

哈派姆:我也期待再次会谈。如果能够再次见到您并进行讨论,我将感到非常荣幸。

张江:真诚欢迎您能再来中国。再一次感谢您。

意图岂能成为谬误
——张江与本尼特、罗伊尔、莫德、博斯托克英国对话录*

张　江　安德鲁·本尼特　尼古拉·罗伊尔
乌尔里卡·莫德　卡蜜拉·博斯托克**

张江：今天很高兴来到苏塞克斯大学与各位专家学者座谈。我的主要研究方向是中国当代诗歌，对文学理论尤其是当代西方文论也多有关涉。我对当代西方文艺理论的关注，可以说是从研读本尼特①与罗伊尔②先生合著的《关键词：文学、批评与理论导论》③ 一书开始的。我们今天的讨论，将围绕劳伦斯的作品《菊花的幽香》（Odour of Chrysanthemums）展开。除了《菊花的幽香》，劳伦斯的其他小说，

＊　本文原刊于《学术研究》2017年第4期。
＊＊　作者单位：张江，中国社会科学院；安德鲁·本尼特、乌尔里卡·莫德，英国布里斯托尔大学；尼古拉·罗伊尔、卡蜜拉·博斯托克，英国苏塞克斯大学。
①　安德鲁·本尼特（Andrew Bennett），英国布里斯托尔大学英国文学教授。除与尼古拉·罗伊尔合著《文学、理论与批评引论》《文学这东西》外，还著有《德里达之后》（After Derrida, 1995）等多本著述。其主要研究领域包括：文学理论、浪漫主义诗歌，20世纪文学等。
②　尼古拉·罗伊尔（Nicholas Royle），英国苏塞克斯大学英国文学教授，"创意及批判性思考中心"（Centre for Creatiue and Critical Thought）创始主任，《牛津文学评论》（Oxford Literary Review）编辑，曾任教于牛津大学。其主要研究领域为：莎士比亚、现代及当代文学、文学理论、德里达、弗洛依德、创意及批判性写作等。此外，罗伊尔本人还著有多部小说。
③　An Introduction to Literature, Criticism and Theory (4e) by Andrew Bennett and Nicholas Royle, 2009；参见［英］安德鲁·本尼特、尼古拉·罗伊尔《关键词：文学、批评与理论导论》，汪正龙、李永新译，广西师范大学出版社2007年版。

如《查泰莱夫人的情人》(Lady Chatterley's Lover)、《儿子与情人》(Sons and Lovers)、《恋爱中的女人》(Women in Love)等在中国也很有影响。我本人阅读过他的大部分作品，有的还读过很多遍。

本尼特：感谢各位到苏塞克斯大学参加座谈。我阅读了张江教授的《理论中心论》①一文，想首先就该文谈几点看法。我认为，张江教授的文章提出了一些很重要的观点，尤其是张江教授提到，作为文学研究的目标，文学文本本身很重要；文学文本有一个核心含义，而核心含义又与作者的意图密切相关。张江教授提出的文本的核心含义、作者意图等重要问题，在西方文学批评理论界也已经有大约百年的激烈争论，过去三十几年中尤为如此。

我首先要提出的一点是，文本的核心含义及作者意图究竟只是批评家及理论家所争论的议题，还是说西方文学本身的一些重要传统就对意义及意图有所关注。我本人是赞同后一种说法的。西方文学的一个重要传统，就是作者会思考文本中的含义是怎样运作和体现的，同时，就文本是否有一个稳定的、统一的、唯一的核心含义这一点也曾展开争论。

我举几个简单的例子。第一个例子是，19世纪初浪漫主义诗人雪莱（Percy Bysshe Shelley）所著《为诗辩护》(A Defence of Poetry)中提出："一切崇高的诗都是无限的"，"尽管可以揭开一层又一层的面纱，意义最赤裸的美却从来不会暴露。"这里是说：纵然可以解开层层面纱，但没有一个核心。

第二个例子见于约瑟夫·康拉德（Joseph Conrad）的作品《黑暗之心》(Heart of Darkness)。其中，叙述者马洛有一段话颇为有名，说的是对他而言"一个片段之含义并非像一个内核一样居于其内，而是存乎其外，环绕这一故事、使之显现，犹如一束亮光可以使雾霭有所显现一样"。就是说，它不是存乎其中，而是像雾霭一样环绕在外。

第三个例子是"剥洋葱"的比喻。我认为，这个比喻在西方文学中是很重要的。它是塞缪尔·贝克特（Samuel Beckett）在《普鲁斯

---

① 张江：《理论中心论——从没有文学的"文学理论"说起》，《文学评论》2016年第11期。

特》(*Proust*)这篇论文中提到的,大意是说艺术创作就像剥洋葱或剥菜花一样,似乎永远都没有中心。

总而言之,作者常常认为意义难以最终获取,这是西方文学中长期以来的一个重要传统。问题在于,这是一个理论问题呢,还是像我所认为的那样,是西方关于文学本身的概念问题?

张江:非常高兴本尼特先生能够很认真地阅读我的论文并且提出一些非常重要的问题。请允许我介绍一下《理论中心论》一文的写作背景。20世纪80年代以来,当代西方文艺理论在中国得到较为广泛的传播。在传播过程中,"去中心"、"去本质"、消除"二元对立"、"一切历史都是当代史"、读者可以对文本无限阐释和演绎等哲学、历史、文学领域的西方思潮或理论倾向,对当代中国文艺理论的研究与构建产生了非常深刻的影响。

我们在学习和借鉴西方文艺理论的过程中,对该问题给予了高度关注和重视。从文学意义上讲,它关系到文本的意义或者说我们对文本的理解。而从更深层次上说,我们要研究文本是如何构成的,以及在文本意义的构成方面,我们如何去理解和认识文本。从历史认识的角度考量,对于过去的历史事实、文本事实,后人应当如何进行理解和阐释,这涉及一个民族的价值观问题。这个问题不仅是西方文艺理论的问题,而且是一个阐释学的问题,是一个关于人类理解的理论问题,是一个非常基本的原点问题和基础性问题,必须加以认真研究和对待。

我本人对这个问题的关注,源于《关键词:文学、批评与理论导论》一书关于理论的表述。就对文本的理解而言,我同意对于文本可以有多元的解释,但是我不同意只承认有对文本的多元解释却彻底否定或者抛弃作者对于文本本身的构造及作者意图的做法。我认为,无论怎样消解和抵制意图,作者意图总是在场的;作者的意图构造了文本,决定着文本的质量与价值,影响他者对文本的理解与阐释;无论我们喜欢或承认与否,意图总是贯穿于作品创作的全过程,展开并实现于作品的语言、结构、风格等全部筹划之中,指引我们按照作者的愿望去理解文本。艺术创作有没有意图或目的,是一个伪命题。主观地以为他者可以脱离作者意图而独立地决定文本的意义或意味,只能是臆想。任何严肃的、负责任的理论家和批评家,都必须深入研究生产作者意图进而生产文本的历史传统和语境,这是正确理解和阐释文本的基本前提。

其实,我非常想与小说家们讨论,向他们请教这样一些问题:他们在写作文本的时候是否想表达自己的所想,文本完成之后是否想过自己写的是什么,是否清楚表达了自己想要表达的东西以让别人产生共鸣?在这样一些问题上,小说家与理论家的理解可以说是不同甚至完全不同的。很高兴今天有小说家罗伊尔先生在场。刚才,本尼特教授提到贝克特的"剥洋葱"理论。我想请问罗伊尔先生和在座诸位,贝克特本人用荒诞的手法所表达的东西是否是其所思所想?有人认真研究了贝克特的经历及剧本,在贝克特的剧本当中找到了贝克特自己及其母亲的生活经历,包括其生长之地的语言习惯。一般来说,当作者生出某个念头时,本身就是有前见的,这种前见会对其产生深刻影响,并且左右其书写文本的方式。所以,认为意图不在文本之中,作者不在文本之中,或者按照贝克特的说法,"洋葱"无论怎样"剥"下去,都找不到中心,这只能说是别人的演绎。我想,任何一个郑重的戏剧家或小说家总是想把自己的思想充分表达清楚,如果他不表达清楚而让别人随意去理解,或本来想表达的是某事物,却被别人或大多数人理解为另外的事物,那么恕我直言,这只能说明他是不称职的戏剧家或小说家。如果连自己的思想都无法表达清楚,又如何成为小说家呢?即便自以为是,别人也是不会承认的。

本尼特:我要补充一点,我并不否认文本有意图,但是问题是如何从文本中获知意图。莫德[①]教授是不是可以多从贝克特的角度谈一下这个问题?

莫德:关于贝克特,我们首先要提到的是,他的文化背景极为复杂。作为南爱尔兰的清教徒,他在爱尔兰是不受欢迎的。他先是以英语写作,从1946年开始又以法语写作。除一部作品外,其他的作品都是由他自己亲自进行翻译,有的是从英语译为法语,有的则是从法

[①] 乌尔里卡·莫德(Ulrika Maude),英国布里斯托尔大学现代主义及20世纪文学副教授。著有《贝克特、技术与身体》(*Beckett, Technology and the Body*)等。

语译为英语。我想，这一点也许使得贝克特的作品背景更加复杂。无论是英语版还是法语版都是他自己翻译、写作的，所以都是原创作品。但是，同一部作品的英语版与法语版却并非完全相同。他会对笑话、双关语等作出改变，有时甚至会改变背景。比如，《等待戈多》(*Enattendant Godot*) 的法语版中涉及宗教的素材就远多于英语版。

我认为，在这种情况下，要找出作者意图就难上加难了，而贝克特本人也拒绝对其作品进行解释。每当导演们与他谈论其作品时，他总是会拒绝探讨其作品的含义。更有甚者，有人问他戈多是谁，他却这样回答："如果我知道的话，我早就说了。"

张江：对莫德教授关于贝克特所作的陈述，我是这样理解的：贝克特在对其文本进行翻译或运用不同语言进行"再创作"的过程中，生出了新的意图。他用法语表达他在英语文本中所没有表达的东西，并不意味着他的意图不在了，而是表明他的意图是在变化的。我们可以在其英语和法语文本的差别中看到这一点。

当然，并不是说在文本中找到意图是我们阐释的唯一目的。我们反对的是离开文本去谈意图，或者说反对将对文本意图的理解都称作一种谬误。我坚持认为，在对文本的阐释中，作者意图是一个很重要的参照和坐标，无论你承认或喜欢与否，都要在其指引下开始并进行深入阐释，然后才有情感上的爱与恨以及思想上的发展。

莫德：我想还是继续以贝克特的代表作《等待戈多》为例进行回应。我认为，贝克特之所以把这部作品命名为《等待戈多》，是因为他想要尽可能地使读者进行开放式的理解。在这部戏剧中，戈多是一种能指（signifier），而其所指（signified）的内容却难以确定。通过这种做法，通过给剧作这样命名，他使读者进行开放式的理解。

此外，在他的剧作中，象征手法都不再具有象征的作用。或者说，就算还有象征的作用，也是颠覆了寻常的象征主义。在《等待戈多》这部戏剧中，舞台上几乎没有什么事物。以作品中的树为例，并不是说树不具有任何象征意义，而是说其象征意义太过丰富，以至于我们无法明确它的意义。

由于贝克特尽量给读者进行开放式理解的空间，在 20 世纪的戏剧作品中，《等待戈多》成为人们评论最多、阅读最多的一部剧作。

贝克特采取这种使读者开放理解的方式，避谈剧本内涵和作者意图问题，是因为如果谈论了剧本的内涵和作者的意图，就可能使得意义有所封闭。

张江：的确，有诸多的读者认为《等待戈多》表现的是一个"什么也没有发生，谁也没有来，谁也没有去"的悲剧，作品没有连贯的故事情节，作品中的人物也没有鲜明的性格。而且，贝克特本人也主张，只有没有情节、没有动作的艺术才算得上真正的艺术。但是，我想请问，贝克特写这样一个"无限开放"的文本，提供"无限多"的象征，希望读者可以对文本进行无限理解，使置于读者面前的文本成为一个开放的文本，这本身难道不就是一个意图吗？

本尼特：我想没有人会否认这是一种意图。

莫德：没错，这确实是一种意图。

本尼特：我想，就西方传统而言，尤其是自18世纪以来，作者往往希望文本能够保持开放性的阐释，而不希望文本意义局限于作者本人所肯定的意义。

莫德：更有甚者，到了没有核心含义的程度，也就是说使文本尽量保持开放。这是一种意图。

张江：我想讲一件很有趣的事情作为回应，并请教同时作为小说家与文艺批评家的罗伊尔先生。意大利的安贝托·艾柯（Umberto Eco）先生曾一度是接受理论和读者理论的重要鼓吹者。他在1962年发表的《开放的作品》（*The Open Work*）中，主张对于文本可作无限阐释，不要受限于作者的意图。而其1980年出版的《玫瑰之名》（*The Name of the Rose*）成为很有名的长篇小说。其《玫瑰之名》及《傅科摆》（*Foucault's Pendulum*，1988）、《昨日之岛》（*The Island of the Day Before*，1994）和《鲍都里诺》（*Baudolino*，2001）等作品在英语世界获得很大成功，有很多人对其文本进行阐释和解读，其中有不少阐释和解读与他自己的本意并不相同。结果，本来主张开放文本的安贝托·艾柯先生，等到别人开放阐释其文本之时，就变得不再开放，而是表达了一种封闭、保守的立场。

实际上，1969年他在剑桥的一次讲座上进行辩论时，就将自己1962年时主张的一些"开放"的观点都称为是神秘主义的阐释或神秘主义的思想，并且进行了非常激烈的批评。

作为理论家与小说家，对于阐释的态度是完全不同的。对于莎士比亚的研究者或者劳伦斯的研究者而言，如果莎士比亚或劳伦斯还在世的话，如果有一天莎士比亚或劳伦斯说"你的阐释和我的想法是不同的"，那么理论家们将要如何对待？

请问罗伊尔先生，您在撰写文本时是否想过这个问题呢？在创作某一部小说的时候，您想不想表达自己想说的东西？也就是说，想不想体现自己的意图？在把自己的意图表达于文本之后，您期望别人的理解与您的表达相一致，还是期望两者之间有天壤之别？究竟您更青睐哪一种情况呢？我对此很感兴趣。

罗伊尔：非常感谢您提出的问题。关于您的论文及相关话题，我想说的话有很多。首先我想说，我能强烈地感觉到您论文中的观点与我及本尼特的观点——不仅指我们在《关键词：文学、批评与理论导论》一书中提出的观点，还有我们在新出版的《文学这东西》中所表达的观点——有很多共通之处。在英国及北美的文学学术圈中，我和本尼特一些方面似乎显得不同寻常，因为我们会给文学本身一种优先权，而很多文学批评者往往会忽略或者不重视这一点。可以说，在很多方面，我和本尼特的观点与您文章中的观点更接近，而与目前学术界的整体观点却有较大距离。

叙事有很多种手段，而所有文学批评都会进行一种叙事。您在文章一开始，就对西方文学批评发展史作了梳理，认为其经历了由"以作者为中心"，到"以文本为中心"，再到"以读者为中心"的几个重要阶段的发展。这是一种叙述，而我对这一叙述不见得完全同意，或者说并不认为这一说法有很强的说服力。

文学批评有很多种，而其中一种叙事，我认为颇为有趣和值得注意，那就是，我们要承认心理分析的因素。20世纪初的心理分析或精神分析理论使得我们看到，意图不一定都是有意识的，也有无意识的意图。与此相关，从弗洛伊德开始，到后来的德里达等思想家，都认为没有任何一种意图是完全有意识的。如果我们要确立"意图"这个概念，那么必须要考虑心理分析或精神分析理论的观点。

张江：我赞成罗伊尔先生的这个看法。但问题在于，从心理分析入手，我们要分析什么？说到底，还是要分析作者在想什么、为什么要写出这样的文本，别人应当从什么角度切入来理解其文本。以弗洛伊德为代表的心理分析学派，可谓是从作者入手来分析和认识文本的，这在很大程度上是对20世纪以来西方文艺理论和西方哲学一贯传统的抵制与反叛。也就是说，心理分析学派还是主张作者在文本构成中起决定性的作用，换言之，作者在文本中是不死的。作者在构建文本的时候，有自己意识到的或者说自觉的明确的意图，也有自己可能没有意识到的意图在起作用，甚至左右了文本。正如我刚才所言，作者在写作时是有自己的"前见"的。虽然这是海德格尔的说法，但"前见"其实就是弗洛伊德所说的潜意识，即"本我"在不自觉地起作用。因此，这样提出问题，就更证明了作者与文本的关系，以及文本体现出作者意图的至关重要性。

罗伊尔：您还问了我关于小说创作方面的问题，我也应简单地作出回应。我曾经就我的小说《被子》（*Quilt*，2010）举行过一个研讨会。当时，参加研讨会的一些读者对于该文本的解读确实让我感到很吃惊、很奇怪，但想来想去却觉得对方所言是对的。

张江：我历来认为，由文学创作实践者来谈文学创作理论是最有力量、最具说服力的。我现在要提的问题是，当别人对您的文本作出超乎您想象的理解时，您可以再回顾一下，在您进行创作的过程中，这种理解是否隐藏在您的心中或您的潜意识里，只不过您自己不知不觉而已？是否正是他人的理解才激发和唤醒了它们？

罗伊尔：这是一个很难回答的问题。我想，这个问题在某些方面也与刚才本尼特教授提到的一些作者所谈的创作层次有所关联。古希腊大哲学家赫拉克利特曾说："自然喜欢隐藏"。当然，对于这一表述有很多理解，而我认为其中一种理解就与"不可读的力量"有关。这也与刚才莫德教授所讲的贝克特戏剧、或者说与莎士比亚也有关系。莎士比亚、贝克特等作者之所以如此重要、备受重视，在很大程度上是因为他们的作品具有不可读性。从某种意义上说，这超越了意图的问题。也就如劳伦斯所说的："永远不要相信讲故事的人，要相信故事本身。"

张江：我所撰写的《理论中心论》这篇文章，其本身要强调的是，文学创作实践的第一主体应当是作者，亦即文本的书写者，第二是文本本身，第三是读者对文本的理解，也就是由读者来扩展、延伸、完成文本的意义。应该说，这是文学创作的一个完整过程或链条。但是，近一百年来，西方文艺理论却极力让作者死去，让意图成为谬误，认为文本之外别无他物，文本没有固定的主旨，可以任意进行阐释，是读者在构建文本意图，等等。

更为重要的问题是，一千个读者构建出一千个文本、一千个莎士比亚，而这些都是可以被承认的吗？这种理论的流变和演进，最终造成的结果只能是理论自己说了算，理论家作为接受者和读者决定了文本的生命与意义。难道这是文学创作实践的第一主体可以接受的吗？非常抱歉，罗伊尔先生刚才说到的小说我尚未读过。不过我想请问罗伊尔先生，您这部小说的主旨是什么？您能否用15个字简要概括一下？

罗伊尔：我可以尝试一下。我的小说主要是关于怎样书写自己父亲之死的。

张江：您作为一个全能的叙事者，在您的书写过程中，所有的情节、人物、结果是否全由您掌握呢？

罗伊尔：并不是全由我掌控。我和本尼特在合著的书中及其他地方都曾表示，作者是重要的，作者的意图是重要的，而且在我们阅读之时，应当始终对作者意图给予关注，将其放在心上。但是问题在于，作者意图本身是不确定的，而且有很多因素会使其变得复杂。其中一个因素就是无意识的意图。另外一个因素，如柏拉图所言，即写作可谓是一个孤儿，当文本被创作出来之后，它便在某种意义上有了自己的生命。你可能觉得人们对于你所写文本的评论很奇怪或很有趣，有见地或很愚昧，但是文本必须要得到尊重。人们在阅读时，本身就容易不受（作者）意图的控制。

张江：说到底，问题还是在于要尊重文本、尊重作者。假如您按照自己的愿望写出自己的小说，自己也认为自己没有什么意图，或者说没有固定的意图，没有精心设计过意图，那么您在把自己的作品付梓之时，是否知道自己写的是什么？如果您知道自己写的是什么，假如一位女权主义批评家对您的小说进行女权主义的阐释，认为在女权主义面前小说中父亲的去世有另外一种含义；又假如本尼特教授再以弗洛伊德的理论进行阐释，认为您的小说表达了您及家人的恋父情结、恋母情结等；一个中国学生又从您的小说中看到了中国诗人屈原之死与您父亲的去世有很深的关联，认为您有一种超验的、超时空的感受……您对如此种种表达能够接受吗？

本尼特：我想，张江教授提出的问题及文学批评都涉及历史的维度，现在或许可以从劳伦斯的《菊花的幽香》入手来谈一下了。我意识到，有的观点认为从生态批评的角度去解读劳伦斯是荒谬的，犯了溯及既往的时代错误，或者至少说是有问题的。我们现在这里有两位研究劳伦斯的专家，不知能否谈谈如何看待人们对劳伦斯所作的生态主义批评，对劳伦斯的生态主义解读是否实际有效。

博斯托克：[①] 我们可以从第一段开始看。我想，从劳伦斯运用语言的方式及开篇所谈内容，或许能够看出劳伦斯的意图并非无关生态。文中一开始描绘的事物有散落感，没有什么处于中心位置。

张江：我想，有一个很重要的问题，就是小说家在写小说的时候有主旨或主题吗？小说家是否承认自己写小说有一个主题，以及批评家是否认为小说有一个确定的主旨，这是一个涉及根本立场和原则的问题。现在您是想从生态主义的立场或理论出发来讨论这个作品，可以说立场已经确定了，那么就要在小说当中找到符合自己立场和理论的意向及表达。

我首先想问，您认为《菊花的幽香》是一个生态主义的文本吗？通过讲述女主人公等待出去上工的丈夫归来，而找到他时他已去世这样一个故事，劳伦斯是在表达其生态立场或生态思想吗？

博斯托克：我想它有很多重含义，而生态主义文本无疑是其中之一。书的标题就是"菊花的幽香"，也就是花的香味。从这个标题，我们就能感受到有生态的意味。它也涉及许多其他事物，但是生态气息似乎弥漫全文。

张江：《菊花的幽香》这部小说在中国也非常有名。我还是愿意

---

① 卡蜜拉·博斯托克（Camilla Bostock），英国苏塞克斯大学副导师（Associate Tutor），主要研究劳伦斯，同时也在现当代文学方面有著述。

这样来思考问题,即几乎劳伦斯所有的小说可能都涉及"生态"方面的描写,而《菊花的幽香》也许描写得更多一些。比如,火车发出的声音使小马惊跑、鸟儿惊飞,火车冒出的黑烟散落,等等。尽管有关于"生态"方面的表达,但是我认为这部小说描写的并不是生态问题,而是女主人公对于丈夫上工久久未归而产生的期盼和不满,以及劳动者对自己艰难生活的抱怨。如果说这里提及有黑烟冒出、有鸟儿被吓跑,就是有关生态的表达,那么最后女主人公丈夫的尸体横躺在地上,那种所谓的神圣与洁白,这样的意象也与生态相关吗?我认为,前面关于幽暗的"生态"描写,是与后面女主人公丈夫尸体的圣洁形成鲜明对照的,应当说表达了对劳动者的尊重。从这个角度说,我并不认为这是关于"生态"的描写。劳伦斯另一部小说《查泰莱夫人的情人》也一样有很多关于"生态"的描写,但这并不是它的主旨,这些关于"生态"的描写是为其主旨服务的。也就是说,我并不认为这是一部生态小说。所以,在我看来,对其作生态的理解是荒谬的。还有一个很重要的问题,就是您从这个文本当中看到关于生态的表达,究竟是先有了生态批评的立场再来解读文本,还是您在文本当中看到了生态问题?

博斯托克: 我本人并不是生态批评者,而只是劳伦斯的读者。我阅读文本时,是让文本提供其想要展现的意义。我并不认为这部作品仅仅是生态文本,不过关于您所提的女主人公丈夫之死如何与生态有所关联,我的回答是:死亡本身就是生态的。此外,故事最后女主人公的顿悟也超越了人类,超越了她与其丈夫的关系,涉及一些超乎她本身的、非人类的东西。

在创作《菊花的幽香》几年后的1914年,劳伦斯在写给爱德华·加奈特①的一封信中说道:"对我而言,在人性中的自然的、非人类的部分要比过时的人类元素更有意思。"如果我们要讨论作者意图,这似乎很明显地表明了劳伦斯的兴趣所在。不过也要注意,由于劳伦斯在其一切所言所写的核心中都有一种矛盾,所以要明确其确切

---

① 爱德华·加奈特(Edward Garnett, 1868—1937),英国作家、文学评论家,屠格涅夫传记的作者。

的意图几乎是不可能的。

莫德：我想要补充一点。在故事一开始，女主人公伊丽莎白·贝茨首次出场时，她并不是中心，而是隐没于风景之中。劳伦斯本人是反对工业化的。小说中沃尔特就是死于矿难，可以说是工业化毁灭了他。这可以看作是生态解读。

本尼特：确实如此。作怎样的解读，取决于你看待这个故事的角度。在这样一个短篇故事当中，都有很多值得注意的地方。生态批评所起的一个作用，就是让我们仔细审视在人与自然或人与环境的关系中，人类如何被构建、怎样被看待。在第一段中，工业化环境产生威胁、具有危险性而且带来嘈杂的声音，使自然遭到破坏。自然风景成为受工业化攻击、破坏、伤害、毁灭的躯体。这在文本中有所体现，是我们所不能忽视的。生态批评所做的，就是让我们聚焦这些事物，思考他们为何产生。

故事中沃尔特之死以及他与妻子的关系，以菊花为中介穿插其中。菊花在文中屡次出现，而对于其香味，故事中的不同人物反应不一。女主人公对于自己与丈夫的关系有顿悟式的理解。生态批评是要我们注意到自然以及人与自然的关系等在文本中如何展现。

张江：通过刚才几位教授对劳伦斯作品的分析，有一点我们是明确的，即劳伦斯在作品中所表现出的意图是明确的，就是反对机器化和工业化的社会。应当说，几位教授所言与我读这部作品所体味到的作者意图是一致的。而如何去理解劳伦斯的这一意图，我觉得大家可能会有所不同。有的从生态学的角度阐释和分析，其实我们也完全可以从存在主义的角度去阅读和理解这部作品，因为这部作品从头至尾充满着关于日常生活的悲苦境况以及面临死亡状态的描写。对于这种描写给人们带来的领悟，也需要高度重视。用马克思主义的观点看，劳伦斯描写的是一种典型的异化生活状态。

当一个作品中呈现出作者的意图，或者呈现出文本的主题的时候，不同的人可能会用各自不同的理论和视角去感悟、理解这一作品，是今天我们所探讨的另外一个问题，也是作品不断丰富发展的一个重要环节。通过刚才的讨论，我们可以明确的是：第一，劳伦斯的意图是在的；第二，人们确实可以用不同的理论和理解对作品的意图进行再理解、再构建。

本尼特：是的。我想我们都赞同您的看法。有很多种解读方式，都可以丰富我们对文本的理解。对于这个故事，还可以从女权主义和酷儿理论等角度进行解读。如博斯托克所言，生态批评的解读并非唯一的解读方式，只是众多解读方式中的一种而已。

张江：受语言学的影响，有人在谈论文本的时候会进行篇章分析。我们今天谈论的主要是作者的意图问题，而如何得知作者意图似乎是一件很困难的事情。正如以弗洛伊德为代表的心理分析理论所说的意识与潜意识那样，有时候人们并没有意识到自己在想什么。但是，当我们分析文本的时候，必须要从文本回归到作者。作者是在表达自身，这是我们理解文本的基础。离开了这个基础，我们就无法理解文本。即使我们不知道作者的意思，我们在阅读文本时也会有所思考。

文学作品是作者与读者的一种交流，而文本是作者进行表达和交流的手段。尽管我们不可能真正完全了解作者的意思或意图，而且在不同的历史阶段对于文本的理解也会发生改变，但我们必须认为作者是在那里的，是没有死的，否则我们就失去了理解文本的基础。

大家都认为，劳伦斯的《菊花的幽香》这部作品表现出对于机器化和工业化社会的反抗。那么，也就是说，在座的理论家、批评家们是赞同文本有一个确定的主旨的。如果用其他的理论，比如女权主义、幽灵理论、空间理论及其他各种不同的理论来解释劳伦斯的文本，那么这些解释与我们所理解的对工业化社会的反抗是并行不悖的吗？在诸如此类的众多解释中，到底有没有一个更合法、更确当的解释？

如果说普通读者有许多不同的解释，那么批评家、理论家们是遵从大多数读者的看法，认为文本是开放的、可以任意解释的，还是承担起作为批评家、理论家应有的职责，恰当地、有分寸地告诉读者，劳伦斯的这部小说表达的是对工业化社会的一种反抗？批评家、理论家对于文本的理解，与普通读者对于文本的理解，是否有相同的价值？

本尼特：您指出了两个重点问题，一是文学批评的正当性问题，二是批评者的责任问题。我认为，正当的阅读应当是关注文本并且忠实于自己面前的语言的阅读。正当的文学批评能够让人们看到自己之前所忽视的文本中的东西。比如生态批评主张要看到这个故事对自然及环境的描述，工业化破坏了自然，然后有人发现这是对的，自己以前没有看到这一点，但是现在却认可这一观点。这是文学批评发挥作用的方式。我认为，文学批评家的职责在于教给学生如何进行阅读，而不是告诉学生文本有什么含义。学生自己可能会产生新的解读或不同的解读。

张江：我赞同本尼特教授的看法，对于刚才其他教授关于文本的理解我也是比较赞成的。其实，如果用女权主义的理论来分析劳伦斯叙述的这个故事似乎也一定很精当。我们也可以用幽灵理论来解释这个故事，让之前一直不在场的男主人公不断出现在文本当中，并左右着文本的线索和进程。但是，我们要问，是生态主义的解读更接近于文本，还是女权主义、幽灵理论的解读更接近于文本？抑或说我们大家的共识——对工业化社会的反抗——更接近于文本？

教师在讲台上除了要告诉学生如何去阅读文本外，有没有责任教给学生以什么样的立场、方法、线索去认识文本？是从我们既定的理论出发去寻找文本对理论的证明，还是在文本当中发现一般的认识？特别是当你秉持的理论与文本不相符合的时候，人们所说的对话能够实现吗？

罗伊尔：本尼特和我一直都主张，文本才是我们的兴趣所在和当读之处。在阅读有趣文本的时候，总会有出乎意料的收获。我们总是能从文本中有所发现，文本每每使我们感到惊奇。对我而言，这个故事中的一个重要因素是后知后觉的意义，也就是说，一些意义并不是立现的，而是之后才变得清晰起来。我认为，这个故事就体现出了后知后觉的意义及其与死神的关系。在故事的最后，女主人公看着丈夫的尸体，心里想："我是谁？我在做什么？我一直在与一个不存在的丈夫抗争。"我认为，这就是对于后知后觉意义的很好体现。

张江：实际上，也就是说，并不是我们赋予文本意义，而是文本在召唤我们。我认为，这是关键所在。

罗伊尔、本尼特：是的，我们说的就是这个意思。

张江：其实，我们所真正关心的问题，并不在于对一个文本怎么认识，不在于作者对于文本阐释的意义，也不是要追求文本有一个确定、固定的意图或主旨。我们关心的是，在理论与创作实践的关系上，谁是第一位、谁是第二位以及谁决定谁的问题。

当代西方文艺理论从以作者为中心到以文本为中心，再到以读者为中心，最后过渡到以理论为中心，其实是让作者、文本、读者都死去了，理论成为王者，也就是只有理论家说了算。我认为，这种反常现象使得当代西方文艺理论走入一个死胡同或一条不归路。而用这种理论来阐释中国的文学实践经验，更产生了许多荒谬的问题。我之所以撰写《理论中心论》等文章，在很大程度上是对这个倾向的关注和反抗。

本尼特：我想，很多人也会说理论已死。理论并不掌控一切，不过这是另外的问题了。您提出的关于理论与阅读实践谁先谁后的问题，我对此有两个回答。一个回答是，没有任何对文本的阅读是不带有理论的，所以，并不存在完全纯正、不受任何影响的阅读。第二，我想要说我们无法说清楚谁先谁后的问题，阅读文本及思考如何阅读文本这两者之间有相互作用。

张江：我所说的理论与实践的关系，是从认识发生论和理论发生论的角度来谈的。肯定是先有文学，然后才有文学理论，文学是生命之树，而理论是为文学实践服务的。没有文学的文学理论是不成立的。

罗伊尔：不过，作家或者小说家在创作时并非不带有丝毫的理论知识。实际上，每一个作家的创作都有一个理论背景，这一理论背景不仅与其自身知识有关，而且还与语言、文化等很多因素相关。

张江：今天的讨论很有意义。在讨论中我们学到了很多东西，受到不少启发，非常感谢大家。

高保真、低保真、无保真与无线保真阐释
——与张江教授关于文本意图问题的讨论*

马西莫·里奥尼**

忠诚的撒拉弗天使亚必迭说罢，发现在众背信者中间只有他忠信。在无数的虚伪者中间，只他不移本心，不动摇，不受诱惑，不怕威胁……

（约翰·弥尔顿：《失乐园》，1667，5.896-9）

一 远距离视野

8世纪的中国著名诗人杜甫有一首名作，生动表达了当时年轻的诗人希望能对世界进行全方位观察的愿望。这首诗的诗句含义精妙，难以进行意译转述，我们需要采用戴维·霍克思（David Hawkes，英国汉学家——译者注）2016年对这首诗的英文翻译版本。诗的题目是"望岳"，"望"为"注视"之意，通常指注视远处的物体；"岳"具体指中国的五岳之一——位于中国山东省的泰山。下面是这首诗的全文：

岱宗夫如何？齐鲁青未了。
造化钟神秀，阴阳割昏晓。
荡胸生层云，决眦入归鸟。
会当凌绝顶，一览众山小。

---

* 本文原刊于《社会科学战线》2017年第6期。
** 作者单位：意大利都灵大学哲学系；译者权达，单位：中国社会科学院国际合作局。

长期以来，关于这首诗的意义，虽有过众多解读，但所有这些解读都不能让我们否认一点，那就是这首诗本质上揭示了人类的一种至关重要的愿景，即希望在自己的生命过程中，通过精神层面的锻炼与活动，获得一种高屋建瓴的观察世界的视角。对于年轻的人文学科学者来说，他们还处于科研生涯的初期，常常因为复杂纷繁、相互矛盾的观点与立场感到困惑。能够掌握一种宏大的观察视角，也是他们的愿望。

2015年6月，都灵大学授予安贝托·艾柯荣誉学位。学术界崇敬像安贝托·艾柯这样的知名学者，是因为他们通过在学术事业上持之以恒的探索、精益求精的追求，已经到达了很高的层次，有能力对各种思想观点做出清晰透彻的分析。在拜读张江教授的几篇文章后，读者得到的就是这种感受。在长达几个世纪的时间里，各种学术流派都在致力于回答文学意义的问题。所有这些理论都被呈现在一张精彩的图表里，这张图表不但指明了各种理论及其演变历程，更令人印象深刻的是，它指出了我们将来应该选择的发展方向。对于"西方"文学理论如此全面的审视，出自一位文化上根植于东方的学者，这丝毫不使我感到惊讶；在地理与文化意义上进行远距离观察，优势之一就是在判断中可以保持客观与冷静。

但是，除了全身心投入到其思考中去，还有什么能给一个学者带来更大的荣耀呢？从当前欧洲符号学家的观点来看，与张江教授开展对话，几乎是件很自然的事情，不仅仅由于张江教授经常提到并批评符号学，更重要的是因为张江教授的批评直指符号学发展历史中的错误。承认并改正这些错误，符号学本身经历了长期的挣扎。

二 审视之下的符号学

在张江教授几篇著名的文章中，他经常以批评的态度来论述符号学。其中，《强制阐释论》通过内容丰富翔实的论证，分析了获取文学意义的各种途径与方法。① 这篇文章批评了为支持理论而将文学当

---

① Zhang Jiang, "The Dogmatic Character of Imposed Interpretation", *Social Sciences in China*, Vol. 37, July 2016, pp. 132–147.

作工具、将其任意变形的做法，仔细衡量了各种批评视角的优势和劣势，为合理的、丰富的且尊重文学的批评范式设定了标准。《强制阐释论》以生态批评和地理批评方法分析文学意义为例，指出符号学消解了文学本身的尊严，将其限制在符号学元语篇的桎梏之内。文中还提到符号学家格雷马斯，指出他发明了一种叫作"符号矩阵"的图形。通过这个图形，文学叙事被分析为不同逻辑关系的序列与转化。

我们必须同意张江教授的批评意见，尤其是考虑到，首先，格雷马斯本人几乎没有分析过什么文学文本，他的主要精力还是集中在理论阐述上。文学在他的理论阐述中经常只是充当范例来源（格雷马斯在文本分析领域，发表的最成功的文章是《莫泊桑》。该文实际上是通过演练，来展示如何将他的文本分析方法加以实际应用）[①]；其次，格雷马斯的很多追随者机械地模仿他们的老师，复制生产出无数的分析。在这些分析中，文学及其他文本在格雷马斯的分析方法机器中被碾压成碎片，仅仅是为了证明这一流派的功效，显示自己在格雷马斯理论实践者中的精英身份。

诚然，在对格雷马斯限定性文学分析理论进行批判的话语框架内，张江教授的批评性评价是完全可以理解的。然而，我们还需看到一个事实，那就是格雷马斯的追随者中有不少人，比如文学批评领域的学者雅克·热尼纳斯卡[②]或是德尼斯·伯特兰[③]以及视觉符号学领域的学者让·玛丽·弗洛克[④]或是社会分析领域的学者埃里克·兰多斯基[⑤]，虽然他们表面上都是格雷马斯的崇拜者，但在继承格雷马斯的分析方法时，并没有抱着一种完全接受的态度。这些学者的注意力集中在各自分析对象的具体特征上，积极与其他学科开展有意义的对话交流。如果自己的分析方法不能有效捕捉所研究对象的意义，他们

---

① Greimas Algirdas Julien, *Maupassant: La sémiotique du texte: Exercices pratiques*, Paris: Éditions du Seuil, 1976; English trans. By Paul Perron, *Maupassant: The Semiotics of Text: Practical Exercises*, Amsterdam, Philadelphia: J. Benjamins Pub. Co., 1988.

② Geninasca Jacques, *La parole littéraire*, Paris: Presses universitaires de France, 1997.

③ Bertrand Denis, *Précis de sémiotique littéraire*, Paris: Nathan, 2000.

④ Floch Jean-Marie, *Identités visuelles*, Paris: Presses Universitaires de France; English trans. by Pierre van Osselaer and Alec McHoul, *Visual Identities*, New York: Continuum, 2000.

⑤ Landowski, Eric, *La société réfléchie*, Paris: Editions du Seuil, 1989.

第一部分 作者意图

就会对原有的方法论进行修正。同样值得注意的是,格雷马斯本人也曾不断地进行理论构建。在他学术生涯的最后阶段,格雷马斯发表了一篇名为《论不完美》的文章,在文章中他的符号矩阵理论仅仅处于背景位置,成为一副不显眼但是又必须存在的脚手架。文章的中心位置则是对图尼耶、卡尔维诺、科塔萨尔、里尔克与谷崎润一郎5位作家5篇文本的精彩分析。这5个分析无疑能够符合张江教授关于理智的文学批评所提出的要求。①

在张江教授的其他文章中,他批评了符号学不加批判地借用数学和物理学概念,作为自己的分析工具,将公式强加于文学文本。我们再次看到,张江教授的这个批评,不但切中符号学的要害问题,而且从更宏观的层面讲,也指出了存在于20世纪80年代人文学科与其他学科交织融合趋势中的问题。这种趋势,又经过20世纪90年代人文科学对认知科学的拥抱、21世纪初人文科学对镜像神经元的迷恋以及2010年至今人文科学对于行为学的狂热等运动,进一步得到强化。在学术界,通过不加批判地追逐最新思潮来赢得一席之地,是一种难以抗拒的诱惑。然而,我们或许应该对不同情况区别对待,把真正有价值的交叉学科成果,比如勒内·托姆(法国数学家,突变论创始人——译者注)关于符号学与突变论的结合,② 与那些对文学文本进行荒唐的数学分析,或是由为数不多的跟风者所吹捧的"视觉文本"相区别。做这样的区分,其目的与张江教授提出的文学批评最高价值的目的是一致的。

张江教授对于符号学提出的第三个完全合理的批评观点,是针对符号学的发展倾向。结构主义流派的追随者们都表现出这种发展倾向,那就是无视甚至剥夺文本的独特性,以便实现全面掌握文本结构统一性的理论目的。结构主义认为,文本的结构统一性是隐藏在丰富多彩的文学想象外表下的基础。的确,极端正统派生成符号

---

① Greimas Algirdas J., *De l'Imperfection*, Périgueux: Pierre Fanlac, 1987.
② Thom René, *Esquisse d'une sémiophysique: Physique aristotélienne et théorie des catastrophes*, Paris: Inter Editions, 1988; English trans. by Vendla Meyer, *Semio Physics: A Sketch*, Redwood City, Calif.: Addison-Wesley Pub. Co., Advanced Book Program, 1990.

学始终试图将整个文化理解为只是由若干基本构成要素组成的结合体，这种思路导致了阐释过度简化，其简化程度到了令人难以接受的地步。然而，从结构符号学向张力符号学转变的过程，以及在这个过程中离散的语义对立被连续的语义张力所取代，不正是为了让深不可测的人类文学创造的复杂性与符号学元语篇图式化的表述更好地对应吗？①

同样，张江教授在《强制阐释论》中提出的第四点批评意见也非常合理，特别是关于罗兰·巴特对文本非指称特征的后结构主义态度，以及从更宏观的意义上讲，关于结构主义对于作者之死的看法。对于这一问题，张江教授在他的另一篇出色文章《作者能不能死》②中有精彩论述。原教旨主义符号学一心想要把文本以外的因素，比如作者的思想与生活经历、读者的思想与生活经历，或者文本自身产生的条件逐一剔除出去。这样做经常导致荒唐的自我删改。有时，格雷马斯的名言"文本之外无救赎"受到如此盲目的追捧，以至于为了保持其理论的纯粹性，文学自身的尊严与存在价值遭到蔑视。在此处，内部批评也与外部审视相适应。比如在现象符号学最新的发展动向中，重新将符号与其实体物相联系；③还有在对于生命形态的分析中④，以及在本维尼斯特对于"讲述"问题的最新研究成果中，研究更加关注那些通过具体语用场景获得意义的语言结构。⑤

究竟是坚持使用图表化的程式分析，还是更加审慎地对待这种分析方法；是狂热地采用数学公式，还是谨慎地融合人文科学与自然科学思想；是执着追求理论统一，还是谦虚地接受文学的独特表征；是宣称文本自治，还是认真思考文本与语境之间明显的关系——符号学常常陷于上述和其他各种选择困境之中。而当受到像张江教授提出的这样中肯批评的启发时，符号学又可以找到解决困境的创造性思路。

---

① Zilberberg Claude, *Eléments de grammaire tensive*, Limoges: PULIM, 2006.
② 张江:《作者能不能死》,《哲学研究》2016 年第 5 期。
③ Fontanille Jacques, *Corps et sens*, Paris: Presses universitaires de France, 2011.
④ Fontanille Jacques, *Formes de vie*, Liège: Presses universitaires de Liège, 2015.
⑤ Coquet Jean-Claude, *Phusis et logos: une phénoménologie du langage*, Saint-Denis: Presses universitaires de Vincennes, 2007.

三　深入分析

　　作为继续拓展与张江教授对话内容的粗浅尝试，本文将对符号学提出进一步的完善建议。以下以一篇中国小说为论述起点，这篇小说最近首次被翻译成英文，获得了国际关注。小说的题目为《隐身衣》(2016)，作者是格非。小说的故事情节比较简单。故事主人公是一个经济收入微薄的男人，他爱上了一个姑娘，并娶她为妻。一段时间后，这个姑娘变心，弃主人公而去。自此往后的内容充满了痛苦的回忆，是主人公与已故的、曾警告其与姑娘婚姻不合适的母亲在想象中的对话。在主要情节之外，最为突出的是小说对于音响系统——这个主人公为谋生而组装和出售的物品——花费笔墨展开的细致描写。

　　在小说中，作者格非把对情感变幻莫测的思考与对音乐再现技术的细腻叙述交织在一起，无论是读者还是文学批评家，都对此感到惊叹。作为例子，下面引用小说原文中的一个段落，表现的是主人公为一个神秘的富豪客户安装高品质高保真音响时，对于音响安装的理想空间环境所做的详细阐述：

> 　　我曾经在电话中向丁采臣打听过客厅的大致格局。连日来，我对那面朝南的玻璃墙比较忧虑。因为你知道，光溜溜的玻璃根本拢不住声音。玻璃造成的反射，会使音乐在房间里到处乱撞，结像效果一定会很糟糕。按照我的建议，丁采臣在客厅的南窗新装了一个厚厚的布帘。单从这一点，你大概也可以判断出，丁采臣这个人，通情达理，凡事都好商量。这间客厅，虽说足够高大宽敞，但对于欣赏音乐来说，并不是一个适宜的环境。一般来说，扬声器总是要在短墙摆放。可问题是，这个客厅的短墙在东西两侧。西墙边的柜式空调不能随便移动。旁边还有一个巨大的玻璃鱼缸，水草柔软地披拂摇摆，两尾带鱼状的动物……来回巡游。①

---

① Ge Fei, *The Invisibility Cloak*, English trans. from Chinese by Canaan Morse, New York: New York Review of Books, 2016, p. 334. 亦可参见格非《隐身衣》，人民文学出版社 2012 年版，第 187 页。

在本段以及小说其他一些段落中，主人公不厌其烦地讲述着欣赏音乐的声学条件，在读者面前堆叠起一长串的技术名词和细节。乍一看，主人公在不懈地追求组装一套完美的音响系统，这个系统内所有的零部件，从光盘播放器到扬声器，再到电线，都应摆放在理想的空间位置上，以达到对音乐完美无瑕的忠实再现，排除一切干扰、一切扭曲和一切噪音。主人公所追求的乌托邦，他希望向客户灌输的激情，就是营造一个没有噪音的音乐环境，目的就是保证声音再现的绝对纯粹性。

然而，随着故事逐步展开，细心的读者会意识到，主人公对于音乐再现忠实度的痴迷——格非通过一个又一个的技术细节描写生动地体现出来——实际上是对另一种忠实的隐喻，或者可以更清晰地说，是对"忠实"这一小说主题的隐喻。忠实的问题，在小说中的各个语义层面都得到精妙的体现。其中最明显的，自然是情感的忠实问题，它是小说主要情节的焦点，即主人公妻子的不忠实。这使得主人公一度陷入孤独与绝望的境地。但是，对于读者的理解来说，这种情感方面的不忠实也同样是另一种不忠实的叙述外壳，一种更加深刻的、令人忧虑的不忠实。格非本人作为大学教授，在小说中自嘲般地描写了一个教授，主人公在这个教授家中工作时，无意中听到了他关于"世界问题"的闲聊。作为例子，下面这段表现了作者对于教授夸夸其谈带有讽刺意味的看法：

> 我把机器给他送过去的时候，这位教授又在向他的妻子，那个体育大学的排球老师，抱怨世道的混乱和肮脏无序了。什么道德沦丧啦，什么礼崩乐坏啦，什么道术将为天下裂啦，全是扯淡。他进而断言：没有任何一个中国人，能在目前这个社会过上好日子。很明显，他的妻子不爱搭理他，表情冷漠，在餐桌边低着头，飞快地发着手机短信。他似乎有点恼羞成怒，并再次使用了那个让我十分厌恶的反问句式："不是吗？"①

---

① Ge Fei, *The Invisibility Cloak*, English trans. from Chinese by Canaan Morse, New York: New York Review of Books, 2016, p. 463. 亦可参见格非《隐身衣》，人民文学出版社2012年版，第187页。

这位教授自我膨胀，装腔作势，还显得理直气壮；对着一个处于劳工阶层、为了生活而挣扎、正在给自己安装昂贵的音响设备的人大发议论，尽显其虚伪本质；傲慢地把自己的固有成见说成普遍现象。所有这些都让主人公感到，在这个世界上，人们不但对自己的配偶不忠实，而且连思想本身，由于对现实的不忠实，都失去了自己的尊严，变成了一种自我陶醉式的扭曲话语，一遍又一遍地重复。在不向各位读者提供小说结尾剧透、破坏阅读乐趣的情况下，我可以透露一点，那就是这篇小说结尾十分突然，主人公在听完教授的"长篇演说"之后，显示出反抗姿态。他随后回敬的一番话可以认为是这篇小说的主要寓意。这个寓意，是主人公经历了煎熬后得到的，是在他对自己关于人际关系的忠实与完美乌托邦进行痛苦反思后得到的。

四 文学的目的是什么？

为"文学的目的"做出一个一劳永逸的定义，是难以实现的。很多充满智慧的学者都曾尝试回答"文学的目的"是什么，但在给出一个答案的同时，都没办法排除其他同等合理的答案。最终，这个概念本身，在经历了数千年人类历史发展、跨越了各种文化、以多种截然不同的形式出现后，只能是根据其产生、传播和接受的不同语境，来确定自己所要实现的多种不同的目的。然而，同样无法否认的是，大多数人喜欢文学，因为文学为人类提供了一个虚构的再现世界，也可能为人们生命中的困惑提供答案，无论是爱的神秘、死的绝望，还是友谊与背叛之间激烈的思辨。这正是我们要思索阐释文学文本最佳途径的根本原因，正如张江教授在他的文章中所深刻指出的一样，那就是懂得如何用尊重文学的方式分析文学，是我们学习如何用尊重的方式解释人类的重要手段。

正如于戈·沃利教授（于戈·沃利，都灵大学符号学教授——译者注）和其他几位学者所指出的，在那些不尊重文本本身、对文本强加前置阐释的理论，和那些在20世纪历史上以种族主义对人进行侮辱的理论之间，存在着恶性联系。对于一件艺术作品的独特性的钟爱,以及对它向人们传递思想的独特方式的钟爱,是与对一个人的独特性的钟爱、对其存在的独特方式的钟爱分不开的。艺术作品,包括文学文本,不同的理论可以对它们进行多种方式的分类,但如此分类只是为了提供一个框架,目的在于凸显那些理论无法捕捉的东西,那些在理论范围之外的东西,即每件人类想象力所创造的作品的珍贵独特性①。同样,人类也可以用语言、民族,或者社会经济等标准被分类,但如果这种分类最后变成了一种对人的桎梏,忘记了这样分类的目的在于更好地凸显每个人类个体的独特性,那岂不是很危险!②

格非的《隐身衣》让读者对忠实问题进行多层次的思考,分别是音乐再现的忠实问题、情感关系中人性再现的忠实问题以及作为思想和其话语载体的文化再现的忠实问题。正如本文标题所示,这些再现过程可以划分为四种不同的形式,每种形式都对应一种不同的阐释哲学。第一种形式是"高保真阐释"(hi-fi interpretation),这是小说主人公的理想境界。"高保真阐释"追求对声音完美的再现,排除任何噪音和干扰。这种完美的声音再现,如果不是为了尊重每一个音符的独特性,尊重每个音符与其他音符协奏的独特性,以及整个乐曲的艺术独特性,那又是为什么呢?正是为了确保音乐再现的忠实度,确保声音与音乐内涵的一致性,符合作曲人构思和表达的思想内容,《隐身衣》的主人公才认真地组装复杂的音响系统。

从比喻意义出发,与这种听觉忠实度相对应的,是人与人之间关系的忠实度。这种忠实度的基础,是一个人调整自己的特性,而与另一个人的特性相适应的道德要求。在这个努力调整的过程中,人对人的固有观念,甚至是偏见,会成为一种简单粗暴的解读方法(里奥尼

---

① Leone Massimo, "The Jealousy of Rembrandt: Transparency and Opacity in the History of Visual Media", Forthcoming, In Leone Massimo et al., eds., *Technologies of Law and Religion: Representation, Objects and Agency* [*I Saggi di Lexia*], Rome: Aracne.

② Leone Massimo, "Cultural Semiotics as Fluxorum Scientia", online. In Bankov, Kristian, eds., *New Semiotics Between Tradition and Innovation: Proceedings of the 12th World Congress of Semiotics*, IASS Publications & NBU Publishing House (ISSN 2414-6862); available at http://www.iass-ais.org/proceedings2014/view_lesson.php?id=55 (last accessed 7 December 2016).

即将出版《符号学》）。① 对他人独特性的忠实，是法国哲学家伊曼努尔·列维纳斯在反思 20 世纪悲剧过程中，关于最高道德给我们上的一课。在他看来，20 世纪的大多数悲剧，源于对这种忠实责任的摒弃。② 然而，忠实不仅应该存在于对艺术与人的态度上，也存在于如何看待将两者联系到一起的内容，亦即在社会中传播的语篇、文本，包括精心加工的艺术创作。

五　高保真阐释

在文学批评中，高保真阐释，正如张江教授在他的文章中所准确指出的，是一种对文本不进行强制阐释的批评方法。像安贝托·艾柯在区分文本阐释与文本使用时所述，③ 高保真阐释不利用文本来实现文本自身未曾创造的目标；相反，高保真阐释采用一个可对文本进行分析的框架，认为文本不是分析框架本身，而只是框架中的分析对象，正如美术作品中画框和画作的关系。这种阐释，承认对于理论所指出的相似性的接受，如语义框架、叙述结构、语篇组织等等，但最终要进行超越。正是这种超越，揭示出文本对于人性的体现。文本的独特性隐含在这种超越之中，是文本最为珍贵的内容。如果我们不把文本从理论的条框中解放出来，便不能得到这种超越。

六　低保真阐释

那么低保真阐释又该如何解释呢？低保真阐释就是阐释者对于文本的爱以及对于文本所包含的独特性的爱，被阐释者对其他因素的迷

---

① Leone Massimo, "Socio-sémiotique des *livresàvisages*", online. Nouveaux Actes Sémiotiques, Forthcoming.
② Lévinas Emmanuel, *Totalité et infini: essai sur l'extériorité*, The Hague: M. Nijhoff, 1961; English trans. by Alphonso Lingis, *Totality and Infinity: An Essay on Exteriority*, Pittsburgh: Duquesne University Press, 1969.
③ Eco Umberto, *Interpretation and Overinterpretation*, *with Richard Rorty, Jonathan Culler, and Christine Brooke-Rose*, edited by Stefan Collini, Cambridge, UK; New York: Cambridge University Press, 1992.

恋所取代，比如既定作者应有的思想活动、文本产生的社会文化环境、在文本所产生的时代对于文本的接受情况，或者是用于阐释文本的"理论"。所有这些因素都很有价值，并衍生出不少很有见地的文学分析方法（文学的精神分析、文学社会学、文学接受研究、解构主义阐释——女权主义理论和酷儿理论），但是这些分析方法都没有达到对于理论的"超越"，这种"超越"是文本的独特内涵，是只有最为忠实的读者才能发现的东西。如果每次都把一个文本仅仅视为存在于一个类型中的另外一个例子，比如文类、叙述结构、意识形态等，那么文本的独特性就失去了，对于文本的阐述就夹杂了个人的、历史因素的噪音，或者是理论的偏见和曲解，正如同音响系统中脆弱的、无法正常工作的线路一样。

七　无保真阐释

"无保真阐释"是指在音乐再现过程中，由于使用了质量低劣的技术设备，从而故意产生了噪音和声音扭曲，并将这种听觉混乱变成颠覆美学的元素，将经典作品以及再现诗学的既定标准进行重新洗牌。这些做法的游戏性质，及其对于主流美学的依赖，是不可否认的。艺术家只有在一个有序的声音世界里，才能演奏噪音。同样的游戏性也能在阐释领域得到应用。结构主义就是与文本的游戏，它狂热地将理论用于文本，并享受由理论分析所产生的不和谐的声音，以至于常常毁掉了结构主义自己意欲建立的和谐。在社会关系与行为领域，对传统角色与规范图式的颠覆，也是结构主义乐此不疲的事情，被视为是快乐与解放的源泉。然而，在上述例子中，噪音的美学只能建立在对文本的理性阅读基础之上，无保真阐释在对文本反抗的过程中逐渐展开。这些带有讽刺意味的过度解读游戏，无论是在文本层面还是社会层面，都没有什么错误之处；不承认这类解读，或者更有甚者，禁止这类解读，将意味着把某一种阐释推上独裁的位置，让其他个体的解释，或者创造性的变革，失去了自己的空间。当然，如果无保真阐释以高保真阐释的面目出现，不但装作要在考虑主流认知，而且还要在实际中对其加以取代，那么问题就来了。如果理论不仅对文本任意解构，还要宣称把自己的游戏性的解释升华为一套分析机制，那最终的结果就是理论与文本同归于尽。只要低保真阐释不要荒谬地将自己当作是高保真阐释，那么其存在是没有问题的，有时还能给人耳目一新的感觉。

八 无线保真阐释

最后要对本文标题中的第四个概念——无线保真阐释，进行说明。众所周知，无线保真是一种不通过有线连接，就能实现人与机器相互沟通的技术。无线保真这个说法，原本并非指语义的忠实，但经常被这样解释。在本文的象征含义中，无线保真阐释是指一种文本解读模式，在这个模式里，由"真实群体"提供的、用以集体确定文本语义价值的语境，被"数字群体"所取代，这个"数字群体"的基本特征与"真实群体"愈行愈远，直至"数字群体"这一表述最终成为一个矛盾修辞法，因为这样的群体在事实上无法再提供连贯的、稳定的语境，来对文本进行合理的阐释。在这种技术与社会文化发展潮流下，"无线保真阐释"也变成了一种矛盾修辞法。在一个"无线"的世界里，即一个真实的社会关系被虚拟网络关系所取代的世界里，是否可能做到阐释？

在安贝托·艾柯的学术生涯中，他坚持可以对阐释过程设定某种界限的观点[①]。这种界限来自于被阐释的文本自身的结构，前提是这个文本包含着合作性阐释所要塑造的独特性。这种阐释理论，来自对于皮尔士符号哲学的深刻理解，但也不是完全没有问题的。究竟由谁来决定一篇文本的结构呢？如果根据安贝托·艾柯所说，对文本正确的阐释（或者可接受阐释的范围）所追求的是文本的本身意图（intentio operis，即文本本身所计划被解读的意图），而不是作者意图（intentio auctoris，即作者希望或认为他通过文本可以表达的意图）或者读者意图（intentio lectoris，即读者在阐释文本时能够发现的意

---

① Eco Umberto, *The Limits of Interpretation*, Bloomington, IN: Indiana University Press, 1990.

图),那么是谁,或者是什么,来最终确定某种符号语言结构与他们被阐释的习惯方式之间的规范关系,仍然是一个问题。很重要的一点是,安贝托·艾柯从未声称提取文本本身意图的过程是理性的(rational);他所指出的是,这个过程是合理的(reasonable)①。二者的区别具体体现在这样一个客观事实上,即在符号语言结构与其所表达的意义之间,没有永远固定不变的关系,而是随着社会文化的运动而不断演变。这是另一位著名符号学家洛特曼(Jurij M. Lotman)试图描述的。因此,最终确定某种意义与特定的符号语言结构相联系的,既不是国王也不是法律,亦非语言必然性。一些阐释方式的相对合理性,与另外一些阐释方式的不合理性,都在具有共同符号域的阐释者群体中形成。在漫长的时间中,为了给自己的语义环境建立边界——或者至少是门槛——合理性与非合理性进行系统性互动。这些边界,是长时间延续的复杂协商的结果。这也意味着,那些现在已经确定的边界,经过较长的一段时间后,会被不同的阐释合理性边界所取代。安贝托·艾柯对于解构主义的批判,并非针对合理性阐释的形式会发生变化这一观点,而是针对合理性阐释的形式会被个人意见所推翻颠覆这一观点,比如某个批评家决定把《哈姆雷特》当作女权主义宣言来解读。如果仅作为"无保真阐释",仅作为一种独特的、游戏性质的阐释与已确定的阐释者群体产生联系,那么对这类反抗性的阐释我们是可以接受的,甚至是持欢迎态度的。但是,如果此类或相似的过度阐释,甚至利用文本的行为,被当作"高保真阐释",并在学校作为标准的阐释理论向学生讲授,那么情况就令人担忧了。关于不忠实阐释机制化所带来的问题,最令人感到不安的是没有任何标准能够决定哪种特色的阐释方法是规范的标准方法。被一个阐释者群体认为最合理而被接受的阐释,是经历了漫长而复杂的语义与阐释协商——其过程与结果超越了个体的阐释意图——之后,才获得了自己的地位。我们不能随意地解读文本,原因很简单,那就是文本不只属于我们。文本属于一个群体,属于一种文化语境,属于一段历史——这些

---

① Leone Massimo, "The Clash of Semiotic Civilizations", in *Sign Systems Studies*, Special Issue on Algirdas J. Greimas, Forthcoming.

都是塑造文本独特性的基本因素。如果解读文本时,特别是文学文本,不考虑文本的具体语言、阐释者群体、阐释的历史等因素,这样的解读必然导致对文本强加暴力,忽视文本本身意图,最终就产生了安贝托·艾柯所论述的阐释滥用问题,以及张江教授在文章中所提到的强制阐释问题。

但是,如果现实中没有对阐释边界进行协商和再协商的真实群体呢?对于不具备固定形态的语言、地理环境和历史的电子网络群体,我们是否可以说这个群体也可以表达复杂的、确定的辩证法,正如参加研讨会的学者、图书俱乐部里的读者或课堂中的学生所表达的那样?一方面,人们也许会认为"无线保真"群体甚至是集中了非虚拟群体建立阐释标准所需的互动活动。例如维基百科,以及学者群体通过相互合作、日积月累地撰写维基百科词条的方式,可能就代表了社群主义的阐释方法,通过这种方法确立起"最终符号阐释者"与阐释习惯(再次协商只有在新的信息出现后需要时才进行)。另一方面,当安贝托·艾柯在讨论确定阐释边界的可能性,以及阐释边界获取文本本身意义的能力时,他所指的并不是阐释者群体对一个具体文本的实际内容进行协商,而是共享与塑造一个话语框架,在这个框架下,可以提出对一个文本内容的多种阐释。包括维基百科和其他虚拟社区的问题在于,阐释者获得了相互协商他们阐释内容的自由,却没有相互协商阐释话语框架的自由。恰恰相反,阐释话语框架是由虚拟的精英集团制定的,通常不接受协商。换言之,我们可以很容易地影响维基百科所包含的内容,但基本上很难影响维基百科包含这些内容的方式。不幸的是,这种包含方式,正是安贝托·艾柯在其符号学理论核心提出"阐释者群体"概念时所强调的。

电子虚拟群体也许看上去比非虚拟群体更加自由。民粹主义就经常这样认为,但其实并非如此。一个民主国家的议会既会讨论该国法律,也会讨论制定该法律的框架规则。而电子虚拟议会,则让所有人——而非他们的代表——讨论任何事情,但是并不讨论用以开展讨论的电子网络框架本身。电子网络框架的内在运行规则,对大多数人来讲是摸不着、看不到的。也许在未来,电子虚拟群体也会展现出合适的符号交流平台。到那时,不但作为内容的意义会被讨论,作为框架的意义也会被讨论。但坦诚地说，从目前电子虚拟群体的协商进程发展实际情况来看，并不令人乐观。电子虚拟群体让不合理性通过各种传播形式大幅增长，协商在其中发挥不到任何作用①。传统群体与如今的电子虚拟群体最为显著的差异，就是后者似乎对于任何类型的群体记忆都漠不关心。这与传统群体很不一样。电子虚拟群体永远生活在当下，也时不时地蹿到未来。但如果电子虚拟群体没有在某台遥远的、不为人知的服务器上，或者在产生不了任何集体话语的"时间机器"上留下任何痕迹，那么它就没有任何记忆可言。

总之，在电子虚拟群体中，形式化的记忆是不存在的，可以将过去经验转变为未来协商原则的固定模式也是不存在的。一个群体如果缺少结构性的记忆，则很难产生合理阐释的稳定框架。其原因正是稳定的框架需要超越个体的意图，并从一个符号域的整体功能中显现出来。我们遵守自然语言的语法规则，不是因为某人决定要求这么做，而是由于千千万万次微观层面的互动（包括我们的前人在内）储存并提炼出一套构造，尽管存在各种微观变异、变化以及文字游戏的可能性，但作为群体整体来讲，最终都接受了这套构造的标准。遗憾的是，电子虚拟群体经常被"当下"的事物"刷屏"，至少到目前为止，文化记忆形成的整体性机制还未在电子虚拟群体中产生。

九 歌颂相会

在未来的电子虚拟群体中，有可能产生一种新的忠实性，以及合理的阐释吗？现在看来，我们只能珍惜现实中人们相互结识的机会；珍惜在阅读文学文本时，读者不仅仅能见到文本作者，还能见到产生文本本身意义的整个群体、整个地理环境及整个历史的机会。同样，为了纪念意大利与中国符号学家的相遇相知，以及安贝托·艾柯和张江教授思想的相遇，我谨借此机会再引用杜甫的另外一首诗《赠卫八

---

① Leone Massimo, *Complotto / Conspiracy*, special issue of *Lexia*, Rome: Aracne, 2016, pp. 23 – 24.

第一部分 作者意图

处士》中的部分诗句。这些精妙的诗句,描述了两位 20 年的朋友再次相会时的情景。这两位朋友把酒言欢,沉浸在对于肝胆相照的感受之中:

> 主称会面难,一举累十觞。
> 十觞亦不醉,感子故意长。
> 明日隔山岳,世事两茫茫。①

这种对认知忠实性的珍视——在茫茫世事之中,对于一篇文本、一位朋友、一片土地的独特性的珍视,也许就是阐释中所强调的最高忠实。

---

① Tu Fu, *A Little Primer of Tu Fu* (1967, revised edition), English trans. by David Hawkes, Hong Kong: The Chinese University of Hong Kong, New York: New York Review Books, p. 341.

文学批评的任务主要不在于还原作者的意图*

朱立元**

张江先生：

读了您的第八封信，我的心情比较复杂：一方面，您提出了批评的公正性这个当前十分重要而迫切的现实问题；另一方面，您对批评的公正性的理解乃至对批评基本任务的理解，在我看来似乎有点问题，需要提出来商讨。坦率地说，我读此信的第一感觉是，您在理论上比前几封信并没有推进，反而有所退缩了；而且从大的方面看，这也不一定符合您提出强制阐释论的根本意图。下面说说我的初步想法，不妥之处请您批评指正。

我们应当如何理解"批评的公正性"呢？毫无疑问，提出批评的公正性对于我国当前批评的现状是有鲜明的针对性的。我认为，应当主要是针对那种"红包"批评、"哥们"批评、权力批评等的。前面两种批评的不公正性一目了然，无须多说；权力批评据有的批评家所说，是指"今天那些流行的有影响的批评，大都是一些拥有话语权的批评。从拥有杂志，到拥有媒体，乃至拥有文学评奖权的机构和个人，这些是滋生权力话语批评的最可能的温床"。[①] 确实，这种权力批评目前有强大的话语权和话语场，其中隐藏着某些非文学、非道德的

---

* 本文原刊于《中国文学批评》2015年第2期。本书收录了张江教授与朱立元、王宁、周宪等教授关于"强制阐释"相关内容的多轮讨论，并保留了原文的书信对话形式。由于本文探讨的是作者意图问题，特放入此专题，张江教授的文章可参见本书第365页。

** 作者单位：复旦大学中文系。

① 杨扬：《那些有待寻找和发现的批评》，《文学报》2015年6月4日第19版。

问题。而您对批评的公正性则持另一种看法，认定"从道德论的意义上说，公正的文本阐释，应该符合文本尤其是作者的本来意愿。文本中实有的，我们称之为有，文本中没有的我们称之为没有，这符合道德的要求"。① 就是说，您把批评是否符合作者的本来意愿作为批评有没有公正性的主要标准。我觉得这个看法值得商榷。您提出的这个批评公正性标准，在我看来本身有失公正。也许这话有点重，但确实是我的真心话。我对您如此理解批评的公正性有三点疑问：第一，文学作品中作家的原意究竟指什么？承认不承认有这种原意，或者承认有，但是寻找和发现这种原意是不是真那么重要、那么必要？第二，衡量发现、发掘出的这种作者原意是否正确、可靠，有没有客观、唯一的标准？它与公正性又有什么关系？第三，文学批评的任务是不是主要体现在寻找和还原作者的原来意义？我们不妨逐一加以探讨。

第一，虽然您没有为"作者的原意"（本来意愿）下定义，但您的意思是清楚的，即指作者创作某个作品时的原初意图。一般而言，承认文学作品有这种作者的原来意图是可以为多数人接受的。但是，您把这一点强调到文学批评基础性、根本性的高度，认为"有且只有作者的意图能够确当地阐释文本的本来意义。……全部文本及文本的本来意义全部来源于此'有'"，"否定文本的'有'，是掩耳盗铃"，这似乎就有点过头了。您也承认，文学创作活动是极为复杂的。文学创作过程中作者的情感、想象、理智以及其他诸种心理活动相互交织、变化无穷，极为丰富。我想，由于文学作品体裁（文体）的不同、作品规模的不同、创作时间的跨度不同，特别是作者创作的具体时势、环境、氛围等的变动，作者的创作意图也不是固定的，而是处在不断变化中，往往是不确定、也难以确定的。比如，有的写景小诗，诗人随性而作，并没有明确意图，批评家也没有必要费心去探寻它；有的短篇小说和抒情散文，可能作者原意比较明显，也就没有必要再去阐发；但许多中、长篇小说不但写作周期长（有的长达几十年），而且随着时世变迁，作者的创作意图也在发生或大或小的变化，有的变化之大，作者自己都未曾想到，因此，最初的写作意图连作者

---

① 张江：《强制阐释论》，《文学评论》2014年第6期。

文学批评的任务主要不在于还原作者的意图

自己都很难回忆和复原了；再者，这些大部头作品的创作意图本身实际上极为丰富复杂，其中甚至存在内在的矛盾，恐怕作者自己都无法明确告知读者作品的原意究竟是什么、是哪些方面。随便举个例子，恩格斯曾以巴尔扎克长篇系列小说《人间喜剧》为例，说这位"比过去、现在和未来的一切左拉都要伟大得多的现实主义大师"，在创作意图方面也存在内在矛盾：虽然"巴尔扎克在政治上是一个正统派；他的伟大作品是对上流社会无可阻挡的衰落的一曲无尽的挽歌"，正是由于他遵循现实主义原则进行写作，却能够违背其保皇党的反动政治立场，甚至"不得不违背自己的阶级同情和政治偏见；他看到了他心爱的贵族们灭亡的必然性，把他们描写成不配有更好命运的人"。[①]巴尔扎克自觉的创作意图与现实主义创作原则之间的内在矛盾告诉我们，判断和阐释《人间喜剧》的思想意义就不能仅仅以作者的原初创作意图（包括其阶级同情和政治偏见等）或原来意义为依据了。

据此，我认为，一般说来，了解作者的原初创作意图，固然有助于批评的阐释，但也不是阐释不可或缺的前提条件，特别是在上述种种难以把握和确认作者意义的情况下更是如此。您所举的库切解读策兰死后发表的无题诗的例子，孤立看起来，很有说服力，但是放在较大的文体范围和较长的历史时段来看，就明显缺少典型性和普遍性。诚如您所说，"个别事例无论如何典型，只能作单称判断，不能简单地推向全称。要建立全称意义的判断，必须依靠恰当规则的逻辑演绎或大概率统计归纳。文学理论和批评没有这个意识，许多人把一个例子无约束地推广到全部文学"[②]。对策兰这首十分隐晦的无题诗的解读，如果没有他自己的话来说明，库切这位优秀的批评家也不可能读懂，这样该诗恐怕就会成为千古之谜。最后靠诗人自己遗留下来的资料才解开了这个链。这个例子过于特殊，同时这首诗篇幅不大，内涵也相对简单，作者的这个说明自然可以成为阐释作品意义的唯一可信的权威尺度。但是这并不能"无约束地推广到全部文学"批评。大量的文学作品无须作者出来说话，人们都可以根据自己的审美经验加

---

① 《马克思恩格斯文集》第10卷，人民出版社2009年版，第570—571页。
② 张江：《强制阐释论》，《文学评论》2014年第6期。

第一部分 作者意图

以解读和阐释。至于是不是符合作者的原初意义，并不是重要而必须的，更不是唯一的、权威的。况且，如前所说，很多情况下，作者自己都不一定能很清楚地表达自己作品的原来意义，因为最初的创作冲动或者意图可能很简单，写作过程中可能变得越来越丰富，甚至远离了初衷，难道我们一定要找到这种原初意义才能进行批评吗？贾平凹的《废都》从刚刚发表到现在，批评界的评论几起几落，作者也出来说过话，但是，谁（包括作者自己在内）能说清楚《废都》的作者原意（这个作者原意本身可能非常复杂、多变）究竟是什么呢？所以，解读策兰的无题诗完全依赖于作者提供的说明这个例子，并无普遍、典型的意义。附带说一下，您谈到伽达默尔对策兰诗的解读时，认为伽氏在阐释具体文本的时候，实际上也承认了作品中有"意义"即"作者的意义"，似乎与他把"意义"放在解释者一方的一贯立场不一致。我不太同意您的看法，我觉得您对伽氏的解释学思想理解得不够全面、完整。这一点十分重要，以后有机会需要专门探讨。①

第二，如果把寻找和发现作者原意作为文学批评的基础性工作，那么，有没有一种衡量检验批评家发掘出的作者原意是否正确、可靠的客观、唯一的标准？我以为是找不到的。上面已经说到，即使不考虑读者和批评家方面的主观读解因素，就是作品本身的原意，即您说的作者原意，其实也是主观的，而且是变动的。因为作者与批评家都是处在一定社会历史关系中现实的人，都具有不可超越的历史性。这就决定了作者的全部创作活动包括其创作意图在内，也总是处在不断的、历史的动态变化中。也许一些小诗、小散文写得快，意图比较明确，写完后意图也基本固定了，读者比较容易把握，争议较小。但是，一些规模较大的作品，如长诗、中长篇小说、影视剧本等，创作周期较长，作家的创作意图由于种种原因常常会变化调整，作家自己都很难说清楚自己确切的、定型的创作意图，更何况读者和批评家

---

① 很巧，近日我在友人处偶然看到一本英文版著作《伽达默尔论策兰："我是谁和你是谁"以及其他随笔》。(Hans-Georg Gadamer, *Gadamer on Celan*: "*Who Am I and Who Are You?*" *and Other Essays*, translated and edited by Richard Heinemann and Bruce Krajewski with an Introduction by Gerald L. Bruns, Albany: State University of New York Press, 1997) 我想，以后有机会读读就可能解开我们的疑团。

文学批评的任务主要不在于还原作者的意图

呢？我最近偶尔听到电台播送《路遥评传》，讲到他的一部重要的中篇小说《人生》历经三年的艰辛创作过程，期间不但创作意图、构想多次变动，还两番整体推倒重来，连书名也改了几次，从《生活交响乐》到《你得到了什么》，最后才落定为《人生》。正因为作者是历史性的人，他的创作意图往往是处在变动和丰富的过程中，所以，要寻找文学作品确定不移的作者原意或者创作意图几乎是不可能的。要找到判断批评家发现或者发掘出的、他所认为的作者原意是否正确、可靠的标准，更加不可能。把作者本人出来说话作为衡量作者原意对不对的标准是靠不住的。原因一是在中国，即使是同时代人，由于众所周知的种种原因，作者的表态和说话往往多有顾忌，拐弯抹角，不一定全是真话，甚至真假难辨，这种主观性极强的话语怎么能当作衡量作者原意的客观、唯一的标准呢？二是过去时代的作品，即使当时就有作者真实的创作自述，但是也很难准确概括出作品复杂丰富的"作者原意"。如巴金自述创作《灭亡》的过程就很说明问题。他在1927年1月乘船离沪赴法，2月抵达巴黎后，深感异国生活的孤独无依，过去的回忆直接引发了《灭亡》的创作冲动："这样的环境里过去的回忆又继续来折磨我了。我想到在上海的一年间的活动的生活，我想到那些正在奋斗的朋友，我想到那过去的爱和恨，悲哀和欢乐，受苦和同情，希望和挣扎，想到那过去的一切，我的心就像被刀割着痛。那不能熄灭的烈焰又猛烈地燃烧起来了。为了安慰这一颗寂寞的青年的心，我便开始把我从生活里得到的东西写下来。每晚上一面听着圣母院的钟声，我一面在一本练习簿上写一点类似小说的东西，这样在三月里我就写成了灭亡的前四章。……一直到八月二十三日，读到巴黎各报的号外，知道我所敬爱的那个鱼贩子（就是灭亡序上说到的'先生'）和他的同伴被烧死在波士顿查理斯顿监狱里的时候，我重读着他写给我的两封布满了颤抖的字迹的信，听着外面的隐约的无数人的哭声，我又从破书堆里翻出那本练习簿，继续写了灭亡的十七、十八两章，以后又连续写了第五，第六，第十，十一，十二共五章。"[①] 可见引发《灭亡》的写作冲动本身来自直接和间接的若

[①] 《巴金自传》，上海第一出版社1934年版，第145—146页。

干重要事件和一个接一个情感方面的诱因,其中有的是超乎寻常的强烈刺激,作者的自述并不能直接明确地告诉我们作品的作者原意主要是什么,包含着哪些意蕴,批评者的任何解读都只能是将自己的阅读感受和体验与作者的自述结合起来的阐释,没有、也不可能有唯一的权威的阐释可以成为确定作者原意的客观标准。三是应当承认,有一个过去被普遍认同、现在却很少有人提起的素朴真理——文艺作品中的形象往往大于思想。一个比较成功的艺术形象,它的内涵和意蕴往往远大于作者主观想表达的思想、大于作者的原意或者意义,比如鲁迅笔下的阿Q形象,以及古今中外许多伟大作品中不朽的典型形象都是如此。所以,批评家的阐释很难依靠本身难以确定的作者原意来操作。四是面对历史时间距离久远的作品,许多场合根本找不到作者自述的原意;有的即使有,也是要么非常简单,可供我们参考的信息太少;要么比较隐晦曲折,难以把握。《金瓶梅》《红楼梦》等巨作之所以有如此驳杂多样的意义阐释,就是明证。根据以上四点,我认为,没有也不可能有一种衡量检验批评家发掘出的作者原意是否正确、可靠的客观、唯一的标准。

第三,因此,在我看来,批评的主旨和任务主要不在于寻找作者的原来意义。我们不应当因为当代西方批评界出现某些明显歪曲作品主旨的强制阐释,就把批评的主要任务转移到寻找作品主旨(不等于作者原意)、进而寻找作者原意上来。尤其是,不应当把批评是否符合作者原意上升到批评是否具有公正性的道德高度上,认为不符合作者原意就不公正。我想,您的这个看法恐怕难以为广大读者和批评家所赞同。

由此,我想起赫什当年与伽达默尔论争时提出"保卫作者"的主张,似乎与您的主张有点相像。赫什认为,解释最主要的任务是要把作者的原意作为文本的意义,作为有效解释的标准。他强调:"我们应当把原意尊崇为最好的意义。"[①] 既然文本的意义就在于作者的意图(原意),因此,解释的根本任务就是寻找作者的意图,寻找作者

---

① E. D. Hirsch, Jr., *The Aims of Interpretation*, Chicago: University of Chicago Press, 1978, p. 78.

意欲表达的意义。于是,每一解释者就应当这样对自己提出问题:"在该文本中作者意指的是什么?我们进行解释的重点是否就是作者的重点?"① 那么,解释的有效性的标准是什么呢?那就是必须符合作者的意图,"对于各种类型的有效的解释来说,都必须以对于作者所意指的东西的再认识为基础"。② 但是,如我以上所述,这一点实际上是做不到的。不过,值得注意的是,赫什区分了解释与批评、(文本作者的)"意义"与(批评家理解文本的)"意思",他指出,"当批评家说意义是变化的时候,实际上他们只是指的意思的变化。当然,这样的变化是可以预料的,并且是不可避免的。作为与解释的区别,批评的主要对象就是'意思'"。③ 赫什的这个区分注意到批评所把握到的"意思"不同于文本固有的作者"意义",承认了文本对于不同时代、不同文化背景、不同的人们具有不同的意义,这无疑有合理性,换言之,他没有把文本的(作者)意义是固定不变的观点推向极端,而是通过提出"意思"这一概念作了某种补救。然而,他把文学文本的"意义"与"意思"相区分的做法本身值得怀疑和商榷。我觉得,您的基本观点与赫什的思路有近似之处。我由此想到,他当年与伽达默尔的论争今后我们有必要做重新的回顾和反思,希望通过讨论能达成某些共识。

最后,关于文学批评主要应当做什么、怎么做,我只想引几位当代中国有影响的批评家的看法供您和周宪、王宁二位先生参考:

王彬彬:"文学批评是批评者审美感受的表达。我以为,这应该是,一种文学常识。"④

吴亮:"批评的永恒起源就是初次相遇,和作品相遇,相信第一眼的感觉,并且不断怀疑它,恍恍惚惚中想办法唤起你的回忆,久远

---

① E. D. Hirsch, Jr., "Three Dimensions of Hermeneutics", *New Literary History*, Vol. 3, No. 2 (Winter 1972), pp. 246 – 261.

② E. D. Hirsch, Jr., *The Aims of Interpretation*, p. 27.

③ E. D. Hirsch, Jr., *Validity in Interpretation*, New Howen, CT: Yale University Press, 1967, pp. 8 – 9.

④ 王彬彬:《文学批评是审美感受的表达》,《文学报》2015 年 6 月 4 日第 18 版。

的、遗忘的、陌生的，让它们融为一炉。"①

陈思和："很多人认为批评只是对作品的评论，这样的话，批评永远是第二性的，我认为一个好的批评家，他只是借着批评的文本说话，好的批评一定是主体性很强的批评，不只是解读作品，它通过解读作品传达出他自己对社会的认识，对文学艺术整体的看法。"②

这些批评家的共同特点，就是认为批评不仅仅限于解释评论作品文本，当然更不是去寻找和还原作者的原意了，而是强调批评家自身的主体性。这可能是当代批评的主流。不知道您对此怎么看？

本文超字数了，且多为形而下的叙述，而较少形而上的理论探讨。这只能留待下次了。

---

① 转引自刘琼《什么是理想中的文学批评》，《文学报》2015年6月4日第19版。
② 同上。

从文本意义到文学意义

周 宪[**]

读了张江先生的第九封信,我感到讨论进入了一个新的领域,从文学批评的争论,进入了伦理学的思考。信中提出的批评伦理学的确是一个新的问题,也是一个文学研究必须要思考的问题。一切学术虽出发点不同,范式方法迥异,但最终都会在伦理学中碰面,因为学术总关乎伦理,伦理乃是学术研究所要到达的最高境界。

就文学批评及其理论研究而言,张先生在这封信中提出了一个系统的表述。如果我理解不错的话,大致可以用如下三段式来陈述:大凡以批评为业的人须有其批评家的职业伦理;职业批评家的职业伦理在于尊重文学文本原意;文本原意来自作者意图。这个关于批评家职业伦理的陈述,主旨是如何防止强制阐释偏向的出现,自有它深刻的道理。因为不尊重文本和作者,其阐释就会无所依托和根据,就会为天马行空式的主观臆说大开方便之门。张先生的这个三段式观点鲜明,立场明确,并上升到批评伦理的高度来思考,这给我很多启发。

我近来反复读了俄国诗人布罗斯基的批评文集《小于一》,结合张先生信中提出的一些问题,再看布罗斯基如何批评,一些新的想法纷至沓来。《小于一》不知能否算作职业批评家的批评著述,但它肯定是文学批评或更为广义的文学研究。书中诸篇什分析了阿赫马托娃、曼德尔施塔姆、茨维塔耶娃、奥登、但丁等文学史上名声如雷贯

---

[*] 本文原刊于《求是学刊》2015年第5期。
[**] 作者单位:南京大学艺术学院。

耳的大诗人。他的每一篇批评文章都是一个精彩绝伦的批评文本，思想精湛，分析动人，熠熠文采中充溢着强烈情感。如何评价布罗斯基的批评伦理呢？他是一个职业批评家吗？从布罗斯基的批评实践来看，他与其说是职业批评家不如说是诗人，其修辞和语音分析可谓鞭辟入里。我读布罗斯基，深感于他那极为出色的文学体验，他对词语声音和意象的分析尤为令人击掌。所以我想，在文学批评中，个人独特的感悟印象是极为重要的，没有这些感性经验做支撑，布罗斯基是无法写出那些脍炙人口的批评名篇的。这就提出了一个难题，要在文学阅读的感性经验和批评的理论阐释之间做出明确区分，其实不那么容易，也没有事实上和逻辑上的可能性。我甚至在想，文学批评回到对文本阅读的感性体验，可能是我们解决当下文学研究过于理论化和抽象化的一条有效路径。我前些年花了不少时间写了一本文学理论教材《文学理论导引》，就是贯穿了这样一个想法，即让文学研究直接回归最丰富的文本阅读经验，在此基础上建构一个系统的文学理论。阅读布罗斯基进一步加强了我的这一判断，《小于一》的精彩之处就在于布罗斯基非常个人化和独一性的感性经验。

接下来的问题是关于文学批评的职业分工问题。张先生提出了职业批评家及其批评伦理问题。所谓职业批评家大抵是指以批评为业者，但究竟是哪些人属于这一范畴却并没有明确的界限。将职业批评家区别于普通读者，意在强调职业批评家有一种特别的专业训练和职业伦理，这在理论上说是没问题的，但我倒是想到了另一个问题，那就是如何理解文学活动（包括文学批评）的广泛参与性。文学不同于其他专业知识（如物理学、数学等），它本来就是一个人人参与的文化活动，文学阅读乃是一个人皆有之的爱好。如果说物理学家和数学家是职业，参与物理学和数学的讨论需要专业资格和特殊训练的话，那么，文学批评则显然没有这样的专门性要求。从中外文学史的实际情况来看，非专业或业余性的文学批评其实是很有影响力的。且不说中国古代的许多批评经典文献未必出自专事研究文学的人，在西方现代历史上，有学者通过大量史料的分析，得出了一个很有趣的结论，那就是西方现代艺术体系的确立，其实并不是专业人士的功劳，而是那些写给门外汉看的业余批评家的业余批评，正是这些业余性的批评奠定了现代艺术的基础。① 这一结论听起来有点匪夷所思，但是它却告诉我们一个真实发生的情况，那就是文学阅读与批评阐释有其广泛的大众参与性。从中国文学批评的现状来说，尤其是在今天高度网络化条件下，一些对文学作品发表精彩见解的批评佳作，其实并非出自所谓的职业批评家，而是许许多多的业余者，他们酷爱文学，又有良好的文学经验与趣味，善于表达特定文本所诱发的独特文学体验，他们的业余批评比起学院派批评更精彩也更有魅力。就布罗斯基而言，亦是一个经典的例子，很难说他就是一个职业批评家，但我敢说他的批评远远超越了许多职业批评家。对文学这个民众广泛参与的伟业来说，强调职业批评家的职业特殊性，会不会潜藏着一种排斥读者公众参与文学批评事业的权益呢？考虑到文学的这一特殊性，文学批评的伦理就不只是少数专业人士的职业伦理，而应有着更为广泛的意涵。布罗斯基的批评实践清楚地表明了文学批评伦理所具有的丰富的内涵。

至此，讨论的触角就进入了有关尊重文本原意和作者意图问题了。依据前面的概括，职业批评家的职业伦理在于尊重文本原意，而文本原意又源自作者意图。假如把批评伦理视作批评实践中对批评家职业行为的规范，那么，张先生所提出的批评伦理，意在强调如何拒绝批评中的强制阐释倾向。我完全理解张先生的这一想法，也深感如何在文学批评乃至文学研究中拒斥强制阐释的必要性与合理性。但问题在于，尊重文本原意及其作者意图是解决这一难题的唯一路径吗？这里有很多问题值得进一步深究。我们经常使用的一个概念是文本意义，这个概念在英美新批评那里，确指与作者和读者均无关联的独立意义。这种对文本意义的理解其实有问题，我想用"文学意义"概念来取代"文本意义"。在我看来，文学意义说的并不是文学的功能或价值，而是说文学从作者意图到文本语言载体再到读者解读的意义生成过程。也就是说，文本意义只是这个过程中的一环而不是整体，它是不可能自在自为地存在的。没有从作者到文本再到读者的语言交

---

① [美] 克利斯特勒：《现代艺术体系》，载周宪《艺术学理论基本文献/西方当代卷》，生活·读书·新知三联书店 2014 年版，第 76—90 页。

第一部分 作者意图

际的复杂过程，是不可能有任何意义产生的。从文本意义到文学意义，其中的转变是看待文学方式的转变，一方面它强调意义生成过程的动态性，是一个从作者意图到文本语言载体再到读者解读的完整过程；另一方面，它还指出了一个静态的结构关系，文学意义的生成又是这样的结构性产物，亦即文学意义是在作者、文本、读者、语境相互作用的结构系统中生成的，离开了这样一个各要素复杂关系的结构，意义是不可能生成的。

从以上的结构性或过程性观点来看，文学意义部分地存在于不同阶段和要素中。作者意图是意义的发生或源起，文本是意义的语言载体，读者阅读则是对意义的发现或实现。三个环节缺乏任何一个都不可能导致意义的生成。由此，我们可以推论出一个更为复杂的观念——文学意义乃是一种关系性范畴，它不可能孤立地或分离地存在于单一要素或环节之中。这里，我们有必要对文本自在含义或文本原意的观念做些具体分析。在我看来，所谓文本自在含义或原意至多只是一个理论上的假设，它是不可能脱离文学活动的主体——作家和读者——而存在的。用阐释学家赫什的术语来说，就是文学作品有意义和意味之别，前者是作品中所蕴含的作者意图，而后者则是被读者解读出来的具体的、实现了的意义。我之所以怀疑文本自在意义的存在，无非是想表达这样一个想法，意义是要素关系互动所产生的结构性或过程性的产物，而不是某个孤立的要素或环节固有的实体性东西。于是，我们有必要以复杂性和关系性的视角来讨论文学意义的阐释，而不是从孤立的或分离的观点来审视文本原意或作者意图。现象学的意向性理论有助于我们理解文本如何作为意向性对象而存在，我以为这一理论是很有说服力的；而接受美学关于审美对象及其效果史的理论，也有助于我们从关系性的角度来理解文学意义生成的相对性。因此，与其孤立地使用文本自在含义或文本原意的概念，不如将它置于一种关系性的系统结构中更好。

说文学意义的生产或生成是一个过程或一个结构，其实还包含了另一个假设，亦即在文学意义生产的各个阶段，或在各个不同的要素中，其意义构成或形态是有差异的，它们不是简单对应或完全一致的。换言之，作者意图不能等同于文本意义，文本意义又不能等同于读者理解。如果我们忽略了这其中的差异和矛盾，就会把文学意义看作是一个简单的、从头至尾完全一致的语言交际的产物了。说到这里，我想用一些其他理论来佐证这一想法。

结构主义符号学的研究揭示了一个现象，从书写到文本再到阅读，其实是一个不断转换的符号化过程，霍尔在研究电视文本时，把节目制作（相当于文学写作）视为编码，把观看电视（相当于文学阅读）规定为解码。霍尔认为，编码和解码绝不是完全对应的。一个文本至少存在着三种不同的解码方式，也就是认同性解码、协商性解码和对抗性解码。[①] 当然，霍尔并不关心不同的解码方式是否会产生强制阐释，他更关注读者解码的主动性和倾向性。他的理论揭示了意义编码和解码之间差异性现象的存在，这表明从作者意图到读者理解之间，并不是线性对称的。霍尔特别指出，从编码到解码的过程中存在着许多信息不对称，因此就会有对同一编码的不同解码的种种可能性。我想，这大约就是文学所以为文学的魅力所在，它永远是一个未知的世界，永远在召唤读者去发现新的意义。

如果把霍尔的编码—解码理论与利科的诗歌歧义理论结合起来，就可以进一步论证文学意义生成过程中的复杂性和不确定性。利科认为，诗的语言迥异于科学语言甚至日常语言，如果说后两类意义是要消除歧义的话，那么，诗的语言的功能则在于保留并强化其一词多义，"诗是这样一种语言策略，其目的在于保护我们的语词的一词多义，而不在于筛去或消除它，在于保留歧义……从这里就导出同一首诗的几种释读的可能性"[②]。由此来说，歧义是文学的基本策略。这里不妨举诺贝尔文学奖得主瑞典诗人特朗斯特罗姆的几句诗来说明：

灌木中词用新的语言在呢喃："元音是蓝天，辅音是黑色枝杈，它们在雪中漫谈。"

[①] ［英］霍尔：《编码，解码》，载罗钢、刘象愚《文化研究读本》，中国社会科学出版社 2000 年版，第 345—358 页。

[②] ［法］利科：《言语的力量：科学与诗歌》，载胡经之等《西方二十世纪文论选》第 3 卷，中国社会科学出版社 1989 年版，第 301 页。

青铜时代的小号/被禁的声音/挂在深渊的天空。

钟声飞过屋顶，广场，绿草，绿荫/敲打活人和死者/无法把基督和反基督分开/钟声最后飞送我们回家。

我返回旅馆：床，灯，窗帷/我听见奇怪的声响，地下室拖着身子在上楼。

这些充满想象力和雕刻感的词语，营造了丰富复杂的诗歌意象，这些意象的表达充满了歧义，我们从中读出不同意义的可能性是完全存在的。尤其是读者所属的语境及其文化的差异，对理解这些奇特的诗句具有相当重要的导向性。当然，如果多一些对特朗斯特罗姆创作经历的了解，特别是这些诗创作背景的了解，对于理解他的诗句显然是有帮助的。霍尔的编码—解码论和利科的诗歌语言歧义论实际上告诉我们，文学意义的生成过程是极为复杂的，忽略了这种复杂性就会失去对文学意义的深刻把握。维特根斯坦的分析哲学也指出了另一个规律，意义即用法。但文学语言的用法往往就是要突破现成的日常用法和词典意义，文学的魅力就在于不断地挑战语言的刻板规则和表达极限，所以，作者意图和文本原意的关系是极其复杂的。

说到这里，合乎逻辑地引出文学意义的生产性和不确定性问题。如前所述，我们不能把意义视作某种实体性的东西，好像它就存在于某个地方（或是作者意图中，或是文本词语中等），等待着我们去发现。以意义的生产性和复杂性理论来看，意义毋宁说是由作者发出经由文本负载，再到当下阅读而生成的东西，它绝不是早已存在于某处的某种东西。有位英国的批评家曾经提出过一个有趣的问题：如果说《蒙娜丽莎》在卢浮宫，那么，《哈姆雷特》在哪里呢？确实，《蒙娜丽莎》作为一幅画就挂在卢浮宫的某个展厅的墙上，《哈姆雷特》在哪里就复杂得多，因为它是一个语言构成物。或是在我们阅读时，哈姆雷特栩栩如生地出现了，或是在舞台情境的戏剧表演中，哈姆雷特向我们走来。这表明，作为语言构成物的文学文本，只有在现实的语言交际活动中才存在，意义就在这个活动中而非它之外。所以，文本是具有意义生产性的语言物，而意义的不确定性就取决于是谁在何语境中以何种方式阅读。人们通常认为科学的观察是有确定性和纯粹客观性的，但有科学家指出了"测不准原理"，当科学观察借助某种工具来考量对象时，难免会干预对象，呈现出不同的面貌。比如肉眼观察某个星系就和望远镜观察到的有所不同，小型光学望远镜和大型射电望远镜观察到的也有很大差异，哈勃望远镜在太空的观察更是迥然异趣。"测不准原理"揭示了一个规律，采用不同的观察手段和方法其实都在不同程度上干预了被观察对象。在人文领域更是如此，文学意义阐释的多样性和不确定性是其固有的特征之一。把测不准原理移到文学领域，有理由认为作者意图和文本原意的阐发会受到不同语境、理论和方法的"干预"，绝对客观地还原出作者意图和文本原意是很难实现的。但是，阐释的多样性不能成为强制阐释的借口，我们仍需要强调不同阐释乃是条条大路通罗马式，而不是去了佛罗伦萨或威尼斯。从这个角度看，文学批评和理论是一种关于文学意义的生产，而意义在通常情况下是以歧义、多义和不确定性的面目出现的，作者意图、文本语义、批评家或读者理解的意义相互交错。文学意义就在这些复杂要素之间的互动交错中产生，它不能也不会只限于某个要素或载体。把复杂的文学意义生产过程还原为任何单一要素的解释方法，在今天复杂性思想已经相当普及的条件下，会显得有些不合时宜。当然，在这么说的同时，的确要警惕各种强制阐释的倾向，因为它们不是条条大路通罗马，而是南辕北辙，背道而驰了。这种背道而驰的主观臆测与其说是在和文本对话，不如说是在自我独白，这便失去了文学批评说服人和可交流的属性。

　　当然，这么说绝不是否定作者意图，也不是怀疑文本是有意义的，而是指出一个事实，文学意义的生产不能也没有必要归结为单一因素或唯一本源，文学意义说到底是多种要素和关系的协商性结果。正是这诸多因素的复杂性，才导致了文学意义的阐释多元性和开放性。布罗斯基对阿赫马托娃等诗人诗作的意义阐发就充分体现了这一点。我甚至想，他对同一诗人的同一诗作在不同时期的解读、阐释和感受，都会有所不同。我读《小于一》中的一些篇什，就有这样的深刻印象。这也是文学总是充满了无穷魅力的根源所在，假如意义的阐发单一性地归因于作者意图，文学批评就会变得索然无趣。正是不同因素的复杂关系，正是不同批评家视角和方法的差异，正是由于作者意图与文本语言之间的差异和距离,才使得文学研究充满了种种新发现的可能,也使得文学研究变成了最富意义生产性的领域。读布罗斯基的《小于一》,可从他的批评操练中窥见一些文学研究的秘诀,那就是充分注意到诗人和诗作的复杂性和关联性,避免做出单因论的解释,这样的阐释也就触摸到了伟大诗人诗作的精髓。这不是批评伦理应有之义是什么呢?

文本意图与阐释限度

——兼论"强制阐释"的文化症候和逻辑缺失*

陈定家**

改革开放30多年来,西方文论思潮的大量涌入,对中国文学理论的研究格局和思维方式产生了决定性的影响。面对西方文论"独霸天下的姿态",中国学者虽一开始就有从"跟着说""接着说"发展到"对着说"的良好愿望,但迄今为止,能与西方文论"对着说"的中国文论体系尚未浮出水面。为此,张江提出了"强制阐释"概念,借以"重审整个当代西方文论",为如何重释"西方文论"、如何建构中国话语做出了有益的理论尝试。

所谓"强制阐释"是指"背离文本话语,消解文学指征,以前在立场和模式,对文本和文学做符合论者主观意图和结论的阐释"①。此论一出,使得"阐释"及其相关话题,得到了不少学者的关注。纵观20世纪以来的西方文论史,"阐释"无疑是一个不可或缺的关键词。且不说结构主义、新批评等形形色色的形式主义文论和阐释学理论,即便是接受美学诸家,也绝不敢小觑文本及其阐释问题。例如,伊瑟尔的《虚构与想象》一开篇就涉及文学阐释问题:

> 文学需要解释,因为作者以语言营造的文本,只有通过可供

---

* 本文原刊于《文艺争鸣》2015年第3期。
** 作者单位:中国社会科学院文学研究所。
① 张江:《强制阐释论》,《文学评论》2014年第6期。以下有关"强制阐释论"的引文皆出于此。

参照的认知结构才能把握其意义。如今,解释文本的方法和技巧已变得如此精巧而复杂,以致五花八门的解释学说和文本理论本身也变成了"细读"(scrutiny,即详尽的研究)的对象。……尽管各类批评或解释方法角度不同、目的各异,但有一点是相同的,那就是对文本的密切关注。①

在伊瑟尔看来,文学文本具有一个完善的阐释系统,这个系统的独特性使文学文本具有独特的意义。文学文本具有交往性、应用性、可鉴赏性,有关文本的意义阐发、结构分析、价值确认,甚至以突出其语义模糊性来发掘其潜在的审美意义,所有这些,对于文本解释者来说都是顺理成章的事情。作为接受美学的核心成员,伊瑟尔在《虚构与想象》中,明显地表现出了"回归文本"的倾向,他重申了传统文论的一些基本常识,例如,他把文本看作是诗人生活的写照或反映社会的镜子。而追寻"意义踪迹"的方法所关注的,正如许多方法论所暗示的那样,是寻求一种解释文本的思路,解释者通过对暗含结构的解读来发现文本的奥秘。这种转向,对我们从学术史的视角理解"强制阐释"的必然性及其局限都有一定的启示意义。

一 走向综合性与总体性的文本阐释

我们知道,从20世纪初的俄国形式主义到二三十年代的布拉格学派,文本分析的精细化已到无以复加的程度,文本这块"生肉"已经被煮烂煮透了。经过四五十年代英美新批评的切分与解剖,再到60年代法国结构主义的拆拼与翻搅,文学文本已经变成了一锅热气腾腾的"肉羹"。对60年代以后的理论家和批评家来说,剖析文本的创新空间已经日渐逼仄,他们大约也只有在文本之外的"佐料"等方面翻点花样了。60年代之后,国际政治冷战气氛日趋缓解,欧洲知识分子的政治化倾向也渐有抬头之势,加之信息技术崛起极大地拓

---

① [德]伊瑟尔:《虚构与想象——文学人类学疆界》,陈定家等译,吉林人民出版社2003年版,第1页。

宽了思想交流的渠道，文本之外的社会意义也随之凸显出来……总之，在各种因素的作用下，文学研究的重点从文本转向接受，可谓水到渠成，于是，接受美学，应运而生。众所周知，正是接受美学把阐释学中的读者之维推向了极端。但作为接受美学的主将，伊瑟尔从接受美学向文学人类学的转变，重新思考"文本意图及其阐释限度"，或许是我们阐释当下流行的"强制阐释"之源流与本质的一个别有意味的切入口。

伊瑟尔的《虚构与想象》有一个副标题——"文学人类学疆界"。不言而喻，这个"疆界"与本文所谓的"限度"多有相通之处。在该书的译后记中，笔者曾写下了这样一段话：

> 20世纪的西方美学和文艺理论，思潮迭起，流派纷呈。五花八门的理论与学说，彼此渗透，互相辩驳。它们在人文主义与科学主义之间，追"新"逐"后"，东起西落。……但是，在理论风云变幻无定的近百年中，比较而言，大体上有这样的三种类型仍旧引人注目：一、主要以作者为中心的"表现主义"理论，如克罗齐的直觉主义、弗洛伊德的精神分析学、荣格的神话原型理论；二、主要以作品为中心的"形式主义"理论，如以雅格布森为代表的"俄国形式主义"、兰塞姆等人热衷的"新批评"，以及罗兰·巴特等人倡导的"结构主义"；三、以读者为中心的"读者反应批评"和"接受美学"等，主要代表有英伽登的"阅读现象学"、伽达默尔的阐释学以及姚斯、伊瑟尔倡导的接受美学。
>
> 我们注意到，不同国籍的好几代美学家和文论家，在近百年的时间内，顺着从"作者"到"作品"再到"读者"的顺序，各自建构并发展着自己的理论体系，这里是否隐含着学术发展史的某种必然规律？令人感叹的是，历史老人竟是如此条理分明的逻辑学家！我们不能肯定理论研究关注的中心是否会出现新一轮的"循环"，但可以肯定的是，一种综合性、总体性研究早就显现出了强劲的发展态势。例如，杜威的实用主义批评、英伽登的现象学美学、萨特的存在主义文论等等，都不约而同地加强了对研究对象的综合性探讨和整体性把握，他们都注意到了传统文论将作家、作品

和读者割裂开来进行孤立研究的缺陷和不足。在这一方面，现代解释学和接受美学的理论自觉性表现得更为突出。伊瑟尔的转向，就是顺应文学研究的综合化和总体化发展趋势的一个生动例证。

综合性、整体性研究的思路表明，只见树木不见森林的研究，已近穷途末路。这是西方文论近百年历史给我们的重要启示和历史教训。作者、文本和读者都是文学艺术不可分割的组成部分，任何顾此失彼的阐释或独照一隅的研究都是不可取的。刘勰说："各执一隅之解，欲拟万端之变。所谓'东向而望，不见西墙'也。"专注整体中一域，而又不忘一域所在的整体，这种综合性与总体性的文本研究，或许对规避"强制阐释"、戒除各种强作解人的"挪用""转用""借用"都是一味喝破痴迷、回归现实的清醒剂。

二　"强制阐释"的历史根源与文化症候

从学术史的视角看，"阐释学"虽然是一个现代哲学概念，但对阐释行为的研究可以追溯到古希腊时期。事实上，"阐释学"（hermeneutics）义即"赫尔墨斯之学"，其词根就来自古希腊语赫尔墨斯（Hermes）。赫尔墨斯是神的信使，他变化无常，模棱两可，所传达的神意玄秘含糊，具有难以理解、难以言说的神秘性，这一点从"神秘主义"（hermetism）一词与"阐释学"的同根同源亦可见一斑。希腊罗马人都相信赫尔墨斯是雄辩家的偶像，同时也是骗子和窃贼的保护神，让人看不清、猜不透。"这位既给人宣示神谕，其言又殊不可解的神话人物，最能象征理解和阐释的种种问题和困难。"[①] 因此，将研究阐释问题、克服理解困难的科学命名为"赫尔墨斯之学"，可谓恰如其分、切中肯綮！众所周知，阐释学是在对《圣经》的词语"诠释"和神学"解释"的基础上发展起来的，直到今天，阐释学仍旧具有隐约可见的宗教文化特有的神秘色彩。

[①] 张隆溪：《二十世纪西方文论述评》，生活·读书·新知三联书店1986年版，第173页。

文本意图与阐释限度

张江《强制阐释论》指出："强制阐释是当代西方文论的基本特征和根本缺陷之一。"作者还对强制阐释的"场外征用""主观预设""非逻辑证明"和"混乱的认识路径"等基本特征进行了深入剖析。该文视野宏阔，取材宏富，气势宏大，于兹不妄作评介。笔者发现，"强制阐释"虽然是一个新概念，但这种现象却很普遍。就西方文论而言，其根源早就隐伏在西方文化的"二希"源头之中。古希腊逻各斯主义"一线到底"的线性思维方式和希伯来宗教文化"一以贯之"的一神教精神，都以基因的形式渗透在西方文化的方方面面。因此，西方文化的"二希"源头，或许可以看作我们理解"强制阐释"的历史根源及其文化症候的基本前提。例如，弗洛伊德强调力比多，则万物皆是性意识的象征；德里达强调文本，则说"文本之外无一物"；新批评强调作品的中心地位，便一刀斩断作品与作者的联系；接受美学强调读者的主体性，则将接受看成一种超越作者和文本的纯粹个人体验，凡此种种，"片面的深刻"和"深刻的片面"，无不与"强制阐释"有着千丝万缕的联系。

我们注意到，即便是被阐释了数千年的希腊神话，在今天的出版物里仍然充满了目的不同、方法各异的"强制阐释"。譬如说，谢利曼挖掘的特洛伊财宝、伊文斯发现的阿伽门农面具、苏格拉底最后的遗言等等，都明显存在着罔顾事实的"以今释古"现象。谢利曼戴在索菲亚身上的那些头饰，一再被煞有介事地说成是海伦的首饰；而所谓的阿伽门农的黄金面具，实际上与那位身份可疑的迈锡尼王没有任何关系。至于对苏格拉底遗言的"误读"更可以说是"强制阐释"生动的例证。苏格拉底说："克力同，别忘了替我偿还阿斯克勒庇俄斯（Asklepios）一只鸡。"意思是说，他一死，所有病痛一笔勾销，既然百病痊愈，那就该照习俗给医神献祭一只鸡。但不少中国人把苏格拉底的"视死如归"阐释为"信守诺言"，而医神阿斯克勒庇俄斯也被想象成苏格拉底的邻居。这种"明知故犯"的"别解"相当普遍，古今中外，概莫能免。譬如说，中外史书常常煞有介事地把帝王们描述成"神之子"，更不用说《圣经》等宗教书籍了。尤其是文学创作中虚构与想象的特权、陌生化、典型化、"箭垛效应"等，都为强制阐释提供了纵马驰骋的空间。至于今天微信、微博上的众多明星八卦和历史戏说，在评说明星言行和阐释历史事件时，罔顾事实、混淆是非的情形，则更是把强制阐释发挥到了登峰造极的程度。

强制阐释，说到底是一种话语权利的"滥用"。公元646年，欧麦尔焚烧亚历山大图书馆，他解释说，如果这些希腊人的著作与安拉的经典一致，它们就是多余的；如果不一致，那么就是有害的；总之，阐释的话语权掌握在哈里发手里。有趣的是此前罗马人曾两次焚馆（恺撒，公元前47年；狄奥多西，公元391年），但都没有欧麦尔焚馆事件那么富有争议，这或许是因为欧麦尔的"强制阐释"比焚馆事件本身更加耐人寻味吧？与此形成有趣之对照的例子是，1420年，北京故宫竣工，但永乐皇帝在新殿御朝不足百日，前三殿遭雷击悉数被毁。一时间"朝论沸扬""台谏交口"，以致永乐、洪熙、宣德三朝皆未敢重修大殿，由此不难想见时人对"三殿灾"的阐释让皇族承受了多么沉重的心理压力！当避雷针技术传入中国后，当年那些"朝论""台谏"，不攻自破，沦为笑谈！这不禁让人想起了马克思的话："在避雷针面前，丘比特又在哪里？"①

我们感兴趣的是，当人类生活在一个主要靠想象力理解世界的时代，阐释者的话语权有时甚至会凌驾于皇权之上。事实上，负责处理人神关系的祭司或巫师对"神谕"或"神迹"的解释，是"代神立言"，往往比国王的法律更权威。这种现象在人类社会持续了数千年，时至今日，求神问卦者也并未绝迹。帝王们热衷造神，意在树立权威、以愚黔首，这与教皇鼓吹"无知乃虔诚之母"如出一辙。当然，在特定历史条件下，特定的强制阐释也有其超越解释学的合理性。如汉朝儒生奉命对《诗经》进行"强制阐释"，开辟了中国诗学的政教之路，《诗经》变成了"经夫妇、成孝敬、厚人伦、美教化、移风俗"的有力武器。这样的例子也一样举不胜举。

尽管现实生活中歪曲事实理所不容，但文学艺术的"强制阐释"却势所难禁。探究这个悖论的症结，除了借鉴"趣味无争辩""衍义无疆界"等陈规旧训外，或许还可以从以下几个方面入手：第一，从接受心理上讲，强制阐释能够更好地满足人们的心理预期。譬如，即

---

① 《马克思恩格斯选集》第2卷，人民出版社1972年版，第113页。

使明知秦始皇不可能是吕不韦的儿子,但人们还是津津乐道于此类野史。还是恺撒说得透彻:"人们只相信他们愿意相信的东西。"第二,文学艺术并不以求真为务,它的最高目标应该是对美的创造。莱辛有句名言:"美是造型艺术的最高法律,凡是为造型艺术所追求的其他东西,如果和美不相容,就必须让路给美。"① 第三,从阐释的艺术效果看,"正如大多数知识活动一样,诠释只有走向极端才有趣。四平八稳、不温不火的诠释表达的只是一种共识,尽管这样的诠释在某些情况下自有其价值,然而它却像白开水一样平淡寡味。切斯特尔顿对此曾经有过精辟的论述。他说:'一种批评要么什么也别说,要么必须使作者暴跳如雷。'"② 总之,强制阐释,更痛快,更有趣,更能一鸣惊人!但就阐释的必要性和目的性而言,"强制"恰好站在了"阐释"的对立面。

三 文本的意图及其阐释的限度

《汉书·韩安国传》:"强弩之末,不能入鲁缟;冲风之衰,不能起毛羽。"同理,任何强词夺理的阐释,必有理屈词穷的时候。在《诠释与过度诠释》一书中,安贝托·艾柯曾树立了众多批评的靶子,如:"对文本唯一可信的解读是误读""本文只一个开放的宇宙,在本文中诠释者可以发现无穷无尽的相互联系""'真正的读者'是那些懂得文本的秘密就是'无'的人""波麦的文本有如'野餐会',作者带去语言,而由读者带去意义。……"③ 遗憾的是,安贝托·艾柯的批评根本没有针对"阐释的无限性"提出有力的批评证据。当然,他反对过度阐释的态度倒是毫不含糊。安贝托·艾柯批评说,即便情况真如波麦之诗,"作者所带去的词语也是一个令人棘手的、装满五花八门材料的'大包袱',读者不可能将其置之不顾"④。安贝

---

① [德]莱辛:《拉奥孔》,朱光潜译,人民文学出版社1979年版,第16页。
② [意]安贝托·艾柯等:《诠释与过度诠释》,王宇根译,生活·读书·新知三联书店1997年版,第135页。
③ 同上书,第47—48页。
④ 同上书,第28页。

托·艾柯的意思是，文本的阐释终归有个限度。在安贝托·艾柯看来，罗马帝国之所以在奥古斯都之后能安享近 200 年太平（Pax Romana）①，那是因为它拥有稳固的边疆，这与游牧蛮族的居无定所形成了鲜明的对照。文本之所以成其文本，就如同帝国之所以成其为帝国一样，它们都需要一个相对稳定的边界，都需要一个相对稳定的状态。所谓"水停以鉴，火静而朗"，说的也是这个道理。强制阐释的根本缺陷就在于无视边界的存在，甚至以打破疆界为时尚。

安贝托·艾柯说："我所研究的实际上是本文权利与诠释者权利之间的辩证关系。我有个印象是，在最近几年文学研究的发展过程中，诠释者的权利被强调得有些过火了。"② 安贝托·艾柯指出，传统阐释学唯一目的就是要寻找作者本来的意图，而后现代阐释学认为，阐释者的作用仅仅是"将文本捶打成符合自己目的的形状"（罗蒂语）。为了在两种极端阐释理念之间寻找一种折中的阐释方式，安贝托·艾柯把注意力转移到了文本方面，为此，他祭出了"文本意图"的旗帜。当然，安贝托·艾柯强调回归"文本意图"，并不是重弹形式主义和新批评的老调，我们不妨将其视为"走向综合性与总体性文本阐释"的一种尝试。

从一定意义上说，强制阐释常常与"文本误读"互为因果。尽管"误读"的原因千奇百怪，但无外乎主观"故意"或客观"无心"两种。以韩非子的著名寓言"郢书燕说"为例：

> 郢人有遗燕相国书者，夜书，火不明，因谓持烛者曰："举烛。"云而过书"举烛"。举烛，非书意也。燕相受书而说之，曰："举烛者，尚明也；尚明也者，举贤而任之。"燕相白王，王大悦，国以治。

---

① Pax Romana 特指罗马帝国的和平时期，但译者将其误译入名：帕斯·罗马纳。同上，第 33 页。

② ［意］安贝托·艾柯等：《诠释与过度诠释》，王宇根译，生活·读书·新知三联书店 1997 年版，第 28—29 页。

文本意图与阐释限度

对于秉笔者来说，误写"举烛"二字显然是"无心而为"，但对于燕国丞相的"强制阐释"而言，就很难说是"无意之举"了。有趣的是，丞相的误读带来了燕国大治的结果，这种充满正能量的"误读"应该说是值得庆幸的。所以纪昀在《阅微草堂笔记》中感叹说："郢书燕说，未必无益。"（清·纪昀《阅微草堂笔记》卷四）。当然，韩非子的本意或许是讽刺当时学者望文生义的浮躁治学态度。

其实，今天的学术界，"郢书燕说"的例子更是数不胜数。例如，刘心武把"红学"讲成了"秦学"就是"强制阐释"的活标本。笔者曾写打油诗《戏拟刘心武揭秘"红楼"》："郢书燕说小说招，信口开河戏说曹；梦中说梦侃秦学，祸枣灾梨知多少？"① 但有人替刘心武辩护，其理由是任何人都有阐释的权利，只要能自圆其说，于曹氏其人其书，又有何碍何损？按照弗莱的批评理论，刘心武只不过是把曹雪芹想说而又不能够直说的东西替他说出来而已。斯威夫特说："渊博的批评家目光何其犀利，读荷马能见出荷马不懂的东西。"这话原意本是讽刺，但对于今天的批评家来说，听上去反倒更像是一种恭维。阐释者站在"今之视昔"的角度，阐释出"荷马所不知道的东西"似乎也是合情合理的，但即便是"海伦的首饰"和"阿伽门农的面具"或"秦可卿的皇族身世"这类充满想象力的强制阐释，其"文本意图与阐释限度"也是一望而知的。

说到底，文本自有文本的意图，阐释自有阐释的限度。譬如说，郢书燕说中将"举烛"释为"尚明"固然是"误读"，但也主要是文本"意图"之误在先，臣子向燕王的"强制阐释"在后。无论如何，读信人不可能将"举烛"强制阐释为前文所述的"焚馆"或"毁殿"，因为阐释者无法迈过逻辑这道门槛，更不用说历史事实这道铁门槛了。从一定意义上说，文本的意图往往对阐释的限度具有决定性的作用。所谓"无边的阐释"无非是因"阐释的循环"而造成的一种错觉而已。

当然，历史事实的复杂性和多面性往往使相关文本的边界模糊不

---

① 陈定家：《比特之境：网络时代的文学生产研究》，中国社会科学出版社2011年版，第356页。

清，毕竟，文本帝国只有其虚拟的疆界。要避免强制阐释，必须有足够的时间和耐心。白居易说："赠君一法决狐疑，不用钻龟与祝蓍。试玉要烧三日满，辨材须待七年期。周公恐惧流言后，王莽谦恭未篡时。向使当初身便死，一生真伪复谁知？"（《放言五首·其三》。）由此可见，历史和事实是最伟大的阐释者。要避免强制阐释，张江所说的"辨识历史，把握实证，寻求共识"或许是一条可行的路径。

作者意图与文本意义的众声喧哗*

段建军**

文学文本出于作者之手,表达作者之意图,这几乎是几千年来中西方文学界的共识。中国古代《诗·大序》说:"诗者,志之所之也。在心为志,发言为诗,情动于中而形于言。"在中国古人看来,诗(亦即广义而言的文学),是作者表达思想、传达情志的一种重要方式,它凝聚外化为具体的文学样式,经由文学阅读而为读者所理解。因此,文学文本绝非一种单纯的物理存在,它是作者抒情达意、读者感发会通的重要实践活动。这种实践活动,在曾子的"以文会友"与孟子的"以文尚友"学说中得到了形象化诠释。曾子曰:"君子以文会友,以友辅仁。"(《论语·颜渊》)。孟子说:"以友天下之善士为未足,又尚论古之人。颂其诗,读其书,不知其人,可乎?是以论其世也,是尚友也。"(《孟子·万章下》)"以文会友"与"以文尚友",首先是"文"的书写者和阅读者,都把"文"当作对话交流的一种媒介;其次是双方都把对方视为能够且值得平等对话交流的朋友;再次是双方坚信"文"能表作者之意,读"文"可以领会作者的意图,感受作者情感,进而影响读者情志,德化天下。西方从朗吉弩斯开始,就把文章风格与作者心灵联系在一起,认为"风格即人",作品的风格就是作家的人格;反之亦然。到了19世纪的浪漫主义者,更是强调人格与风格的密切联系,认为创作过程就是修改、合成诗人意象、思想和感情的想象过程。艾布拉姆斯在总结19世纪浪

---

* 本文原刊于《社会科学战线》2017年第8期。
** 作者单位:西北大学文学院。

漫主义文学时就曾指出,在这一时期,"诗歌是诗人思想感情的流露、倾吐或表现",因此,"艺术家本身变成了创造艺术品并制定其判断标准的主要因素"。① 可见,将文本创作与作者意图关联起来,是古今中外文学创作与文学批评的惯例。

然而,20世纪以来,西方各种理论都在极力排斥和遮蔽作者意图,试图扯断作者与文本的关系,以强调和凸显文本的独立性为手段,抬高读者与评论的地位,极力夸大读者—评论者在文本建构和文本赋义方面的作用和意义。这种做法,用张江教授的话说,是一种典型的"强制阐释"②。对此必须予以澄清。

一 两种意图观

文本的意义与作者的意图之间关系的争论,主要源于两种不同的意图观。20世纪以来,西方各种文学理论,从形式主义、结构主义到接受美学与后现代主义,认为文本是一个独立的存在体,其意义或者源于文本结构,或者源于读者—评论者的赋予,或者源于文本外在的非文本因素,但跟作者的意图没有关系。在这些理论视阈中,作者的意图仅仅是作者在创作之前内心的构思,是作者将要付诸实践的创作计划,一俟构思与计划完成,作者即已死去。即使是作者有一种强烈的写作意图,预定其创作计划要依循创作意图而行进,但是,写作实践中遇到的实际问题,会阻碍其按原计划与原意图来写作,为了文本自身逻辑的完整,为了写作自身内在的要求,作者不得不改变原初构思,按照新的方案进行创作。所以,最终形成的文本及其意义,并不是作者原初意图的表达,而是根据写作实际需要,调整之后新意图的实现。持这种看法的西方学者,其典型代表是新批评的主将维姆萨特。

他在《意图谬见》一书中指出,"所谓意图就是作者内心的构思或计划。意图同作者对自己作品的态度,他的看法,他动笔的起因等

---

① [美]艾布拉姆斯:《镜与灯:浪漫主义文论及批评传统》,郦稚牛等译,王宁校,北京大学出版社1989年版,第25页。
② 张江:《强制阐释论》,《文学评论》2014年第6期。

有着显著的关联"①。维姆萨特承认，作者写作文本之前或之初，是有构思有计划的，初始构思和计划作为创作蓝图，指挥作家动笔写作，确实体现了作者的创作意图。但开始写作之后，作家会面临他所描写的生活本身逻辑、他要表现的情感逻辑、他要运用的艺术本身形式结构等的制约，不得不对最初的构思进行调整或改变。维姆萨特认为，经过调整的构思，改变了最初的创作蓝图，违背了作者的原初意图，因此，不能等同于作者的意图。由此推论，用改变了的计划写成的文本，就和作者的意图没有关系，这个文本的意义，也不是作者计划中的意义，跟作者的计划也没有关系。

维姆萨特的上述言论并非孤例，文学批评史上现实主义战胜作家主观意图一说，也与此论调形成呼应关系。一些批评论家热捧这一说法，他们举例说，托尔斯泰最初构思《复活》时，把马斯洛娃构思成一个堕落且丑陋的女人，写作过程中，他改变了自己的原初构想，把她写成了一个善良美丽的女人，这是现实生活战胜作家主观意图的典型案例。这种把作者的构思看成静止不变的一次性活动，把作者在创作过程中对原初构思所做的修正与完善，排除在作者的构思之外，强制规定作者的原初构思等于作者的全部意图，并把一切在创作过程中根据实际需要进行的再构思，排除在作者的意图之外的文学批评观念，在中外理论界风靡了几十年，至今仍然在文学批评界有着很大的市场，极易混淆人们的视听。

事实上，在现实的文学写作与文学阅读活动中，我们很难把进行初始构思的作者，与根据写作需要，对自己创作计划进行调整的同一个作者，截然二分。我们也很难把同一作者的原初构思，与他在同一创作实践中对原初构思所做的调整改变，割裂成为两个不同创作主体的不同意图；我们很难说前一个构思体现了作者意图，后一个构思与作者的意图无关。因此，对于那种只认可作者与原初构思的关系，而故意遮蔽乃至割裂作者与写作实践中的再构思的联系的说法，必须根据文本创作、阅读与批评实践，作出有力回应。在具体的文学创作、阅读与批评实践中，我们很难说，最初设计玛斯洛娃形象和命运的蓝

---

① 赵毅衡：《"新批评"文集》，中国社会科学出版社1988年版，第209页。

图，是托尔斯泰的意图，而改变之后对玛斯洛娃命运的设计，不是托尔斯泰的意图。事实上，文本意图，是参与文学活动的众多要素合力建构的产物，它是作者意图、文本意图、读者意图与批评家意图所共同组成的完整、动态意图模式。其中，作者意图起决定性作用，并贯穿创作实践始终。如同张江教授所指出，创作意图是为指导创作实践而设计的蓝图，必须与创作实践相始终，一方面指导创作实践，另一方面接受创作实践的检验，必然要经过一个试错纠错、逐渐完善的过程。如果初始的创作意图，不能有效地指导创作实践，就必须对其进行修正和改变，使其符合创作实践的要求。也就是说，作者的初始构思是为了创作，作者创作过程中调整构思，同样是为了创作。我们谁都没有权力把同一作者为了同一个目标所进行的构思与再构思割裂开来，说一个是作者的，另一个不是作者的；我们也不能说，按照初始构思写出的文本与作者的意图有关，而改变初始构思之后所写的文本与作者的意图无关。毕竟，在创作过程中，对初始构思做出调整和改变的作者，还是最初构思的那个作者，调整改变的目的，只是为了把文本写得更加完善，让对话交流进行得更加顺畅，由此写成的文本，还是该作者意图的体现。张江教授在《"意图"在不在场》一文中对"作者意图"的判断可谓切中肯綮，他说："从文本书写开始到结束，或更确切地说，从书写者确定文本书写的第一个念头起，直至文本最后完成交付于公众，书写者的全部思考与表达方式，都将被视为作者主体自觉作用的意图。"[1]

二 评论的独白

各种"强制阐释"理论，都以斩断作者意图与文本意义的关系为手段，以给读者、研究者和批评者腾出"强制阐释"空间为目的。文本的意义是人赋予的，在文本的两端，站着两个与文本交往，且通过文本进行交往的人，一个是文本的作者，一个是文本的读者——评论者。他们从不同的方面赋予文本意义，又从两端争夺文本意义的赋予

---

[1] 张江：《"意图"在不在场》，《社会科学战线》2016年第9期。

权。结构主义理论家在为读者—评论者争取意义赋予权方面最为卖力。兰德尔在《作为功能结构的认同体》中指出，万物之始，只有结构，"结构是一切意思和意义的基础，所以，没有结构，任何东西都不存在，都不可设想"①。这句话表层的意思，是把结构看成万物的本质，当然也是文本的本质，认为文本的意思就在形式结构、功能结构之中，深层的含义则是，文本结构的意思是隐蔽的，等待读者和评论者去发现，与作者的意图没有关系。这一说法看似有理，实则简单粗暴。他无视创作实际，即创作是作者为了与他人进行对话交流所做的一种努力，文本结构是作者有意识有目的进行的一种有意义的建构，因此，谈论文本的结构及其意义，不能离开其创作者。杜威就曾指出："艺术并不创造形式，它是对形式的选择和组合。"② 这段话的意思很清楚，艺术的形式是作家选择与组合的结晶，是作家意图的一种表现。他还进一步指出，当代艺术家刻意地经营艺术形式和结构，但是，"它是以教育为目的进行的试验的一种方式，人们用他来训练新的认识方式"③。也就是说，这种方式，不是文本自律性的存在方式，也不是作者意图在实践中简单的施用，它是作者创作的文本外在的功用性诉求。由此看来，艺术的形式与结构，不是自然天然的产物，不是任由阐释者强制阐释的独立存在，文本的意义也不是由读者—评论者单方面赋予的。文本的形式与结构，首先是艺术家有意识地选择与组合，文本的意义首先是艺术家意图的表达。

另一位结构主义大师罗兰·巴特，他的观点比兰德尔的强制阐释，显得更加严密与精致。他在《结构主义活动》中指出："应该把分析家和创作者均置于可称为结构的人的共同符号之下，这种人不由其观念或言语活动来确定，而是取决于他的想象力，或者确切地讲，取决于他的想象活动，即他内心感受结构的方式。"④ 这些"结构的人"每一次活动都在重新建构一个对象，他们建构的这个对象，不同

---

① ［美］李普曼编：《当代美学》，邓鹏译，光明日报出版社1986年版，第146页。
② 同上书，第78页。
③ 同上。
④ ［法］罗兰·巴特：《罗兰·巴特随笔选》，怀宇译，百花文艺出版社1995年版，第292页。

第一部分 作者意图

于他们眼中所看到的对象,"结构的人"在建构新对象的同时,又把自己加进去,为结构对象赋予了新的意义,通过为新对象赋予意义的活动,"结构的人"又给自己增加了一个新身份——"意义之人"。"结构的人抓住现实,分解现实,然后又重新组合现实;因为在结构主义活动的两种对象或两种时间之间,出现了新东西,这种新东西完全不是一般可理解的东西:幻象,便是补加到对象上的理解力,而这种增加具有一种人类学价值,从这个意义上讲,这种增加部分就是人本身,就是他的历史、他的处境、他的自由和自然对人的精神的抵抗本身。"① "结构的人"在制造对象结构的活动中,把自己加了进去,因此,他所结构出来的这个文本结构,与之前所看到的对象的结构已大不相同。举例来说,面对两个英国青年男女的恋爱素材,莎士比亚把它结构成为《罗密欧与朱丽叶》,并在这个文本中加进了莎士比亚的历史处境及精神追求等,这个文本已经与它的素材大不相同。以《罗密欧与朱丽叶》为蓝本,分别用汉语在北京的剧院演出,用俄语在彼得堡演出,用法语在巴黎演出,也会加进这些不同国度的演员及导演的历史处境和精神追求等,造成三种与莎翁文本大不相同的版本。假如再由中、俄、法三国的评论者去分析评论,又会加进他们各自的历史处境和精神追求等,进而结构出与演出版本大不相同的批评版本。以罗兰·巴特的逻辑来推论,作者开始结构活动,他所看到的素材及其背景中的文化、历史等全都死了;文本已经形成,作者及其创作背景也就死了;批评一旦开始,文本及其以前的惯例也就死了。人们不禁要问,读者—评论者最终建构出来的被他赋予意义的文本,还是作者创作的那个文本吗?读者—评论者是想把阅读—评论活动当作对话交流的场域,还是想把它变成表演独白话语的舞台?

巴特为了剥夺作者的地位,强行剥离作者意图与文本意义的联系。其论据有三:首先,作者结构的文本经过批评家再结构,已经不是原初的文本结构了,作者赋予的意义经过批评家的再赋予,已经不是原来的意义了。因此,经过批评家结构并赋予意义的文本,它的意

---

① [法]罗兰·巴特:《罗兰·巴特随笔选》,怀宇译,百花文艺出版社1995年版,第293页。

思已经与作者的意图没关系，而是读者和批评家意图的表达。其次，作者建构文本结构时并不想清楚地表达某种意思，他往往一边表达某些意思，一边又遮蔽自己的意思。《作者的死亡》就做如是判言："写作不停地提出意思，但却一直是为了使其消失：写作所进行的，是有步骤地排除意思。"[1] 再次，文本本身是圆整的、多向度的，作者与文本的关系是单向度的，因此，作者对文本的解读往往是有缺陷的。巴特对作者与文本的关系进行三重阻隔之后，最后得出结论，只有读者和评论家最适合赋予文本意义："文本是由具有双重意思的词构成的。每个人物都可以从一个方面去理解（这种经常的误解恰恰正是悲剧性）；然而却有人可以从两方面去理解一个词，甚至——如果可以这样说的话，去理解在其面前说话的所有人物的哑语：这个人便是读者。"[2]

就这样，巴特首先消解作者的原创意义，强化读者—评论者再创造的价值。其次，遮蔽作者的对话意图，文本的对话功能，凸显读者—评论者的意义赋予作用。再次，强行减缩作者与文本的关系维度，任意扩张读者—评论者与文本的关系维度。一步步剥夺了作者赋予文本意义的权力，为读者—评论者争取了文本意义的赋予权，抬高了读者—评论者的地位与存在价值。其高明之处，在于用文本的建构作障眼法，提出建构是多次的，不是一次的；作者只是最初的建构者，经过多次建构之后，作者的建构痕迹已经消失，最终留下的只能是读者—评论者的建构。同样，赋予文本意义也不是一次性的，而是多次的。作者即使赋予意义，也是最初的意义，经过多次意义赋予之后，最终留下的只有读者—评论者赋予的意义。这是因为，读者—评论者是整个建构活动的终点，也是意义赋予活动的终点，他之前的结构者及意义赋予者——作者死了，但他活着；他之前作者灌注到文本中的意图消失了，他赋予文本的意思还存在着。因此，只有读者—评论者赋予文本的意义，才是文本真正的意义。换言之，阅读批评

---

[1] [法] 罗兰·巴特：《罗兰·巴特随笔选》，怀宇译，百花文艺出版社1995年版，第306页。

[2] 同上书，第307页。

第一部分　作者意图

至上。

　　谈论任何问题，目的都是解决问题。我们都必须首先面对事实本身，只有这样，我们才能真正地解决问题。如果回避事实空谈道理，即使妙语连珠，滔滔不绝，这种道理既经不起事实检验又不能解决现实问题。文学活动是作者与读者—评论者通过文本进行的一项对话交流活动。作者运用文本说话在先，读者—评论者面对文本对话在后。是作者建构了文本中人物间的特定关系，画出了人物生存成长过程的起点、中途和终点，是作者决定选用戏剧或者小说体裁来表现这些人物的生命历程，也是作者赋予文本中人物以悲剧、喜剧或正剧色彩。阅读和评论，只能是在作者首创的贯穿着作家意图的文本上进行再创造，这种再创造即使高明到巴特那样的程度，也要以作者写作的文本为基点，受作家创作的文本的导引，总不能把《哈姆雷特》想象创造成中国的《西厢记》，想象创造成俄国的《钦差大臣》，想象创造成法国的《安德洛玛克》。说到底，阅读尽管重要，但阅读只是"引导下的创作"[1]，读者尽管有再创造的自由，但必须首先紧跟作者创作的文本的导引，"每篇先看主意，以识一篇之纲领；次看其叙述、抑扬、轻重、运意、转换、演证、开合、关键、首腹、结末、详略、浅深、次序；既于大段中看篇法，又于大段中分小段看章法，又于章法中看句法，句法中看字法，则作者之心，不能逃矣！"[2] 读者—评论者只有面对作者创作的文本，面对文本中作者写下的字句、作者设置的人物关系等等，在作者创作的文本的导引下，在文本预留的空白中，进行想象与创造，才能走上阅读和批评的正道。脱离具体的阅读和评论对象，无视文本的实际状况，进行天马行空的评说，手法越高明，距离文学评论的本意就会越远。

　　当然，一切旨在对话交流的文本，都是为读者—评论者写的，凡是能和读者—评论者进行良好对话交流的文本，都是有意义的对话结

---

　　[1]　[法] 让—保罗·萨特：《萨特文学论文集》，施康强等译，安徽文艺出版社1998年版，第100页。
　　[2]　程端礼：《读书分年日程》卷2，转引自杜松柏《国学治学方法》，中国人民大学出版社2006年版，第81页。

构，这种结构，萨特称之为"召唤结构"，它作为评判一个文本是否为经典文本的重要标志，本质上是一种复调的召唤结构而非独白结构。这种复调的召唤结构，召唤读者—评论者与作者进行对话，召唤读者—评论者协同作者一起进行文本的创作，因此，它也为读者—评论者预留了许多需要填补的空白，预留了许多需要想象和补充的省略点，目的在于召唤读者—评论者对文本进行想象与创造。换句话说，读者—评论者正常的想象和创造，是针对具体文本中这些空白和省略点的，他不应也不可能超出文本结构中作者所发出的召唤而任意虚构。用萨特的话来说，不论读者—评论者的想象和创造走的有多远，作者总是走在他们的前面。① 而20世纪以来西方文学批评的强制阐释论者，无视文学活动的对话现实，无视作者在这一活动中的先在性，把后来的读者—评论者对文本进行的再结构与意义再赋予，当成唯一的结构文本及赋予文本意义的活动，这就遮蔽了作者的意图，剥夺了作者赋予意义的权力，把作者与读者的对话活动，变成了读者—评论者的独白甚至霸权活动，这种做法使文学理论与文学批评远离了文学实践本身，成为一种没有对象的空头理论，最终会被文学创作和广大读者所抛弃。理论本是为指导实践形成的，最终因为脱离实践而变成理论家的自言自语，这无疑是理论自身的一种悲哀。

三 文本意义的众声喧哗

现代社会以来，随着现代性的消长与后现代主义思潮的泛滥，个体及其多元主体性，受到空前的重视。在这样一个时代背景下，文学界出现了有关作者意图与文本意义有没有关系，到底文本意义是作者意图的表现，还是评论家的理论独白的争论。争论的结果是形成了三种文本意义观：第一种意义观认为，作者是文本创作者，也是文本意义的第一个赋予者，没有作者，就没有文本，更谈不上文本的意义。第二种意义观认为，如果读者—评论者不阅读和评论文本，文本就是

---

① [法]让—保罗·萨特:《萨特文学论文集》，施康强等译，安徽文艺出版社1998年版，第106—107页。

一堆废纸,没有任何意义,读者—评论者让文本复活,赋予文本以新的生命。因此,文本的意义是读者—评论者赋予的。第三种意义观认为,文本是作者与读者—评论者对话交流的媒介,双方在对话交流中,都对文本的结构和意义有贡献,因此,文本的意义由作者和读者—评论者共同创造。

　　以上三种观点都有道理,但都有失偏颇。上述观点的共同之处在于其都认为,意义是人专属的权力,因此只有人能创造意义,而文本作为后天的存在,其意义肯定与那些跟文本发生关系的人相关联。但这些观念的持有者或多或少都犯了机械唯物主义的错误。在他们眼里,唯独人是创造的主体,可以不顾外在客观存在而提出属己性的要求;而其他事物,只是一种中性存在,缺乏任何存在的意图性,不具有实现自身的内在要求。事实上,万物都有其自身的存在属性与内在性要求,其存在的完满需要人类去敞开、照亮、倾听甚至遵循。考夫卡在《艺术与要求性》中指出:"既然在自我中可以找到要求性,那么就完全有理由在其他事物中同样找到这种性质;而由于我们不断在事物中发现这种性质,就不该怀疑我们的直接的、朴素的经验。"①人类的生存发展史表明,人必得生存于一定的环境之中,在环境中进行奋斗与创造,让环境更适合自己的生存发展与成长要求。但同时,环境也对具体的生存者提出要求,它要求生存者朝某个方向奋斗,又阻止生存者进行某些方面的活动。以此推论,当作者准备用艺术文本与读者—评论者交流某种人生认识或生命体验时,他除了需要懂得自己的对话对象有什么样的对话意愿,需要认识特定时代对某一话题的普遍看法,以及这一话题的深层意蕴,还需要选择适当的艺术样式,需要知道特定艺术样式对创作者的形式要求。这是因为,"艺术创造的特点:某种客观的东西需要艺术家来创造,而艺术家也必须服从这一要求。这样,艺术家的工作就受到这一需要被创造的东西的要求的指导"②。当某位作者计划创作一个小说文本,他想用这个文本与当代青年交流爱情话题时,他的这一创作意图就同时要受到至少三个方

---

① [美]李普曼:《当代美学》,邓鹏译,光明日报出版社1986年版,第411页。
② 同上书,第412页。

面要求的制约：一是当代青年男女婚恋现实的要求性的制约，二是长期形成的爱情小说惯例的要求性的制约，三是当代人的爱情理想的要求性的制约。他不能无视自身之外的这三种要求性，不能把文本变成自己意图的传声筒，把他人当成没有嘴巴只会听话的耳朵。只有尊重他者的说话权利，用恰当的方式把这几种他者的要求有机地融入自己的话语体系，形成一个具有良好对话效能即召唤他人说话、容纳他人话语的文本，才能达到预期的对话交流目的。

作者之外的这三个要求性，出自三个不同的主体，从三个不同方面，纠正着作者意图的片面性，增加着文本意义的丰富性。他们要求作者打破自我中心主义的藩篱，关注他者的存在，倾听他者的呼声，要求作者扩展自己的创作意图，增加自己所建构的文本的容量与厚度。善于进行对话交流的作者，在实现自身意图时，一定会对自己提出要求，他对自己的要求越高，就会对自身之外他者的各种要求理解得更加充分，就会在自己结构的文本中较好地融入他者的合理要求。作者对自身之外各种他者的要求融合得越充分越完美，他的创作意图在文本中表现得也就更加合理，更容易被他人理解和接受，更容易通过文本与他人进行对话交流。同理，读者—评论者在阅读—评论某种样式的文本时，他也必须懂得这种艺术形式的惯例，必须知道这个文本中渗透着作者的意图，必须理解文本所建构的生活世界，这是对读者的要求。更准确地说，在阅读—批评活动中，必须清楚作者通过文本指引读者—评论者的对话交流过程，规约读者—评论者的阅读—评论活动。如果读者—评论者脱离甚至对抗这些要求和规约，偏离文本指引的对话交流方向，就会进入与文本无关的理论独白的死胡同。虽然，我们承认，读者—评论者有权利把自己的历史处境、阅读经验及人生体验，融入自己当下进行的阅读—评论活动之中，对现有的文本进行再结构，对现有文本的意义再认识、再发现、再创造，从而在一定程度上丰富了文本的意义；但是，读者—评论者赋予文本的意义，也像作者意图、形式惯例赋予文本的意义一样，它只是文本意义的一个方面。文本意义，是上述诸方面意义众声喧哗的结果，是多种文学主体相互争吵、相互制约、相互融合的统一体。任何一种意义的独白和霸权，都是对文本意义的简单粗暴处理，最终会导致对文本意义的曲解。

作者的意图投注与读者的文本解读*

吴玉杰**

20世纪80年代以来,中国文学受西方文学批评与理论影响较大,中国学者很难在世界文学领域发出自己的声音。其间文学界的论争,大都是发生在中国学界内部关于文学理论问题,主要是中国文学理论问题的讨论。而2014年以来关于"强制阐释论"的讨论却有所不同,有学者这样评价:"它和20世纪80年代的美学大讨论、90年代的重写文学史、90年代后期日常生活审美化的讨论一样,会对中国的文艺理论建设产生重大影响。"① 2014年张江教授在《中国社会科学》发表关于"当代西方文论若干问题辨识"的文章以及后来关于强制阐释、作者意图、批评原则等一系列论文,就不再是中国学者自说自话。朱立元教授、王宁教授、周宪教授等多名学者积极参与,在意图、阐释等问题域展开探讨和论争。不仅如此,张江教授分别与意大利、英国、美国、比利时等国学者就强制阐释②、多元阐释③、意图谬见④、中西人文交流⑤等问题进行对话,并与美国学者米勒通

---

* 本文原刊于《社会科学战线》2017年第10期。
** 作者单位:辽宁大学文学院。
① 张政文语,参见李明彦《"反思与重构:'强制阐释论'理论研讨会"综述》,《文艺争鸣》2015年第8期。
② 张江、伊拉莎白·梅内迪、马丽娜·伯恩蒂、凯撒·贾科巴齐:《文本的角色:关于强制阐释的对话》,《文艺研究》2017年第6期。
③ 张江、哈派姆:《多元阐释须以文本"自在性"为依据——张江与哈派姆关于文艺理论的对话》,《文艺争鸣》2016年第2期。
④ 张江、安德鲁·本尼特、尼古拉·罗伊尔等:《意图岂能成为谬误——张江与本尼特、罗伊尔、莫德、博斯托克英国对录谈》,《学术研究》2017年第4期。
⑤ 张江、德汉:《开创中西人文交流和对话的新时代》,《探索与争鸣》2016年第1期。

信交流其关于"确定的文本与确定的主题"①的思想，在世界文学理论界发出自己的声音。中国学者敢于挑战当代西方文论，敢于对现代西方文论的某些问题说"不"，由西方理论的追随者转变为与西方学者平等对话的交流者，这种身份的转变，是建立在自身学术信心和学术勇气的基础之上，更是建立在中国文化自信的基础上。2014年以来由"强制阐释"引发的这次讨论与对话，其意义和价值不仅在于对西方文论的反思，更在于对中国文学批评与文学理论的建构上。

张江教授对西方文论"强制阐释"的发现具有原创性，"强制阐释论"可以衍生诸多理论问题，主要是围绕作者与文本的关系、文本与读者的关系以及作者与读者的关系问题等，而其中作者的意图是焦点。张江教授认为，强制阐释背离作者的意图，"背离文本话语"②，他又撰文《"意图"在不在场》③进一步明确和强化意图在作家创作与文本阐释中的重要作用。在他看来，创作时作者的意图在场，阐释时作者的意图依然在场，公正的阐释须符合作者的意图。

作者的创作是意图的投注过程，而读者的文本解读，是对文本的理解和阐释，它不仅仅是对作家意图的解码，更是对文本意义空间的拓展与丰富。作者的意图本身是一个复杂的综合体，它可能是确定的，也可能是不确定的；可能是清晰的，也可能是模糊的；可能是有意识的，也可能是无意识的。我们很难判定作者的表意实践在多大程度上实现了自己的意图。读者没有办法完成对作者意图的完全还原，甚至有时作者自己也并不完全清楚自己的意图。所以读者的文本解读不是或不完全是"迎合"、追索作者意图的解读，否则会窄化文本的意义空间。在这种情境之下，需要我们进一步思考的是，如果按照是否符合作者的意图确定批评标准的公正性原则是否公正？不考虑作者意图的阐释是否是强制阐释？作者在创作的过程中意图在场与否与读者在解读的过程中作者的意图在场与否是否具有必然的联系？在对待

---

① 张江：《确定的文本与确定的主题——致希利斯·米勒》，《文艺研究》2015年第7期。
② 张江：《强制阐释论》，《文学评论》2014年第6期。
③ 张江：《"意图"在不在场》，《社会科学战线》2016年第9期。

作者、文本与读者之间的关系方面，确实存在不同的批评观念与批评实践，我们不能以一种倾向，遮蔽另一种倾向——以意图在场否认读者文本解读的开放性与创造性，或者以文本解读的开放性、创造性否认创作时作者意图的在场以及意图对解读的意义。

一　对于意图的理解以及意图的特点

创作的时候作者的意图在场，并不能决定读者解读文本的时候作者的意图依然在场，我们无法确证读者阐释文本时作者意图怎样在场。在实际阐释活动中，读者的文本解读与作者自我表明的意图经常矛盾，无从认定作者意图的在场以及它的"指引"作用。作者意图本身是一个复杂的综合体，它具有清晰与模糊、确定与不确定、有意识与无意识等特点，意图本身以及其实现和被接受的过程充满不确定性，因此我们也不能断然以是否符合作者意图作为"公正"的文本解读的标准。

关于意图，在不同的批评家那里有不同的理解。维姆萨特与比尔兹利认为，意图是作者的"内心的构思或谋划"[①]。张江教授这样定义意图："从文本书写开始到结束，或更确切地说，从书写者确定文本书写的第一念头起始，直至文本最后完成交付于公众，书写者的全部思考与表达方式，都将被视为作者主体自觉作用的意图（intention）。"[②] 维姆萨特与比尔兹利关注意图的谋划性，张江教授强调意图的在场性。的确，意图贯穿于创作的全过程，只不过在不同的文本时段，意图存在的样态会有所差异。文本的全部表达方式是在作者意图之下的表达，但又不是意图本身。也就是说，文本不等同于意图。

从张江教授与哈派姆的对话，我们也会发现二人对意图的理解各有所指。张江教授提及他与莫言的谈话："莫言先生，您写完之后，您把本子交给我去印刷，您明不明白您交给我那个本子写了什么？莫

---

① 赵毅衡编选：《"新批评"文集》，中国社会科学出版社1988年版，第209页。
② 张江：《"意图"在不在场》，《社会科学战线》2016年第9期。

言说，我当然明白，明白自己写了什么。"又问哈派姆："作为作者，自己知道写了个什么东西。那这个东西是不是自己有意图写的？"哈派姆认为知道自己写了什么，在被问及意图时说："我的意图就是我的作品能够被别人阅读。"① 可见张江教授所说的意图和哈派姆所认为的意图有两个不同的内涵指向，哈派姆指向文本的接受性。由此，维姆萨特与比尔兹利、哈派姆、张江教授对于意图理解的聚焦点各有侧重，分别为创作前、创作后与创作全过程。

作家的文本表达是在意图之下的表达，但并不能确定作者完全知道自己的意图是什么。写了什么东西是内容性存在，而意图是目的性存在，与维姆萨特与比尔兹利、哈派姆相比，张江教授更强化意图的在场性。但意图本身是复杂的，莫言被问及写小说时有没有意图时回答道："有。大多数时候有，但有时候不那么清楚，但更多的时候是我本来是这样想的，结果写出来以后不是我想的那个样子，写作过程中有许多我自己也料想不到的变化，特别是有时候意图不那么清晰，也有时候写出来不是我原先想的那个样子。"② 莫言的回答恰好说明意图的清晰与模糊、确定与不确定、有意识与无意识等方面的特点。张江教授认为，一个作家不可能一个意图到底，③ "作者在构建文本的时候，有自己意识到的或者说自觉的明确的意图，也有自己可能没有意识到的意图在起作用，甚至左右了文本"④。作者意图的这种复杂性使它无法或很难确切"指引"读者阐释文本。

张江教授认为作者创作时非常理性，并进一步强化意图的作用："无论怎样消解和抵制意图，作者意图总是在场的；作者的意图构造了文本，决定着文本的质量与价值，影响他者对文本的理解与阐释；无论我们喜欢或承认与否，意图总是贯穿于作品创作的全过程，展开并实现于作品的语言、结构、风格等全部筹划之中，指引我们按照作

---

① 张江、哈派姆：《多元阐释须以文本"自在性"为依据——张江与哈派姆关于文艺理论的对话》，《文艺争鸣》2016年第2期。
② 同上。
③ 同上。
④ 张江、安德鲁·本尼特、尼古拉·罗伊尔等：《意图岂能成为谬误——张江与本尼特、罗伊尔、莫德、博斯托克英国对话录》，《学术研究》2017年第4期。

者的愿望去理解文本。"① 作者的意图在文本创作中起到非常重要的作用，但读者的文本解读与作者的意图投注经常矛盾。

二 作者意图投注与读者文本解读的矛盾性

孟子提出"以意逆志"，但是以说诗人之志迎作诗人之志，还是以作诗人之志迎作诗人之志，其没有进一步阐发。作者通过文本传递某些意图，可能不打算传递其他，但读者通过文本可能会领会一些作者的非传递之在，正如清代词学家谭献所言："作者之用心未必然，读者之用心何必不然。"② 由此可见，读者用心之处可能并不是作者意图之处。其实，文学创作和文学解读过程，经常出现作者意图和文本表达的矛盾性，出现作者意图和读者解读的矛盾性。而这些矛盾却使文本颇有张力。

安娜这一形象的塑造和托尔斯泰的初衷不同，可见作者的意图和文本表达之间的矛盾性，同时也揭示文本本身的力量之所在。米兰·昆德拉说："小说家绝非任何人的代言人，而且我要将这个话说透：他甚至不是他自己想法的代言人。当托尔斯泰写下《安娜·卡列尼娜》初稿的时候，安娜是一个非常不可爱的女人，她悲剧性的结局是应该的，是她应得的下场。而小说的最后定稿则大不相同，但我不认为托尔斯泰在期间改变了他的道德想法，我觉得在写作过程中，托尔斯泰聆听了一种与他的个人的道德信念不同的声音。他聆听了我愿意称之为小说的智慧的东西。所有真正的小说家都聆听这一高于个人的智慧，因此伟大的小说总是比它们的作者聪明一些。那些比他们的作品更聪明的小说家应该改行。"③ 人物自身获得性格发展的逻辑，在一定程度上不为作者所左右。这也是托尔斯泰创造成功人物形象的重要原因，《安娜·卡列尼娜》成为伟大小说的原因之一。托尔斯泰的

---

① 张江、安德鲁·本尼特、尼古拉·罗伊尔等：《意图岂能成为谬误——张江与本尼特、罗伊尔、莫德、博斯托克英国对话录》，《学术研究》2017年第4期。
② （清）谭献：《清人选评词集三种》，齐鲁书社1988年版，第78页。
③ ［捷克］米兰·昆德拉：《小说的艺术》，董强译，上海译文出版社2004年版，第198页。

道德想法没变,他聆听小说的智慧。由此可以看出,作者意图和文本表达的矛盾性,不仅没有降低文本的艺术性,反而使人物形象更为成功,文本的内涵更加丰富。作者的意图和读者的文本解读结果不同,有时候作者很清楚自己的意图,对于批评家不符合自己创作意图的解读十分不满,而从文学史的发展来看,正是批评者的解读拓展了文本的意义空间。马尔克斯对于批评家从他的《百年孤独》中"发现了对人类历史的影射和譬喻"非常愤怒,他说:"不,我只想给我的童年世界一个诗的再现","给童年时期以某种方式触动了我的一切经验以一种完整的文学归宿"。他甚至对批评家冷嘲热讽:"批评家有时与小说家相反,不是在书中看到能够看到的,而是只看到愿意看到的。""他们毫不考虑像《百年孤独》这样小说是全然没有什么严肃性的,而且充满了对亲朋好友的影射,这样的影射只有当事人本人才能发现,可是那些批评家却以一种权威的姿态,冒着滑天下之大稽的风险,自告奋勇地去乱猜书中所有的谜底。"① 从这个表述中,我们看到马尔克斯写《百年孤独》是影射之作,是对自己童年世界的诗意再现,如果批评家只是按照作者这样的意图进行文学解释的话,就会极大窄化文本的意义空间。如果马尔克斯本人不谈及影射之意,批评家是无法知道作者的这一意图的。马尔克斯虽然不同意批评家对人类历史的"影射"和"譬喻",不过在这批评出现之后,马尔克斯却也说过"布恩迪亚一家的历史可以看作拉丁美洲历史的缩影"之类的话。可见,批评家对作家的"修正"。如此情况之下的解读,作者的意图到底是否在场?如果批评家只是追索作者的意图,那么文本的意义就会停留在作者对童年的追忆和对亲朋好友的影射这一意义之中。而实际情况是,批评家从文本出发发现了《百年孤独》对人类历史的譬喻。因而,单一性地追索作者的意图会极大限制文本意义空间的开拓。批评家的解读与作者的意图的矛盾性,从一个侧面让我们了解追索作者意图的解读往往有很大的局限性。20世纪60年代严家炎评论柳青《创业史》中的梁生宝有"三多三不足",认为梁三老汉

---

① [哥伦比亚]马尔克斯:《谈〈百年孤独〉的创作》,载王宁主编《诺贝尔文学奖获奖作家谈创作》,北京大学出版社1987年版,第501—502页。

是最成功的人物形象。① 严家炎对于梁三老汉的肯定在一定程度上构成对《创业史》思想内涵的拆解，柳青认为歪曲了他的意图，提出几个问题进行反驳。② 50年之后，柳青的女儿对严家炎说，她同意他对梁生宝的看法。③ 20世纪60年代，很多评论《创业史》的文章符合柳青的"意图"，而从文学史的角度考量，正是严家炎不符合作者原意的解读发现了文学史上一个成功的人物形象，发现了文本的内在张力。

作者意图的复杂性以及作者意图与读者解读的矛盾性，都有一个标的指向，文本阐释追索作者的意图并不是批评的全部，从某种程度上可以说，有时候与作者意图矛盾的文本解读恰恰开启了新的路径，拓展了意义空间。作者的意图有限，而文本的意义空间却很丰富，以符合"作者意图"作为文本解读和阐释的标准有很大的局限。

三　作者意图的有限与文本意义空间的丰富

作家在创作的时候，一定是有意图的，无论这个意图是以什么样的方式存在。但作者创作的时候意图在场，并不能决定读者进行文本解读的时候作者的意图必然在场，这和读者的解读诉求与解读方式有关。如果作家把自己的意图说明白的话，那么读者无须追索作者的意图，因为意图已被作家说明白，或者追索作者意图的文本阐释基本是通过文本对作者意图的具体阐释。但有的时候因多种原因作家的自我表述也并不一定真实，莫言就说过自己的"障眼法"④。如果作家自己的意图没有说明或没说明白，读者就没有办法追索、还原所谓作者的意图。有理论家认为："诉诸作者的意图几乎不能解决任何问题，因为所谓作者意图，其实往往不过是解释者的解释而已，它同样跳不

---

① 严家炎：《关于梁生宝形象》，《文学评论》1963年第3期。
② 柳青：《提出几个问题来讨论》，《延河》1963年第8期。
③ 舒晋瑜：《严家炎：研究文学史应该心胸宽阔一点》，《中华读书报》2014年3月26日第7版。
④ 莫言：《我的文学经验》，《蒲松龄研究》2013年第1期。

出论证上的循环"。① 而且仅仅依据作者意图所做的阐释是非常有限的，因为作者的意图有限，但文本可以提供比较宽阔的阐释空间。

文本本身的蕴含一定超过作者的意图，作者的意图有限，但文本的意义空间丰富。文本的丰富性阐释空间的意义有待于一代又一代读者的开掘。我们可以以经典为例。艾德勒和哈德钦编选《西方世界经典著作》，无论是20世纪50年代的初版还是20世纪90年代的再版，编选原则是："他们将人生的重大思想观念量化为102个，要求入选的经典作品至少要涉及其中的25个。事实上，不论是此书的第一版，还是经过增补与调整的修订版，入选的绝大部分著作都涉及了其中的75个以上。"② 作为确定经典的标准，这样量化不一定完善和科学，但是我们从中能够发现经典内涵的丰富性。作家在创作过程中的意图不会同时击中如此多的标的，但文本本身具有巨大的丰富的张力和辐射性。所以，我们可以说，作者意图是有限的，但是文本的意义就丰富性来讲超过作者的意图，虽然文本创作是在作者的意图之下。

结　语

2016年张江教授阐发作者意图在创作过程的在场，分析阐释者背离文本、背离作者意图的在场导致当代西方文论"强制阐释"的发生，当然是为了"有效遏制"未来的"强制阐释"。这对于反观中国文学理论与文学批评自身具有重要的现实意义与理论价值。但创作时作者意图在场，读者文本解读时作者意图并不一定必然在场，这和意图本身的复杂性有关，和读者解读的诉求有关。强调文本解读时作者意图的在场，这在一定程度上可能"遏制""强制阐释"发生的同时，也有可能构成对文本解读的限制，窄化文本的意义空间。作者的意图投注与读者的文本解读并不是对等的"意图交流"关系，二者经常存在矛盾，作者的意图有限，而文本的意义多元。当然我们非常

---

① 张隆溪：《道与逻各斯：东西方文学阐释学》，冯川译，江苏教育出版社2006年版，第212页。

② 参见刘象愚《经典、经典性与关于经典的论争》，《中国比较文学》2006年第2期。

理解,在当下文学场域中张江教授与赫施一样捍卫意图之特别用意。2017年张江教授如是说:"其实,我们所真正关心的问题,并不在于对一个文本怎么认识,不在于作者对于文本阐释的意义,也不是要追求文本有一个确定、固定的意图或主旨。我们关心的是,在理论与创作实践的关系上,谁是第一位、谁是第二位以及谁决定谁的问题。"① 张江先生具有前瞻性与预见性忧思,"没有文学的文学理论""没有文学的文学批评",对于文学来说确实不堪设想。

我们一直把矛头对准当代西方文论,强有力地洞穿或刺透"强制阐释"的病源与病相。研究西方的目的是为了强有力地建设中国特色的文学理论与文学批评,这需要我们的理论家和批评家把目光转向中国文学批评自身,发现与解剖中国式的"强制阐释"。不过,这确实还有很长一段路要走。

---

① 张江、安德鲁·本尼特、尼古拉·罗伊尔等:《意图岂能成为谬误——张江与本尼特、罗伊尔、莫德、博斯托克英国对话录》,《学术研究》2017年第4期。

历史事物中的主观意图及其客观阐释[*]

吴晓明[**]

近一个时期以来，文艺理论界关于作品（或文本）的理解与阐释的讨论似乎热闹了起来。由于张江先生的积极倡导和尖锐追问，像"作者"是否已死，"意图"在不在场等问题或将成为争论的焦点，从而推动有关艺术作品之现实理解与客观阐释的深入研究，并从中去探寻一条能够真正趋避于相对主义和虚无主义结论的道路。很明显，只要这样的探讨或争论一经展开，问题就不会仅仅局限于文艺理论的内部，而势必将在其深化的过程中扩展为意义更为广泛的哲学问题和解释学问题。因此，本文试图首先就普遍的"历史事物"展开讨论，以便从哲学上去把握这些事物中主观意图的实际生存，以及历史事物的客观阐释将如何包摄并超越这样的主观意图。

一

对于历史事物之真正的客观阐释来说，它必须（而且首先必须）将人的主观意图包含在自身之内，因为历史事物一开始就是在与自然事物的区别和对待中确立自身的，而这样的区别和对待又总是以人的主观意图是否介入作为基本根据的。如果说，先前较为粗陋的历史观念一方面只是用"天意"或"神意"来剪灭并湮没人的主观意图以达成对历史的客观解释，那么它在另一方面却完全无法掌控并安顿人

---

[*] 本文原刊于《社会科学战线》2016 年第 9 期。
[**] 作者单位：复旦大学哲学学院。

的主观意图,而只能滞留于对历史之单纯偶然的和主观的理解中。18世纪初维柯关于历史理性的伟大构想,直到德国古典哲学时期,特别是在黑格尔哲学中,才迎来了它的繁花盛开。而在这之前,人们依然"相信'历史'是建筑在捉摸不定的流水之上的,是建筑在喷涌无常的火山之巅的,以致意图从那里边去发现各种规律、观念、神圣的东西和永恒的东西的任何尝试,都可以被义正词严地斥责为故意卖弄,或者先天的胡吹,或者空虚的想象"①。

在这里出现的真正难点在于:哲学或科学,乃至于一般所谓知识,皆有其基本的"客观性(Sachlichkeit)告诫"——它的一般含义即在于隔离主观性或主观意图;然而历史事物的根本性质恰恰就在于,它以主观性为前提并由主观意图所贯彻。就像我们无法构造出以主观性为前提的自然事物一样,我们也不可能想象不为主观意图所贯彻的历史事物。因此,对于历史事物进行客观阐释的本质方面就在于:除非它能够充分涵摄并牢牢把握住参与历史事物的主观意图,否则这种阐释就不能成为真正客观的。伽达默尔很正确地把黑格尔称为思想之客观性的"魁首",②因为黑格尔不仅在哲学上要求将"历史"提升为原则,而且根据"事情本身"要求在统摄了全部主观性或主观意图的基础上来把握历史的客观性。要达到这种客观性,无疑依赖于哲学思想上的巨大进展,但为了讨论简便起见,我们可以直接引述黑格尔的那个著名的说法,即"理性的狡计"③。

在黑格尔看来,理性统治着世界,因而也统治着历史。理性不仅是强有力的——作为无限的机能展开并实现自身,而且是机智狡黠的——它总是通过人的主观意图来实现自己的目的,通过人的主观性(欲望、热情、意见等等)来完成自己的作品。"因此,我们叫作主观方面的东西,如像需要、本能、热情、私利以及意见和主观的概念……这一大堆的欲望、兴趣和活动,便是'世界精神'为完成它

---

① [德]黑格尔:《历史哲学》,王造时译,上海世纪出版集团2006年版,序言第7页。
② 参见[德]伽达默尔《哲学解释学》,夏镇平、宋建平译,上海译文出版社1994年版,第71页。
③ 参见[德]黑格尔《历史哲学》,王造时译,上海世纪出版集团2006年版,第30页。

的目的——使这目的具有意识，并且实现这目的——所用的工具和手段。"① 对于理性自身的目的，每一个个人（或民族）是无所知的，但他们却通过自己的主观意图和活动无意识地或不自觉地实现了它。理性正是通过这种"狡计"来完成它自己，并且唯有通过这种经由主观意图的方式，理性才将自身展现为历史之具体的现实。由此我们看到，黑格尔是把人的主观意图包摄进对历史的客观阐释中了。

这种包摄是非常坚决也非常明确的，以至于黑格尔一方面把理性还依然停留在抽象普遍性上的原则、目的、使命等概括为"观念"，另一方面把人的主观方面即需要、本能、兴趣、意图等概括为"热情"，并就此而断言这两者共同构成"世界历史的经纬线"。这里所使用的"热情"一词，意指一切意志活动的主观方面。黑格尔声称：如果没有"热情"，世界历史上一切伟大的事业都不会成功。抽象普遍的"观念"还只是单纯自为的东西，是一种潜在的可能性，还没有从其"内在"达于真正的"生存"。因此，"为得要产生确实性起见，必须加上第二个因素，那就是实行、实现，这个因素的原则便是'意志'——最广义的人类的活动……那个使它们（观念）行动，给它们决定的存在的原动力，便是人类的需要、本能、兴趣和热情"②。既然黑格尔将普遍的观念和人的意志活动把握为世界历史的经纬线，既然历史的具体现实（现实：本质与实存的统一）唯通过这种经纬的交织方始能够积极地构成，那么，正像波澜壮阔的历史行程最为广泛地囊括着并生存于人的意志活动中一样，对历史事物的阐释只有在包摄——而绝不是清除——人的主观意图及其活动之际方才能够是真正客观的。在某种比拟的意义上可以说，割断经线或纬线的任何一脉都将使交错在织品上的历史图景分崩离析，从而也将使对此图景的客观描述化为泡影。

我们由此可以得到的一个初步的观点是：虽说"世界精神"（作为世界历史的理性）有其自身的目的，虽说这样的目的与人的主观意图相当不同，但人的主观意图及其活动却无所不在地参与到并生存于

---

① ［德］黑格尔：《历史哲学》，王造时译，上海世纪出版集团2006年版，第23页。
② 同上书，第20、18—19页。

历史的现实之中；在这样的意义上，对历史的现实把握必包含人类活动的主观意图，换言之，这样的主观意图在对历史事物的客观阐释中不能不"在场"。那种只是力图完全拒斥并驱逐人的主观意图以便维护对历史之客观解释的观点，不过是在主张一种粗陋的、天真的和无思想的客观性，借用德罗伊森的说法，也就是"阉人般的客观性"。我们可以根据黑格尔的一个生动譬喻来表明，人的主观意图以何种方式参与到历史的客观行程之中。例如有一个人，为某种或许是有理由的复仇心所驱使，去放火烧毁仇人的房屋。就其主观意图而言，他是要报复仇家，所以只是在某根梁柱上放了一把小火；但结果却引发了一场烧毁整个街区的大火灾，造成了巨大的伤亡和财产损失，这当然又完全超出了放火者的主观意图。① 这个譬喻提示的第一点是：这场火灾是一个"历史事件"，而放火者的主观意图是与这个事件本质相关的；因而对于这个历史事件的客观阐释来说，放火者的主观意图不能不被包摄进去，换言之，它不能不在场。如果以为这个毁灭性的火灾实际上大大超出或偏离了放火者的主观意图，因而要将这种意图从对事件的客观阐释中完全铲除，那么，这个事件就不再是历史事件而只能是自然事件了——比如说，一场野火，一场由雷电或干旱引起的火灾等等。就此而言，人的主观意图必须被充分地整合到对历史事物的客观阐释之中。

然而，这个譬喻同时提示出来的原理是：正是由于这个历史事件极大地超出并偏离了那人的主观意图，由于该事件所牵涉的内容有出于行动者意志和意识之外的东西，所以不可能仅仅根据人的主观意图来构成对历史事物的客观阐释。因为主观意图对于这种客观阐释来说是不充分的——不只是不充分的，而且是必须通过这种不充分性来揭示某种普遍者的决定意义。上述的大火灾"……也许不在犯事者的自觉中，更不在他的意志中。然而他的行动本身就是这样，由于这桩行动造成了普遍的和实体的东西"②。就主观意图对于历史之客观阐释

---

① 参见［德］黑格尔《历史哲学》，王造时译，上海世纪出版集团2006年版，第25—26页。

② ［德］黑格尔：《历史哲学》，王造时译，上海世纪出版集团2006年版，第26页。

的必要性和不充分性来说，就这种不充分性反过来绽露历史中"普遍的和实体的东西"来说，黑格尔是正确的。因为历史事物的客观性及其客观阐释完全不可能被整全地归结到人的主观意图中去：在这里必须得到承认的不是某个人或某些人的主观意图，也不是所有人的主观意图之集合或平均数，而是某种实体性的和普遍的东西。黑格尔把这种东西理解为作为绝对者的理性或精神，并因而最终把历史哲学称为"真正的辨神论"（在历史上对上帝的证实）；马克思无疑决定性地摧毁了这种思辨神学的观点，但这并不意味着马克思把对历史事物的客观阐释或者归结到非人的"天意"或者归结到人的主观意图（及其集合）中去。就此而言，洛维特说得对，马克思思想的独特方面在于："他之所以针对费尔巴哈捍卫黑格尔，乃是因为黑格尔理解普遍者的决定意义，而他之所以攻击黑格尔，乃是因为黑格尔在哲学上把历史的普遍关系神秘化了。"① 约言之，对于马克思来说，具有决定意义的普遍者不是思辨的绝对精神，而是生产方式的变动结构。

因此，为了能够对历史事物作出真正客观的——亦即具体而现实的——阐述，一方面必须深入地把捉具有决定意义的普遍者，另一方面又必须使人的主观意图在客观的历史阐释中活跃地在场，并内在地与普遍者的基础定向相勾连。因为正是这种勾连本身（所谓经纬线的交织）规定着普遍者的定向如何实现，以何种方式去实现，也规定着人的主观意图如何参与、在何种程度上参与到那基础定向的筹划之中。例如，罗马共和国的倾覆，作为重大的历史事件，显然与凯撒的活动和主观意图有关；而在其各种主观意图中，又很容易识别出他对最高权力的巨大渴望和勃勃野心。即便是这样的意图，作为"个别兴趣和自私欲望"，也在此历史事件的客观构成中有其地位。唯当普遍者的基本定向与凯撒的主观意图建立起特殊的内在勾连，这一基本定向才作为客观的历史事件得以"当机立断地"实现，而凯撒的欲望和野心等才成为此客观事件的一部分，而不致像在其他人那里经常发生的那样，只是跌落到单纯的梦想或幻觉中去。在这个意义上，使凯

---

① ［德］卡尔·洛维特：《从黑格尔到尼采》，李秋零译，生活·读书·新知三联书店，2006年版，第127页。

撒的意图得以实现的东西,"同时却是罗马历史以及世界历史上一种必要的使命。由此可见,这个东西不仅仅是他个人的胜利,而是一种不自觉的本能,要来完成那时机已经成熟的事业"①。

二

我们在前面只是最一般地探讨了历史事物中的主观意图及其客观阐释,由此而达致的最一般的见解是:在对历史事物之真正客观的阐释中,历史活动者的主观意图不能不在场;但仅仅依循这种主观意图而来的阐释则是不充分的,甚至是误入歧途的。进一步来说,我们知道,有不同形态的历史事物,有不同规模的历史阐释,而历史活动者的主观意图亦可区分为相当不同的层级和类型——从最简单的来自于个别兴趣和自私欲望的意图,到某种由特定的政治或社会目标来定向的意图,甚至到那些本身具有"神圣性"的意图,如道德、伦常、宗教虔敬,还包括各种理想,如"理性"的理想、"善"的理想、"真"的理想等。② 毫无疑问,对某一特定历史事物的客观阐释,依赖于上述各种区分因素在阐释目标指引下的具体化——我们无意于作出精确的区分,而只是提示这种客观阐释之具体化的必要性罢了。

现在需要研究的是对"作品"的客观阐释问题。与前面的讨论相衔接,这里首先会牵扯到"作者"与"作品"的关系问题,牵扯到作者的主观意图在对作品之客观阐释中的地位问题。就像"作品"本身的含意可以极为广泛(甚至可以把一切历史事物称为"作品")一样,作品中最为切近地关系到阐释任务的广泛对象就是所谓"文本"的领域。文本的作者是广义的书写者,就像这些书写者是在历史中活动的各色人等一样,文本本身乃是历史的事物。在这种最一般的意义上,书写者与文本的关系,书写者的主观意图之进入到文本的内部构成之中,与我们前述关于历史事物之客观阐释中主观意图的地位乃是大体一致的;尽管我们必须意识到,文本是一种独特类型的历史

---

① [德] 黑格尔:《历史哲学》,王造时译,上海世纪出版集团2006年版,第27页。
② 同上书,第30—33页。

历史事物中的主观意图及其客观阐释

事物,而书写者的主观意图不仅在总体上区别于较为通常的意图类型,而且总是依文本本身的题材和内容特性使有差别的意图得以被动用起来并贯彻下去。

例如,在大量的历史学文本中,作者的政治意图以及这种意图在其中获得定位的政治情境总是能够或者清晰,或者曲折地显现出来。即使是历史学意识强烈地要求以"压制个性"来使历史叙事保持"中立"意义上的客观性时,情形亦复如此。我们知道,兰克曾经以一个著名的说法为历史思维的理想提供了一个广为人知的公式,即:历史意识的真正任务是从过去时代的精神出发去理解过去时代的所有证据,必须把这些证据从我们自己当前生活的偏见中解脱出来,从而把过去作为一种人类现象来认识。很明显,这个公式要求严格地控制我们自己当前的偏见(更不用说那些可以被称之为"意图"的东西了),以便达到对历史事物的客观叙述。然而,"即使是在那些看起来已经极为成功地达到了兰克压制个性的要求的历史学巨著中,关于我们科学经验的一条毋庸置疑的原则仍然成立,即我们能够准确无误地根据写作这些著作时所处时代的政治倾向来对这些著作进行分类。当我们阅读蒙森的《罗马史》的时候,我们知道唯有谁才可能写作这本书,也就是说,我们可以认出这位历史学家能以一种有意义的方式把过去年代的各种见解组织起来的政治情境"①。就我们所探讨的主题而言,这样的事实表明:第一,在上述的历史学文本中,作者的意图——政治意图——总是以某种方式在场的;因为它如果根本不在场,就不可能从文本中被识别出来。第二,这样的政治意图,无论是趋于何种方向的意图,总是同特定时代的政治倾向或政治情境本质相关的;换言之,是植根于这一时代之基本的政治态势并从中获得滋养的。第三,虽说控制自己的意图或偏见(以求不致误解过去的证据)可以是一个合理的要求,但兰克式的戒律看来并非成功:一方面是力图遵守戒律的文本依然到处透露出意图或偏见的消息,另一方面是完全消除个性(特别是意图或偏见)的历史学文本是否真的可能?当

---

① [德]伽达默尔:《哲学解释学》,夏镇平、宋建平译,上海译文出版社1994年版,第6页。

第一部分 作者意图

这样的问题产生之际,哲学解释学便理所当然地要求去重新评估"偏见"或"意图"在文本书写及理解中的地位和意义了。

我们在重大的历史事件及著名的哲学文本中同样可以观察到类似的情形,可以观察到"作者"的社会—政治意图是如何参与到事件和文本中间并构成其实质性要件的。苏格拉底之死以及柏拉图的《理想国》是广为人知的。就前者而言,我们很容易把苏格拉底被判死刑看成一幕由无知和鲁莽导致的本可以避免的悲剧,而受到冤屈的主人公便是这位哲人。苏格拉底被控的罪名有两项:第一,他诱惑青年,教人不服从父母;第二,他不信旧的神灵,而提倡新的神灵。① 教人不服从父母意味着毁坏希腊人长久以来生活其中并依然持存的伦理世界,意味着见到并说出一种导致这个伦理世界(首先是家庭伦理)实际解体的因素,因而也意味着驱除旧的神灵而倡导新的神灵。如果说旧的神灵乃是生存于希腊的伦理世界之中并作为捍卫其神圣性的守护者,那么,新的神灵势必与这一依然持存的伦理世界发生激烈冲突,并成为其危险的破坏者。这新的神灵乃是通过"认识你自己"的箴言而得到显现的主观自由、自我意识、思维的内在性,苏格拉底将这一新的原则道说出来,这便显示出他的天才;然而雅典的民族精神通过控告苏格拉底以"对抗那个对他们极有害的原则",便也理所当然了。"拿人自己的自我意识,拿每一个人思维的普遍意识来代替神谕,——这乃是一个变革。这种内在的确定性无论如何是另一种新的神,不是雅典人过去一向相信的神;所以对苏格拉底的控诉完全是对的。"② 由此可见,在这一重大的历史事件中,不仅苏格拉底在场,而且是他的或许可称之为社会—政治的意图决定性地在场,并且正是这种以哲学方式道说出来的意图构成有理由的一方,以与同样有理由的另一方——雅典的伦理精神——相抗衡。

那么,柏拉图的《理想国》又如何呢?这个文本时常被看成是乌

---

① 参见[德]黑格尔《哲学史讲演录》第 2 卷,贺麟、王太庆等译,商务印书馆 1960 年版,第 92 页。

② [德]黑格尔:《哲学史讲演录》第 2 卷,贺麟、王太庆等译,商务印书馆 1960 年版,第 96、92 页。

托邦式的虚构，甚至成了这种虚构的代名词。如果把它仅仅当作柏拉图的个人杜撰或主观虚构来看待，那无论如何是太过肤浅了。这个文本的时代大体就是苏格拉底时代，其根本之点在于：特殊的主观性原则正在缓慢而有力地生成，并开始侵入到希腊的伦理世界中去。虽说这一点无疑是构成《理想国》文本的社会—历史条件，但我们同时还要说明柏拉图的社会—历史意图如何在该文本中现身。如果说苏格拉底是识别出新的原则并把它道说出来，那么柏拉图的理想国实质上正是对希腊伦理本性的解释。"柏拉图那时已意识到更深刻的原则正在突破而侵入希腊的伦理，这种原则还只能作为一种尚未实现的渴望，从而只能作为一种败坏的东西在希腊的伦理中直接出现。为谋对抗计，柏拉图不得不求助于这种渴望本身。"[1] 这一解说正应当成为对《理想国》进行客观阐释的枢轴，而"为谋对抗计"这个短语，乃直指柏拉图的社会—政治意图。如果将这种意图完全取消，那么"理想国"便至多作为一种思想的单纯幻觉而根本不可能得到真正客观的阐释了。正是由于独立特殊性的新神灵当时只是作为一种败坏的东西在希腊伦理中直接出现，正是由于文本作者"为谋对抗计"的明确意图，所以，"柏拉图在他的理想国中描绘了实体性的伦理生活的理想的美和真，但是在应付独立特殊性的原则（在他的时代，这一原则已侵入希腊伦理中）时，他只能做到这一点，即提出他的纯粹实体性的国家来同这个原则相对立，并把这个原则……从实体性的国家中完全排除出去"[2]。由此我们可以最为清晰地看到，对《理想国》这个文本的客观阐释，必须不容置疑地将柏拉图的社会—政治意图包摄进去，而不论我们对这种意图采取何种态度。

然而也正是在这里，在我们要求把"作者"的主观意图整合进"事情本身"——无论是事件还是文本——的客观阐释中时，试图仅仅依循作者意图来定向的阐释便立即明白无误地表现出其最大的不充分性来，即便对于那些具有惊人创造力的大思想家和大哲学家来说也

---

[1] ［德］黑格尔：《法哲学原理》，范杨、张企泰译，商务印书馆1961年版，序言第10页。

[2] 同上书，第200页。

第一部分 作者意图

是如此。一方面，事件或文本的实体性内容——它可以被看作是时代精神的演变或历史性实践的进程——是大大地超越于"作者"的意图的，它也根本不可能由作者的意图被创造出来。如果说苏格拉底之死和柏拉图的《理想国》在客观阐释中必包含"作者"的意图，那么，这种意图之起作用的可能性则纯全在于这样一种时代状况，即希腊的伦理世界遭遇到主观自由原则的入侵而面临重大的转折关头。唯独这样一种普遍的时代状况才提供出"作品"的实体性内容，才构成"作者"意图的现实基础。因此，另一方面，无论是作者本人还是其意图本身，都不能构成对作品进行客观阐释之最终的——因而是不再被追究的——根据。虽说作者及其意图开展出作品的全面的具体化并使之得以实现，但具有决定意义的普遍者（我们可以把它简要地称之为"时代状况"）才提供出具有实体性内容的现实基础。在这个意义上，就像作品要被视为时代状况的产物一样，作者及其意图亦必要被归结为时代状况的产物。只有在主观自由的原则侵入并威胁到希腊伦理世界的时代状况下，才会有苏格拉底之死和柏拉图的《理想国》，也才会有苏格拉底一力申说主观自由原则的意图，以及柏拉图试图通过实体性国家来拒斥主观自由原则的另一种意图。①

三

对于历史事物中主观意图的客观阐释来说，在一般关系大体确定之后，我们还面临着某些更加复杂也更加深入的问题——它们特别地被当作解释学问题来予以追究。问题的重点首先在于文本的情境与解释者自身的情境之间的巨大"间隔"，而解释学的任务就在于"沟通存在于思想之间的个人距离或历史距离"②。最初的解释学方案虽然要求以特定的方式达到对文本及其作者的客观解释，但却忽视甚至牺

---

① 参见［德］黑格尔《哲学史讲演录》第2卷，贺麟、王太庆等译，商务印书馆1960年版，第63、260—261页。

② 参见［德］伽达默尔《哲学解释学》，夏镇平、宋建平译，上海译文出版社1994年版，第96页。

牲了解释者的客观性植根其中的历史情境。就此而言，这种方案乃是天真的，它以抹杀解释者自身的情境为导向。比如说，柏拉图写作《理想国》时的情境同今天21世纪的解释者的情境之间，不啻天壤之别——而对《理想国》的客观阐释似乎就在于全然放弃解释者的当前情境，而使自身进入到柏拉图的意图在其中形成和活动的那个情境中去。这种方案甚至在斯宾诺莎的《圣经》解释中就已经出现。在斯宾诺莎看来，我们必须从历史资料中推出作者本人的意图（mens），根本的任务是历史地把握作者的精神以及作者所能想到的意义，并且克服我们的偏见。[①] 与此相类似，虽说施莱尔马赫和狄尔泰在当代解释学的草创方面居功甚伟，但他们仍然主张认识者（解释者）自身的当前情境只具有消极的意义。也就是说，这种情境是阻碍正确理解得以实现的偏见和曲解的根源，因而是解释者必须超越的东西。这样一种解释学方案固然包含着某种浅近的和片断的正确性，并且也是人们一般认可的观念，但很快就遭遇到哲学上的尖锐挑战。

由于海德格尔对主体性（我思，自我意识）哲学的存在论批判，由于伽达默尔在此基础上重建的哲学解释学，那种把阐释历史事物（特别是文本）的客观性仅仅置放在作者意图的情境中并彻底放弃或驱除解释者自身情境的立场，便严重地成问题了。问题的简易的提法是：我们是否有可能从自身的社会—历史情境中彻底摆脱出来，并且无偏见地纯全置身于作者本人的意图所在的那个情境中？问题进一步在哲学上的提法是：先验哲学那种本质上无情境、非历史的自主主体是否可能？对历史事物的客观理解是否能够通过清除解释者的一切情境从而清除其所有偏见的主体性活动来实现？

虽说前辈大哲——特别是黑格尔、马克思、海德格尔——已经为问题的回答作好了某种准备，但伽达默尔还是以普遍解释学的方式对之作出了系统的应答。他把那种假定解释者或认识者能够脱开并背离自身历史性情境的立场称作"方法论异化"，并批判性地指出：唯当我们生存于其中的历史性情境只是我们进行理解或阐释的纯粹偶然的

[①] 参见［德］伽达默尔《真理与方法》上卷，洪汉鼎译，上海译文出版社1999年版，第234—235页。

和主观的条件时，它才可能被放弃；但如果这样的情境乃是我们全部活动由以开展的本体论条件，那么，在理解或阐释的一切过程中就已本质地并且是先行地包含着解释者自身的当前情境。因此，解释者根本不可能仅仅通过采取某种态度，就使自己真的摆脱并离开他的当下情境。我们把这种情境理解为由社会—历史的具体化所规定的时代状况，无论是文本作者还是文本的解释者，都不可能——根本不可能——同这种时代状况相脱离。正如黑格尔所说，"妄想一种哲学可以超出它那个时代，这与妄想个人可以跳出他的时代，跳出罗陀斯岛，是同样愚蠢的"①。

这样一来，我们所面对的事情就变得更复杂了。如果说，我们先前的讨论已经确认：对历史事物的客观阐释须包含——但不满足于——"作者"（活动者）的主观意图，而这种不满足又是由于历史事物本身、活动者及其主观意图为特定的社会—历史情境所超越并被赋予意义的，那么，如今我们还要面对的是作出阐释的、生存于相当不同的社会—历史情境中的阐释者及其被规定了的意图；进而言之，由于这两者——一方面是作者和作品及其时代状况，另一方面是理解者或阐释者及其时代状况——之间的巨大间隔，所以把握住两者之间的关系并建立起两者之间的沟通就成为必要的了。很显然，当代解释学主要就是在这样的领域中活动并取得成果的，而这样的问题领域本身将使我们关于历史事物中的主观意图及其客观阐释的讨论获得极大的丰富和有意义的拓展。与我们的讨论特别有关的是以下三个重要的解释学议题。

首先，是对所谓"偏见"之意义的重估。当施莱尔马赫和狄尔泰把文本或活动的意义等同于其作者的主观意图，因而把理解或阐释的任务看作是如同原作者本人那样去恢复文本或活动的意义时，解释者自身的历史性情境就被完全阉割掉了，从而成为一种超社会—历史的抽象主体——据说只有这种主体之中立的、不带偏见的意识才能保证知识的客观性。伽达默尔断言：这样的主体和知识的客观性是根本不

---

① ［德］黑格尔：《法哲学原理》，范扬、张企泰译，商务印书馆1961年版，序言第12页。

存在的，而现实的、生存于特定历史性情境中的解释者乃是有限的主体（相对于那种抽象的、无限的主体而言），这种主体能够构成的客观性知识是带有"偏见"或意图的（就其不可能脱离自身的情境并成为作者本人的意识而言）。因此，"偏见"决不意味着任意解释的可能性，相反，它倒是意味着应当这样来承认解释者本身的意图，即这种意图在解释者自身的具体历史处境中有其现实的根源。就此而言，"偏见"是使有限的、生存于特定处境中的解释者能够进行历史理解的积极前提，而不是一种必须被去除的障碍或消极因素。"事实上，我们存在的历史性包含着从词义上所说的偏见，为我们整个经验的能力构造了最初的方向性。偏见就是我们对世界开放的倾向性。"① 要言之，这里所说的偏见，就是指解释者生存于他自身的历史情境中；而当解释者及其意图在这种情境的制约中活动时，我们就说他是有"偏见"的。反过来说，只有无意识者（自然物）和不受任何情境制约者（神）才是没有偏见的。

其次，是所谓"视域融合"的概念。既然存在着文本及其作者与解释者之间的巨大间隔，既然解释者不可能去除其自身的历史情境而无偏见地归属于文本作者本身的意图，那么，这两者之间的沟通如何才成为可能呢？这里所需要的乃是两者——文本与解释者——之间的积极"对话"。就像一切真正的对话一样，在文本和解释者之间所进行的解释学对话包含着一种彼此渗透的相互作用，并具有既改变文本的意义定向也改变解释者的理解活动这样一种辩证性质。这种对话是由问题引导的，因而对于解释者来说是必须去恢复和发现的，乃是文本力图回答的、同时又是不断向其解释者提出的问题。如果说这样一种观点在黑格尔《精神现象学》关于知识进程的描述（认识活动中进行理解的意识和它的对象同时得到改变，并在更高的和扩展了的阶段上重新汇合）中有其源头，那么对于伽达默尔来说，正是在我们与文本的持续对话中，才可能不断地超越文本的历史视域而使之与我们自己的视域相融合，并同时也改变着我们的视域。理解活动以及立足

---

① ［德］伽达默尔：《哲学解释学》，夏镇平、宋建平译，上海译文出版社1994年版，第9页。

其上的阐释总是不同的视域通过对话而开展出来的融合过程。在这个意义上，理解和阐释按其本性来说不仅是对话式的，而且是超主观的——在理解和阐释中所发生的视域融合与转化，超越了对话者的主观意识。

最后，是"效果历史"（Wirkungsgeschichte）原则。这个原则的根本之点在于：当历史思维力图去把握某个历史对象时，它必须同时意识到它自己的历史性，意识到自身和对象同样处于具体的历史处境中。"真正的历史对象根本就不是对象，而是自己的和他者的统一体，或一种关系，在这种关系中同时存在着历史的实在以及历史理解的实在。"① 因此，一种真正的解释学必须在理解本身中显示历史的全部实在性，而理解或解释按其本性来说乃是"效果历史"事件。海德格尔对"理解"之本体论意义的阐述为这种效果历史的原则奠定了基础。在海德格尔看来，理解并不是一种主观性的"活动"，而是一种存在模式。正是此在本身的历史性表明，根本不可能借助于不断纯化的方法论反思以消除理解者自身对历史当下的参与；每一种解释（包括科学的解释）都不能不受到解释者具体处境的约束。伽达默尔由此把效果历史把握为这样一种本体论条件，即每一个新的解释者有可能同他力图理解的文本或事件进行对话的先行条件。在这个意义上，所谓的效果历史在为历史事物的不同理解和解释提供多重可能性的同时，也为超越主观性的理解和解释找到了立足其上的现实基础："一切自我认识都是从历史地在先给定的东西开始的，这种在先给定的东西，我们可以用黑格尔的术语称之为'实体'，因为它是一切主观见解和主观态度的基础，从而它也就规定和限定了在流传物的历史他在（Andersheit）中去理解流传物的一切可能性。"②

我们无法在这篇短文中对上述内容进行更详尽地展开和阐述了。对于本文的论题来说重要的是：当代解释学的进展和成果提供了一些最主要的思想路径，使得我们关于历史事物中的主观意图及其客观阐

---

① ［德］伽达默尔：《真理与方法》上卷，洪汉鼎译，上海译文出版社1999年版，第384—385页。

② 同上书，第387—388页。

历史事物中的主观意图及其客观阐释

释的探讨能够更加深入和更富内容地开展出来，也使得我们的基本结论能够更为清晰地显现出来。毫无疑问的是：当代解释学的积极进展及其正脉是沿着德国古典哲学、特别是黑格尔哲学所开辟出来的道路继续前进的，因而其成果便表现为是"客观精神"概念——客观精神扬弃主观意识并将它包含在自身之内——这份伟大遗产的继承者。对于历史事物的客观阐释来说，解释学从根本上承认主观意图的在场和重要性（而决不至于天真到要排除一切主观性），但它同时又清楚地意识到，仅仅用意义活动的主观性去阐释历史事物是多么地不充分。当解释学主张理解或阐释可以超越——事实上总是必然地超越——"作者"之主观的意义活动时，它已先行把这样的主观活动置入到对历史事物的客观理解之中了；但由于"作者"的主观意图不可能与其活动的历史意义恰好相当，所以客观的阐释也决不能把自己局限于"作者"的主观计划和主观意向中。[①] 无论如何，当代解释学的真正进展意味着要求更深入地对历史事物作出客观的阐释，这种阐释不是抹杀意义活动的主观性，而是经由这种主观性去发现它植根其中的现实基础并从而通达历史之客观意义所在的那个领域。"历史研究的真正任务并不是理解历史所涉及人物的主观意向、计划和经历。相反，必须理解的是历史意义的巨大策源地，它要求历史学家作出解释的努力。"[②] 至于那些放弃了这一根本任务和基础定向，却只是一鳞半爪地从解释学的某些片断说法中引申出趋于极端的偏仄观点，虽说或能耸动听闻，但却从一开始就已经误入歧途了。

[①] 参见伽达默尔《哲学解释学》，夏镇平、宋建平译，上海译文出版社1994年版，第121页。

[②] 同上书，第103页。并参见伽达默尔的下述说法："历史的联系最终必须被理解成一种意义联系（Sinnzusammenhang），这种意义联系从根本上就超越了个体的体验视域。意义联系就像一件巨大而又陌生的文本，诠释学必须帮助对它进行破译。"参见伽达默尔《真理与方法》下卷，洪汉鼎译，上海译文出版社1999年版，第671页。

试论作者意图与阐释标准*

袁 渊**

张江先生发表于《社会科学战线》上的《"意图"在不在场》①一文可谓是对其前期提出的"强制阐释"论②的继续和深化:在已经对"强制阐释"这一概念做出宏观界定之后,张江先生在本文中聚焦于作者"意图",探讨了其对文学作品阐释的意义。张江先生认为,"当代西方文艺理论的总体倾向是否定作者及其意图的存在,否定意图对阐释的意义,对文本做符合论者目的的强制阐释,推动当代阐释学研究走上了相对主义、虚无主义的道路"③。张江先生的论述将目标锁定在了近现代西方文论的三个标志性概念,即新批评的"意图的谬误"(The Intentional Fallacy)、克莱夫·贝尔"有意义的形式"(The Significant Form)和罗兰·巴特的"作者之死"(Death of the Author)。以这三个理论概念为基点,张江先生在追述作者"意图"在西方文论发展中消解历程的同时,对它们做出了一一驳斥,指出了其自相矛盾之处,并指出否认作者意图对文本阐释带来的消极影响。在此基础上,张江先生得出结论:文学批评"应该回到对话的立场,尊重文本,尊重作者,尊重意图,给文本以恰如其分的认识和公正确当的阐释"④。

应该说,张江先生提出的"强制阐释"论在我国文艺理论的发展

---

* 本文原刊于《社会科学战线》2017年第2期。
** 作者单位:上海外国语大学英语学院。
① 张江:《"意图"在不在场》,《社会科学战线》2016年第9期。
② 张江:《强制阐释论》,《文学评论》2014年第6期。
③ 张江:《"意图"在不在场》,《社会科学战线》2016年第9期。
④ 同上。

现状之下是颇有积极意义的。它引起了学界对当前文艺理论空前"膨胀"式发展的反思,促使广大学者对各种光怪陆离的"舶来"理论应用于文本解读的合法性加以论证,对构建我国自有文论体系具有开辟性意义。但是,张江先生在其文中以作者"意图"为焦点,试图通过恢复这个被西方文论逐步消解的概念来给文本阐释确立一个稳定界限,给合理阐释树立一个参照标准的做法虽然用心良苦,但其论证的说服力却有待商榷。我们认为,张江先生对作者"意图"的界定尚有西方传统理性主义哲学的特点,一定程度上忽略了近现代哲学对传统理性主体批判的积极性成果,这直接导致了其与结构主义思想的交锋中与其核心理念失之交臂,未能直击要害。另外,这也间接导致了张江先生对新批评的"意图谬误"存有些许误解,忽视了其在批评实践层面的意义。本文在对张江先生论证过程讨论的基础上,尝试对作者"意图"作为阐释参照标准的可行性进行再次评估。总体说来,这个过程将以三个步骤展开:对张江先生界定的作者"意图"概念进行再次探讨;对这个概念的方法论意义即其对具体文本阐释过程的实际指导价值进行分析;对作者意图作为批评标准的可能性进行论证。

一 何为作者"意图"

整体而言,张江先生对作者"意图"这个概念的界定具有浓重的西方传统理性主义意味。这个界定中的"作者"是一个理性的行为主体,其"意图"体现在这个主体对其创作的动机、目的、过程的理性掌控上:"从文本书写开始到结束,或更确切地说,从书写者确定文本书写的第一念头起始,直至文本最后完成交付于公众,书写者的全部思考与表达方式,都将被视为作者主体自觉作用的意图(intention)。"① 这个概念的传统理性主义色彩体现得更为明显的地方出现在张江先生引证胡塞尔意向性理论,以驳斥结构主义"作者之死"论调的时候,根据胡塞尔"授予意义的活动"的概念,张江先生甚至得出推论,认为作品所呈现出的文本世界其实都是"叙事者清醒意

---

① 张江:《"意图"在不在场》,《社会科学战线》2016年第9期。

向的观照,因此而展开的全部文字,都是叙事者——从意识与书写的关系说,这些叙事者不是别人——恰恰是书写者本人,是20世纪西方文论主潮中讳莫如深的作者"[1]。我们认为张江先生这里将叙事者等同于作者本人的说法值得推敲,而其将文本所呈现的世界等同于作者意向呈现的说法也至少取消了两重近现代叙事学所强调的距离:作者与叙述者的距离、叙述者与所叙述世界的距离。更为重要的是这种说法背后隐含的传统主体性哲学思维:按这种观点,作品只是主体意图的物质呈现,而作品所有元素又可以反向收拢为一个独立的主体意识,可以说意图之外别无一物。这个意图不仅在作品生成端起决定作用,甚至在作品的接受端也不容小觑。对此最有力的表述出现在张江先生的结论之中:"……作者的意图是'有'的,是'在场'的,灵魂一般潜入文本之中,左右着文本并左右着读者的阐释。"[2] 考虑到这个概念在创作端的决定性作用,其在接受端的控制力自然顺理成章,于"左右"一词中可见一斑。

　　但是作品创作的过程真的全都处在作者主体意识的筹划之下吗?对此张江先生援引了乔伊斯和伍尔芙两位作家对各自作品创作的陈述,以此表明即使是在这两位以意识流技巧见长的作家的作品中,人物看似杂乱无章的意识呈现也是作家有意识的精心策划的结果。姑且不论历来评论界对作家创作自述对批评实践的指导价值本来就分歧很大,就是作家群体内部对于各自创作过程的描述也不尽相同,甚至相互矛盾。类似例子不胜枚举,最著名的恐怕就是塞缪尔·柯勒律治对自己的作品《忽必烈汗》创作过程的描述。在他的描述中,这部作品是在梦中出现在他的脑海,他醒来之后只是根据记忆将其部分誊抄了下来。再有就是现代主义作家贝克特,有人曾问他的《等待戈多》中戈多到底是谁,贝克特说他也不知道,他如果知道的话,早在剧本中说出来了。[3] 由此二例可见,即使是作家自己,也不尽对其创作过

---

[1] 张江:《"意图"在不在场》,《社会科学战线》2016年第9期。
[2] 同上。
[3] H. P. Abbott, "Reading Intended Meaning When None is Intended", *Poetics Today*, Vol. 32, No. 3, September, 2011, pp. 461–487.

程所有层面的因素了然于心。

再者,社会个体对其社会历史境遇的感知,不一定会上升到理性的、可以言说的层面。作家个体也不例外,但这可能并不会影响其创作。弗洛伊德对文学的理解虽然因其泛力比多化而广受质疑,但从他的潜意识理论到后来的荣格的集体无意识理论,再到拉康的结构主义心理学理论,至少让我们认识到了文学创作活动在理性层面之外的另一维度。乔伊斯和伍尔芙两位作家可能对后来哲学家所关注的现代工业社会的"现代性"缺乏一个完整的、抽象的、理性层面的概括,但不能据此否认他们对其当代生活状况的感知,也不能阻止他们的作品呈现出现代性意味。诚如张江先生所言,乔伊斯确实对其笔下的人物以何种形态呈现可以有清晰的谋划,但他未必就完全对莫莉这个人物身上所折射的现代社会的特性有完整的理性层面的把握。推而广之,某一社会历史时期各种力量的交锋不一定以理性的、可言说的形态呈现在一个作家的意识中,但这并不会阻止它们以各种经过折射的、感性的,甚至是隐性的形态进入其视野,催生出创作的动机。这些创作动机具有历史必然性,不完全在作者的掌控之中。然后,在表达过程中,一个作家也处于文学艺术发展的某一特定时期,可供其选择用于表达的手段和技巧也是有限的。即使我们肯定作者在表达方式上的原创性,但这个创造性也是有限度的,一是受之前文学实践的制约,二是要受其历史社会境遇的制约。比如意识流的表达技巧就不大可能出现在弥尔顿或莎士比亚的时代。由此可见,作者对创作的理性把控其实是有限的。

张江先生对作者"意图"传统理性主义式的界定,导致了他批评结构主义对"意图"所谓的消解的说服力略显欠缺。结构主义所说的语言、符号系统或是"话语"对言语主体的限制恰恰大多发生在主体的意识之外。结构主义并不在经验层面否认作者与其作品的联系。诚如张江先生所言,"作品或者文本是一个确定的存在,签署作者的名字而流传于世"[①],比如我们不能否认《哈姆雷特》是莎士比亚的作品,这显而易见,连结构主义者也不能否认这点。但后面张江

---

① 张江:《"意图"在不在场》,《社会科学战线》2016 年第 9 期。

先生又谈道:"符号可以有自组织的规则,但绝对没有自组织的功能,符号的无序堆砌没有意义,唯有书写者根据或依照符号规则的要求,有意识地自觉组织排列无意义的符码,才使符码成为有意义的符码,而且这个意义是书写者需要的意义。"① 我们恰好可以从这里的"书写者根据或依照符号规则的要求"入手。第一,单从语言系统来讲,其对言语主体的约束大多发生在主体意识之外。一个简单的例子就是一个从来没有系统地学习语法的言语主体却可以自然从容地使用语言。其言语行为看似随心所欲,但却必然符合语言规则,因而实际上受其约束。第二,即使言语主体有意识的表述行为,也要受语言系统暗含的认知概念系统制约。我们可以设想,如果在某一语言中的颜色概念系统只包含明暗两种区分,那处于该语言系统中的言语主体就不能像有七种或更多颜色区分的语言系统的言语主体那样,轻松自如地谈论某种颜色。第三,写作过程不仅仅涉及语言系统,还涉及其他认知、伦理、表达相关的符号概念系统,它们不仅共同制约着主体的行为,甚至就是主体构建自身的基础。这方面的论证至少可以追溯到20世纪30年代美国社会心理学大师米德关于象征、语言符号的习得与主体社会身份形成关系的研究。米德的研究表明无论是从人类学的角度,还是从个体发育的角度,人对自身身份的构建都是随着语言符号系统的发展和习得而形成的。由此可见,结构主义所强调的系统对个体的制约并不是依靠主体的主观"意向"就能轻易破解的。

面对结构主义设置的迷局,张江先生选择了重新回归以胡塞尔为代表的主体意向性加以破解,其方式选择略让人困惑。西方哲学对于"主体"的消解由来已久,近现代以来自尼采到解构主义均予其以沉重打击,即使是胡塞尔的现象学也是试图对之前的主体性哲学的改良尝试。这种种因素导致了现今西方哲学但凡提及"主体"二字莫不有几分保留。其实解决结构主义问题的最好方式可能就是从结构主义自身入手,鉴于篇幅所限,兹仅略叙一二。其一,众所周知,结构主义思潮发轫于索绪尔结构语言学,但在索绪尔那里,语言共时系统性的提出至少有出于研究需要的原因,类似一种为研究便利而预设的理

---

① 张江:《"意图"在不在场》,《社会科学战线》2016年第9期。

论模型，但在后来的结构主义那里，却演化成了一种绝对的存在。结构主义重系统共时性，忽视历时性，由此难以解释系统起源、更新和发育的过程。其二，结构主义强调符号系统对个体的制约，却鲜见符号系统与个体所处的社会文化群体的相互依存关系。总之，现今西方哲学大体趋势是从对理性的质疑进入到了理性重建的过程，从对主体的解构过渡到对主体间性（intersubjectivity）的重视，张江先生试图重归传统主体性以给予其作者"意图"概念以支撑的论证方向选择略让人费解。

二 作者意图与文本阐释

张江先生对作者意图如此传统理性主义风格的界定，对其理解意图与阐释的关系有深远影响，这从他对新批评的"意图谬误"的批评上可以看出。从大体理论取向来说，新批评或其他形式主义文学批评理论主张将批评的焦点集中到文本本身上来，强调从文学的"场内"研究文学，这应该与张江先生之前的反对文论"场外"征用的主张大体相符，故应是其可以团结的潜在理论伙伴，所以张江先生在文中对新批评的质疑略让人不解。但细加斟酌，这种令人困惑的局面首先源于张江先生对"意图谬误"说的曲解。

张江先生与新批评"意图谬误"的提法之根本分歧不在于是否承认作者意图存在，而在于意图对于阐释过程的指导价值上。正如张江先生提到的那样，新批评无法在经验的层面否认作者意图，他们也认同"一首诗的出现不是偶然的"，"一首诗的词句是出自头脑而不是出自帽子"（原文用的 bat，而非 hat，张江先生此处恐存误读）；[①] 甚至新批评对作者意图的界定与张江先生也有共同之处，比如这些理论家也承认意图作为"作者内心的构思或计划"，"同作者对自己作品的态度，他的看法，他动笔的始因等有着显著的关联"。[②] 但新批评

[①] W. K. Wimsatt Jr., M. C. Beardsley, "The Intentional Fallacy", *The Sewanee Review*, Vol. 54, No. 3, July, 1946.

[②] 张江：《"意图"在不在场》，《社会科学战线》2016 年第 9 期。

第一部分 作者意图

在作者意图与文本解读的关系上却与张江先生所持的观点大相径庭。我们先来看看《意图谬见》两位作者的原话是怎么说的，为了更好地理解张江先生与二位评论家的分歧，我们觉得有必要直接比照原文而不是译文：

> One must ask how a critic expects to get an answer to the question about intention. How is he to find out what the poet tried to do? If the poet succeeded in doing it, then the poem itself shows what he was trying to do. And if the poet did not succeed, then the poem is not adequate evidence, and the critic must go outside the poem for evidence of an intention that did not become effective in the poem.①

张江先生对此的质疑是这样的：

其一，在逻辑上说，维姆萨特认定评价作品是有标准的，只是作者意图"既不是一个适用的标准，也不是一个理想的标准"，既然如此，我们当然要问，在第一条根据中提出的，"如果诗人是成功地做到了他所要做的事"，这个"成功"是什么意思？其二，维姆萨特认为，如果诗人成功了，诗本身就表明了意图是成功的标准；如果他没有成功，"那么他的诗也就不足为凭了"。前一句表达了意图与作品的一致性，也就是说，意图与文本契合，书写就是成功的；后一句说，如果意图没有实现，诗就失去了存在的价值，这是不是还难以逃脱意图是评价和判断作品是否成功的标准？其三，从关于意图的定义看，维姆萨特是承认意图存在的，而且在前两条根据中也或明或暗地暴露了意图的作用，但在第三条根据中他却又说，文本"一生出来就立刻脱离作者来到世界上，作者的用意已不复作用于它，也不再受作

---

① W. K. Wimsatt Jr., M. C. Beardsley, "The Intentional Fallacy", *The Sewanee Review*, Vol. 54, No. 3, July, 1946. 此处维姆萨特的原文的合理译法可以是：我们必须要问批评家如何才能得知诗人的意图，他如何能确认诗人到底想要完成什么？如果诗人成功地实现了其创作意图，那么其诗作本身就是其意图最好的明证。如果他没有成功地表现其意图，那其作品本身也就不足为凭了，此时批评家就只能借助作品之外的凭证去揣摩作品之内没有完全表现出来的作者意图了。

者支配",我们不能不疑问,作者离开了文本还可以理解,难道意图也从作品中脱壳而出,不在文本现场了?①

逐一仔细比对,我们不难发现张江先生的反驳对原文似有曲解而欠缺说服力。其一,作为对张江先生首问的回答,我们可以看出维姆萨特原文中的"成功"是动词的用法,意为作者成功实现了自己的创作意图,可以当"to effectively carry out"讲。其二,在张江先生的第二轮反驳中,他却有意无意将"成功"理解成了一个表价值判断的形容词:"意图与文本契合,书写就是成功的。"这层意思在维姆萨特的原文中并未出现。从逻辑上说,在文献原文中,作者是否成功有效地执行了自己的意图的"成功"是一个判断的假设条件,而在张文中,"成功"却成了判断的结果。通过将维姆萨特原文转换成逻辑推理命题形式,或许这种曲解更明显:

条件:(1)作者成功地执行了自己的创作意图,即作者的意图等同于文本含义;(2)如果作品终极意义等于作者意图;

推论:(3)文本含义等于文本终极意义。

在这种情况下,如果把批评的目的设为释义,我们完全可以只通过挖掘尽文本自身蕴含意义而通达作品的终极意义。或在另一种情形下:

条件:(1')作者没能成功执行自己的创作意图,即作者的意图大于文本含义;(2')如果作品终极意义等于作者意图;

推论:(3')文本含义小于文本终极意义。

在这种情况下,如果我们还是将批评的目的设为释义,那么我们释义活动的对象文本就失去了价值,因为它并不完全包含我们想要得到的意义,即作者意图。我们可以说在此情形下,读者必须通过结合文本"场外"的因素才可以推知作者的全部意图,而这些因素是可能与文本相抵触的。

在以上对张江先生前两轮反驳的研究之后,我们会发现张江先生的第三轮反驳似乎略显冗余。这里的语境是在讨论作者意图与文学批评实际操作过程的关系,正如之前我们强调的一样,"意图谬误"的

---

① 张江:《"意图"在不在场》,《社会科学战线》2016年第9期。

第一部分 作者意图

说法不是否认意图的存在，而是指出其对实际批评操作过程显得冗余的缺陷。假设我们接受张江先生的观点，即文学创作是在作者这个理性主体的理性把控之下完成的，并且也接受作者的主观意图外化于作品全部物质、情感、概念形态并自始至终展开并实现于作品的语言、结构、风格等全部安排之中，随文本而进入历史，那么作品本身难道不是和作者意图离得最近、结合得最紧密的存在吗？难道作品本身不是通达作者意图最近的路径吗？进一步讲，假设作品就是作者意图的躯壳，意图是作品封存的灵魂，那我们如何与这个灵魂对话呢？想要绕开这层语言物质性的屏障直接以心灵感应的方式对话肯定是不现实的。

如前文所言，新批评强调文学批评着眼于作品本身，张江先生也主张文学评论回归文学的"场内"，两者应该有共同话语，但为何在作者"意图"这个问题上二者却各执己见呢？除了上文论述的张文对原典的局部曲解之外，更深层的原因恐怕还在于二者在理论取向上的一个重要差异，即释义学与形式主义文论的取向差异。张江先生是从文本阐释的角度出发，而阐释活动背后是悠远的释义学传统；新批评是从文本形式解读的层面出发，背后是影响深远的形式主义传统。释义学重结果，形式主义重过程。一个权威的作者意图概念可以给释义结果以稳定参照，但却会让审美过程无足轻重。于前者，审美过程不过是通往意义的屏障；于后者，审美过程本身就是意义所在。这种取向不同最明显的体现就是新批评另一主将布鲁克斯提出的"意释误说"的概念（The Heresy of Paraphrase）。"意释误说"这个概念的核心理念就是说对诗歌的理解不应该降格为对其主要思想的概括，而应该是关注表达的具体过程。张江先生援引的维姆萨特一文其实也在这方面有所论述，如他也赞同诗不在于表意，而本身就应是自足的存在（"A poem should not mean but be."）[①]。

最后，结合上文分析，我们又应该如何公正客观地评价"意图谬误"和新批评留下的其他理论遗产呢？这个问题可以一分为二看待。

[①] W. K. Wimsatt Jr., M. C. Beardsley, "The Intentional Fallacy", *The Sewanee Review*, Vol. 54, No. 3, July, 1946.

一方面，从历史角度看，通过"意图谬误"这个概念，新批评为批评活动排除了作者端的干扰；通过"情感谬误"（The Affective Fallacy），排除了读者主观情绪的干扰；通过"意释误说"，遏制了对文本之下语义的执着；这样一来，文本本身就凸显了出来。可以说，文学研究活动的对象在历史上很少能被这样明确地界定，这对于一个学科的初期发展是有益的。因专注文本而发展起来的文本细读（close reading）也是给后来文艺批评留下的宝贵遗产，即使是后来各种所谓的"场外"的文学解读方式，往往也是以此为基础。另一方面，从认识结构的层面讲，新批评的文艺理论还是没有摆脱主客体思维的根本框架。新批评的诸多概念虽然将文本解放了出来，但现在批评的视域中只剩下了作为认识对象的文本和作为认识主体的评论家，批评的过程其实就是主体如何运用理性，认识到其面前的作为客体的文本的内在结构和规律的过程。新批评的这种认识理论框架其实和释义学的认识框架无本质不同，只不过在后者那里，作者占据主导位置；对于前者，文本自身起主导作用。由于西方哲学认识论中主客体在认识活动中的优先性之争由来已久，纷争不断，那么在此理论框架下，作者、作品与读者在批评过程中的主导地位之争也自然难分高下了。

那么是不是我们就因此而接受现状，承认彼此的相对正确性而搁置纷争呢？其实未必。正如我们上文对张江先生界定的作者意图概念的研究一样，对新批评的局限性也当从对传统理性主义的反思开始，但这种反思不是诉诸非理性或止于解构，而应是一种超越主客体思维框架的理性重建。对于文学批评，这个重建过程中要解决的首要问题可能就是以另一种范式理解文本创作、接受的过程，以及对作者和读者概念的重新界定。但现在我们至少看到，以传统理性模式界定的作者"意图"很难有效地介入阐释过程，而且似乎以阐释的方式解读文本本身也值得我们反思。

三　意图与批评的标准

以上论述让我们认识到以传统理性模式界定的作者"意图"对"意图谬误"的批判并未撼动其根基，因此对实际批评操作流程并不

第一部分 作者意图

能构成有效约束。即便如此,这个作者"意图"可否作为判断一种文本解读结果是否得当的判断标准呢?之所以有此一问,是基于这样一种常见的现象:不同的读者会对同一部作品有不同路径的解读,比如我们常说"一千个读者就有一千个哈姆雷特"。不仅同时代的不同读者会对一部作品有不同解读,不同时代的读者间也会有分歧。这时候我们如何决断这些解读孰优孰劣呢?

如果我们认为,"作者意图总是在场的,并决定着文本的质量与价值,影响他者对文本的理解与阐释……意图贯穿于作品创作的全过程,展开并实现于作品的语言、结构、风格等全部筹划之中"①,那么面对"一千个读者就有一千个哈姆雷特"的现象就有两种解释:一是其中可能有九百九十九个是假的;二是这种情况本来就在莎士比亚谋划之中,他在构思这部戏剧时想让哈姆雷特呈现无穷可能性,不仅仅包含当代的一千种,甚至未来的分布于不同地域、文化、历史时期的所有可能性。这两种解释在经验上基本都不大可能,而且只有尚未创造出来的人物才可能有无限可能性。退一步讲,即使我们甚至承认这种可能的存在,那么对于匿名的作品呢?谁能来替匿名的作者发声?任何一种对其意图的揣摩都只能是一种阐释。还有就是集体创作的作品,比如一些民谣或史诗,无人知其源头,且在口口相传中一直处于演变之中,这时我们又如何确定谁是作者,什么是作者的真实意图呢?

虽然以上例子有其特殊性,但至少说明以作者意图作为解读结果的衡量标准的理论主张并不严密。如果结合本文第一部分就作者作为理性意识行为主体这个概念的分析,我们甚至可以做出一个推论:不被作者理性的"意图"洞悉的文本解读不一定就是不合理的。如前所述,作家在创作时可能只对其手头具体素材进行筹划安排,比如计划如何通过情节上的设计凸显人物的个性,但他不一定对促使他创造出这个人物的社会历史背景的各种力量有清晰、理性的认识。我们在这里并不是否认他对其历史社会背景有切身的感知,但这些感知完全有可能仅仅停留在尚无法言说的潜意识阶段,属于一种隐性知识

---

① 张江:《"意图"在不在场》,《社会科学战线》2016年第9期。

（implicit knowledge）；之后随着历史的演进，这些隐性知识完全可能转变为显性知识（explicit knowledge），从而可以被人言说而进入批判的场域，这完全无可厚非。从这个角度说，在作家创作时进入其作品的内容不一定都在其理性把握之中，如果这时我们还是以作者意图为标准而视其为场外因素并将其排斥在批判实践之外的话，这必使解读的深度受到损害。站在这个立场，我们可能也会更加赞同马克思对巴尔扎克《人间喜剧》的解读，理解他为何称颂该作品生动地描绘了当时法国社会的急剧变化，塑造了一系列具有阶级特色的典型形象。[①]

除开创作端以隐性形态进入作品的那些因素之外，文本解读中另一些不完全被理性把控的因素还会从接收端进入。这些因素的代表便是读者的前见和立场。近现代释义学正是认识到了其不可避免性，所以才提出了作者与读者"视域融合"说（fusion of horizons）。面对文本，读者主体不可能像胡塞尔现象学所设想的那样通过"悬置"一切干扰因素以绝对中立的态度去观照文本。因为同属上文提到的隐性知识，这些阻碍读者以绝对中立的态度去进入文本世界的因素，大多数时候同样在理性的把控之外。据此，我们可以确切地说，如果我们将作者的意图作为评价的标准，那么任何解读都只能是一种折中，因为其中总会杂糅进我们自己和时代的影子。这是不是迫使我们变相地承认所有解读都或多或少地是一种误读呢？

这个困局是阐释的困局，也是传统理性主义的困局，这个困局迫使我们必须对文学的创作与体验的思考有一个根本的范式转换。如果我们仅以阐释的方式去观照文学，那么从根本上讲文学的创作必然是一个意义表述的过程，而文学体验必定是一个由文本的表面抵达其意义本源的过程。如果是这样，那么我们注定不能回答柏拉图对于前一个过程和以德里达为代表的解构主义对于后一个过程的质疑。文本在两个过程中都沦为了多余的障碍。或许我们需要一种理解范式让我们不再把文本的创作和接受割裂，将作者、文本和读者孤立；让我们意识到阅读不是克服此岸文本的障碍抵达彼岸的意义而获得救赎的过程，因而在本体层面上并不是一种痛苦；让我们意识到读者的前见和

---

① 《马克思恩格斯文集》第10卷，人民出版社2009年版，第570页。

构成他主体身份的各种社会、文化、认知、情感结构不是我们要克服的对象,反而是意义产生的动力之一,作者和读者的视域差异、作者和读者的个性恰好是促成文学实践活动的动因……这些设想在释义学或传统主客体理性思维框架下是不大可能的,这可能就是促使苏珊·桑塔格写下《反对阐释》的原因。

在《反对阐释》中,桑塔格明确表达了对传统阐释方式重内容轻形式倾向的反对,指出了其基于古希腊"模仿论"的理论源头,她说:"正是因为这一理论,艺术本身——而不是既定的艺术作品——才成了问题,需要辩护。也正是对艺术的这种辩护,才导致那种奇怪的观点,据此我们称为'形式'的东西被从我们称为'内容'的东西中分离开来,也才导致那种用意良苦的把内容当作本质、把形式当作附属的转变。"① 她呼吁我们将注意力更多地放在我们实际审美经验本身上来,她提出,"现今所有艺术评论的目标,是应该使艺术作品——以及,以此类推,我们自身的体验——对我们来说更真实,不是更不真实。批评的功能应该是显示它如何是这样,甚至是它本来就是这样,而不是显示它意味着什么"②。无独有偶,提出"有意义的形式"的克莱夫·贝尔也曾有类似的言论。暂且搁置贝尔美学理论中的宗教神秘主义倾向,我们认为他对艺术批评的看法还是很有见地的。他认为,虽然批评的功能是能够持续地指出构成艺术作品中的部分、整体,以及部分和整体的结合如何相互关联起来构成了有意义的形式,但由批评家直接告诉我们一件作品属于艺术品这种做法是毫无意义的;他必须能让我们自己"感受"到作品的艺术性;除非他可以让我们亲身体验到这种作品的艺术性,不然他不可以把他的情感强加给我们;如果一件艺术品不能带给我们情感上的触动,那么我们完全有权否认其艺术性;如果我们没有任何对一件艺术品审美感性上的认识,那么我们就无权去探讨其作为艺术的本质特征;美学只能通过作用于我们的审美情感才能对我们的审美取向产生影响;美学必须从

---

① [美]苏珊·桑塔格:《反对阐释》,程巍译,上海译文出版社2003年版,第9页。
② 同上。

审美情感出发。① 虽然对贝尔著作中关于审美情感源头的看法我们可能存疑，但其论述有一点非常值得我们借鉴：对审美的理性认识必须建立在对审美的感性认识之上。

如果文学批评是对文学的理性认识，那么它也首先应该建立在对文学的感性认识之上。一旦我们接受这一点，那么将文本接受端读者的主观因素纳入批评考察体系将不可避免，而这些因素不完全在作者主体理性掌控范围之内。据此我们更加确认将作者意图作为判断文本解读是否合理的一个衡量标准的不确定性。当然这不是简单重复部分极端化的读者反映理论的论调，而让批评陷入相对主义，以文本开放性为名允许以任何方式解读作品。与此相反，我们对读者的不同阅读体验的重视只是迈向文学理性认识的第一步，评论家需要从这些个性中找到共性。另一方面，这也不是回归形式主义，虽然形式主义的一些理念如陌生化也强调对审美过程的关注，但我们反对其审美过程终于自身的说法，因为它阻止了评论家更进一步朝文学形式的社会性根源进行探索。

结　论

本文从对张江先生文章的研读出发，首先对其提出的意图概念进行了分析，梳理出这个概念自身与西方传统理性主义的联系；然后分析了对作者意图的这个界定对批评的实际操作流程的实际效力，认为它并不能有效地回应新批评所提出的"意图谬误"说；最后探讨了作者意图作为文本解读参照标准的可能性，认为这个可能性也不是十分明朗。追述以上整个过程，笔者认为，作者"意图"这个概念对于批评实践的指导规范作用是有限的，这种有限性使其作为一个判断阐释是否合理的标准的可能性变得不确定。从上述论述可见，不符合作者主观意图的文本解读不一定就不合理，不一定就构成"强制阐释"。此外，作者"意图"具有较强的排斥性，它并不能容纳作者主观意识之外的因素，一旦以其作为评判标准，可能导致我们过于草率地将一些文本解读方式排斥出批评实践的场域。但在当前文艺批评理

---

① Bell, *Art*, New York: Frederick A. Stokes Company, 1913, p. 8.

论路数层出不穷、各种主张各执一词的局面之下，暂时恐怕还是更需要一种更具包容性的取向，在我们有确定的标准区别真相与假象之前，先对各种现象有个更为全面的考察。毕竟唯物主义的认识观表明，即使假象也可以促进我们对真相有更深刻的认识。

  我们非常赞赏张江先生在这个历史时期提出这个问题供理论界思考。当前的文艺批评纷争也需要学者对这个场域的现状做出宏观把握。张江先生前期提出的"强制阐释"论就是在这个方向上迈出的开辟性的一步，而他在这个方面的继续深化，尝试为批评确立标准的做法也令人敬佩。正是由于其在这方面的努力，让中国评论界有机会对西方文论中看似已经落幕的纷争做出符合我们自己的认识观、价值观的重新探索。正是在这样的探索中，我们甚至发现，对于"阐释"本身的认识似乎也值得深入。文本"阐释"不仅仅是一种中性的解读文本的方式，其自身也带有很难察觉的根本价值取向，它自身就事先带有一种理论预设。认识到这一点是否可以促使我们尝试建构一种比阐释更具包容性的理论框架，以促成文艺研究的一次范式转换呢？这个问题值得深思。

"意图"怎样存在

李啸闻

一部文学作品的阐释可能是无限的,并不存在一个终极意义,但作品的诞生却必然存在一个原点,并以该原点处的局限和规定作为阐释的底线。张江先生《"意图"在不在场》一文把"意图"这个阐释的原点性、底线性问题再次提出,将这一在西方当代文论中长期处于被遮蔽、被否定状态的文学、美学、阐释学问题做进一步探讨和澄清。张文认为,"深入研究生产作者意图进而生产文本的历史传统和语境,这是正确理解和阐释文本的基本前提"①。对此观点,袁渊发表题为"试论作者意图与阐释标准"的文章予以回应,认为恢复"意图"这个被现代西方文论逐步消解的概念,以为文本阐释的合理性设定边界的做法有待商榷。其依据是对"意图"的界定,保留了西方传统理性主义哲学的特点,似乎是置近现代哲学对传统理性主体批判的成果于不顾,因此亦不能对结构主义思想的核心理念构成有效反驳。且对新批评的"意图谬误"也存有误解,忽视其在批评实践层面的意义。②事实上,在当代中国文论语境里重新提出的"意图",与西方20世纪以来讳莫如深的作者及其意图相比,其内涵和价值都发生了根本变化。且"意图"这个概念的所指究竟为何——是一种属于作者的实体性存在,还是一种联结着作者、文本和读者的关系性存

---

* 本文原刊于《社会科学战线》2017年第4期。
** 作者单位:山东大学基础医学院。
① 张江:《"意图"在不在场》,《社会科学战线》2016年第9期。
② 袁渊:《试论作者意图与阐释标准》,《社会科学战线》2017年第2期。

在，抑或是贯穿于从创作到阐释整个文学活动中的过程性存在？都是值得深入辨析的。

将作者及其意图视为阐释自由的对立物，实质是文学要素思维的产物。传统文论将文学本体分解为"作者""文本""读者"等几个要素，如果以某一要素为阐释的依据乃至中心，其他几个要素就必将处于被忽略的地位。文学的本体，不是要素的分析，而是一切文学活动的总和。从文学活动的视角出发可知，将"意图"还原回文学现场，实际是倡导开展以文本为出发点、尊重作者意图，在此基础上与读者平等对话、校正批评的文学活动。这正是力主改变文学理论的"要素"模式思维，从文学要素思维走向文学过程思维，并把意义划分为核心、衍生和延伸几个层次，有着阐释由浅入深的次序性。① 如果我们把读者在开始具体的阅读行动前，自身具有的文化准备、素质特征、心理预期等元素，对应着"作者意图"的提法，称之为"读者意图"，那么重提意图理论，以及近年来颇受注目的、呼吁重视作者和文本的强制阐释论，并不反对读者意图在文学阐释中的创造性作用，而是批判为证明某个理论的正确和有效，以该理论的预设为前置立场的阐释，这样的阐释不是文学阐释活动，而是理论论证过程，满足的是理论意图。

一　被误解的"意图"

对"意图"的讨论容易走入几个误区。

第一，在逻辑上把"作者"的存在状态放置在非此即彼的偏执极端上。一来《"意图"在不在场》问的是"意图"对文本阐释有效性的作用"有"还是"无"，这是个"从 0 到 1"的过程，但一些学者担心，一旦承认意图存在，它对文本阐释的影响就是"从 1 到 10"的过程。比如袁渊对作者意图存在必要性的第一个质疑就是：作品创作的过程是否"全都"处在作者主体的意识筹划之下。这是以指称

---

① 张江：《当代文论重建路径：由"强制阐释"到"本体阐释"》，《中国社会科学报》2014 年 6 月 16 日。

性的判断代替存在性判断，表现为承认文本中"有"作者意图的存在，就等于文本的全部就"是"作者的意图。再者，以包含性关系代替建构性、影响性、互动性关系。袁文认为《"意图"在不在场》一文将作者意图与文本含义的关系设定为：或者作者意图等同于文本含义（作者成功地执行了自己的创作意图）；或者作者意图大于文本含义（作者没能成功执行自己的创作意图）。其实作者意图是导致文本产生的原初因素，是文本阐释的重要依据，并不等于作者意图必然容纳、完全包含文本意义。在文学活动中的"作者"，只有非此即彼的两种存在方式。要么是服从"作者之死"的宣判，把文学阐释的权力完全让渡出来；要么是以某种中心、权威的方式把控文本意义。

第二，用西方文学理论传统中的"意图"来评价中国文学实践，而且选择以何种西方理论评判的态度是进化论式的——当代理论要优于早期的、传统的文学理论，更具有学习和参照的价值。袁渊评价作者意图是一种"具有浓重的西方传统理性主义意味"的理论，"现今西方哲学大体趋势是从对理性的质疑进入到了理性重建的过程，从对主体的解构过渡到对主体间性（inter-subjectivity）的重视，张江先生试图重归传统主体性以给予其作者'意向'概念以支撑的论证方向选择略让人费解"。① 西方当代文论已经以"主体间性"解决了作者作为"主体"应该如何在文学活动中自出的问题，似乎再提作者就意味着开历史倒车。时间先后绝不是评价理论的尺度。若按理论出现的先后顺序，来认定理论的长短优劣，那么西方自20世纪60年代美国著名文学理论家赫施和80年代的朱尔（P. D. Juhl）打出作者意图的旗号，积极为作者寻回在文学活动中旁落已久的地位，同样是发生在结构主义之后，与"读者中心"的文学理论形成不同和声，更应当获得文学理论界的尊重和认同了。中国学者依据中国的文学实际，不以西方理论马首是瞻，呼吁重视作者在文学作品中留下的思想遗产，为何就似乎成了过时理论？

第三，对意图获取方式和途径的怀疑，与意图的存在性本身混为一谈。传统的探取作者意图的渠道是通过对作家传记、写作笔谈

---

① 袁渊：《试论作者意图与阐释标准》，《社会科学战线》2017年第2期。

等进行分析,从而探究作品生成时的某些重要条件。一般我们相信,作者的原初意图与作品的阐释意义之间应该存在联系,至少在大多数作品中,得知作者意图对把握文本意义十分有利,这也是由人类本能的认知方式和思维规律决定的。在我们每个人的认知经验里,理解和记忆一个事物,最有效率的方法就是将其与某种场景、图像、感受刺激相联系。要理解一个文本,我们需要将语言、符号等内容,还原为具体的图景,并唤起情感体验,这种图像和情感往往是理解和记忆最好的辅助。而勾勒这个图景的依据和来源,就需要借助作者的创作缘起。确实,如果将理解作品意义等同于勘探作者意图,等同于将作品还原为作者的主观体验和生活经历,对作者意图和生平的追索兴趣超过了对作品本身的体悟,那就混淆了文学批评和历史研究的边界。

第四,将"作者"和"意图"混淆为涵义相等的概念,进行论证的互换,以"作者"的主体性特征分析代替对"意图"特征的认识。事实上,"作者"和"意图"都不应只作为一个理论问题来辨析,它们必须是实践的、感性的存在。对"作者"存在性的质疑,部分是来源于无法找到一个确当的定义、一个内涵明确的概念,来辐射到历史上所有"作者"的外延。然而"作者"的存在不只是一个理论问题,也必然是一个实践问题。一部作品诞生后,在历史流传过程中的某个时间节点上,既有真实存在的书写主体创造它的文本客体,又有真实存在的阅读主体增加它的阐释意义。一部经典的传世,除了作者的天才,还需要学术机构和权威决定其文学史地位,专业批评家决定其学术价值,广大读者决定其流传价值,可以说创作文本和成就文本的,是不同层面上的"作者"。因此"作者"的概念无法在抽象意义上有效,唯有在面对具体的文学作品时才真实有效,《诗经》的作者们和《离骚》的作者有着文学本质上的差异,吴承恩和电视剧《西游记》的作者也不可同日而语。那种纠结于匿名作者、集体作者等情况的担忧,[1] 其实是把具体的、历史的作者实践,与抽象的、逻辑的作者理论混为一谈。

---

[1] 参见袁渊《试论作者意图与阐释标准》,《社会科学战线》2017年第2期。

二 意图的存在方式

希利斯·米勒说:"小说的作者是文本中所有语言的来源和保障,它是无所不包的意识。"① 霍布斯对文学作为一种语言活动的见解是:"使别人知道我们的意愿和目的。"② "意图"的关键问题,不是存在与否,而是以何种方式存在。

(一) 意图不是一种要素式的存在,而是一种过程性的存在

艾布拉姆斯在《镜与灯》中提出文学四要素,与之相对的四种理论是:模仿论、表现论、实用论、客观论。现代西方艺术理论从四要素出发,比较明确地将文学世界分为作家(writer)、作品(work)、读者(reader)三个部分,并称之为"三R理论",理论家在这三者互动所构成的文学场域中系统地研究文艺现象、评价文学作品、梳理构造理论体系、探索理论流变、划定思潮派系。在20世纪末之前的文学研究中,文学四要素范式基本没有遗漏所应该涉及的问题。但20世纪末以来,文学进入批评的时代、理论的时代,很多问题是文学四要素无法解释的。问题就在于:以文学四要素为研究对象的文学理论,已经无法解决以理论为中心的文学研究缺陷问题。

实践活动需要理论,理论思维是人类的本质能力,文学理论是文学活动过程和发展过程中必然的产物。但文学理论必定要来源于并回归到文学实践,一旦形成理论中心,文学为证明理论而存在,作品批评为满足理论意图而存在,就改变了文学的本体和本质。我们发现,强制阐释论根本要批判的就是以理论为中心的思维方式,要找回文学活动中失落的文学要在文学活动过程范式下,从文学研究的出发点和动机、过程和路径、落脚点和结论等方面去考察整个西方文论。文学活动的过程可以表述为:

---

① [美] J. 希利斯·米勒:《解读叙事》,申丹译,北京大学出版社2002年版,第21页。
② [英] 霍布斯:《利维坦》,黎思复等译,商务印书馆1985年版,第19页。

第一部分 作者意图

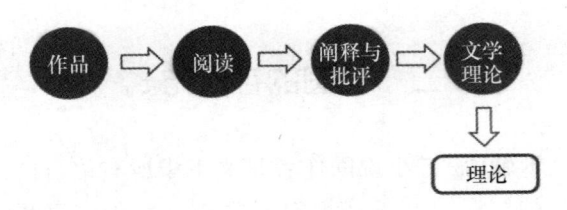

图1 文学活动过程

这个过程图示要说明的是：文学作品是文学阅读的对象，文学阅读是作品意义呈现的实践条件；文学阅读是文学阐释的行为基础，文学阐释是阅读的目的；文学阐释到文学批评是人理性追求的结果；文学批评本身就蕴有文学理论的种子，好的文学批评就是文学理论的丰碑……从文学到文学理论，这是一系列紧密咬合的实践活动，是人类想象和创造本能的体现。文学理论是文学的宿命，是文学发展过程中的一种结果。但是文学的理论既具有文学想象的特殊性基因，又具有理论抽象的普遍性特征，理论本身有超越感性的要求，但谈到超越感性对文学而言又是危险的，因为这意味着理论脱离文本，抽离成逻辑框架，这种失去了文学的理论就彻底违背了文学的性质。理论当面对文学的时候，就必须承认和警惕理性的局限，凌驾于文学作品、文学阐释、文学批评之上的文学理论，只能是空洞的理论，不能增加文学批评的理趣，不能提升文学阐释的智趣，不能提高文学阅读的情趣，不能揭示文学作品的真趣；破坏了文学与理论的关系，加剧了文学特殊性与理论普遍性之间的对立紧张。

那种取消"意图"存在的观点，其根本目的是追求建立一种不唯作者、不唯任何一种文学要素的崭新理论："我们需要一种理解范式让我们不再把文本的创作和接收割裂，将作者、文本和读者孤立……让我们意识到读者的前见和构成他主体身份的各种社会、文化、认知、情感结构不是我们要克服的对象，反而是意义产生的动力之一，作者和读者的视域差异、作者和读者的个性恰好是促成了文学实践活动的动因……"① 可见在具体的文学活动中，作者与读者平等对话、

---

① 袁渊：《试论作者意图与阐释标准》，《社会科学战线》2017年第2期。

互为动力,建立良性发展的文学的理论,是当代中国文论界的共识。强制阐释论对阐释伦理的叙述是:从作品的起点出发,尊重作者和文本;在阅读的过程中,注意读者的专业分工和批评伦理;在阐释和批评的层面,批评家要与作者和文本平等对话并校正结论;在具体的文学活动中达成的理论,才是文学理论。

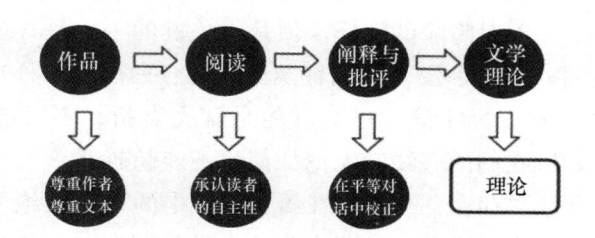

图2 文学活动过程的实践内涵

这个图示要指出的是:文学不是以作者、文本、读者等某一要素为本体存在的,也不是几个要素结合的共同体。包括文学在内的许多理论研究,之所以得不到终极答案,原因在于"这不是一个理论的问题,而是一个实践的问题"①。文学必须在具体的创作、传播、接受过程中才能进行阐释研究,唯有如此,文学理论才能避免以某个要素为中心的思维方式,而专注在实践中解决具体的问题,在实践中升华为抽象的理论。

(二)"意图"不是阐释的边界性存在,而是一种底线性存在

张江先生认为对一个文本来说,必须有阐释的边界,这个边界是具体的,也是历史的;批评家的作用也是有限的。朱立元提出,文本的意义包括自在意蕴和阐释者生成意义,应该追求两者的有机结合。②白居易在写给刘禹锡的信中有两句诗"携将小蛮去,招得老刘来"。作者自作注释云:"小蛮,酒榼也。"但是许多批评家并不理会作者本人的意图,认定"小蛮"是白居易纳下的小妾,并不是一种盛酒

---

① 《马克思恩格斯选集》第1卷,人民出版社1995年版,第54页。
② 参见张江《阐释的边界》,《学术界》2015年第9期。

的器皿。"小蛮"究竟是指什么,一定有一个确定的解释,作者是知道的,刘禹锡也是知道的。作者即便亲自确定了隐喻中本体和喻体之间的关系,读者还是乐于从种种不同的角度来阐释,这就是语言系统自身的强大力量:喻旨的美感产生于本体和喻体之间的张力,这是作者唯一确定的意图所不能左右的。读者有权力在一系列选择性的阐释中,相信自己最感兴趣的,批评家这一层次的读者更有义务发挥自主性和创造力来完善对隐喻的解释。但是,关键的一点是,多元的阐释有基本的限度——"小蛮"的阐释至少要符合白居易在日常生活中诗酒琴乐、歌舞美人的性情,它不可能是官文奏折,不可能是丹书铁券,这是作者给我们的底线,无论如何也不能超越。

承认作者意图存在,与文本在语言系统中的自主性绝不对立。结构主义文论将文本视为语词序列自主、自足的存在,它的含义就在整个语义知识、句法结构编织的语言之网中,理解文本就是要将它放入这张语言之网,参照它在整个语言系统中的位置。语言之网是一个抽象的语词语法体系,无论是乔姆斯基的释义传统,还是比尔兹利所说的语言传统,都只是为具体的文本阐释提供一个宽泛的、语言学上的限定,反倒是作者意图代表了对特定历史文化传统的具体运用,能更准确地将文本意义导向相对确切的理解。作者意图是文本阐释的重要依据,可确保某种阐释在思维逻辑、历史常识、文学共识上不偏离轨道。与其说作者及其意图的存在是为文本阐释划定某种"界限",不如说是为防止天马行空的理解设定了一条"底线"。阐释一定是多种多样且无所谓对错的,但一部作品总有解释的下限,其是由作者意图参与划定的。

(三)"意图"本质上是一种实践性的存在

作者意图在实现和存在方式上包括三个阶段,第一是作者的意图灌注于文字的创作阶段,体现为作者的主观意愿对作品意义的导向作用。第二是作品意义传承作者意图的传播阶段,体现为语言和文学符号对作者意图的客体化过程。第三是读者的阅读和体验对作者意图的复现阶段,以及批评家将作者意图提升为文学意蕴的构造,表现为读者在接受过程中对作者意图的唤醒、生发和转换。作者意图在不同的实现和存在阶段，具有不同的价值和属性，在创作阶段具有对作品面貌的决定性意义；在以文本为载体的传承阶段具有服从于语言本质的可变性、多义性、模糊性；在读者接受阶段它的价值在于为阐释者提供可观察和实证的现实依据，为阐释的可能性划出合理底线。作者意图是存在的，是在文学活动的过程中实现的，无法一概而论作者意图是什么，只有还原到具体的文学活动中，意图的考察才有实际意义。意图是否存在和怎样存在的问题，最终要回归到文本，要在具体的文学作品和阅读活动中体会和确认意图所在。

三　在作品中把握意图

"意图"一般被认为是具有主体性、主观性的。意图不等同于主体的思维活动，但"意图"的特征部分来源于主体认识。文学理论的自觉是从作者主体意识的觉醒开始的，在19世纪前漫长的文学史历程中，文学的意义来源于作者是不曾动摇的信念，文学批评理论和阐释理论都默认作者的写作意图是客观存在的，强调文学意义的阐释相当程度上就是对作者原意的追索。这种观念符合人们对世界的一般认识过程。在理念上文学活动的顺序是先有作者，再有文本，然后出现读者，构成"作者—文本—读者"这样一个次序链条，并建立了人们对文学活动因果关系的认识：因为作者的创作，诞下了作品，决定其品貌；因为有了作品这一凝固的形式，作者的思想得以留存和流传；由于有了意义的流传，读者和作者才能穿越时空互动对话，文明和文化的积累才有价值。当代读者理论是将文学发生的次序进行了逆转式调向，把"作者—文本—读者"的线性逻辑转变为传播逻辑：

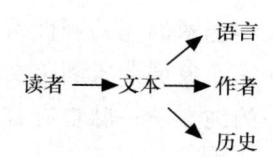

读者 → 文本 → 作者 → 语言
　　　　　　　　　　　↘ 历史

图3　读者理论的逻辑链

第一部分 作者意图

　　文学生产与传播的逻辑差异，一定程度上造成文学研究重心的转移。当一个理论或流派宣称以某个文学要素为研究重点，一般不是把一个要素视为文学的唯一本体，而是为了反拨之前过于极端单一的、狭隘的文学要素关注中心（比如形式主义和新批评是针对作者中心主义的研究方法提出的）。本质上，文学要素研究重心的转移，是努力从一种偏重失衡状态，纠正回一种平衡状态。换句话说，是以一种研究能量的不平衡性为动力，促动文学理论的发展。因此无所谓以哪一种要素研究为重心更合理，而要看文学理论发展的阶段和问题域。然而，20世纪末期，文学理论要素研究之间的平衡或说制衡状态被打破了。文学理论不再以各文学要素为活动区域，理论自身产生了运动和发展的循环。重提"作者意图"，它的论敌不是文本意图，不是读者意图，而是理论者的阐释意图。

　　作者不能直接干预读者，作者只有在灌注以意图的文本中对读者诉说。法国作家瓦莱里有一个观点：一个文本发表了，就像一台机器那样，每个人都可以按照自己的能力和意愿来运用它，机器制造者的操作并不一定就比其他人强。[①] 这个观点把文学分为"创作"和"阅读"两个截然不同的阶段，作者和读者各司其职，读者没有干预创作的能力，作者也没有评价阅读的资格。但是作者和读者之间的相互影响确实存在，作者意图和读者意图的冲突和融合确实发生，其中间环节就是作品。作为主体的作者和读者，其意图都必然依附于作品来实现。把握意图是评价作品的重要维度。在特定的历史时期，文学之于社会需要主动的、显性的参与，将纯粹的文学审美作为次要追求，文学价值的评价不应只有审美一个维度，有时意图直接对应作家的人格。在文学的艺术造诣上，田间的诗与周作人的散文难以比肩，在和平年代"美文"也确实更有把玩的韵味。但是在民族存亡的时刻，主题和内容的倾向性比文学艺术的无功利性重要得多，这并不是否认新文化运动时期新月派作家、象征诗人和美文作者的艺术成就，他们对保存和传承中国文学史的纯文学一脉自有其贡献，在今天广为流传

---

① 姚基：《向文学本体论批评挑战——现代意图注意理论批评》，《外国文学评论》1991年第3期。

的志摩诗集、张恨水小说颇能彰显其艺术价值。问题是不能因为历史情境的切换，而否定这些作品在创作时也淡漠于彼时的社会需求，更不能以今日的考评维度将这些作品视为中国现当代文学最重要的经典。后现代主义写作最标榜写作的无意图、无态度、无立场，以绝对客观的精神状态进入创作。然而这些秉持"客观真实主义"的后现代作家们，依然是一群有理想、有思想的人，因此作品中还是显示出其思想倾向。在我国被命名为"新写实主义"的作家群，如刘震云、方方、池莉等人，写作遵循两个原则：一是现实生活的原生态，二是作家情感的零度介入。以零度情感，无立场或绝对中立地展现生活的原本状态，号称放逐理想、解构崇高。但从实际创作来看，与其说是零态度，不如说是真诚直面真实的人生；与其说是无理想，不如说是注重对凡俗生活的表现；与其说是反崇高，不如说是将平淡琐碎的生活与庸碌无名的小人物引入文学的中心。池莉的《烦恼人生》，真实展现了一个工人无聊、平庸、烦琐的生活，但仍是对真实人生意义的追寻，让读者体会到生活于平淡中的光辉。可见，作者意图虽然无法直接决定文字艺术水平的高低，但是作为写作动机的意图，乃是作品精神、思想、价值属性评价的重要维度。

　　风浪也会在沙滩上留下种种符号或印记，但人们站在这些面貌酷似文字的图印面前，绝不会把它们当成文学来阅读。因为我们清醒地知道文本阅读和阐释的特殊使命：在文字的背后，追索言语的书写者意欲传达的意蕴。

作者意图、文本意图与文本阐释

刘月新　阜士亮

张江先生在《强制阐释论》中对当代西方文论强制阐释的弊端进行了系统清理和批判，引发了理论界的热议。他在《"意图"在不在场》中进一步申明了作者意图在文本阐释中的重要性，这个意图不仅牢牢控制着作者的创作过程，而且规定了读者的阐释路径。作者意图决定了文本的内容与价值，文本决定了读者阐释的路径和目标，作者、文本与读者之间是线性的决定与被决定的关系。本文认为，作者、文本与读者之间不是决定与被决定的关系，而是有着复杂的转化调节机制。作者在创造文本的过程中，在表现对象、潜在读者、艺术惯例以及话语机制等因素的影响之下，超越固有的创作意图，生成文本意图。读者在理解文本的过程之中尽管会受到作者意图的影响，但主要是以文本意图为依据来阐释文本。意图不是隐含于文本之内的稳定不变的常数，而是在作者、文本与读者之间流动的变数。

一　作者意图

张江先生在"强制阐释论"系列论文中并没有对作者意图进行明确的界定，从他的论述中可以推断，他所理解的作者意图是指作者的创作动机、创作目的、艺术构思以及所要表达的思想情感。这一意图清晰而明确，既决定了文学创作的过程与结果，又限定了文学阐释的

---

* 本文原刊于《三峡大学学报》（人文社会科学版）2018年第4期。
** 作者单位：三峡大学文学与传媒学院。

路径和范围。暂且撇开文学阐释不谈，仅仅就文学创作而言，这一观点并不完全符合文学创作的实际，既没有认识到作者意图的复杂性，又忽视其他因素对文学创作的影响。谁都不能否认，文学创作发端于作者的意图，没有意图就没有创作。但有意图是一回事，意图是否明确又是另一回事。从文学创作实践来看，有些作者的艺术思维偏于理性，能够按照自己的目的、计划去创作，将创作意图体现在文本之中，如中国现当代文学史上的鲁迅、茅盾、刘震云就属于此类作家。刘震云对鲁迅的创作思维与小说特点有较为准确的概括，他说："鲁迅是个伟大的作家。像他那么严厉、尖刻、咄咄逼人者，在中国历史的文人中还没有过。……但鲁迅又是一个与他的思想解剖力相对而言艺术感受力不太丰厚的作家，他小说的艺术感染力主要是通过作品的思想内涵散发出来的。我们只能看到寒冬中几株秃枝桠的杨树。鲁迅小说的色彩可是有点单调。……鲁迅的小说中人物关系及发展走向历来是单线。它从来不纷繁复杂。它一直在追踪和表达着鲁迅所要表达的思想。"① 鲁迅是一个善于理性思考的作家，他的小说冷峻凌厉、思想深刻，给读者以思想的启迪和震撼。偏于理性思维的作家常常表达对世界的认知，在描写对象时善于以简洁白描的语言抓住对象的特征，直抵对象的本质，舍弃了对象的多样性与丰富性，限制了读者丰富的想象与情感体验，为读者提供了认知世界的角度。但不能就此认为文学创作就是作家思想的直接表达。鲁迅的伟大之处就在于，他的思想是从生命体验中生发出来的，他的创作既是一个思想探索的过程，也是一个寻求生命突围的过程。如果鲁迅的创作仅仅是某种固有思想的表达，其作品必然会苍白贫乏，丧失艺术感染力。

与此相反，那些偏于感性思维的作家对自己的创作意图并没有明确的意识，常常表达自己的审美感悟和情感体验，或者是表达自己对生活的感性认识，这些内容并没有上升到理性认识的层面，而是表现为某种趣味、感觉、情绪、情调和氛围。刘震云说："如果我们把鲁迅的小说与沈从文的小说放到一起读，我们就会发现这是气质、个

---

① 刘震云：《读鲁迅小说有感：学习和贴近鲁迅》，《中国现代文学研究丛刊》1991年第3期，第112页。

第一部分　作者意图

性、对文学的认识和出发点完全不同的两类作家在创造艺术时所表现出的差异。前者深刻、单调，后者柔弱、丰厚；前者的贡献主要在认识，后者的贡献主要在艺术。"① 刘震云所说的"丰厚"与"艺术"，是指沈从文的小说描绘了一个气象氤氲、丰韵饱满的艺术世界，揭示了审美对象多方面的意义，具有浓郁的审美氛围与艺术情调，给读者绵长悠远的艺术回味，不以思想的深刻性见长。

文学史上不少经典之作都是在作者意图不明确的情况下创作而成的，作者事先没有清晰的创作计划，也不明确自己笔下形象的意义，而是受到某种兴趣和情绪的推动进入创作过程。俄国小说家冈察洛夫将创作分为自觉和不自觉两种类型，他说："我只是在完成了自己的作品，与它们相隔了一段距离和时间以后，才十分明了它们的含义、它们的意义——思想。……我在描绘的那一会儿，很少懂得我的形象、肖像、性格意味着什么，我仅仅看见它活生生地站在我面前……"② 不自觉的作家常常受到想象和情感的支配，他们所创造的形象和画面仅仅表明自身，其中所包含的意思有赖于批评家的发现，别林斯基和杜勃罗留波夫就是这样的评论家。冈察洛夫的创作说明了一个基本事实，即作者的创作意图是复杂的、多层次的，不是所有的作家都有明确的创作意图，也不是所有的作家都能按照意图严格控制创作过程与结果。英国的布拉德雷说："诗不是一个早已想好的清晰确定的事物的装饰品。它产生于一种创造性冲动，一种模糊的想象物在内心躁动，想要获得发展和得到确定。如果诗人早已准确地知道他要说的东西，他干嘛还要去写诗？……只有当作品完成时，他想要写的东西才真正呈现出来，即使对他自己来说，也是如此。"③ 文学创作既是作家表达思想情感的过程，也是作家认识和深化思想情感的过程。如果一个作家对自己的意图已经有清晰明确的认识，解开了思想情感的疑惑和困境，可能就不会去从事创作了。

---

　　① 刘震云：《读鲁迅小说有感：学习和贴近鲁迅》，《中国现代文学研究丛刊》1991年第3期，第113页。
　　② ［俄］冈察洛夫：《迟做总比不做好》，《古典文艺理论译丛》第1册，人民文学出版社1961年版，第144—147页。
　　③ ［美］H. G. 布洛克：《美学新解》，辽宁人民出版社1987年版，第170页。

学者袁渊在《试论作者意图与阐释标准》一文中指出，张江先生观点的片面之处在于将作者看作是一个理性主体，这个主体能够控制自己思想情感与行为方式，忽视了现代西方哲学对传统理性主体的批判。这一分析是有道理的。作者意图并非单一的理性结构，而是一个包括情感、想象、无意识等丰富内容的多维立体结构。文学创作不能缺少理性的引导，但情感、想象与无意识等因素常常突破理性的限制，使创作呈现出一定的随机性和偶然性。文学创作的奇妙之处在于，它虽然发端于作者意图，但却常常超越作者意图的控制，并非所有作者对作品产生的过程以及意义都十分清楚，也不意味着作品就是作者意图的直接表达。如果文学创作的一切都在作者意图的掌控之下，文学创作与撰写学术论文就没什么区别了。

二 文本意图

既然张江先生将文学创作看作是作者意图的实现过程，那么文本意图与作者意图之间就具有直接对应关系。在这一问题上，张江先生的观点与赫施的观点基本一致。赫施提出了"保卫作者"的口号，认为文本的意义就是作者意图的体现，文本阐释的最终目标就是把握作者的意图，哪怕是作者的无意识意图。他说："'无意识含义'这个概念一般是指作者未注意到的含义，但是，这个含义仍存在于作者精神的另一个区域中，也就是说，存在于作者精神的潜在区域中，通常人们称之为无意识区域。"[①] 我们并不否认文本体现了作者意图，但如果将文本意图直接等同于作者意图，就将问题简单化了。我们可以从如下几个方面来认识：

第一，从文学修辞学的角度看，从作者到文本有一系列转换的中介机制。美国叙事学家韦恩·布斯在《小说修辞学》中提出了"隐含作者"的概念。他发现自福楼拜以来的欧洲现代小说奉行客观化叙事原则，改变了传统小说讲故事的叙述策略，采用客观化的"显示"方式，消除了作者主观评价的痕迹，作者似乎从小说中消失不见了。布

[①] [美]赫施:《解释的有效性》，生活·读书·新知三联书店1991年版，第63页。

斯通过大量的文本分析，认为这是现代小说家使用的一种叙述策略，小说文本中仍然有作者的身影存在，他将这个作者称为"隐含作者"。"隐含作者"是隐含在作品内部的作者，和实际作者既有联系又有区别，他是作者的"第二自我"，是作者在作品中的"替身"。布斯指出："'隐含作者'有意无意地选择了我们阅读的东西，我们把他看作是真人的一个理想的、文学的、创造出来的替身；他是他自己选择的东西的总和。"① 实际生活中的作者是一回事，隐含作者又是另一回事，不应将两者混为一谈。以色列的理蒙—凯南说："隐含的作者是在作品整体里起支配作用的意识，也是作品里所体现的思想标准的根源。他和真实作者的关系被认为有很大的心理复杂性。"如果要将"隐含作者"与真实作者和叙述者区别开来，"就必须把隐含的作者的概念非人格化，最好是把隐含的作者看作一整套隐含在作品中的规范，而不是讲话人或声音（即主体）。"② "隐含作者"既不是实际的写作者，也不是一个可以发出声音的叙述者，而是隐含在作品中的思想与意义。它是通过作品的整体设计，借助所有的叙事要素无声地控制作品，引导读者的阅读。"隐含作者"这一概念的提出是有意义的，它既承认了文本意图与作者意图的关联，又说明了文本意图与作者意图的区别。

　　第二，从文学语言学的角度看，要看到一种语言的意义与作者使用这种语言所要表达的意义的联系和区别。两者之间相当于索绪尔所说的语言和言语的关系。语言是言语的基础，言语是语言的运用，当作者使用一个词语去表达一种意义时，必须依赖于这个词语本身的意义限定。反过来说，词语的意义同样也依赖于该词语在使用中的意义演变。文本意图与作者意图的关系也是如此。我们不否认文本意图中包含了作者意图，但由于语言本身的惯性以及历史文化传统的积淀，文本意图通常会大于作者意图。因此，我们在阐释文本意义时，既要研究作者对词语的特殊用法，又要考察词语的惯常用法及其背后的历史文化背景，发掘作者尚未意识到的丰富内涵。我们还可以进一步从

---

① ［美］韦恩·布斯：《小说修辞学》，北京大学出版社1987年版，第84页。
② ［以色列］理蒙—凯南：《虚构叙事作品》，生活·读书·新知三联书店1987年版，第156—168页。

诗歌语言与科学语言的区别来看待这一问题。按照保罗·利科的观点，诗的语言与科学语言都来自于日常语言，但两者的指向与效果大相径庭。科学语言要消除歧义，要使一个符号只具有一个意义。而诗歌语言"在于保护我们的语词的一词多义，而不在于筛去或消除它，在于保留歧义，而不在于排斥或禁止它。语言就不再是通过它们的相互作用，建构单独一种意义系统，而是同时建构好几种意义系统。从这里就导出同一首诗的几种释读的可能性"①。科学语言是信息的传达，是指向经验世界的工具，目的是帮助我们认识物质世界的规律，诗要通过语言的特殊构成创造一个独立自足的艺术世界，唤起读者丰富的感受和体验，而不仅仅是传达某种信息的工具。在众多的文学语言中，诗歌语言虽然具有一定的特殊性，但其他的文学语言也会产生隐喻或象征效果。从这一角度看，文学文本的意图一般会大于作者意图，为读者的阐释提供了较为广阔的空间。

第三，从文学社会学的角度看，作品的形象体系常常使文本意图大于作者意图，这就是吕西安·戈德曼所说的，作品的客观意义大于作者的主观意义。戈德曼反对结构主义封闭的意义观，认为作品是一个指向社会现实的意指性结构。在他看来，文学作品不仅仅是个人意愿和情感的表达，即使是十分个人化的作品，其背后所隐含的都是作者所属群体的价值观，都具有指向社会与时代的意指性。意指与意识是两个不同的概念，意识植根于语言，具有自觉性，而意指可以先于语言而存在，常常是非自觉的，是主体对外界的一种感受与反应。意指比意识更具有原初性，虽然不能用语言明确表达，但却包含着意义。"人类的一切行为都是个人或集体主体的回答，这种回答的意图构成使既成形势向主体所希望的方向变化，因此，任何行为，任何人类的事实都有一个意指的特质，这种特征并非总是明显的，而研究者应该通过自己的工作使之明朗。"② 文学作品作为一个意指性结构，

---

① ［法］保罗·利科：《言语的力量：科学与诗歌》，《西方二十世纪文论选》第3卷，中国社会科学出版社1989年版，第301页。

② ［法］吕西安·戈德曼：《马克思主义与人文科学》，安徽文艺出版社1989年版，第64页。

其客观意义可以超越作者的意识或意图而存在,"一个作者的意图和他认为他的作品所具有的主观意义,并不总是和作品的客观意义相吻合。"这又可以分为两种情况,一是作者的主观意图受到现实环境的制约,难以在整体上把握社会历史的特点与发展趋势,但由于作者丰富的艺术感受力以及作品的意指性结构,它的形象世界可能以多种方式与社会现实发生关联,产生丰富的客观意义,而作者本人对这种关联缺乏自觉意识。二是文学史上有许多作家由于作者受到思想的局限,往往对其思想与创作意图中最具有价值的部分并不看重,反而强调那些即将被时代所抛弃的部分。

"研究者只有把一部作品重新置于历史演变的整体中,把作品与整个社会生活联系起来,才能从中得出客观意义,而这种意义甚至常常是作品的作者很少意识到的。"① 无论是作者意识到的主观意义,还是作者没有意识到的客观意义,都应该联系作品所产生的社会历史环境来阐释,而不能仅仅从作者的个人经历和主观意图中去寻找。

美国的 H. G. 布洛克对文本意图与作者意图之间的关系有较为辩证的理解,他说:"虽然艺术品有表达的意义,同艺术家的'意图'有因果关系,但它仍然有着自己独立的存在。这与艺术家本人的思想和愿望是两回事,但又与它们有关系。一旦艺术家将自己的意图体现于一个适用于公共交流的表现形式中,该意图便变成艺术品的一部分,成为公共财产。"② 文本阐释不能不顾及作者意图,但又不能拘泥于作者意图,要将文本置于它所产生的社会、文化与文学背景之中,阐释其丰富的意义。

三 文本阐释

基于对作者与文本、作者意图与文本意图之间的复杂关系的认识,我们认为很难建构一种大一统的、涵盖一切的文本阐释模式,应当根据作者、文本、世界与读者之间的具体关系而建构不同的阐释模

---

① [法] 吕西安·戈德曼:《隐蔽的上帝》,百花文艺出版社1998年版,第8页。
② [美] H. G. 布洛克:《美学新解》,辽宁人民出版社1987年版,第353页。

式。从总体上看，文本阐释发生于读者、文本、作者与世界之间。但当面对不同时代、不同类型与不同风格的文本时，四者之间的关系会有所不同，读者会采用不同的阐释策略，相应地会产生几种不同的文本阐释模式。

首先是作者与文本互证的阐释模式。这种模式是将与文本有关的资料，如作者的创作心理、文本的创作背景、作者对于文本意图的介绍与文本联系起来考察，从中推测出作者的创作意图。我们反对将文本意图简单地等同于作者意图，但在有些情况下，文本意图与作者意图有较为直接的关联，如鲁迅、茅盾、张贤亮那些理性思维较强的作家，他们常常能够按照事先设计的意图去组合文本的艺术结构与形象世界，将创作意图体现在文本中。读者在阅读这些文本时，通过外在意图与文本内在意图的相互参照，与作者的理解达成共识。关于《灵与肉》的意图，作者张贤亮说过这样一段话："《灵与肉》的主题是描写一个大资产阶级家庭出身的青年知识分子，在社会主义社会这个特定的历史条件下，通过了严酷的劳动，在精神上如何获得了劳动人民的感情和树立坚定的社会主义信念，在肉体上如何摒弃了过去的养尊处优而适应了比较贫困的物质生活的。……《灵与肉》是一支赞美劳动、特别是体力劳动、体力劳动者（里面的主角都是这样的人）的赞歌。"[①] 有读者将《灵与肉》的意图概括为爱国主义，其根据是主人公许灵均在历经艰难困苦之后，依然留在草原，没有跟随父亲到美国去享受奢华的物质生活。但从小说描写的社会背景、故事框架以及创作背景来看，作者对意图的概括更符合实际。小说包含的爱国主义感情并不能作为小说的主要意图而存在。童庆炳先生将这种阐释模式称为作者改造读者，作者将读者的阐释思路纳入创作思路之中。这类文本常常属于篇幅不大的写实之作，有着十分具体的形象体系与时空架构，叙事不够饱满圆润，读者一旦进入文本之中，解读思路将会受到作者意图与文本解构的制约。如果读者试图从其他角度切入文本，将会遭遇文本的抵制，导致误读的发生。

其次是艺术惯例与文本互证的阐释模式。阐释者在不知晓作者的

---

① 张贤亮：《牧马人的灵与肉》，《文汇报》1982年4月18日。

创作心理、文本的创作背景与作者意图的情况下,就只能通过其他更为间接的方式来阐释文本。英国美学家安妮·谢泼德认为,在一个文本遭遇几种不同阐释的时候,阐释者为了证明某一种阐释的有效性,就需要参照作者意图,而在不知道作者意图的情况下,就需要借助"属于同一种风格的其他艺术作品,由同一位艺术家创作的其他作品,第一批观众的期望……"① 来间接推断作者意图。了解属于同一种风格的艺术作品就是了解与这件艺术作品有关的艺术惯例,考察这件艺术作品对艺术惯例的遵循与突破,衡量该艺术作品的意义与价值。如有研究者在研究弥尔顿的《利西达斯》时,不仅追溯到古典先驱——古希腊摩斯科斯、忒奥克里托斯以及古罗马维吉尔的田园诗传统,而且将它与锡德尼、斯宾塞、莎士比亚开创的英国田园诗传统联系起来考察,以此说明弥尔顿在运用和改造这种传统时表现出来的独创性,加深对作品的欣赏与理解。

考察一位艺术家的其他作品尤其是同一时期的作品,对于认识艺术家某一作品的意图也是有帮助的。莎士比亚研究专家德里克·特拉沃西在《莎士比亚:最后的阶段》中认为,《佩里克利斯》《辛白林》《冬天故事》与《暴风雨》是莎士比亚在1609到1611年间创作的传奇剧,这些传奇故事总是发生在一个幻想的神奇环境中,主人公先遭受苦难然后获得幸福,往往依靠一些偶然因素甚至魔法等超自然的力量化解矛盾,敌对双方互相宽恕,互相和解,最后获得完满的结局。它们在主题和表现手法上具有相通之处,构成了一个严密的艺术统一体,可以彼此说明对方。

"第一批观众的期望"是指与创作者同时代的接受者的期待视野,它对作者的创作行为可能会产生直接影响。姚斯与伊瑟尔的接受美学认为,接受者的期待视野不仅对接受过程产生影响,而且直接作用于作者的创作过程。如莎士比亚不少戏剧中的人物沉溺于由双关语和斗嘴构成的争论中,最典型的就是《第十二夜》中的费斯特与《皆大欢喜》中的塔奇斯通这两个人物。这些场面对于现代观众来说相当枯

---

① [英] 安妮·谢泼德:《美学:艺术哲学引论》,艾彦译,辽宁教育出版社1998年版,第139页。

燥乏味，甚至不可理解。但莎士比亚时代的观众喜欢这些场面，为了迎合观众的喜好，作者在戏剧中设计了双关语和斗嘴的场面。安妮·谢泼德认为，为了真正理解莎士比亚戏剧的这一特征，批评家不得不置身于莎士比亚戏剧第一批观众的位置上，了解他们的社会背景、思维方式、政治态度、宗教态度和艺术趣味，从中抽象出一种期待视野。"第一批观众"并不能等同于具体的观众，而是批评家为了理解作品在各种文献以及当时流行的艺术惯例中概括出来的理想观众。"如果我们把第一批观众的期望考虑在内，那么那些使我们困惑不解的特征——诸如我所提到过的那些存在于莎士比亚的戏剧之中的说双关语的场面——就时常可以得到说明。"① 观众的期望并不是孤立存在的，而是由艺术惯例与时代的艺术趣味塑造而成的，它潜在影响作家的艺术创作行为。

同一种风格的其他艺术作品、同一位艺术家创作的其他作品以及第一批观众的期望都是艺术惯例的具体体现，可以作为作者意图的间接证据，阐释者能够从中建构出一种阐释模式，并将作品纳入这一模式之下，做出顺理成章的阐释。乔纳森·卡勒将这种阐释称为"吸收同化"或"归化"，他说："所谓把某一事物吸收同化，对它进行阐释，其实就是将它纳入由文化造成的结构形态，要实现这一点，一般就是以被某种文化视为自然的话语形式来谈论它。……使一部文本归化，就是让它与某种话语或模式建立关系，而这种话语或模式，从某种意义上说，本身已被认为是自然的和可读的。"② 所谓"结构形态""话语"与"模式"都是指被传统所认可的文学惯例，如文学体裁、文学类型与风格类型，阐释者只有将文本纳入特定的文学惯例之下，才能理解其意义和价值。

再次是寻找象征意义的阐释模式。这种阐释模式所面对的主要是那些具有象征与哲理意味的作品。这类作品虽然有具体的写作背景，

---

① ［英］安妮·谢泼德：《美学：艺术哲学引论》，艾彦译，辽宁教育出版社1998年版，第144—145页。

② ［美］乔纳森·卡勒：《结构主义诗学》，中国社会科学出版社1991年版，第206—208页。

叙事和抒情也有具体的针对性，但运用了象征化与意象化的表达方式，转实成虚，叙事和抒情达到了哲理的高度，读者可以从作品的现象层入手解读其多层面的象征意义。比较典型的案例是对海明威《老人与海》的解读。海明威创作《老人与海》就是为了"描写一个人的忍耐可以达到审美程度；描写人的灵魂的尊严"。童庆炳先生就是从这一角度解读的，他认为："这篇老渔夫捕鱼的故事寓含了深刻的哲学意味。它写出了人的倔强，又写出了人的屈辱。人活着就要奋斗，顽强地奋斗。即使受到屈辱也还要奋斗。人就要这样，明知不可为而为之，这才是真正的人生。"① 这一解读比较接近海明威的原意。乐黛云教授从中解读出了5个不同层面的意义：（1）与穷困挣扎的忧患和痛苦；（2）揭示了宇宙万物之间相互杀戮的残酷关系和生存斗争；（3）勇敢地面对失败，在失败面前百折不挠；（4）"自我求证"的模式；（5）"自我求证"的失败。这种解读远远超越了作者的意图，但都是从作品的叙事层面发现的意义，其中"自我求证"与"自我求证"的失败是作品的象征意义。老渔夫不惜冒着生命危险去深海捕鱼，既是生活所迫，更是为了证明自己是一个合格的渔夫。他千辛万苦捕获的大马林鱼被鲨鱼蚕食得只剩下白森森的骨架，丢弃在海边任凭风吹浪打，竟然被人误认为是鲨鱼的骨架，暗示他"自我证明"的失败。人生活在世上总是在不断地证明自己存在的价值，但由于人与人之间的隔膜，这种自我证明最终都会归于失败。这种解读遵循了由实转虚的阐释路径，阐释者从作品的现象层面入手，概括出隐含在作品内的原型，抽象出作品的象征意蕴。这种意蕴抵达了形而上的高度，是对人生终极问题的把握。

最后是寻找客观意义的阐释模式。读者在阐释过程中，不关注作者的创作意图（即使在知道作者意图的情况下），而是将作品置于其所产生的社会历史环境与文化文学语境中，挖掘隐含在作品之中的客观意义。诚如戈德曼所说，文学作品是一个指向其社会历史环境的意指性结构，由于作者思想认识与思维结构的局限，在创作过程中对自己作品形象体系缺乏深入认识与整体把握，只是将自己的艺术感受与

---

① 童庆炳：《文学活动的审美阐释》，陕西人民出版社1992年版，第248页。

感兴趣的生活呈现出来,其客观意义常常需要批评家来认识和把握。文学批评史上这样的经典案例不少,如杜勃罗留波夫对"奥勃洛摩夫性格"的阐释就堪称典范。杜勃罗留波夫认为:"冈察罗夫才能底最强有力的一面,就在于他善于把握对象底完整形象,善于把这形象加以锻炼,加以雕塑。……所以冈察罗夫在我们的面前,首先就是一个善于把生活现象的完整性表现出来的艺术家。"[①] 冈察罗夫完整地呈现了奥勃洛摩夫这一形象,这一形象的思想意义是巨大的,其意义在于揭示了俄罗斯社会生活中广泛存在且被前代作家所描绘过的"多余人"的生活状态。普希金、莱蒙托夫、屠格涅夫等作家都刻画了不同时代"多余人"的形象,随着俄罗斯社会生活的变化,"多余人"呈现出新的特征。冈察罗夫的贡献就在于完整把握了"多余人"的时代特征,这就是彻头彻尾的懒惰和冷漠,丧失了思考能力与行动能力,对一切事物都缺乏兴趣与热情,标志着贵族阶级生活方式彻底的腐朽和堕落。乃至于冈察罗夫说奥勃洛摩夫是他和杜勃罗留波夫共同创造的,作者创造了这一形象,而批评家创造了形象的意义。这样的典型案例还有戈德曼在《隐蔽的上帝》中对帕斯卡尔与拉辛作品宗教内涵的阐释,揭示了隐含在作品结构中宗教信仰与世俗生活之间的价值冲突。

从以上归纳的四种阐释模式来看,有的阐释模式偏重于作者意图的追溯,有的阐释模式偏重于发掘文本的象征意义与客观意义。这说明文学阐释不能不顾及作者意图,但又不能拘泥于作者意图,那些深刻的文学阐释常常会拨开作者意图的迷雾,将作品置于更为宏大而复杂的背景中,探寻其丰富与深刻的客观意义。回到张江先生所讨论的"意图在不在场"的问题,我们认为张江先生的失误在于他将作者意图看作隐含在文本内的一个固定不变的要素。这个要素贯穿于作者、文本与读者之间,成为维系三者的一条线索。从阐释学的角度看,这个稳定不变的意图并不存在。首先,作者意图在创作过程中会发生变化,有些创作甚至并无明确的创作意图;其次,文本意图不直接等于

---

① [俄]杜勃罗留波夫:《杜勃罗留波夫选集》第1卷,上海译文出版社1983年版,第184—188页。

作者意图，常常会大于作者意图，甚至与作者意图发生分裂；再次，读者在文本中把握的意图也不等于文本意图，而是对文本意图的阐释。因此，意图不是一个稳定不变的要素，而是一个流变的过程。如果文本阐释的目的仅仅是还原作者意图，不考虑文本特殊的话语机制和读者的阐释活动，就可能会使文本阐释流于简单化。

第二部分

阐释的前置模式

阐释模式的统一性问题
——致朱立元、王宁、周宪先生[*]

张 江[**]

各位先生：

大家之前对"前见"和"立场"的定义及区别问题提出了许多有见解的建议，对丰富和修正强制阐释的表述具有很重要的意义。在我看来，这一对概念，应该是阐释学中的重要概念，不能回避。但在传统的阐释学理论中，前见是被认可的，立场则很少提及。特别是像朱立元先生指出的那样，因为立场这个词的特殊意义，如果用作阐释学的基本概念，可能会引起诸多歧义，因此，还是要进一步讨论和研究。但是，因为这个概念本身内涵丰富，不是一下就能研究清楚的。那就先放下，找机会展开更广泛的讨论。今天，我们回到强制阐释论文本，解析另一个重要问题：文学阐释的前置模式。我认为，前置模式包含了一个更广阔的文学原点问题，即对文本和文学的阐释，有没有一个或几个基本模式存在，试图建立一个包打天下的基本模式是不是可能。强制阐释的一个基本追求和方法就是统一模式的构建和应用。这个问题也是与前置立场紧密联系的，以前置立场强制阐释文本，其主要方式之一，就是前置模式。前置模式是实现前置立场的主要方法。因此，有必要专门讨论

---

[*] 关于强制阐释论的前五组文章依次发表于《文艺研究》2015年第1期、《探索与争鸣》2015年第1期、《清华大学学报》（哲学社会科学版）2015年第2期、《学术研究》2015年第4期、《学术月刊》2015年第5期，本文原刊于《社会科学战线》2015年第6期。

[**] 作者单位：中国社会科学院。

第二部分　阐释的前置模式

一下。①

什么是前置模式？我曾概括为："批评者用预先选取的确定模板和式样框定文本，作出符合目的的批评。"② 更确切地表达，模式是一种固化的技术方式，以确定的规则和操作方法，直接用于文本阐释，得出与模式创造者企图一致的结论。最突出的如格雷马斯的矩阵、普洛普民间故事的 31 个功能、斯特劳斯的神话要素图阵，等等。模式不同于立场，立场是思想和理论的确定选择，而模式是表达和实现立场的具体方法。从形而上的意义上说，立场高于模式。模式和立场可以是一致的，也可以是分离的，甚至相悖。模式和方法有相似的一面，都是认识和解决问题的办法，但在哲学意义上，方法高于模式，方法重于规律，是灵活而可变的，模式更重于技术，常为机械的固定的形态，更近于工学上的"模型"。理论可以降解为方法，但不应再低为模式。女权主义作为一种理论，可以视为方法，如果作为模式，还需要总结概括为具体的技术，能够大范围地应用于具体的文本阐释。说明这一点，对认识西方文论中的许多特殊现象具有很重要的意义。举例说，结构主义可以作为一种立场，表述为"关于世界的一种思维方式"，用这种方式认识世界，它坚持的是"事物的真正本质不在于事物本身，而在于我们在各种事物之间的构造，然后又在它们之间感觉还能坚持那种关系"，③ 这已经是对世界的一般看法，已类似于世界是物质的概括。小一点立场或者说理论目的，比如寻求批评的恒定模式，企图用相对稳定的模式来把握文学，以实现对文学的普遍性和一般性操控。在这个立场支配下，各种各样的具体模式应运而生，通过这些具体模式来实现基本立场。比如，法国批评家克劳德·勃瑞蒙同俄国的普洛普一样，其立场都是结构主义的，在前者看来，普洛普以结构思维研究童话，其立场是正确的，但模式并不完美，于是，他另外提出一种"三合一体"的结构假设，即任何小说都可以

---

① 《强制阐释争鸣集》（6 卷）收录了张江教授与朱立元、王宁、周宪等教授关于"强制阐释"相关内容的多轮讨论，为了在思辨与对话中全面呈现相关问题的研究语境与观点，保留了原文的书信形式。——编者注
② 张江：《强制阐释论》，《文学评论》2014 年第 6 期。
③ ［英］霍克斯：《结构主义和符号学》，瞿铁鹏译，上海译文出版社 1987 年版，第 8 页。

被概括描述成一种原子系列三阶段纵横交错的"三合一体"模式。①这可以非常典型地说明立场与模式的不同,模式如何为立场服务。立场与模式完全相反也是经常见到的现象。尤其是20世纪以来的一些流派和学说,自己创造的模式相悖于自己的立场,自相矛盾而难自圆其说,就是在一些堪称大师的著作里也是可以看到的。米勒就是一例。从解构主义的立场说,米勒不承认有一种系统完整的批评方法,可以为一般的文学批评提供具有普遍意义的指导。长期以来,他的著作都是立足于文本解读,以深入解读见长。但是,令我们困惑的是,他的解读和阐释,其目的却是要找到一个系统的、具有规律性意义的普遍方法。他撰写名著《小说与重复》,用他自己的话说,就是要"设计一整套方法,有效地观察文学语言的奇妙之处,并力图加以阐释说明"②。

他对"重复"理论的意义估价和期望是很高的,相信"重复"这个范畴具有普遍意义,他号称:"任何一部小说都是重复现象的复合组织,都是重复中的重复,或者是与其他重复形式形成链形联系的重复的复合组织。"③他认定"对作为例证的小说的解读方式,对分析同一作家的其他小说,或是同一时期其他作家的其他小说,甚至是不同时代、不同国家的众多的作家","重复"一定是不断出现的技巧和方法,可以做规律性的概括和总结。他设问:"我的解读能成为样板吗?"④让人们明白无误地感受他的雄心和自信。可以肯定地讲,在骨子里,米勒认定在文学创作和文学批评中,是有一般规律存在的,核心是要我们去发现。文学理论和批评的任务就是找到和揭示这些规律。作为一位从新批评传统蜕变而来的解构主义大家,他的文本解读实践、他的理论追求和某种程度上的成功,已经证明了这一点。"重复"的理论创造就是范例、样板。问题应该是很尖锐了。解构主义直接反对的就是"本质主义",或称"逻各斯中心主义"。瓦解这

---

① 朱立元:《当代西方文艺理论》,华东师范大学出版社2005年版,第232页。
② [美] J. 希利斯·米勒:《小说与重复》,王宏图译,天津人民出版社2008年版,第23页。
③ 同上书,第3页。
④ 同上书,第5页。

第二部分　阐释的前置模式

个主义是解构主义的根本出发点。米勒自己就说："阐释预设所用的'逻各斯中心主义'应该彻底摒除。"① 他主张"文学的特征和他的奇妙之处在于，每部作品所具有的震撼读者心灵的魅力（只要他对此有着心理上的准备），这些都意味着文学能连续不断地打破批评家套在它头上的种种程式和理论"②。但是，就是这位米勒，一心要建立一个以重复论为核心的批评体系，并用这个方法去阐释一切小说文本，这个取向彻底偏离了解构主义无中心、无意义的根本立场，当然也是理论批评方法上的"逻各斯中心主义"。他难道不担心"文学能连续不断地打破批评家套在它头上的种种程式和理论"，从而也打破他所谓"重复"的模式？尽管他期望自己的"重复"模式能够成为"样板"。在我看来，米勒的实践很好地说明了立场与模式的区别，立场与模式的相悖，给前置模式的定位以最好的佐证。前置模式作为主观预设的一个独立过程，其性质和作用必须定义和考察清楚。同时，在阐释学的意义上，它也应该有概念独立的必要。

我认为，西方文论的科学主义转向，一个很深刻的理论动因就是，要像精准的自然科学那样，找到一个或有限几个一般的普适模式用作阐释文学和文本的基本方法，用这个方法可以阐释天下一切文本，甚至包括可以视作文本的实践活动。毫无疑问，这肯定要被批作"本质主义"，或者说是"决定论"的追求。人类对自然现象的认识是需要确定性方法的。牛顿给出的力学公式既适用于树上落下的苹果，也适用于围绕恒星运转的行星。没有牛顿力学，经典物理学将不复存在。把握全部物质运动的基本规律，用一整套精准而有效的公式去证明它，是人类认识世界的基本方式。就认识的目的和方法说，这是值得一切学科借鉴的。20世纪80年代，詹姆逊在北京大学讲学，用矩阵方法分析《聊斋》中的《鸲鹆》，得出一个政治性的结论，这个例子影响很大。国内出版的多种教材都有引用。对此，我是持怀疑

---

① ［美］J. 希利斯·米勒：《传统与差异》，转引自朱立元《当代西方文艺理论》，华东师范大学出版社2005年版，第318页。
② ［美］J. 希利斯·米勒：《小说与重复》，王宏图译，天津人民出版社2008年版，第5页。

态度的。我坚定地认为,用一种或几种僵死的模式,来阐释甚至是规范文学是不可能的。特别是精确的数学物理方法,用于文学和文本的阐释,一定会沦为机械死板的套用和毫无趣味的枯索。文学是人的主观创造,不是现象的客观描写。创造者在文本进行中,瞬间的冲动和怀想将改变文本中各项要素的命运。而这个命运,大的方向说确有历史的必然性在作用,但更多、更核心的是要素个体的偶然性表达。文本的艺术形式也是难以确定的。创造的因素、模仿的因素、非理性的因素都会以不同的方式发生作用。预测是不可能的。不要说阐释者,就是作者本人都难以规定文本的结果,包括文本诸要素,比如某人物的最后结果。文本的创造不可重复。如果可以重复,就无所谓创造,文学就失去生命。这当然决定了文学阐释的命运。没有重复的写作,有没有可能找到重复的阐释方法?显然很难。前置模式,本质上是固定模式,是在阐释前就固定下来,可以对所有文本重复使用的模式。这种固定模式能够对所有文本,甚至对历史留存的文本做全方位的阐释,实在令人怀疑。各位解构主义大师反复告诉我们,打破固定模式,消解一切规范和约束,是解构主义的坚定目标。但是,这绝非由解构主义肇始。远的不说,19世纪的雨果就曾振臂疾呼:"我们要粉碎各种理论、诗学和体系。我们要剥下粉饰艺术的门面的旧石膏。什么规则,什么典范,都是不存在的。"① 克罗齐对文学史采取排斥的态度,不认为通过文学史的研究能够找到文学发展的连续性,找到规律、典范。他认为"文学史的存在,仅仅是因为学人和学者的需要博古通今"而已,"人人都可以随心所欲,梳理一番"。② 然而,一百多年以后,各种各样的主义,包括解构主义,却打着自己的旗号,努力地创造固定模式,并将这些模式前置,用以阐释文本。女权主义用女权模式解构历史,重写符合女权立场的文学;弗洛伊德用俄狄浦斯情结涂改天下文本,制造精神分析的巨大惯性;原型批评用春夏秋冬的轮转规范历史进程,一统从古至今的文学形态。如此等等,各种主

---

① [法]雨果:《雨果论文学》,柳鸣九译,上海译文出版社1980年版,第58—59页。
② [美]韦勒克:《近代文学批评史》第8卷,杨自伍译,上海译文出版社2009年版,第339页。

第二部分 阐释的前置模式

义、各种"潜在"模式充分表明了所谓打碎规则、离经叛道的虚伪。"只要你告诉我你的理论是什么,我便可以提前告诉你关于任何文学作品你会说些什么,尤其是那些你还没读过的作品"①,真是一语中的。一种文学理论转换成相应的操作模式,把这个模式放置于阐释之前,活生生的文学和文本,被疯狂挤压为同一的产品,作家的想象力和创造力被扭曲为阐释者的抽象意志,如此理论哪里还有理论的本来意义?

有一个问题我一直疑惑不解。如果说寻找理论的普适模式是以往理论——从远古时期就已开始——的共同冲动,而至当代,特别是解构主义或后现代主义的兴起,要冲破以至打碎模式束缚的浪潮汹涌,但是,无论怎样挣扎却很难摆脱。对一些人而言,任其理论上如何坚定,但结果还是难逃宿命,走上了模式之路。刚才说到雨果的生猛,要打碎一切规范和体系,而实则是想建立浪漫主义的规范和体系,且余响至今。解构主义的生猛远胜于浪漫主义,罗兰·巴尔特清算自己的愚蠢:妄图从一粒蚕豆里见出一个国家,在单一的结构里见出全世界的作品,"从每个故事里抽出它的模型,然后从这些模型里得出一个宏大的叙事结构"②。然而,他不是也在制造解构的体系以至思维方式,由此打造自己更宏大的体系和模式吗?这话用来批评米勒似乎一语中的,米勒不就是从每个故事里抽出它的模型,并得出一个叫作"重复"的宏大叙事结构吗?特别是在具体的文本阐释过程中,在实践自己的规范和方法的时候,那更是破绽百出,时时落入制造规范、践行规范、企图用规范统领天下的窠臼,立场与模式呈现了尖锐冲突,这难道是偶然的吗?我们是不是可以讨论,探索和寻求文学生成和演变一般规律的合理性和可能性?能不能创造一种模式,这种模式是普适的,对任何一种理论和任何一个文本的阐释都将有效?这样的企图是否正当,是否能够实现?这要回到本质主义的问题了。在今天

---

① Frank Lentricchia, "Last Will and Testament of an Ex-Literary Critic", in Alexander Star ed., *Quick Studies: The Best of Lingua Franca*, New York: Farrar, Strans and Giroux, 2002, p. 31.

② Roland Barthers: *S/Z*, translated by Richard Miller, New York: Hill and Wang, 1974, p. 12.

的文论界，本质主义不仅早已过时，甚至有些臭不可闻了。从柏拉图开始的对事物的本质追索似乎已被20世纪的前卫思潮打得粉碎。然而，我坚定地认为，对本质主义的完全否定，其结论做的还是太早。我从来都赞成，对人类理性的意义要认真评估，对必然与偶然、现象与本质、连续与断裂、决定论与非决定论的认识，也要依据现代科学和社会文化的发展而不断调整。但是，理性的根本作用是无法否定的。没有理性的进步，人类没有今天。对事物的本质认识，对现象背后底蕴的探究，对事物发展的未来预测，是一切理性行为的根本指向。曾经风起云涌的非理性思潮和学说，本身就是理性的张扬。没有理性，非理性如何被发现和表达？西方哲学和文艺理论的各种主义，反理性、反传统，自有它们的道理，但如果说某种什么具体的理论能够彻底反掉理论本身的存在和发展，反掉理论的必要与合理，似乎没有出路。国内学界介绍和推崇德里达的解构理论是上风上水，而德里达的没落，众多理论家对他的批评却难见张扬，这本身就是不完全的，就是一种误导。回到关于前置模式的讨论上来，对生动活泼、变幻无穷的文学实践而言，固化的模式无法承担阐释的责任。但是，据此否定对文学规律的一般性认识，否定对文本的确当性阐释，是非理性的。重要的是，要找到它们之间的限界，合理的本质性认识与僵化的本质主义，具有实践意义的规律总结与主观臆造的生硬模式，其区别和调整，正是当代文艺理论应该开拓的方向。不知各位先生赞同否？

　　春天已到，万物复兴。我相信，各位先生辛勤耕耘的当代文论也会和春天一道生气勃勃。

略谈文学批评中理论模式的两重性*

朱立元**

张江先生：

　　读了您的第六封信《阐释模式的统一性问题》，获益良多。它不仅涉及强制阐释的前置模式问题，还涉及如何正确处理文学批评与文学创作的理解、阐释关系，理论、批评中的本质主义倾向与对本质追寻探讨的关系，理性与非理性的关系等一系列所有文学理论均不可回避的重要问题，并作出了自己明确的回答。下面，我想围绕模式和前置模式问题，谈几点自己的想法，以就教于您和王、周二兄。

　　首先谈谈"模式"概念。与模式一词对应的英文词一为 mode，多指方式方法、文体风格、语气等等，在哲学中指方式、模式、程式；另一为 pattern，除了指图案、花样外，多指模式、形式、样式、模型，如 working patterns（工作模式）。此外，paradigm 指范例、样式，也有模式的含义，但它从范围上来说比 mode 要大很多，比如说，科学和人文研究的"范式"在历史上发生重大转变，就应该用 paradigm，而不是 mode 或者 pattern。托马斯·库恩的名著《科学革命的结构》提出的"范式转向"就是用的 paradigm shift。在我看来，无论是 mode 还是 pattern，译成"模式"，都偏重于方式、方法、形式、样式、程式、模型等含义。所以，您指出，"模式更重于技术，常为机械的固定的形态，更近于工学上的'模型'"；"前置模式是一种固化

---

*　本文原刊于《社会科学战线》2015 年第 6 期。
**　作者单位：复旦大学中文系。

的技术方式,以确定的规则和操作方法,直接用于文本阐释,作出与模式创造者企图一致的结论"。这个概括我很赞同。这里规定"模式"性质的几个关键词——固定固化、技术方式、确定的规则和操作方法——用以确定前置模式的特质,是十分恰当、准确的,进而对于揭露这种批评的强制阐释性质也是非常到位的,完全符合您批判强制阐释的三个"前置"的逻辑理路。您据此对 J. 希利斯·米勒创立"重复"理论,一心要建立一个以重复论为核心模式的批评体系,并用这个模式和方法去阐释一切小说文本的意图和取向,进行了一针见血的批评,指出这种批评模式彻底偏离了其信奉的解构主义无中心、无意义的根本立场,在批评方法上重新陷入了其唯恐躲之而不及的"逻各斯中心主义"。这个批评十分有力,令人信服。

　　不过,我想补充的是,对理论批评模式也应当全面、辩证地看,不应只看到它的消极方面。的确,任何模式必然有它固定固化的方面,而且是主要方面,不然也称不上"模式"了;但是,我认为,还应当看到模式也有非固定、可变化的一面。这种变化在文学批评中主要表现在:一是模式处在形成的过程中;二是某种模式应用于阐释实践、面对新的阐释对象时遇到障碍和困难,模式发明者适当调整模式的不合适方面或因素,使之能有效地应对新的阐释对象。正是由于批评模式有可变性的一面,它才不只有固化、僵化的缺陷,也有合理生成和可成功应用的积极方面。这就是批评模式的两重性。对此,您在论及本质主义问题时实际上有所肯定,但未展开论述。然而,您在文中对普洛普概括出民间故事的 31 个功能、列维－斯特劳斯提出的神话要素图阵、诺斯洛普·弗莱的原型批评用春夏秋冬循环轮转梳理西方文学史等等,均作为强制阐释批评模式的反面例证予以否定,我觉得似有可商榷之处,特提出来向您请教。

　　先看普洛普。1928 年出版的《俄国童话形态学》奠定了普洛普在俄国童话研究、批评界的权威地位。其最大贡献在于突破了以往叙事分析的传统结构,并建立了一套可操作的严谨方法,开了叙事学科学研究的新思路。就是说,普洛普的童话"功能"模式理论是从俄国文论现实状况出发,针对当时童话研究界的弊病或不足而提出来的,有着纠偏补弊的目的。以往大多数俄国学者对童话故事的分析主要是搜集基本的"母题"(即最小单位)并加以分类,如俄国童话中常见的"三兄弟"的母题、"护身符"的母题、"被巫婆俘虏的公主"的母题、"与毒龙搏斗的英雄"的母题等等。这其实也可以算一种批评模式,不妨称之为"母题模式"。普洛普认为按这种"母题模式"进行童话的搜集与分类往往劳而无功,对童话的了解帮助不大,而且常常难以维持其自身的逻辑性,比如有些母题中包含着另一母题,两者界限含混不清;有的母题不是最小单位,还可以再分为若干个小单位;其中每个单位又有变换的可能;等等。在他看来,这种"母题"模式关注的只是呈现在表面的可变项,呈现方式复杂多变,以它为分类对象势必头绪繁杂,使人不得要领。针对传统童话研究这种肤浅、表面的缺陷,普洛普着力透过童话结构中纷繁复杂的可变项,寻找其中的"不变项",普洛普称之为"功能单位"(Function)。他说:"功能单位是人物的行为,行为之成为功能单位,则依赖于其在整个故事发展中所具有的功用(或意义)而定。"① 他认为,只有找到了童话故事可变项背后的不变项——功能单位,才能更加有效地解读形形色色、丰富多样的童话。

需要强调指出的是,普洛普的这种寻找,并不是凭空主观预设若干功能单位,而是从童话批评实践入手,对100多个俄国童话故事文本作细致的经验分析,在此基础上,归纳、提炼出俄国童话的31项"功能单位",它们大多又另有"变化式",可以滚动展开,适应面很宽;普洛普进而总结出一整套解读俄国童话的"公式"以及叙述中的伸缩规则,用这套公式、规则便可以有效解释一切俄国童话,甚至可以依据它们"创造"或者"衍生"出新的童话。这个过程告诉我们,普洛普的俄国童话"功能单位"批评模式,不是主观预设的,而是经过大量批评实践的积累而形成的,是从丰富的童话批评经验中归纳、概括出来的。它在相当长的时间里,在俄国童话这个范围内,是卓有成效的,比以往的童话批评适用面广很多。此书直到1958年才译成英文,20世纪60年代前后仍然在西方引起广泛的关注和讨论,说明它还是有生命力的。所以,我认为对普洛普

---

① [俄]普洛普:《俄国童话形态学》,得克萨斯大学出版社1968年版,第21页。

的"功能单位"批评模式不宜完全当作强制阐释的例证笼统否定。当然,这一批评模式对丰富驳杂的童话文学作品作如此形式化、程式化的抽象概括,不符合文学创作的审美特性与规律,其解释的有效性也只能是有限的,如果被不恰当地无限制套用,极有可能跌入强制阐释的陷阱。

再说列维-斯特劳斯的神话学。同普洛普一样,列维-斯特劳斯的神话学首先也是针对传统神话研究的种种弊端,力图作出自己的变革。他认为,近半个世纪以来,神话研究领域出现一片混乱景象:不少学者专注于对神话的各种版本(传本)的烦琐考证,更多学者则是从不同学科(如社会学、历史学、民俗学、心理学等)角度对神话的产生及内容作某种猜测性的阐释和描述,如有的认为神话是"集体的梦";有的认为神话产生于"审美游戏";有的认为神话构成了图腾崇拜和宗教仪式的基础;有的认为神话是人类用来表达共同的基本感情的方式;还有的认为人们用神话来解释他们当时还无法理解的天文学、气象学等自然现象;如此等等。列维-斯特劳斯则认为以上种种解释都很肤浅、片面,缺乏说服力。为了改变此种混乱、停滞的局面,他在神话研究中引入结构主义语言学的原则,把神话作为一个客观的整体系统对其进行由表及里的结构分析,透过神话复杂多变的历时性表层结构,把握其共时态的深层结构。他还打破地域限制,进行范围广大的田野调查,在掌握大量第一手资料的基础上,对欧美大陆不同种族不同时代的神话系统的结构关系进行多方面的比较研究,力图发现全世界神话传说普遍的结构规律。我们看到,列维-斯特劳斯在《神话学》中依据这一思路对南北美洲印第安人的813个神话传说一一进行了结构主义分析,他认为这些神话看似杂乱无章,但是若将其中的"同态结构片断"加以对照,就能发现所有神话系统中的内在统一性。表面看来,列维-斯特劳斯似乎是先预设这种神话解释模式,后应用这种模式对具体神话进行结构分析。实际恰恰相反,这种结构分析模式是在大量田野调查、收集第一手神话资料的基础上总结、归纳、提炼出来的。如第一卷《生食与熟食》分析了巴西保罗罗及其邻近部落的187个神话。他把这些神话系统按上述原则分解为一个个片段、句子(神话素),然后把各神话系统中相类似的构成要

第二部分　阐释的前置模式

素进行三维的识读比较，最后找出神话全体的"逻辑层次"，即与饮食和感觉有关的双项对立关系词组，如生与熟、新鲜与腐败、湿与干等。这里，结构分析的前提是他经历千辛万苦，花费了巨大功夫，才采集到这些印第安部落的187个神话。他的那个结构分析的模式，其实正是他从大量神话故事的变体中提炼、概括出来的，然后应用于神话的结构分析。又如第四卷《赤身裸体的人》，在更大范围内对南北美洲神话进行结构比较，他以南美一个父子、亲属之间仇杀的神话《鸟巢捣毁者》为例，与北美部落里的一些神话对比，发现两地虽然相距几千公里，但是神话中父子、亲属之间仇杀的核心情节是基本一样的。这种比较、对照能够进行，同样需以熟悉掌握南北美洲许多不同的印第安部落的大量神话文本（传本）为前提，需要从大量经验材料中加以归纳和提升。因此，对列维－斯特劳斯的结构主义神话阐释模式也应当给予实事求是的客观评价，而不宜简单地将它归入强制阐释的范围。不知您同意否？

　　至于诺斯洛普·弗莱的神话原型批评理论，由神话的两个对立的隐喻世界出发，推导出五种原型的意象结构，即启示的意象、魔幻的意象、天真类比的意象、自然与理性类比的意象和经验类比的意象，它们分别对应于古代神话模式、传奇模式和写实（现实主义或自然主义）模式三种原型象征；三个模式中，后两个均为对前一模式的"置换变形"（displacement）。通过这样的梳理，弗莱就把一部西方文学发展史描述为原型象征意象不断置换更替的、有规律的演进过程。弗莱做出这样的梳理，也不是从某种主观预设的前置模式出发强加在西方文学发展的实际进程上，相反，他是从西方文学史上大量有代表性、典型性的作品、文本出发，以西方文学实际演进的历史过程为根据，才做出或者提炼出了其中贯穿着原型象征意象不断置换更替的基本线索和脉络的理论假设，也就是其独特的批评模式。这种理论假设或者模式又反过来成为他观察、理解、阐释文学发展的有效方法。相信您会认同这个看法，因为记得您以前曾经肯定和赞扬过弗莱的原型批评理论，也许您这次只是对弗莱用春夏秋冬循环轮转生硬地梳理西方文学史这一点不赞同吧？其实，春夏秋冬循环发展的文学史理论假设，是弗莱从自然界和生命的循环运动得到启发而引申出来的，同样是在西方文学历史发展的大范围、大数量的实证材料基础上得出的。因此，对解释 20 世纪以前的西方文学史有相当大的有效性，至少可以自成一家。而且，弗莱主要是自己用来梳理、阐释文学史，并没有强加于人，似乎不应该归入强制阐释。不过，在我看来，这种循环论模式，主要是面向过去的，对于解释西方文学发展的未来恐怕未必有效。限于篇幅，此处不再展开。

通过以上三个例子，我想要说明：第一，文学批评的理论模式具有两重性，它存在着走向固化、僵化的倾向，但也有可能在一定时间和范围内发挥有效指导批评实践的积极作用。我们需要具体分析，不应一概否定。第二，普洛普、斯特劳斯、弗莱等人的批评模式都是在批判、纠正当时批评界肤浅、低水平的弊病的背景下形成和建构起来的，有其特定的理论背景和一定的合理性，对引领相关领域的文学批评实践起过实实在在的积极作用，不宜完全否定。第三，文学批评形成某种模式，哪怕是前置模式，未必都是坏事，不一定都会走向强制阐释，关键在于万万不可把某一种批评模式固化、僵化成教条，变成一种只为证明某种先定结论服务的工具。第四，上述三位批评家的批评模式都建立在文学发展的历史和现实的基础上，有着大量文学批评实践的经验性根基；而后又反过来在一定范围内比较有效地指导过批评实践，符合从实践中来、到实践中去的认识路线，因此，我认为不属于先验的主观预设模式。当代西方文论中真正主观预设模式的较多出现，应该是在 20 世纪 60 年代之后，特别是近 30 多年来某些批评流派和批评家。

最后，我对您文中引申出的关于文学批评如何正确对待本质主义的辩证看法，深表赞同。您一方面强调文学是人的主观创造，作家瞬间的冲动和非理性的因素在创作中会以不同的方式发生作用，预测是不可能的，哪怕作者本人都难以规定文本的诸要素，如某人物的最后结果。您说的这种情况在文学史上比比皆是。如巴金的《秋》里淑贞的命运就是作者预先未料到的："我开始写《秋》的时候，我并没有想到淑贞会投井自杀，我倒想让她在 15 岁就嫁出去，这倒是更可能办到的事。但我越往下写，淑贞的路越窄，写到第三十九章（新版第四十二章），淑贞向花园跑去，我才想到了那口井，才想到淑贞要投井自杀，好像这是很自然的事情。"① 又如托尔斯泰写《安娜·卡列尼娜》，原本安排安娜开枪自杀，但是写到结尾时，作者却情不自禁、不由自主地任由安娜以卧轨的方式结束了自己的生命，这是他始料未及的。批评家如果硬将前置的理论操作模式强加在这些充满生命力的作品文本之上，那么，"活生生的文学和文本，被疯狂挤压为同一的产品，作家的想象力和创造力被扭曲为阐释者的抽象意志"，这种强制阐释确实是不可容忍的。另一方面，您旗帜鲜明地表明："我坚定地认为，对本质主义的完全否定，其结论做的还是太早"，您反复强调了批判固化的前置模式是绝对必要的，但同时指出，"据此否定对文学规律一般性认识，否定对文本的确当性阐释，是非理性的"。这一观点，精当又精辟，我完全赞成。我的理解是，上述那种来自文学创作和批评实践的、贴近文学的特质和审美经验的批评模式，只要不人为地固化、僵化，不仅不应该轻易否定，还应当尝试灵活地应用于批评实践中，并根据批评、阐释对象的变化不断调整、改进批评模式，使之保持必要的弹性和张力。

我尤其欣赏您提出的区分"合理的本质性认识与僵化的本质主义，具有实践意义的规律总结与主观臆造的生硬模式"的主张，我认为，这是极为重要的。而要正确地作出这种区分，关键是"要找到它们之间的限界"，这一点更加重要，也就是要在它们两者之间把握适当的"度"，不能一反本质主义，就连合理的本质性认识也反掉了；也不能一批判主观臆造的生硬模式，就将具有实践意义的规律总结一起批倒了。这个"度"的把握，只能在文学批评的实践中加以摸索、探寻。

---

① 巴金：《谈〈秋〉》，载《巴金论创作》，上海文艺出版社1983年版，第242页。

文学批评的模式与创造性应用

王 宁[**]

张江先生：

　　上次的通信着重讨论了阐释学中的前见和立场等问题，颇有形而上的味道，但是通过我们这番深入细致的讨论，该弄清楚的问题已基本弄清楚了，看来这样集中讨论一个问题确实是颇有成效的。现在您建议我们再回到强制阐释现象的讨论，我完全同意，因为这方面的问题实在太多了，我们越是深入到问题的本质去讨论，就越能发现新的问题。我细读了您这次的来信，发现您的中心概念已转到文学阐释的前置模式，但仍与我们前几次讨论的问题密切相关。在您看来，前置模式包含了一个更广阔的文学原点问题，即对文学文本的阐释，您甚至探讨了这样一个问题：有没有一个或几个基本模式存在可供人们用来阐释文学作品，以及试图建立一个包打天下的基本模式是不是有可能？我想这个问题十分复杂，正如您已经认识到的，即使是那些试图解构既定模式的西方文论大家也难以摆脱创造模式的陷阱，而一旦创立了一种模式，就很可能在被推广时暴露出漏洞，特别是当一种理论模式在西方的语境下用来阐释文学作品可能还有某种普遍的有效性，但若经过翻译的中介，被中国批评家用于阐释中国文学作品就难免不暴露出其不完善性。当年德里达在试图解构结构主义的整体意识和中心意识时，也被人认为是在建立一种新的批评范式，即对一切假想的中心和既定的模式持一种怀

---

[*] 本文原刊于《社会科学战线》2015年第6期。
[**] 作者单位：上海交通大学人文艺术研究院。

第二部分　阐释的前置模式

疑的眼光并予以摧毁，这样也就陷入了相对主义的陷阱。这种具有悖论意味的现象足以对我们提出警醒。

我现在回到强制阐释的问题。您在信中认为，强制阐释的一个基本追求和方法就是统一模式的构建和应用，这也许是许多试图有所作为的文论大家都不可避免的，甚至以批判和解构各种整体和中心意识为己任的解构主义批评家也难以幸免。这些理论大家之所以消解旧的理论（模式），在很大程度上是为了让别人用他们新建构的理论（模式）去阐释文学作品。这也正是为什么德里达对于自己的解构主义理论在美国学界的应用和变形予以认可的一个原因。因为确实，经过美国几位批评家的进一步阐释和创造性应用，他的理论至少具有了相对的普适性，因而也成为一种新的模式。您对米勒不能自圆其说的批评我尽管不完全同意，但也认为还是有一定道理的，我在后面还要稍作详细的讨论。在这里我要强调的是，尽管我们说，当代文学理论批评已经进入一个"后理论时代"，在这样一个时代，能够长期主宰批评家的理论想象和批评话语的理论已不复存在，文学理论批评进入了一个真正"多元共生"和"众声喧哗"的时代，但是不可否认的是，仍有一些批评理论占据大多数批评家的批评想象和理论话语，并被他们当作一种既定的方法或模式加以实践。而不同的批评家反复甚至重复地使用这些批评话语和范式，就有可能形成一种新的具有相对普适意义的模式。您在今天重提模式这个老话题，不禁使我想起20世纪80年代初在国内曾风行一时的关于文学批评五种模式的讨论。根据该文作者魏伯·司各特的看法，在当代英美文学批评中，存在着这样五种常见的批评模式：（1）道德批评模式：文学与道德观念；（2）心理批评模式：文学与心理学理论；（3）社会批评模式：文学与社会观念；（4）形式主义批评：文学与美学结构；（5）原型批评：用神话的眼光看文学。[①] 在当时各种西方现代和后现代文学理论纷至沓来的情形下，以模式来划分西方文学理论和批评的现状确实比较简明概括，也容易使人把握，因此对于我们这些在当时初入学界的青年理论

[①] 参见［美］魏伯·司各特《当代英美文艺批评的五种模式》，蓝仁哲译，《文艺理论研究》1982年第3期。

工作者和批评家确实颇为新颖，因为在那之前我们只知道或只能用社会—历史的方法或模式去分析和阐释文学作品，再就是稍加一些美学分析，并未真正深入到作品的形式层面去分析和阐释。同时这五种模式的引进也令其他从事文学研究的学者耳目一新。例如，原型批评的模式就颇受古代文学研究者的欢迎，而心理批评的模式则在从事现代文学研究的学者和批评家那里颇有市场。我想后来兴起的关于文学批评方法论的讨论在某种程度上也受之激发。

您在信中提出了您对模式的看法：模式是一种固化的技术方式，以确定的规则和操作方法，直接用于文本阐释，作出与模式创造者企图一致的结论。您还举证了西方一些文学理论家所使用的模式之利弊，对此我也同意。您甚至通过对模式与方法的比较，进一步推论模式和方法有相似的一面：这二者都是认识和解决问题的办法，但在哲学意义上，方法高于模式，方法重于规律，是灵活而可变的，模式更重于技术，常为机械的固定的形态，更近于工学上的"模型"。我也基本同意，但我想指出的是，在上面提及的司各特的文章中所提及的那五种模式，实际上在某种意义上也是五种不同的批评方法，因为它们已经分别融入了方法的成分，只是上述不同的模式中方法论的成分不尽相同。对于这一点，我想先略加阐述。

首先，道德批评模式在今天已经演变为文学批评中常用的伦理学批评，它作为一种批评的视角和方法，为不同的批评家所使用，因此其方法的特征并不亚于模式。比如，我在一篇讨论生态批评在中国的实践的文章中，就提出一种"生态环境伦理学"的批评理论建构，我的目的并非是要别人依循我的批评方法（模式），而是试图从生态环境伦理学的视角去研究一些描写人与自然之关系的作品，从而呼吁人们关爱自然界的一草一木和其他物种。① 聂珍钊最近几年更是在国内鼓吹文学批评伦理学，并在自己的自选论文集中公开打出这一旗号，②

---

① 参见王宁《生态批评与文学的生态环境伦理学建构》，《上海交通大学学报》（哲学社会科学版）2009 年第 3 期。

② 参见聂珍钊《文学伦理学批评及其它：聂珍钊自选集》，华中师范大学出版社 2012 年版。

第二部分 阐释的前置模式

我想他的目的也不是要建立一种模式,而是试图使之更具有方法论的意义。第二种模式,即心理批评模式则更是在精神分析批评学派那里被发挥到了极致,批评家从精神分析学的理论视角出发,可以在文学文本中发现许多具有性意味的象征物,而有些注重作者无意识作用的批评家则试图对作者本人也进行精神分析。显然,这种方法(模式)在不同的批评家那里得到应用的情况不尽相同:在传统的弗洛伊德学派那里更强调作者无意识,而在拉康的结构主义和后结构主义学派那里则更注重文本无意识。因此很难说它只是在技术的层面上显示其功能,倒是更具有方法论的示范和指导意义。第三种模式,即社会批评倒是被过去传统的庸俗社会学批评家使用过滥而普遍遭到人们的诟病,但一些批评家在其中加上一些历史的和美学的成分,便使之演变成社会—历史和审美批评,这样它就不完全只是一种模式了。第四种模式,也即形式主义批评由于过于强调作品的语言形式特征而忽视它的其他方面,最终沦为一种刻板的模式。但即使如此,俄国形式主义和英美新批评对形式的关注也有很大的差别:形式主义者试图建立一种近乎工具性的文学"科学",而新批评则更强调文本本身的内在肌质和审美张力,方法的因素显然多于模式的因素。而到了结构主义那里则又回到了强调"科学"的基点,并注重不同作品之间的关系。第五种原型批评则同时具有模式和方法的特征,它显然在弗莱那里更具有模式的特征,但它的长处恰在于融神话学和原始意象(原型)为一体,从远古神话那里寻觅文学的源头,也有一些方法论的成分。由此可见,模式与方法也不是全然对立的,具有生命力的模式可以在批评家的实践中发展演变为一种有效的方法,而刻板的模式则有可能被批评家在实践中摈弃,这已经被当今的批评实践所证明。

您在信中不无正确地提到模式与立场的问题以及这二者的不同,您还举例说明立场与模式的不同,以及模式如何为立场服务。因此您得出结论,立场与模式完全相反也是经常见到的现象。这一点我也有同感。当批评家从事批评活动时,他所依据的位置和出发点常常被认为是他的批评立场,因此立场往往带有鲜明的个人色彩。而模式则不同,模式是别人制定的,批评家的任务就是利用现有的模式去套用文学作品,因此往往他会遵循与那种模式相辅相成的原则。

但是我们都知道，能够制定某种模式并为人效法的人必定是一些理论大家，他们必定在文学理论或其他相关学科有很深的造诣，否则他们建立的模式怎么会得到别人的认可甚至效法呢？我们常说"人微言轻"，但"人伟"则"言重"了。这些理论大家之所以能制定某个批评模式让别人去依循，在很大程度上体现了他们的权威性和批评实践经验。因此来自实践的这些模式在运用于批评活动时在大多数情况下应该是有效的，但是它所导致的一个缺陷就是容易陷入强制阐释的境地，尤其是当那些鲜活的、独具个性的文学作品与批评家所依循的模式发生抵牾时，批评家便面临两种选择：要么忠实地使用既定的模式对文学作品作强制性阐释，要么出于批评的良知和依循文学创作和理论批评的客观规律而对模式加以修正。而在大多数批评家那里，采取后者的是少数，大多数人宁愿牺牲作品而去服从模式。

就我本人而言，我在一开始从事文学批评时所依循的是前者。但随着我对各种批评理论掌握得越多和越娴熟，对某个特定模式的依赖就越少，在批评活动中若发现那种模式不完全适合批评阐释的实践，我就会大胆地对之加以改造，最后可能获得两方面的成效：既能用一种理论有效地阐释作品，同时又能在批评活动中与这种理论对话，最后达到对这种理论模式进行改造甚至重构的目的。我认为，优秀的批评家不应该只是某种理论或批评模式的奴仆，而应该从对文学现象的考察出发对那种理论或模式进行改造甚至重构。特别是在当今时代，当前人所取得的巨大成就使我们难以进行全新的建构时，以解构的思维对一些既定的理论模式进行质疑乃至重构仍不失为一种理论创新意识。因此当我在批评实践中发现自己所依循的模式与文学作品的阐释发生矛盾时，我有时也对那种模式进行修正，或者与提出模式的理论家进行对话。我发现您也有这种倾向，我在读了您的一些论文后，也逐步发现，您的方法比较接近解构的思维模式也即在细读中发现问题（中心意识），然后利用理论逻辑的力量对之质疑和解构，在这一解构的过程中提出您自己的建构。不知我这种看法是否正确？

您在解构了一些西方文论大家试图创立模式的企图后，自己倒

第二部分 阐释的前置模式

陷入了一个难以自拔的陷阱,您提出了这样一个问题:能不能创造一种模式,这种模式是具有普适性的,将对任何一种理论和任何一个文本的阐释都有效,这样的企图是否正当,是否能够实现?这好像与您前面作出的对既有模式进行消解的尝试相矛盾,幸亏您自己也认识到,这要回到本质主义的问题了。我的看法是,只要能建构一种供别人效法和批评的模式,哪怕是走向极端也是值得的,至少比那些平庸的理论家更令人钦佩。

最后我想讨论一下您对米勒的评论。确实,您对米勒的批评令人印象深刻,如果通过翻译的中介完全可以形成与他的对话。您不无正确地指出,米勒认定在文学创作和文学批评中,是有一般规律存在的,核心是要我们去发现。文学理论和批评的任务就是找到和揭示这些规律。因此您认为,解构主义直接反对的就是"本质主义",或称"逻各斯中心主义"。瓦解这个主义是解构主义的根本出发点。这是米勒早期沉溺于解构主义时的看法。后来他已经不断地修正自己的批评实践,并在实践中与时俱进,因此他始终处于美国的文学研究和理论批评的前沿。您还以米勒的《小说与重复》中对重复方法的强调来说明他不能对自己的理论自圆其说,这一点我并不完全苟同。因为在我看来,这并不是米勒批评理论的全部。作为一位成绩斐然的文学理论批评家,米勒在20世纪60年代曾受到现象学批评"日内瓦"学派的影响,写下了不少这方面的批评文字,其中不少至今仍为学术同行所引用和参照。但他决不满足于一种批评方法或模式,而是不断地与时俱进。自20世纪70年代以来,他发表了一系列评论小说的文章,开始尝试用解构主义的方法于批评实践,取得了一些不同凡响的成果。他的解构批评思想主要体现在他的批评实践中,或者更确切地说,主要体现在他对具体的小说文本的阅读和研究中。您信中提到的《小说与重复》(1982)应该算是他批评生涯中期的一部代表性著作,这本书是他十多年来致力于解构主义小说学研究的一部力著。这部著作表明米勒的研究领域和兴趣主要在小说上,但他也有着自己独特的审美理想。例如,他曾在一篇论文中指出"伟大的文学作品往往是走在批评家前面的。它们已经存在了。它们明确地预示了任何批评家都可达到的解构之程度。一位批评家也许可以作出极大的努力,并且在作家本人的必不可少的帮助下，使自己达到乔叟、斯宾塞、莎士比亚、弥尔顿、华兹华斯、乔治·艾略特、斯蒂文斯甚至威廉斯已经达到的那种语言的复杂性层面。然而，他们却已经达到那个层次了，因此，他们的作品就必然以这种方式在神秘的阅读面前开放"[①]。那么，批评家的任务是什么呢？他接着指出，批评家的任务就是"对已经在各自不同的情况下由文本自身所表现出的一种解构行为作出认同"[②]。由此可见，米勒立志要成为解构主义在美国的实践者，与德里达所不同的是，他并不想提出什么理论，而只是想在批评实践中运用某种他觉得可行的理论，这种理论一开始是现象学，后来逐步转向解构理论，再后来又不断地汲取一些他认为符合他的批评阐释的理论。但通过米勒的批评性中介，这两种批评理论在实践中达到了相得益彰的境地，使之既具有解构的思维，有不乏现象学——阐释学的方法。进入21世纪以来，米勒仍然密切关注文学批评理论的发展和走向，并不时地就一些热点问题，例如全球化问题、比较文学的语言危机问题、世界文学问题等，发表著述。[③] 这时他虽然很少谈论解构，但是解构的思想已经渗透在他的批评著述中。

您在信中还对西方文论的科学主义转向作了分析批判，在您看来，这其中一个很深刻的理论动因就是，要像精准的自然科学那样，找到一个或有限几个一般的普适模式用作阐释文学和文本的基本方法，用这个方法可以阐释天下一切文本，甚至包括可以视作文本的实践活动。这显然是不可能的。我同意您的这一看法，即文学是人的主观创造，不是现象的客观描写，瞬间的冲动和想象将改变文本中各项要素的命运。我对这一点也表示赞同，即对一些人而言，任其理论上如何坚定，但结果还是难逃宿命，最终走上模式之路。我想这也是对我们每个试图有所作为的理论工作者的一种警醒吧。

---

① 转引自 Jonathan Culler, *On Deconstruction: Theory and Criticism after Structuralism*, London: Routledge, 1982, p. 269。

② 同上。

③ 关于米勒近期批评理论的评论，参见 Wang Ning, "Reading Theory Now: An ABC of Good Reading with J. Hillis Miller", *Comparative Literature Studies*, Vol. 50, No. 4, 2013。

解释的有效性与反思性[*]

周 宪[**]

张江先生：

　　读了您最新的一封信，了解到您又形成的一些新想法。在信中，您从一些新的层面讨论了强制阐释的复杂性，涉及许多相关问题，我读后也形成了一些新的看法。清理了一下自己的读后感，我觉得您在这封信中提出了两个主要问题和两个相关问题。两个主要问题是：其一，有无一个模式可以解释一切文学现象？其二，文学有无普遍规律可寻？这两个主要问题又合乎逻辑地派生出另外两个相关问题：其三，理论如何从立场转变为方法并进一步转化为模式？其四，一旦形成了模式又该如何处理？是以不变应万变，还是以变应变？

　　我先从后面两个问题说起。您在信中对理论、立场、方法、模式做了别有新意的区分和辨析，意在表明您对文学研究中刻板的模式化阐释的忧虑。照我看，从理论到立场再到方法然后形成模式，其实是任何一个学者都会经历的研究历程，但要明确地区分这些环节有时是很难的。思想最终都会以理论的形式出现，必然要求具体化为特定的研究方法，而方法的反复运用也即模式的形成。其实，"模式"这个词在西语中并不是一个贬义词，而在汉语里"模式"则有所不同，既有中性的作为研究方法的意义，也有作为标准的甚至刻板的模式化的意思。我读您的信深切感到，您对文学理论研究中模式功能的分析，主要是指后一种意义，也即文学研究中由于强制阐释所形成的刻

---

[*] 本文原刊于《社会科学战线》2015 年第 6 期。
[**] 作者单位：南京大学艺术学院。

板的模式化，或反过来说，由于模式化而形成了强制阐释。这就必然引出了上述第四个问题，一旦方法被"模式化"，理论也就固定不变了。我们知道，文学研究的现象是千变万化的，运用模式究竟是以不变应万变，还是以变来应变，这是两种全然不同的思路。显而易见，您旗帜鲜明地反对以不变应万变，那是一种刻板的将某种方法僵化为解释一切的模式化。模式化的后果不是削足适履，就是生搬硬套，最终必然落入强制阐释的窠臼。我想，这大概就是您对西方文学理论中的强制阐释危机的忧虑所在。

运用模式的关键在于变还是不变，是随着研究对象的变化来调整模式，还是从一而终地以某种僵固模式来解释一切，就成为文学理论研究避免强制阐释的关键所在。您对米勒的批评，指出他把自己关于重复的理论泛化于一切文学作品，实际上是一种值得警惕的模式化。我想，力避模式化的要旨就在于针对不同的对象适时调整和发展现有模式，使模式变得富有弹性，具有可调适的灵活性，以便有针对性地解释特定文学现象。在前面回应您的文章中，我也曾特别提到了皮亚杰的发生认识论关于"同化"与"调节"两种认知的心理机制，亦可用于此处关于刻板模式化和灵活调适两种不同研究路径。模式化以不变应万变，说到底也就是一味同化而缺乏调节；反之，灵活调适的模式也就是根据对象变化来调整研究者的认知格局，这就避免了模式化。

说到这里，就和前面两个问题关联起来了。关于第二个问题，文学有其普遍规律吗？我想您的答案显然是肯定的。如果没有普遍规律，文学理论就没有存在的必要了。韦勒克在谈及文学理论是一种什么样的知识类型时，就特别指出了它不同于文学批评和文学史，文学理论是关于文学一般的原理和价值标准的探究。至于第一个问题，有无一个模式可以解释一切文学现象？我想答案应该是否定的。您在信中所表达的想法也是如此，因为隐含在您信中的一个观点是，一旦把某种理论化为解释一切文学现象的刻板模式，强制阐释就不可避免。接下来的问题是，文学的普遍规律与阐释模式之间存在何种相关性？文学确有普遍规律，但却没有任何一种理论可以穷尽这些规律，这大概就是文学理论所面临的困境，也是它不断焕发青春活力的根源，所以千百年来有志于文学理论研究的人才会前赴后继不断探索。在这个

第二部分 阐释的前置模式

意义上说，文学理论也许应该规定为一个复数概念，即是说存在着各式各样的文学理论，它们都在努力地探究文学的普遍规律。"条条大路通罗马"，也许是对复数文学理论境况的形象说明。每一种理论都意欲探究文学的普遍规律，但任何一种理论都没有唯我一家别无分店的阐释特权，不同理论是从不同视角审视文学普遍规律的不同方面。当然，通向罗马的大路甚至小路是可以比较的，它们长短不一，险易不同。有些理论的视野阔大，有些理论的视野则相对狭隘一些，所以看到的文学普遍规律的图景也迥然异趣。我们大致可以区分出两种不同的理论形态，一种是更倾向于总体性的理论，它着力于解释文学中的重大问题；另一种则是相对局部性的理论，它们探索的是一些相对说来更加具体、更为局部的文学问题。

我读您的信感到，隐含其中的是一个更为关键的问题，那就是文学理论的阐释有效性，而有效性又和文学理论的思维方式密切相关。我以为，这些问题都和强制阐释有着千丝万缕的联系。从学理层面说，强制阐释的根本问题在于其文学阐释失去了有效性，即某种理论或方法或模式不能有针对性地阐释某一文学现象，或者说某种理论或方法或模式超越了它自身的规定性，在阐释特定文学现象时显得牵强附会，隔靴搔痒，这就导致了强制阐释问题的出现。还是以您对米勒关于重复的案例来说，当他把重复看成是所有文学作品中都存在的普遍规律并推而广之时，这一理论就越界了，其阐释的有效性也就不得不打折扣。至此，我们不禁要问，究竟是什么导致一种理论及其方法会越界而包打天下呢？

我以为越界而片面夸大某种理论的阐释范围，其真正的动因乃是一种同一性思维在作祟。这里，我想借用阿多诺对同一性思维的批判来加以陈说。阿多诺认为，所谓的同一性思维，形象地说也就是一把钥匙开万把锁。它是一切集权主义所以产生的重要认知根源，因为受制于这一认识，人们普遍认可只有一种理论是唯一正确的，它还导致了权威主义人格的形成。抵抗同一性思维的最好办法就是寻找别样的思维方式，他称之为辩证思维。阿多诺从本雅明的星丛理论中得到启示，所谓"星丛"在本雅明那里是指理念的特性，它迥异于概念。"理念是永恒的星丛，根据在这个星丛中作为各个点的诸要素，可以对现象进行细部划分,同时恢复其原样;这样,概念为履行其功能而从现象中抽取出来的那些因素就最明显地见诸于各个极端。"① 在本雅明看来,概念是共性的抽象,把现象归类而聚集在一起,而理念则是对现象内部更为细致的区分与辨析。概念关注于事物的共性,而理论则聚焦于其细节差异。如果说概念是趋向同一性的话,那么理念及其星丛则彰显了对差异的关注。比较来说,阿多诺的同一性思维就是本雅明所说的概念式思维,它是用类型抽象来取消事物的丰富性和差异性,是一种肯定性的思维。在阿多诺看来,否定的辩证法所要求的是一种对事物矛盾性的反思,是矛盾地思考矛盾。"辩证法决非简单的现实,因为矛盾性是反思性的范畴,是概念和事物认识上的对立。要辩证地进行就意味着在矛盾中思考,既是为了在事物中曾经验过的矛盾之故,亦是为了反对那种矛盾之故。现实中的矛盾亦即反现实的矛盾。"② 基于辩证思维,阿多诺进一步改造了本雅明的"星丛",把"星丛"界定为是概念无法表述的更多东西,并把"星丛"用作一种有效的认识论武器,借以打碎同一性思维的归类系统,因为"星丛"的特性就是拒绝被刻板归类而同一化。阿多诺坦言:在"星丛"状态中对对象的认识过程也就存在于对象之中,"星丛"恰如一把保险箱的锁,但它不是只有一把钥匙或一个数字,而是有许多钥匙或多种数字组合。③ 由此可见,同一性思维的特性是趋向于一把钥匙开万把锁,以不变应万变;而"星丛"式的辩证思维则抵御抽象归类的同一化,是一把钥匙开一把锁,是以变应变。就文学理论研究而言,同一性思维必然导致强制阐释,而辩证思维才逼促研究者注意特定文学现象的复杂性和差异性,避免模式化的强制阐释。

但是,问题似乎并不这么简单。在具体的文学研究实践中,同一性思维常常是挥之不去的幽灵,这是因为每个文学理论的研究者都会无意识地倾向于放大其理论的解释范围,追求其理论阐释最大限度的

---

① [德] 本雅明:《德国悲剧的起源》,陈永国译,文化艺术出版社 2001 年版,第 7—8 页。

② Theodor W. Adorno, *Negative Dialectic*, London: Routledge, 1973, pp. 144–145.

③ Ibid., p. 163.

第二部分 阐释的前置模式

有效性。导致这一状况的原因是复杂的,既有可能由复杂的研究情境和研究关系决定,也有可能是研究主体的思维习性所致。针对这一情况,布尔迪厄提倡一种反思社会学的研究方法。他认为,研究者经常是把自己和研究对象的关系投射到对象上,因此所研究的对象与其说是事实本身,不如说是他与对象的关系。所以,需要警惕各种"中心主义",他写道:

> 我们一旦观察社会世界,我们就会把偏见引入我们对这个社会世界的认知之中,这是由于这个事实造成的,即为了研究这个社会世界,为了描述它,为了谈论它,我们必须或多或少地从这个社会世界中退出来……一种真正的反思的社会学必须不断地保护自己以抵御认识论中心主义、"科学家的种族中心主义",这种"中心主义"的偏见之所以会形成,是因为分析者把自己放到一个外在于对象的位置上,他是从远处、从高处来考察一切事物的,而且分析者把这种忽略一切、目空一切的观念贯注到了他对客体的感知之中。①

布尔迪厄所指出这些"中心主义",暗中左右着我们的研究。所谓"中心主义"说到底是一种类似于造型艺术中的"单眼透视法",它从一个特定视角去审视世界,它既呈现了事物的一些方面,又遮蔽了另一些方面。在文学理论的思考中,研究者会常常是看到他所要看的东西,这样高度选择性的认知取向难免会遮蔽另一些东西,形成思维和观察的盲区。所以,要避免强制阐释的发生,就需要自觉抵御种种"中心主义",培育敏锐的方法论的反思意识。

从抵制同一性的辩证思维到方法论的反思意识,我想陈述的一个核心想法是,任何理论研究工作者在其实际的理论操演中,都必须时时清醒认识到,其理论、立场、方法和模式如果运用不当,都有可能造成观察文学现象的盲区,在看到了一些事实的同时有可能忽略另一

---

① 包亚明主编:《文化资本与社会炼金术:布尔迪厄访谈录》,包亚明译,上海人民出版社1997年版,第102页。

些事实。因此，避免强制阐释就是要关注所面对的每一个文学文本的具体性和差异性，这样有选择地使用特定理论和方法才有可能。在当下的文学研究中，由于可选的理论资源较多，特别是一些新颖的西方文学理论很有诱惑性，而一些本土研究者又缺乏对外来理论的深入理解，这就很容易造成简单化地用外来理论解释本土文学现象，有意无意地夸大其解释效能，造成强制阐释。我认为，一个具有批判理性的理论工作者，应该具备布尔迪厄所说的抵制各种中心主义的反思能力，努力地调整自己与研究对象的位置，更加清晰和全面地把握研究对象的差异性甚至独一性，进而合理地选择恰当的理论武器。

当然，在如何增强理论研究的反思性方面，也有一些学者提出了一些行之有效的方法。我以为芝加哥学派的一些主张值得一提。布斯就对文学阐释中的一元论抱有戒心，他写道，"批评中的一元论者……一个明显标志是，不管主题是什么，他们都想要么在当下用某种单一方案来解决所有问题，要么展示出某种单一方案（无论在结构上有多么复杂）'原则上'在未来既是理想的，又是可以实现的"①。这与前面所讨论的阿多诺所说的同一性思维如出一辙。在我看来，几乎任何理论都潜藏着不同程度的一元论冲动，即使是那些主张形式主义或审美主义的文学理论也难逃此冲动。② 我注意到，芝加哥学派在哲学和文学理论上提出了一种"阐释多元论"主张，以区别于本质主义和相对主义甚至虚无主义。这一学派的奠基人麦克基恩明确指出，阐释多元论建立在如下信念基础上，在特定文本解释的漫长历史中，必然存有许多不同的解读，一种解读所以重要是因为它提出了其他解读所忽略的东西，所以这一解读就会合理地存在于其他解读鲜有触及的语境中。阐释多元论并不去评判各种解读的优劣高下，而是努力转向更丰富多元的意义、思想、见解、感悟、体会和满足。"批评多元论打开了一个阐释的连续历史通道，它在不断的解读中将会丰富

---

① Wayne Booth, *Critical Understanding: The Power and Limits of Pluralism*, Chicago: University of Chicago Press, 1979, p. 12. Also see Robert Stecker, "ArtInterpretation", *The Journal of Aesthetics and Art Criticism*, Vol. 52, No. 2, Spring, 1994.

② 见周宪《关于解释和过度解释》，《文学评论》2011 年第 4 期。

第二部分 阐释的前置模式

我们对那些尚未确定的作品的意义,丰富无限可能的意义和价值。批评多元论是某种延续和关联的方法,通过这种方法,一个读者从一本书的结构进入了对它的欣赏、分析和批评,进而把它当作诗学中的一个艺术对象。"[1] 麦克基恩之后,布斯进一步细化了阐释多元论的策略。他指出阐释多元论既不皈依一元论也不主张无限多样性,而是在分析文学文本时力避单一模式化的局限。在此基础上,他提出了一个颇有创意也颇为可行的研究策略——有必要同时采用两种模式并行参照的研究路径。在布斯看来,任一模式都有其长短,甲种模式所长也许正好是乙种模式所短,两种模式参照并行的方法可以揭示其单一模式未能揭示的东西。所以他主张:"完全意义上的批评多元论是一种'方法论的视角主义',它不但确信准确性和有效性,而且确信至少对两种批评模式来说具有某种程度的准确性。"[2] 我认为,如果我们要避免落入本质主义和反本质主义、基础主义和相对主义非此即彼的二难选择,尝试布斯的双管齐下方法不啻是一种有效的策略,它至少可以有效地抵制夸大某一理论阐释有效性而包打天下的偏向,并使文学阐释更加丰富多彩。

---

[1] Zahava McKeon and William Swenson, eds., *Selected Writings of Richard McKeon*, Chicago: University of Chicago Press, 2005, Vol.2, p.69.

[2] Wayne Booth, *Critical Understanding: the Powers and Limits of Pluralism*, Chicago: University of Chicago Press, 1979, p.33.

第三部分

阐释的边界

阐释的边界[*]

张 江[**]

按照《强制阐释论》文本的逻辑进度，应该讨论阐释的边界，也就是阐释的约束性问题。我认为，文本阐释的有效性应该约束于一定边界之内，有效边界的规定是评估阐释有效性的重要依据。这在《从强制阐释到本体阐释》的记者采访文本中有过一个大致的表述。其主要倾向是，对确定文本的阐释是有边界约束的，超越边界的阐释是一种界外发挥。这种发挥，既是对文本的强制性阐释，同时也有利于实现文本和文学的多种功能。现在看，这个表述虽然简单，但意思还是清楚的。我并不否定多元阐释的积极意义，只是因为面对后现代主义理论，彻底放弃以至完全消除作者及其意图的主张，突出强调对作者意图和文本自在含义的积极追索。核心要恰当处理这样一些关系：其一，合理的多元阐释不是无限的，它应该有合理的界定；其二，有限意图的追索不是有效阐释的唯一方式，它应该是多元阐释的基本要素，也是多元阐释的方式之一；其三，无论何种阐释，都应该在阐释过程中，努力实现与文本及作者的协商交流，在积极的协商交流中，不断丰富和修正阐释，构建文本的确定意义。如果这些想法是比较合理及周全的，那么接下来的问题就是，对确定的文本而言，合理阐释的边界在哪里？确定边界的主要根据是什么？这是历史上反复讨论的问题，各种相正相反的意见都有道理。可以肯定的是，由于文学自身的诸多特质，清晰的阐释边界无法给定。但是，我们可以提出

---

[*] 本文原刊于《学术界》2015年第9期。
[**] 作者单位：中国社会科学院。

第三部分 阐释的边界

下面几个前提作为引导：

第一，对具体文本的阐释是否有限。反过来说，对一个含意有限的文本付诸无限阐释，是否合理、确当。应该承认，任何由语言编织的文本，其自身含意都是有限的。无论这个文本以什么样的形式出现，有限词语的能指和所指都在有限范围之内。特别是落点于文本的确定作者，他或她的表达，一定是本人有限思想和情感的有限聚集。尽管最后文本可能超出他的本意，但落在纸上的文本自身的能指——同确定词语的能指一样——是有限的。因此，对文本作无限阐释缺乏有效支撑。毫无疑问，阐释是对文本的阐释。对文本的阐释应该以文本为根据。文本的能指是文本阐释的出发点和落脚点。阐释可以对这个或这些能指及其对象做多重解读，并持续发酵下去，实现阐释者的阐释目的。但无论如何，它是有限度的。阐释应该依靠文本，以文本自身的力量生成阐释。这个力量是文本自身能指的力量，是这种能指自身所具有的思想、美学、历史、政治的力量，所谓形式也应该蕴含其中，而不应该由外部强加于文本，由释者强制于文本。我不反对合理的多重阐释，但这种阐释一定有限。不应该也不可能对一个含意有限的文本做无限阐释。所谓"一千个读者有一千个哈姆雷特"，这是对普通读者的阅读感受而言，绝非专业批评家的职业准则。职业批评或者说专业批评，是应该有边界限度的。对此，还可以从两个维度上分析。一个是从文本生产的时间度量上看，具体文本的生成总是在一定时间中逐渐展开的。我们应该在那个时代的背景和语境下阐释文本的意图。超越了那个时间或时代阐释文本，以后来人的理解或感受解读文本，为当下所用，那是一种借题发挥，有明显强制和强加之嫌。韦勒克说，"每个批评家都是处于自己的时代之中著书立说，囿于自己所处的时代"，"我认为我们必须认识到，过于轻易地采取无时间性的概念，则带有危险性"。[①] 一个是从词语本身的意义看，它也是随着时代而变化的，根据阐释的需要随心所欲地定义词语，用旧词语的新所指阐释开去，其合法性就要受到质疑。韦克勒就曾举例，亚里

---

① ［美］韦勒克：《近代文学批评史》第5卷，杨自伍译，上海译文出版社2009年版，第8页。

士多德"所指的'悲剧',与我们所指的悲剧大相径庭,因为他熟悉的只是古希腊的剧本"。① 因此,他的结论是:"我们必须意识到词义的转变,而不要被出现的相同词语或措词所蒙蔽。"我们可以在对华兹华斯著名作品的阐释中找到同样的例证。在《独自云游》(*I Wandered Lonely as a Cloud*, 1804)中,作者用"gay"来表达欢愉、快乐的意蕴。"A poet could not but be gay",本意为"诗人如何不欢愉"。如果我们用"gay"的当代语义来阐释此句,可以相信,也一定可以极为学理和玄妙。但是,正如有学者所指出的那样,"有些词后来获得的词义因为种种原因使得原来的词义不再使用。在当代英语口语中,gay 作为形容词,表示同性恋的(做名词尤指男同性恋者)。可能是由于这个原因,人们现在极少使用 gay 的本意。"② 可以确定,在华兹华斯创作的年代,"gay"根本没有当代同性恋的含义,如果有人硬把它解释为同性恋之意,并极先锋极理论地重新阐释这首诗,进而强加到诗人身上,是不是荒唐可笑?假如华兹华斯还活着,他会赞许后来人的创意,阐释了他自己都没有知觉的含义,甚或深藏于意识之后的无意识表达?我想大概不能。正是在这个意义上,我更赞成福柯的提法,"我们必须完全按照话语发生时的特定环境去把握话语"。③ 根据需要强制于文本,不是不可以,但这是强制阐释。

第二,阐释的当下性与历史本真的关系问题。历史与当下的冲突由来已久。远的不说,就说 2002 年,特伦斯·霍克斯——当下论的代表人物——《当下的莎士比亚》的出版,使各类传统的历史主义面临新的挑战。遵照当下论者的意见,历史上的经典文本总是要被后人不断阐释的。没有后人的阐释,经典不复存在。经典之所以成为经典,也是因为它能够被生出无穷尽的阐释,并倚借这些阐释而实现阐释者的种种政治或学术目的而得以延续。霍克斯重申克罗齐的名言:"一切历史都是当代史",对当下论给予充分说明。对于文本,他强

---

① [美]韦勒克:《近代文学批评史》第 5 卷,杨自伍译,上海译文出版社 2009 年版,第 8 页。
② 钱军:《词的时间和因素》,《当代外语研究》2012 年第 3 期。
③ [法]福柯:《知识考古学》英译本,Tavistock 出版社 1972 年版。

调:"根本不可能真正捕捉和重复过去","不借助关注当下的组织构造力量,就根本不可能接触到过去。""奉行当下论的文学学者就主动寻找历史中的当下因素。"① 犀利表达了当下论者与历史主义的抗衡。按照这个逻辑,霍克斯如何延续莎士比亚的?他阐释《哈姆雷特》的文章《老比尔》,"把该剧视为一部关于监视与调查的戏剧,因为剧中的许多人物要么在监视别人,要么处在别人的监视之下(英国俚语中,'老比尔'是警察的意思)。"伊万·费尔尼对《哈姆雷特》的阐释,以当下论为依据,用今天的恐怖主义威胁去解读剧中许多无缘由的暴力。这些所谓当下的阐释正当吗?就像肖尔瓦特以女权主义立场阐释《哈姆雷特》一样,完全背离文本的主旨,作出令人瞠目的荒唐结论,就会使古老的莎士比亚当代化起来?沿着这个方向继续发挥下去,有了最近的斯诺登事件,有了美国政府监听德国总理,以及各位总理之间相互监听,霍克斯会不会有新的监视说阐释,把莎士比亚戏剧写成今天生活的预言,以此来延续经典?那莎士比亚呢,他要活着该是怎样的反应?对历史的阐释更是应该警醒。历史是有事实的。尽管记录者的记录是有选择的。也可以肯定记录者的立场决定了记录的内容。但是,历史一旦记录下来,后来人更改前人记录的根据只能是新的可靠史料,而不是主观上的肆意篡改。

"一切历史都是当代史",以为当代人可以根据自己的需要随意阐释历史,历史的客观性可以任意否定,这会造成两种结果,其一,民族和人类的历史因为它被肢解而失去连续性,进而失去存在的价值;其二,因为它被歪曲而失去可靠性,完全消解了历史的客观性。最近发生的对木兰从军的搞笑歪曲,把木兰从军演绎为"吃亏是福"的当下观念。"唧唧复唧唧,木兰啃烧鸡"。这完全可以用当代接受理论给予证明。贾玲的阐释是合理的,是当下人对经典的新的体会。经典就在这种体会中不断延续,为后人所记录。但是,会有一个严肃的理论家或者批评家这样认为吗?可以肯定,如果我们运用西方文艺理论的多种工具来重新阐释这首中国古代经典文本,形式主义,精神分

---

① [英]彼得·巴里:《理论入门:文学与文化理论导论》,杨建国译,南京大学出版社2014年版,第290页。

析，同性恋，空间甚至是幽灵理论，都可以对这首诗做全新的阐释。尤其是女性主义的批评，那一定是精彩绝伦。但是，有没有真实的历史？对历史学家而言，是原生态历史和文本历史的区别；对文学批评家而言，有没有原生的历史精神存在，这种历史精神的客观存在要被生产它的民族世代保存并发扬下去；有没有文本所表达的原生历史精神，这个精神应该而且必须为批评家所认定，确当阐释给读者和历史。如果我问这首诗的作者本意在表达什么，或许会遭遇嘲笑。木兰诗本是民歌，没有确定的作者。我的回答是，作为民歌，它的作者就是我们的民族。民族的传统，民族的精神刻画了这个人物和这种精神。它能世代相传下来，就是因为民族需要它，民族接受它，万万千千的无名读者以同样的理解成就它，职业的文学家和历史学家忠实地记录下来，木兰诗才有机会被后人或者崇敬，或者歪曲。这个例子俗了一些，也太直白。但是，细想一下，许多西方理论干的不就是此类事情吗？不过因为是西方的，不过因为是大师的，由此就比本土的、平俗的贾玲神秘和高级许多。

第三，如何认识经典及经典如何持续。经典到底因为什么是经典，经典到底因为什么得以传递，这是一个值得深入探讨的文学原点问题。我赞成，经典是话语建构的经典。但这个话语不是批评家的话语，或者说主要不是批评家的话语。经典不是因为批评家的批评，更不是因为各路精英的无边界阐释而成为经典。经典的要义是它所表达的全部内容，包括它的形式和叙事方式，能够让一代又一代读者——这里的读者主要是普通读者，而不是职业的批评家——从中获取他们喜欢或渴望获取的东西。这些东西本身就是多元的，可能是思想，可能是审美，也可能就是简单的快乐。为大众所接受，能够被重复阅读或审美，经典才是经典。文学的生命是原创。书写者的原创，使得他的作品奇异、独特、不朽。文本的原创，书写他的时代，让后人理解和赞赏。共鸣说老旧了一些，但后人在那里找到自己，正是文本书写者独特创造的结果。如果任意人的任意解释都可以替代文本，那么文本的独创性会在哪里？到底是书写者独创了文本，还是后人的任意阐释使得文本成为独创？如果是后者，万千读者的体验都是独创，书写的独创又在哪里？一定会有人说，文本的独创性就在于它能够唤起后人的独创性理解，那么这个唤起后人独创的原生独创又是什么？因此我认为，理论家、批评家的职责之一，是揭示经典的意义，揭示它的独创。至于批评家本人的理论企图和目的，应该与文本的确当阐释相区别。借历史说话，本身就是意识形态的独特方式。其与对文本的文学批评，用海德格尔的话，"狭义的文学批评"，与非文学的目的扩张是不同层次和背景的话语。当然，对于经典文本的阐释，不会限于它本来意义的揭露和刻画。多重意义的存在和多重意义的发挥，对理论，对批评，以致对文本的再生是必要的。我的诉求是，请坦荡说明，这是阐释者话语，还是文本的话语；是阐释者的政治、文化或其他方面的任意发挥，还是文本书写者的本来意图或文本实有内容。上面说过了，这也应该是多元阐释的基本要素，是多元阐释的重要目标。这也是读者——阅读阐释文本的读者——有权利了解或应该辨别的实际所有。当然，我说批评家有责任首先指出文本的自在含义，不是指每一位具体的批评家对文本展开批评时，都要这样去做，而是指理论界、批评界整体，有责任这样去做。我不赞成理论家、批评家首先是读者的提法，也不赞成他们展开批评时，首先要以读者的身份开始。对于广大读者而言，我们认真地读你批评家的文章而不是别人的文章，是因为你是批评家，是相信你的专业水准能够告诉我们所不懂和不理解的东西。职业批评家之所以能以专业面孔生存和活动，也是因为你的职业准则是给予人们以更多的知识和思想，以及理解和体认文学的精神和方法。在这个意义上，也就是在专业和职业的意义上说，应该而且必须比普通读者高明一点，否则社会生活和文化构成不需要批评家存在。我赞成接受美学的诸多观点，没有丝毫贬抑它的情结。我的观点是，接受美学过分强调了批评历史上和批评总体过程中读者的作用，并把这个作用绝对化。在对具体文本进行自己专业阐释的时候，他定位自己是批评家，是精英，把自己的阐释凌驾于作者和读者之上。在寻求理论共鸣或响应的时候，又把自己混同于普通读者，声称读者的感受如何决定文本的阐释及价值。这个似乎难以让人接受。回到经典为什么是经典的问题。朱立元先生说："中国现代文学史上鲁、郭、茅、巴、老、曹经典作家地位的形成和确立，也是几十年来中外文学批评家无数阐释、评论综合起来的合力作用的结果。20世纪80—90年代在'重写文学史'的旗帜下，经过批评界的重新阐释和评价，沈从文、张爱玲等作家的成就得到了充分的肯定，其在文学史上的地位由二三流上升到一流。"我还是有些疑惑。这些疑惑是，其一，譬如鲁迅，他的作品的经典地位是批评家评论出来的，还是他的作品本身所具有的，能够成为经典的思想或意义？是鲁迅文本自身具有经典的价值，使得各类批评家、理论家以此为生而成就其价值，还是批评家、理论家的阐释与批评使得鲁迅以此为生而成就其价值？简洁地说，是鲁迅成就了批评家，还是批评家成就了鲁迅？其二，批评家、理论家能不能决定或成就经典。上面提到的朱先生的意见，由于理论家批评家的合力，使得沈从文、张爱玲的地位由二、三流上升为一流，就不是很有说服力。先不说沈从文，就是张爱玲，还有现在重写文学史里的另外一些人，其历史意义，其文学价值，是批评家的鼓吹就能够被历史所认定，就会成为中国文学史上的经典？《巴黎的秘密》好像被重要的思想家给予很高评价，它似乎没有被承认为经典。周作人的《苍蝇》，虽然精致，但是，它的生产语境决定其地位，批评家的批评就可以让它成为经典？布鲁姆的话值得深思："世俗经典的形成涉及一个深刻的真理：它既不是由批评家也不是由学术界，更不是由政治家来进行的。"而因为"作家、艺术家和作曲家们自己决定了经典"。我以为，这个提法更接近实际。

最后，落脚到一点，对于理论家和批评家而言，应该有勇气面对原始文本和批评的关系。相对于批评而言，创作是第一的，是实践的主体。批评是因为创作及成果而产生，因为作家及文本而生，批评家是附庸于他们并为他们服务。是文本的创作实践要求和规定了批评的产生及生产，而不是相反。在这个意义上，批评不能规定经典。批评可以鉴别和评价经典，使经典为大众和历史所接受。就像我们不否定理论对实践的指导作用一样，我们充分肯定批评对创作的引领作用，肯定批评的科学力量。但是，这种引领和力量的产生，基于对文本的尊重，对经典的尊重。说明一点，我这里所说的"批评"这一术语，"主要是指迄今为止有关文学的原理和理论，文学的本质、创作、功

第三部分　阐释的边界

能、影响，文学与人类其他活动的关系，文学的各类手段、技巧，文学的起源和历史这些方面的思想"。① 我同意朱先生的诸多意见，接受各位先生的指点。要说明的是，我的一些表述有些绝对，是有原因的。在我们四人的讨论过程中，我常常反思问题出在哪里。从我本心讲，任何理论都有正反两方面的理由，或正或反都与它所生成和存在的语境有关。当代西方文论有它好的一面。我多次表达了敬意。但是，我赞成两点论的重点论。20 世纪及当下本土的理论氛围是，对西方文论自身及它的传播和应用已经陷入困境。布鲁姆所说的"如今学界是万物破碎、中心消解，仅有杂乱无章在持续地蔓延"，无论是在西方还是本土，都是一个值得警惕的主要倾向。因此，有的话说绝对一些，有的话缺失周全，也是为了疾呼警醒而已。如何在多元阐释的行程中防止无限度的强制阐释，又如何在文本意图的刻意追索中防止单一因素的偏执，是我苦苦不得其解的问题。

---

① ［美］韦勒克：《近代文学批评史》第 1 卷，杨自伍译，上海译文出版社 2009 年版，"前言"第 1 页。

追求文本自在意蕴与阐释者
生成意义的有机结合*

朱立元**

张江先生前文对我们前几封信的不同意见不但表现了大度和宽容，而且也诚心诚意地作了自我反思，但是并没有轻易改变自己的基本观点，这展示了文艺理论工作者所不易达到的"批评伦理"的高度，我很感动。高兴的是，张先生第一次对我的观点提出了反批评，而且批评得一针见血。他针对我关于鲁、郭、茅、巴、老、曹经典作家地位的形成和确立是几十年来中外文学批评家无数阐释、评论综合起来的合力作用的结果等观点，旗帜鲜明地反问道：比如"鲁迅，他的作品的经典地位是批评家评论出来的，还是他的作品本身所具有的，能够成为经典的思想或意义？是鲁迅文本自身具有经典的价值，使得各类批评家、理论家以此为生而成就其价值，还是批评家、理论家的阐释与批评使得鲁迅以此为生而成就其价值？简洁地说，是鲁迅成就了批评家，还是批评家成就了鲁迅？"还有，经过"重写文学史"有一些作家的地位明显上升，但是，"其历史意义，其文学价值，是批评家的鼓吹就能够被历史所认定，就会成为中国文学史上的经典？"他的这个质疑和批评的确非常有力，细细想来，一位作家的作品之成为经典，归根结底确实是来自于作品本身的思想、艺术成就，而不是来自于批评家的推赞，前者是基础、是前提，单靠后者是成就不了经典的。所以，对他的这个批评，我完

---

* 本文原刊于《学术界》2015 年第 9 期。
** 作者单位：复旦大学中文系。

第三部分 阐释的边界

全接受,并衷心感谢!

当然,对于他在本文中提出的阐释的有效性和边界等其他一些看法,我并不完全同意,仍然想提出来请教。

首先,张先生一再强调文学作品的"自身含意都是有限的",因而,批评的阐释也必定是有限的。他着重从语义学和作者意义两个角度对此加以论证。一是认为任何由语言编织的文本,它以什么样的形式出现,有限词语的能指和所指都在有限范围之内。我觉得实际情况并非如此简单和确定。我在其他文章中介绍过耶鲁学派的批评家专门论证了语言的修辞性,即其词语的能指和所指处在不断的游移、延宕、播撒过程中,或者如拉康所说是"漂浮的能指",文学语言尤其如此。我并不完全赞同他们的观点,但是张先生把文学文本的语言看得如此确定和"有限",我认为不符合中外文学史的大量实践,如中国古典诗词追求的那种"意在言外""韵外之致""不着一字,尽得风流",等等,似不能用能指"有限"来概括。如果说"无限"可能过度,但至少应该说是开放的。二是认为具体的文本"总是落点于一确定的作者,他或她的表达,一定是本人有限思想和情感的有限聚集,所以此有限文本的自在含意就应该是有限的"。我觉得这里有两点张先生应该加以区分:(1)某个作者在其创作的某个文本中想要表达的思想感情与其实际用语言编织、完成的文本可能显现的思想情致的蕴涵不能划等号,后者可能远远大于前者。因为文学语言既不同于科学语言,也不同于可以视觉直观的造型艺术,它是借助于语言的修辞性和间接性来塑造各种类型的艺术形象,激发和唤起读者的想象和再创造。我们常说的"形象大于思想"应该在这个意义上理解。所以,文学文本一旦完成,它的意义、意蕴就必定超越了作者特定情境下创作时的思想感情。巴特宣称作品一旦完成就"作者死了",固然非常片面而不足取,但指出文本意义有独立于作者的另一方面的因素,也不无道理。如果我们把作品用语言构筑起来的艺术形象的丰富的、开放的意蕴缩小、归结为作者创作时有限思想情感的有限聚集,恐怕不一定妥当,至少不够全面、完整。(2)文学作品的自在意义与作者创作的原意不能划等号。我认为,这一点是张先生更深层次、更加重要的核心观念。我前两封信中反复论证了作者原意的不确定性和变动性，还举例说明在许多情况下作者自己也不一定说得清楚自己创作的原意。这里再举一个例子。19世纪俄罗斯作家冈察洛夫说过，他对自己的作品并不完全理解，"常常要借助细致的评论家……才能看出（自己作品的）意思"。[①] 这应该是真心话，不是客套，而且具有相当的普遍性。那么，我这样说，是不是完全否定文学作品的自在意义呢？当然不是。任何文学作品既然是特定时代、特定作者、特定条件下创作出来的，它不可能没有它不以人们意志为转移的自在意义，不是可以任凭某个个人随意任性地天马行空、胡乱发挥、甚至指鹿为马进行强制阐释的。张先生所举的一些例子就属于此。然而，这个自在意义我认为不能简单地归结为作者创作的原意。这样反而容易把作品提供的开放、多义、丰富的阐释空间和潜在可能性压缩、排挤掉了。而且，寻找和还原作者原意，在一般情况下，不具有可操作性。不但过去时代的作品，就是当代健在作家的作品，特别是体量较大的作品，揭示其原意也往往很不容易。即便作者自己出来说话，有时候也出现几次说法不一样的情况；作者有些自述不太可信的情况也时常发生。我所说的作品的自在意义本身，不是作者创作时那个难以把握的原意，而是指特定文学作品，经特定作者对特定社会生活审美的体察、感受、认识，用文学语言创造出的特定艺术形象，向读者所传达出的意义和意蕴。这里几个"特定"就对文本向读者传达的意义和意蕴作了限定，使之具有了一定的自在性。超过了这一限定的那种任性、自由、无限度的阐释，就是强制阐释。

　　文学作品的意蕴不同于理论作品的意义。按黑格尔的说法就是："意蕴总是比直接显现的形象更为深远的一种东西"，文艺作品的意蕴就是"内在的生气，情感，灵魂，风骨和精神"。[②] 文学作品的意蕴大致可以分为审美情韵层、历史内容层和哲学意味层，这些意蕴层次具有有机系统性与丰富性。[③] 文学作品的这种意蕴层次有机系统

---

　　① ［俄］冈察洛夫：《迟做总比不做好》，《古典文艺理论译丛》第1册，人民文学出版社1961年版，第146页。

　　② ［德］黑格尔：《美学》第1卷，朱光潜译，商务印书馆1979年版，第25页。

　　③ 本文此处采用马克思主义理论研究和建设工程重点教材《文学理论》的观点，见本书编写组《文学理论》，高等教育出版社、人民出版社2009年版，第182—184页。

第三部分 阐释的边界

对于读者和批评家而言是有自在性的。如果出于阐释者的主观意图和目的，置作品这种自在意义和意蕴于不顾，硬把文本纳入自己预设的框架、得出预定的结论，那就是强制阐释，是要不得的。不过，这种具有自在性的意蕴、意义，本身应该说极为丰富驳杂，为不同时代读者和批评家提供了广阔、巨大的阐释空间，不应该、也不可能将这种自在的意义、意蕴简单化、绝对化为单一的、甚至唯一的阐释目标。

其次，文学的阐释和批评，不单单是对作品上述自在性的意蕴、意义的寻找、发现、说明和阐发，还有读者、批评家阅读、体验、感受作品的语言艺术，对作家创造的艺术形象进行再创造时生成的新意义参与到其中。这种阐释是意义生成和建构的动态过程，是文学文本的某些自在意义（不等于作者"原意"）与读者阅读过程中生成的新意义这两者的有机结合或者融合。阐释过程，必定有意义的增值和生发。不能把后者排除在阐释的意义系统之外。这一点是现代阐释学和接受美学给我们的合理启示，我想这方面我们应该有共同语言。那种把接受美学说成是鼓吹文学作品的意义完全由读者单方面决定和创造的观点，如张先生所说，是对接受美学的极大误解。不过，据此，对于张先生把"一千个读者有一千个哈姆雷特"的流行说法，解释成只是对普通读者的阅读感受而言、不适合于专业批评家的看法，我不完全认同。我前一段正好读了一点莎评的史料，还真发现一千个批评家同样有一千个哈姆雷特的现象。当然，批评家的实际数字不多，但确实每一个批评家心目中的哈姆雷特都不完全一样，有的很不一样。兹举几例。比如，在歌德眼中的哈姆雷特是，"鬼魂消逝了，我们看见什么样的一个人在我们面前呢？是一个迫切要报仇雪恨的青年英雄呢？还是一个天生的王子，他为了和篡取他的王冠的叔父决斗而感到幸福呢？都不是！惊愕和忧郁袭击这个寂寞的人；他痛恨那些微笑的坏蛋，立誓不忘记死者，最后说出这样意味深长的慨叹的话：'时代整个儿脱节了；啊，真糟，天生我偏要我把它重新整好'！我以为这句话是哈姆莱特全部行动的关键，我觉得这很明显，莎士比亚要描写：一件伟大的事业担负在一个不能胜任的人的身上。这出戏完全是在这个意义里写成的"。① 这是非常深刻的。英国的柯尔律治在莎评史上的地位极高、影响极大,他说,"哈姆莱特的性格可以到莎士比亚有关心理哲学的深刻而正确的学问中去探索","在哈姆莱特身上,他似乎希望来例证一种应有的平衡道德必要性,即:在对我们感官的事物的注意力与对我们心灵的冥想之间有一种应有的平衡,——一种在真实世界与想像世界之间的平衡。在哈姆莱特身上这种平衡被扰乱了;他的思想幻想的概念,比他真实的知觉要活泼得多","哈姆莱特是勇敢的,也是不怕死的;但是,他由于敏感而犹豫不定,由于思索而拖延,精力全花费在做决定上,反而失却了行动的力量","他拖延行动,直到行动没用处,结果作为纯粹是环境和意外事件的牺牲品而死去"。② 德国浪漫派批评家史雷格尔对哈姆莱特的分析别具一格,以往"认为哈姆莱特因思虑过多而不能采取决定性行动的看法,常被归功于柯勒律治,但实际上这一看法是从史雷格尔开始的"。③ 不过,史雷格尔对哈姆莱特的评价却几乎是否定性的,"从经常作出却又不加执行的决断可以看出,他的缺点真是太明显了……他不是因为走投无路才装疯卖傻、用阴谋诡计的;他天生喜欢用欺诈手段。他对自己是一个伪君子;他牵强的良心上的顾忌经常不过是掩饰他缺乏决心的借口……他珍视奥菲莉娅的爱,却粗暴地拒绝了她,对她的死也显得十分冷漠,为此他受到了人们的批评。但他的心中,充满了自怜,已没有地方容纳对别人的同情了……但另一方面,当他成功地除掉了敌人的时候,我们看到他显然感到恶意的快乐……哈姆莱特对自己和对别的东西都没有坚定的信念:他对宗教的信心,很快就过渡到怀疑;他目睹他父亲的鬼魂的时候,他相信它的存在,但一旦它消失后,他就几乎把它看作是一场骗局。他甚至说:'世上的事情从来没有善恶,都是各人的思想把它们分别出来的'"。④ 显然,史雷格尔心

---

① [德]歌德:《〈维廉·麦斯特的学习时代〉中关于哈姆雷特的分析》(1795),转引自杨周翰编选《莎士比亚评论汇编》上,中国社会科学出版社1979年版,第296页。
② [英]柯尔律治:《关于莎士比亚的演讲》(1818),转引自杨周翰编选《莎士比亚评论汇编》上,中国社会科学出版社1979年版,第146—148页。
③ 谈瀛洲:《莎评简史》,复旦大学出版社2005年版,第50—51页。
④ 同上书,第52页。

第三部分 阐释的边界

目中的哈姆莱特是与众不同、比较负面的。另一位英国莎评专家赫士列特指出,"哈姆莱特这个人物的性格是很独特的。这不是一个以意志力,甚至感情力量为特点的人物,而是以思想与感情的细致为特点的。哈姆莱特之缺少英雄品质一如常人;但他是个年轻、高贵的新手,充满了高度的热情和敏锐的感觉——他受环境的摆布,对命运发生疑问并且使自己的感觉更加细致,他的奇怪处境迫使他改变了性格中天生的偏颇。他似乎不能慎重地行动,而只是当时的刺激无暇细想而匆匆地走上极端……在别的时候,他最需要行动时,他依然疑虑不决,玩弄他的意图,直到机会错过,又找些借口重陷怠惰和沉思"。[①]黑格尔的莎评还没有引起中西方批评界的重视,其实他的莎评别具一格且非常深刻,他对哈姆雷特性格和心理的分析也达到了一个新的高度,我专门做过详细的论述。[②] 例子太多,不胜枚举,至少说明一点,对于职业批评家而言,"一千个读者有一千个哈姆雷特"同样适用。当然,这并不意味着可以完全超越《哈姆雷特》剧作的某些特定的自在意义和意蕴,作不着边际、任性随意的强制阐释。

再次,一般说来,文学批评是以文学作品为阐释对象和前提的,就此而言,批评对作品有依附性和受动性。但是,我们往往忽视了批评的能动作用,或者对作品的能动性重视不够,有时会担心强调了这一点会不会犯"六经注我"、强制阐释的过错。我认为不会。最典型的例子是19世纪俄国革命民主主义批评家别、车、杜,特别是别林斯基的文学批评走在了时代的前面,成为引领一代现实主义作家群体的伟大旗帜。比如果戈理的现实主义小说《密尔格拉德》尖锐地抨击了俄罗斯走向没落的农奴制,出版后遭到了官方组织的批评家们的集中批判和围剿,使他深陷苦闷、彷徨之中。在此关键时刻,别林斯基挺身而出,发表了长篇评论文章《论俄国的中篇小说和果戈理君的中篇小说》,此文给予果戈理正视生活的现实主义勇气以高度评价,并旗帜鲜明地驳斥了官方批评界的恶意指责。这使果戈理受到极大的

---

① [英]赫士列特:《莎士比亚戏剧人物论》(1817),转引自杨周翰编选《莎士比亚评论汇编》上,中国社会科学出版社1979年版,第213页。
② 朱立元:《黑格尔美学引论》,天津教育出版社2013年版,第652—655页。

鼓舞，明确了今后的创作方向和道路，此后又接连写出了《钦差大臣》《死魂灵》等一系列传世杰作。这就是文学批评对文学创作的超前引领作用。它不是跟在文学创作后面亦步亦趋地评论和阐释，而是走到文学创作的前面，在思想和艺术上指引和开创文学创作的新潮流。这种批评具有预见性、超前性、引导性，但绝不是强制阐释。正是在别林斯基、车尔尼雪夫斯基和杜勃罗留波夫等大批评家一系列批评论著的引领和倡导下，才出现了果戈理、莱蒙托夫、奥斯特夫斯基等一批成就卓著的文学巨匠，形成了震撼世界的俄罗斯现实主义的文学大潮。在中国，鲁迅文学批评，体现出对年轻作者创作上的亲切关怀、热情扶植和精心指导，也有异曲同工之效。

阐释的边界与经典的形成[*]

王 宁[**]

20世纪90年代后期，我曾在斯德哥尔摩大学发表演讲，讨论的是中国当代文学中的现代主义和后现代主义现象。出席我演讲的除了老朋友马悦然院士外，还有诺贝尔文学奖评委会主席埃斯普马克院士。之后我们共进晚餐，我在餐后单独对他作了一次访谈。在访谈中我们讨论了许多问题，但有一句话我至今仍记忆犹新。埃斯普马克指出，不可否认的是，在当今时代，文学面临着市场经济以及各种新媒体的冲击，处于低落的状态。但是不管人们通过什么方式了解社会，都缺少不了文学，因为只要有人存在，文学就永远不会消亡，有许多东西只能由文学的语言来表达，而其他任何媒介都无法达到文学表达的那种效果。我想这就是文学的魅力。其后在世纪之交，我在美国访问讲学时，应邀前往哈罗德·布鲁姆在纽约的住宅，和他作了几小时的访谈，其中不免谈到理论与文学的关系。我当时记得他不无偏激地指出，现在的理论家写出的文章根本没人去读，只能是我写给你看，你写给我看，而文学则有着众多的读者。因此理论已经死亡，而文学则永存。我虽然不能同意他的断言"理论已经死亡"，但却认同他的"文学将永存"这一判断。张江先生前文的一个核心观点就在于，文学创作始终是第一性的，而批评和阐释则依附于创作，因此是第二性的。这一点与布鲁姆和米勒等耶鲁批评家的观点相接近。大概出于这样一种考虑，张先生还对阐释作了这样几条规定性的约束。

---

[*] 本文原刊于《学术界》2015年第9期。
[**] 作者单位：上海交通大学人文艺术研究院。

其一，合理的多元阐释不是无限的，它应该有合理的界定；其二，有限意图的追索不是有效阐释的唯一方式，它应该是多元阐释的基本要素，也是多元阐释的方式之一；其三，无论何种阐释，都应该在阐释过程中，努力实现与文本及作者的协商交流，在积极的协商交流中，不断地丰富和修正阐释，最终构建文本的确定意义。对于张先生上述这三条规约，我也基本同意，只是想就此作进一步发挥，以便深入讨论。

首先，人们要问的问题是，合理的阐释是否有一定的限度？对此人们可以有两种截然不同的回答，当然，他们各自立论的角度也许不尽相同。我这里仅举一个广为人知的例子来予以佐证。多年前，在英国剑桥大学曾有过一场关于阐释和过度阐释的讨论，也即围绕著名的符号学大师和后现代主义小说家安贝托·艾柯在剑桥大学所作的三场"丹纳讲座"（Tanner Lectures）展开的激烈讨论。参加讨论的四位顶级理论家和演说家确实一展风采。安贝托·艾柯的极具魅力的演讲发挥了他的这一观点："作品的意图"如何设定可能的阐释限制。随后，美国著名的哲学家理查德·罗蒂、结构主义和解构主义理论家乔纳森·卡勒以及小说家兼批评家克里斯蒂娜·布鲁克－罗斯则从各自的不同角度挑战了安贝托·艾柯的这一论断，并详细阐述了自己独特的立场。特别令人难忘的是，他们还用安贝托·艾柯作品中的含混意象来批评他主张阐释有限的观点。[①] 应该说，他们所争辩的那种阐释并不属于跨文化的阐释，依然是局限于西方文化语境内部的阐释，但却反映了从事文学创作的人与从事理论批评的人的不同着眼点。我想，如果我们再通过翻译在中文的语境下讨论这个问题，不就是一种跨文化阐释了吗？显然，论辩的双方都强调自己的独创性：作为作家兼理论家的安贝托·艾柯认为作品的阐释是有限的，它不可能超越作者本人的意图，因为这一意图的设立也许恰恰是一位作家的独创之处。而作为理论家的卡勒则出于理论创新的考虑，认为不痛不痒的阐释是没有意义的，只有过度的阐释才能产生出令人震撼的效果，也即通过批评家的

[①] 关于那场讨论的修改版文字，参阅 Umberto Eco, *Interpretation and Overinterpretation*, with Richard Rorty, Jonathan Culler and Christine Brooke-Rose, edited by Stefan Collini, Cambridge: Cambridge University Press, 1992。

第三部分 阐释的边界

这种过度阐释，隐于文本内部的真理和谬误便同时展现在读者的眼前，供读者去选择。当然卡勒对这种过度阐释也设了一些限制，并没有堕入无限制和漫无边界的胡乱阐释中。米勒也在不同的场合表示，如果一种理论阐释能够带来一个新的开始，那这种阐释就是值得的。米勒所说的这种阐释是一种跨文化的翻译/阐释。应该说，耶鲁批评家以及斯皮瓦克和卡勒等人对德里达的解构主义的翻译/阐释就取得了这样一种效果，而且他们的这种创造性阐释也得到了德里达本人的认可。我们甚至可以说，德里达本人还参与了这种创造性的阐释。所以他在2001年和我在纽约再次相见时不无调侃地说，"我的解构与耶鲁批评家的解构是不可同日而语的"，其意义就在于此。试想，假如没有美国理论家的阐释和创造性发挥，德里达充其量只是众多法国左翼理论家中的一员，并不可能成为享誉世界的顶级理论大师。对于这一点，我还可以用另一个例子来佐证。我今年初在法国巴黎索邦大学演讲后，听众提了许多问题，其中一个问题就是：为什么德里达在我们法国就是一个普通的左翼知识分子，而在中国却被捧为理论大师，是否因为他在美国走红因而在中国也跟着走红了呢？我的回答是，在很大程度上确实如此。但是我在此想指出的是，无论是合理的阐释还是过度的阐释，它都有一个阐释的基点，这个基点就是文本，围绕这个文本进行阐释无论多么极端都不会离题万里。因此我们在这个问题上又走到一起了。

其次，有限意图的追索不是有效阐释的唯一方式，它只是多元阐释的方式之一。对于这一点我也表示赞同，同时也理解张先生为什么不遗余力地试图追踪作者创作一部作品时的本来意图的原因。但是我想提醒的是，即使原作者自己表达出的创作意图也并非全然可信。就好比作者的自传并不可信一样，他总是写一些为自己脸上贴金的事情，而把自己做过的那些错事甚至丑事避而不谈。即使是最坦诚的作家也不可能吐露自己的全部真实心境，他总是会美化自己的一些言行。因此批评家在对一部作品进行阐释时，只能参考作家的陈述作出自己的独立判断，而不能全然依赖作家的自我表述。再说，作家在创作时有时自己对所写的作品之含义也不能全然把握，好在他写出的文本放在那里，我们作为读者和批评者完全可以通过细读文本来发掘其中的隐含意义。

再者,我也同意张先生的这一观点:无论何种阐释,都应该在阐释过程中,努力实现与文本及作者的协商和交流。也即,一部作品意义的阐释,并非只有作者本人才能完成,也并非全然依靠批评家的阐释,而应该是读者—批评家与原作者通过以文本为中心并围绕文本进行交流和对话而产生的结果。我想这应该是比较理想的结果。

所以,在上述三个方面,占据中心位置的始终是文本,紧扣文本进行阐释即使会走向极端,也不会离题万里,更不会陷入强制阐释的窘境。

在张先生的前文中还涉及了下面三个热点问题,在此根据我的理解一一予以回应。

第一,对具体文本的阐释是否有限。我的回答是肯定的,因为正如同上面所说,即使是过度的阐释依然没有远离文本,只是阐释者的着眼点和目标有所不同:专事文学研究的批评家会以自己的阐释服务于文学的理解和欣赏,而那些专事理论探讨的学者则想通过文学的例子来证明自己的理论的有效性,并借机大加发挥,最后的目标无疑会远离文学本身。

第二,阐释的当下性与历史本真的关系问题。当然,我非常赞同这一观点:在阐释文本的意义时,应该将该文本放回到它所产生的特定时代和地点,这样才能比较准确地理解作品的意义。但是仅仅这样对待一部蕴含丰富的作品及其作家,显然是远远不够的。这尤其体现在那些具有强烈的先锋实验意识的大作家的作品,他们的作品在生前往往并不被同时代人所理解,甚至连出版的机会都没有。直到他们死后,随着时间的推移和新的批评风尚的兴起,他们的作品才逐渐被人们理解甚至跻身经典的行列。这个问题当然已经间接地回答了张先生的第三个问题。

第三,如何认识经典及经典如何持续。我认为这是一个最具有前沿性的理论问题,同时这也是我早年曾经下功夫研究过的一个理论课题。最近几年来,我一直致力于世界文学研究,因此再次碰到了这个无法回避的问题。我想就此多谈一些看法。张先生以提问的方式指出,文学经典的形成及历史演变,究竟是取决于批评家的阐释和研究,还是作品本身具有经典性的品质?鲁迅的作品自身具有经典的价值,它使得各类批评家、理论家以此为生同时也成就其价值,而批评家和理论家的阐释与批评则是第二位的。因此,张先生简洁地说,是鲁迅成就了批评家,而不是批评家成就了鲁迅。我也基本赞成这一观点,即批评是因为创作及成果而产生,因为作家依赖文本而得以生存,批评家是附庸于他们并为他们服务的。因此,首先是文本的创作实践要求和规定了批评的产生及生产,而不是相反。在这个意义上,批评不能规定经典。批评可以鉴别和评价经典,使经典为大众和历史所接受。当然这样说并没有错,但也未免过于简单了。实际上,文学经典的形成及重构有着十分复杂的因素。在这方面文学批评家确实起到了很大的作用,有时甚至翻译家也能起到这样的作用。这在古往今来的中外文学史上可以举出很多例子。

我们今天回顾文学史的编写,在很大程度上要从当下的角度对以往的文学史进行重新建构,因此这就必然涉及对以往的文学经典的重新审视甚至质疑。也就是说,在今天的语境下从今人的视角重新阅读以往的经典,这实际上并非仅仅将其放在历史的语境下来考察,我们还要把经典放在一个"动态的"位置上,或者使既定的经典"问题化"(problematized)。正如美国的顶级期刊《新文学史》(*New Literary History*)主编拉尔夫·科恩(Ralph Cohen)在该刊创刊号上所称,"迄今尚无一家刊物致力于文学史上的问题进行理论性的阐释",因而该刊的创办就是为了满足读者的这一需要,以便通过承认"文学史"必须重新书写而实现这一目的。另一个目的就是通过探讨"历史"为何物以及"新"(new)这个字眼在多大程度上又依赖于"旧"(old)的概念进行理论阐释。[1] 毫无疑问,经过四十多年来的努力,在《新文学史》上发表的千余篇论文本身足以构成撰写一部"新"的文学史的重要理论和文本资源。

作为比较文学研究者,我始终对经典问题十分敏感和关注,并在这方面发表了大量中英文著述。尽管比较文学这门学科在一个相当长

---

[1] 关于科恩对这一点的重新强调,参见他为《新文学史》中文版撰写的序,王宁编,清华大学出版社2001年版,第1页。

的时期内，一直是在欧洲中心主义的范围内发展的，但在 20 世纪 80 年代后期，经过后现代主义理论争鸣和后殖民主义理论思潮的冲击，西方中心主义逐渐解体，世界文学这个话题再度浮出历史的地表，并吸引了越来越多的比较文学和民族/国别文学研究者的关注。比较文学学者首先关注的问题是究竟什么是经典？经典应包括哪些作品？经典作品是如何形成的？经典形成的背后是怎样一种权力关系？当经典遇到挑战后又应当做何种调整？等等。这些均是比较文学学者以及其后的文化研究学者们必须面临的问题。在这方面，两位坚持传统立场的欧美比较文学学者的观点值得再次一提。

首先是美国文论家哈罗德·布鲁姆。他在出版于 1994 年的鸿篇巨著《西方的经典：各个时代的书籍和流派》（*The Western Canon*：*The Books and School of the Ages*）中，站在传统派的立场，表达了对当前颇为风行的文化批评和文化研究的反精英意识的极大不满，对经典的内涵及内容做了新的"修正式"调整，对其固有的美学价值和文学价值做了辩护。他认为："我们一旦把经典看作为单个读者和作者与所写下的作品中留存下来的那部分的关系，并忘记了它只是应该研究的一些书目，那么经典就会被看作与作为记忆的文学艺术相等同，而非与经典的宗教意义相等同。"① 也就是说，文学经典是由历代作家写下的作品中的最优秀部分所组成的，它作为一种文化记忆，毫无疑问有着广泛的代表性和权威性。正因为如此，经典也就"成了那些为了留存于世而相互竞争的作品中所做的一个选择，不管你把这种选择解释为是由占主导地位的社会团体、教育机构、批评传统作出的，还是像我认为的那样，由那些感到自己也受到特定的前辈作家选择的后来者作出的"。② 诚然，对经典构成的这种历史性和人为性因素是不容置疑的，但是长期以来在西方的比较文学界和文学理论界所争论的一个问题恰恰是，经典究竟是怎样形成的？它的内容应当由哪些人根据哪些标准来确定？毫无疑问，确定一部文学作品是不是经典，并

---

① Harold Bloom, *The Western Canon*: *The Books and School of the Ages*, New York: Harcourt Brace & Company, 1994, p. 17.

② Ibid., p. 18.

第三部分 阐释的边界

不仅仅取决于广大的普通读者,而是取决于下面三种人的选择:文学机构的学术权威,有着很大影响力的批评家和受制于市场机制的广大读者大众。但在上述三方面的因素中,前二者可以决定作品的文学史地位和学术价值,后者则能决定作品的流传价值。当然我们也不可忽视,有时这后一种因素也能对前一种因素作出的价值判断产生某些影响。尽管有着上述种种人为的因素,但不可否认的是,能够成为经典的文学作品,本身应该是写得十分出色的,否则它怎么能打动广大读者和训练有素的专业批评家和研究者呢?

另一位十分关注经典构成和重构的理论家当推已故荷兰比较文学学者杜威·佛克马。他对文学经典的形成的论述首先体现在他对西方文化思想史上袭来已久的"文化相对主义"的重新阐释,这无疑为他的经典重构实践奠定了必要的理论基础。在比较文学领域里,佛克马是最早将文化相对主义进行改造后引入研究者视野的西方学者之一。在理论上,他认为,"文化相对主义并非一种研究方法,更谈不上是一种理论了",但是"承认文化的相对性与早先所声称的欧洲文明之优越性相比显然已迈出了一大步"。① 在实践上,他率先打破了国际比较文学界久已存在的"西方中心主义"传统,主张邀请中国学者加入国际比较文学协会并担任重要职务;在他主持的《用欧洲语言撰写的比较文学史》的后现代主义分卷《国际后现代主义:理论和文学实践》(*International Postmodernism: Theory and Literary Practice*,1997)的写作方面,他照样率先邀请中国学者参加撰写,因而使得一部用英文撰写的多卷本比较文学史第一次有了关于当代中国文学的历史描述。这不能不说是文学史撰写方面的一个突破,同样,这也对我们重新审视既定的经典之构成不无启迪意义。因此,经典的人为因素也不容忽视,否则的话,为什么中国文学有着几千年悠久的历史和辉煌的遗产,涌现了那么多杰出的作家和经典作品,却长期受到西方中心主义主导的世界文学选编者的有意忽视呢?当然,这种情况三十多来已经开始有了根本的好转。在英语世界有着很大权威性的《诺顿世界文学选》和《朗文世界文学选》中已经有数十位中国作家的作品

---

① Douwe Fokkema, *Issues in General and Comparative Literature*, Calcutta, 1987, p. 1.

入选，但仍有相当一批中国现当代文学经典作品被排斥在世界文学经典的大门之外。这就需要我们继续努力推进中国文学真正走向世界。

综上所述，我们最后落脚到了这样一点，对于理论家和批评家而言，应该有勇气面对原始文本和批评的关系。相对于批评而言，创作是第一性的，是实践的主体。批评是因为创作及成果而产生，因为作家及文本而生，批评家是附庸于他们并为他们服务的。但是反过来，批评家对于文学经典的形成和重构又能起到巨大的能动作用，有时甚至是决定性的作用。这一点随着历史的推移将会越来越为人们所认识。我想，我们今天在这里讨论强制阐释问题，将来也许会被未来的文学史或学术史编写者载入史册，而对于这一点我们则是无法起到任何作用的。

二分路径与居间路径
——关于文学研究的一个方法论问题[*]

周 宪[**]

关于文学研究的方法论问题,张江先生提出了一个颇有创意的想法,那就是必须确定一个文学研究的边界,在这个边界内的文学阐释,即符合文本原义和作者意图的文学阐释才是合理合法的;越出了这个边界,则会造成强制阐释现象的发生,因为背离了作者意图和文本原义。

那么,文学阐释的边界何在呢?张江先生论证了三个方面的内容,首先,文本原义是有限的,不能也不宜做无限的发挥。一旦越出了这个文本意义的有限性,也就落入了强制阐释的窠臼。但这个有限性究竟指什么?从行文来看,好像还是指作者意图所生成的文本原义。其次,任何文本的产生都有其特定的语境,文学文本的阐释就是要回到该文本的原初语境中去,离开了原初语境的文本阐发也会导致强制阐释,这是一个朴素的历史主义要求。最后,关于经典文本的阐释,经典是一种独特的文学文本,其力量来自它本身的独创性,离开了经典文本的独创性而主观阐发,会使批评话语成为批评家话语而非经典话语,此乃一种越界行为。三点论证实际上分别涉及三个不同的问题,第一点涉及文本自在的有限意义如何尊重;第二点强调的是如何避免把批评家当下语境的理解带入阐释而歪曲文本原初意义;第三点是彰显了经典自身有其固有的独创性审美特质,任何偏离这一特质

---
[*] 本文原刊于《学术界》2015 年第 9 期。
[**] 作者单位:南京大学艺术学院。

的阐发都会导致主观臆测。这三点看起来是不同的问题，但它们都和阐释边界密切相关。第一点和第三点是基于某种逻辑上的预设，即文本有自己固有的意义，或经典有自身的独创性特质；第二点则是基于某种历史主义的预设，任何文本的意义都必须回到其原初语境才能把握其意义。

我读后感到，张江先生立论严谨，意在从逻辑关系上和历史的时间关系上阐明文学研究必须遵守的一些原则，依照这些原则行事的文学阐释是在边界内的合理合法阐释，反之，罔顾这些原则的越界做法就值得警醒，因为它走向了强制阐释，歪曲文本有限的意义。细读张江先生的论述，在各种表述后面隐含了一个基本假设：那就是文本必有其本然的、原始的或固有的意义，它们就在那里，聚焦它们文学阐释是守土有责中的正当行为，散焦或离焦的阐释则属于越界行为，越界即强制阐释。这么来看，所谓边界也就是某种实体性的、本然存在的意义，文学研究的目标是去发现和证实它，而不是另辟蹊径自由言说别的什么。

这个看法是朴素的，也是有针对性的。尤其是晚近文学研究存在着大量的越界或跨界阐释，其宗旨与其说是为了说明某个文本的文学问题，还不如说是为了阐发研究者自己先入之见。各式各样的强制阐释的确在改变文学研究的性质，使之逐渐变为政治、社会、历史、心理、语言、族群、阶级、性别的讨论，文本固有意义完全被忽略不计了。当我们习惯于这样的越界阐释时，恰恰忘掉了文学所以为文学的特质。非文学的阐释取代了文学阐释，文学批评家们跃然而成政治演说家和社会批评家。张江先生的讨论与当下西方文学理论界涌动的审美回归论和新形式主义等主张不谋而合，也体现了他对文学研究的敏锐的问题意识。

研读张江先生的这封信，无可回避的一个棘手问题是：到底如何看待文本的固有意义或原始意义或自在意义这个基本假设？当我们质疑强制阐释的种种做法而强调文本固有意义时，会不会同时又落入另一个潜在的陷阱——本质主义基础上主客对立二分呢？我在以前的几次回应中反复强调了几个相关的看法，其一，人文学科是关于意义和价值的研究，所以它的基本方法是阐释和理解，文学研究更是凸显了

第三部分 阐释的边界

人文学科的这一特性。但是,人文学科对意义的理解和阐释与自然科学那种无差别无歧义的范式判然有别,必然会充满了争议和不同声音。所以,人文学科的真理形态不会是普遍一致、明晰确定的意义陈述,而是不同理解和阐释之间的交往与沟通,是一种论证基础上的说服,是一种协商和对话中的共识,如伽达默尔所言:"阐释学的任务就是要解释这种理解之谜,理解不是心灵之间的神秘交流,而是一种对共同意义的分有。"① 但我要接着补充说,这"共同意义"并不是自然而然存在着,它需要经过批评家持续不断的努力探究和交往才会达成。其二,虽然不能否认文本固有或原始或自在意义的存在,但是,这种意义充其量只是一个逻辑上的假设,一种想象的规定。在具体的文学研究场域,文本固有意义一定会由于不同的阐释者、阐释目标和阐释语境而发生各种各样的变异。这么来说,好像文学研究会变成一种无边无际的主观臆测的游戏,其实不尽然!我还是想用美国解释学家赫什"意义"和"意味"两个概念的关系来陈述我的想法,即是说,文本的固有意义相当于赫什所说的"意义",就是一个意义发生的源头,它隐而不现地存在于文本的文字肌理之中。但是,对任何文学研究者或文学爱好者来说,这种"意义"总是变换着自己的面目接近他们,就像川剧中的"变脸"一样,它并无一个明晰可见、始终如一的面貌,而观众看到的种种"变脸"也就是赫什所说的"意味"。我们知道,文学研究或文学阅读是一种意义的生产活动,谁来读?怎么读?何时读?为何读?所有这些不确定的因素对文本意义的理解和阐释都有所影响,假如说赫什的"意义"相对固定和原始的话,那么,文学研究者和文学爱好者读到的乃是其"意味",而"意味"则是多变的和有差异的,呈现为川剧的一张张"变脸"。

由此,又引申出两个另外的问题:其一是如何看待这样的多样性。我以为,文学阐释的多样性和差异性不应看作文学研究不如科学研究的短处,而应理解为文学研究最具创造性的契机。自然科学的定律不论谁去发现都是一个规范表述,物理学定律也好,数学的圆周率也好,只有一种严格的说法,它们不会引起歧义。文学阐释迥然异

---

① [德] 伽达默尔:《真理与方法》,洪汉鼎译,上海译文出版社1999年版,第374页。

趣,同一个文本会有不同的阐释和理解不但是正常的情况,而且是文学所以为文学的特有魅力所在。它为文学批评家和研究者提供了一个富有弹性和不确定性的阐释空间,而非一个自然科学那样明晰规范而没有发挥余地的封闭空间。"变脸"魅力在这里一览无余。其二,接着第一个论断,是不是说任何差异性的阐释都是合理的呢?换言之,在承认差异性和多样性阐释的前提下,如何防止主观臆断的强制阐释呢?这就必须回到赫什"意义"与"意味"概念的关系上来,前面我们强调了两者的不同,强调批评家和文学爱好者只能照面后者而无法达致前者。这里,我们需要辩证地强调另一面,那就是"意味"是与"意义"密切相关的,而非游离的、无关的和断裂的。我想指出的一个事实是,一方面我们不可能直接把握到文本那原初的、固有的或自在的意义,但是我们可以看见作为它的各种变体形式出现的"意味"。后者与前者的关系也就会呈现出许多不同的距离。从逻辑上推证,合理的文学阐释应该尽量使"意味"接近或趋近"意义",但却不可能无距离地达致"意义"。同时,我们也要防止有意背离"意义"的任意阐释,甚至完全无关的阐释,那就会堕入强制阐释的渊薮,因为这样的阐释已经不再是"意味"而是"臆测"了。简言之,"意味"是"意义"的具体化,就像"变脸"一样,变来变去还是那张脸,但是造型、色彩、情绪和形式则有所不同。看起来这种观念有点"第三条路"的折中主义,但我以为这也许是最切合文学阐释实际的研究路径。"一千个读者有一千个哈姆雷特"这一说法有点夸张,但是一千个读者心中的哈姆雷特一定不会千人一面。更重要的是,我以为文学阐释工作是在一个诸多要素的结构中展开的智力工作,因此必然会受到各种要素关系影响。就像社会学中一直争论不休的行动者与结构的关系,行动者一方面有自己的自由意志和自主行动,另一方面又不得不受到结构的定位、限制和影响。这正是文学批评家文学阐释实践的实际境况。谁能脱离特定的社会、历史和文化的语境结构而自说自话呢?如鲁迅所言,人是不可能拔着自己的头发离开地面的。

说到这里,我再次重申一下一个一贯想法,那就是文学阐释说到底是一种批评家与文本、作者、文本原始语境之间的复杂对话,是与

第三部分 阐释的边界

这个文本已有的阐释的历史和文学史之间的复杂对话。后来的每一种合理解释,亦即对新的"意味"的发现,说到底都是在前人阐释基础上对文本"意义"的又一次趋近。文本固有的、原始的或自在的意义就像是"变脸"中的那个角儿,他在舞台上始终不露庐山真面目,我们看到都是他的各种变体("意味")。至此我想说,文本固有的、原始的或自在的意义其实是一个想象的边界,但是它又不能没有,如果没有这个想象的边界,文学研究就会像放风筝而断了线;但这个想象的边界又是不可企及的,它总是在远方召唤着、诱惑着和吸引着文学批评家们。这就是文学阐释微妙之处,也是文学研究者进入这一专业领域必须培育的文学阐释方法论上的"分寸感"。每一个严肃的批评家都会有一种直觉,这种直觉使他可以不断趋近"意义"而获得各种"意味",他对这些"意味"的发现和阐释总是参照那个隐而不现的"意义"。所以,我在上一回应中提出了以"文学意义"概念来取代"文本意义",意在强调所谓的文本意义实际上是想象的目标,它几乎是不可企及的,而文学阐释是文学批评家在多要素的复杂文学历史知识的结构系统中展开的一种智力劳作,意义的生产受到诸多要素的影响,不可能是文本固有意义的自我呈现,相互作用中,主体与客体、当下与过去、自我与文化之间的对话和协商便出现了,文学的意义油然而生。

如果以上说法可以成立的话,那么,我们对文学阐释的边界就会有一种全新的看法。第一,文学阐释的边界的确是存在的,而且在文学研究的实践中有重要功能。完全无边界就意味着无章无法,那就会使文学研究无根无据信口雌黄;第二,但是这个边界是一个想象的边界,如同赫什所说的"意义"一样,它像是一个生发出种种"意味"的发生器。这么来看,文学阐释的边界并不是一个死板僵固的分界线,毋宁说它是一个移动的、富有弹性的边界。它存在却不僵固,它是想象的却也给文学阐释提供导向,它有自身的定性却又给合理阐释提供新的生长空间。

其实,这样的关于阐释边界的理解,同样也可以用于文学经典。所谓文学经典,不过是文学文本中最具价值和影响力的文本,对这类文本意义的阐释,与其他文学文本并无二致。所不同的就是文学经典文本的意义更为复杂，因此引发阐释的各种"意味"也更具多样性和差异性。如果说普通文学文本的意义相对单纯的话，那么，文学经典文本由于其独特性和独创性，往往使得其意义更带有形态上的复杂性和内在的矛盾性。这里不妨借用巴赫金的"复调"和"独白"两种类型的文本来加以说明。比较说来，经典文本更具有复调性，各种不同的声音相互交错抵牾，形成一个多声部的、差异性的和声结构；而普通文学文本则相当于独白型文本，缺乏复杂多样的多声部，往往是一两个主声部支配而已。所以，经典文本的阐释更具有挑战性，说不完的莎士比亚就是这个意思，说不尽的《红楼梦》亦复如此！

关于文学阐释的历史距离，张江先生给出了一个明确的历史主义或历史还原论的解释，就是文本意义只有回到原始语境中才有合理的阐释。在文学文本的历史解释方面，从来就有两种针尖对麦芒的看法，一种是"向后看"的立场，即回到文本发生时的过去来阐释，用眼下流行的说法就是所谓的"语境化"，它把文本出现时的语境作为文本意义阐发的唯一参照；另一种是"向前看"的，它强调任何历史文本都是对后来的语境发生作用的，因此其文本意义总是对后来的各种阐释开放，克罗齐"一切历史都是当代史"的说法成为此种观念的经典表述，这种立场强调文学研究的当下性，以当下性来处理文本的历史关系。其实，仔细辨析起来，这两种看似对立的观念，内在的假设都是一致的，那就是假定了文学文本历史阐释只有一个可靠的参照，不是过去就是现在。单纯回到过去容易导致历史还原论，只关注当下则容易形成历史虚无主义。于是，我们需要在两者之外另辟蹊径，也许真相就在两个看似对立的立场之间。

在我看来，德国哲学解释学以及受其影响的接受美学，在相当程度上已经解决了这个难题。任何文学阐释所面临的境况是，阐释不可能脱离阐释者当下语境而回到历史文本的原初语境中去，阐释又不能脱离文本原始的历史语境做当下的任意发挥。伽达默尔提出了一系列精彩的论断来解决阐释的历史距离问题。他认为，历史主义要去除阐释者当下的干扰而回到历史的过去的做法是幼稚的，所以每个时代都必须按照它自己的方式来理解历史流传下来的文本。这就出现了阐释者与文本之间的历史的时间距离，以往的阐释学极力要消除这一个距

第三部分 阐释的边界

离，以此来确保阐释的客观性，伽达默尔不这么看，他坚信时间距离应视作理解的一种积极的创造的可能性。所以，伽达默尔虔信理解并不是复制行为，而始终是某种创造行为。这种创造行为只有在历史的视域中才有可能，所谓历史视域既不是丢弃自己进入他人世界，也不是单纯地受制于自我的标准，"而总是意味着向一个更高的普遍性的提升，这种普遍性不仅克服了我们自己的个别性，而且也克服了那个他人的个别性。'视域'这一概念本身就表示了这一点，……获得一个视域，这总是意味着，我们学会了超出近在咫尺的东西去观看，但这不是为了避而不见这种东西，而是为了在一个更大的整体中按照一个更正确的尺度去观看这种东西"①。他进一步指出，经验的文本与当下现实总是存在着某种紧张关系，解释学非但不是去掩盖这一紧张，而是要彰显这一紧张。正是在这一紧张关系中，筹划出一种不同于现在视域的历史视域，也就是文本原初的视域与当下视域的某种融合（视域融合），这样看到的文本绝不是刻板僵固的，而是在一种"效果历史"的历史流传中加以呈现。以下伽达默尔的一段话极为重要：

> 真正的历史对象根本就不是对象，而是自己和他者的统一体，或一种关系，在这种关系中同时存在着历史的实在以及历史理解的实在。一种名副其实的诠释学必须在理解本身中显示历史的实在性。因此，我就把所需要的这样一种东西称之为"效果历史"。理解按其本性乃是一种历史事件。②

"效果历史"所呈现的是真实的历史对象的关系，在这种关系中"同时存在着历史的实在和历史理解的实在"，真正具有历史意义的文学阐释一定要同时具备这两种实在——文本的历史实在与其历史理解的实在。我以为，这是我们对历史文本做历史阐释最为重要的方法

---

① ［德］伽达默尔：《真理与方法》，洪汉鼎译，上海译文出版社1999年版，第391—392页。
② 同上书，第384—385页。

论观念。在此请允许我对伽达默尔的话做些发挥：历史的时间距离在历史阐释中被转化为某种积极的创造性，历史的实在不是孤立地存在于和后人无关的过去中，它始终存在于和后来的种种历史理解的实在的复杂关联中。没有历史理解的实在，历史的实在就无法显现自身的意义。所以，我相信任何一位批评家都不会自失忘我地回到历史语境中去，像王国维所说的"无我之境，以物观物，故不知何者为我，何者为物"。当然，也不是王国维所说的"有我之境，以我观物，故物皆著我之色彩"。① 而是在"有我之境"和"无我之境"之间，是两种境界的"视域融合"。进一步说，"融合"不是取消自我与他者的差异，也不是消弭作者文本的过去与批评家当下阐释的历史距离，而是在这样的差异和距离中，打开历史文本的其历史实在在历史理解实在中的意义。让我最后再次引用伽达默尔的一段话来作为结语：

> （理解的）循环在本质上就不是形式的，它既不是主观的，又不是客观的，而是把理解活动描述为流传物的运动和解释者的运动的一种内在相互作用。支配我们对某个文本理解的那种意义预期，并不是一种主观性的活动，而是由那种把我们与流传物联系在一起的共同性所规定的。但这种共同性是在我们与流传物的关系中、在经常不断的教化过程中被把握的。这种共同性并不只是我们已经总是有的前提条件，而是我们自己把它生产出来，因为我们理解、参与流传物进程，并因为继续规定流传物进程。所以，理解的循环一般不是一种"方法论的"循环，而是描述了一种理解中的本体论结构要素。②

---

① 王国维：《人间词话》，傅杰编校《王国维论学集》，中国社会科学出版社1997年版，第319—320页。
② ［德］伽达默尔：《真理与方法》，洪汉鼎译，上海译文出版社1999年版，第376页。

开放与封闭

——阐释的边界讨论之一[*]

张 江[**]

无论对于谁,从作者、读者到批评家;无论从什么视角,从文学、历史到哲学,一个既定的文本,它开放与封闭,它本身的意义及可供理解和阐释的意义,以及其自身膨胀和扩展的空间,到底是有限还是无限,是有界还是无界,这是一个从古希腊开始到今天,人们一直争论不休的问题。几千年来,对此问题的回答,对立双方针锋相对,不同的历史时期各领风骚。总的来看,19世纪以前,有限论占主导地位;从浪漫主义的兴起,尼采对传统理性的尖锐反抗开始,到20世纪的哲学、历史、文艺理论的颠覆性认证,近百年来,无限论、无中心、非确定性已成定论。有限论已经被彻底消解,似乎没有讨论的必要。我们认为,这一观点是错误的。从理论本身讲,定位于无限论不符合文学生成和发展的事实;从方法论上讲,不是西方的一切就是定论,就是绝对。对文学原点问题的研究和讨论是永恒的主题,同样的问题在不同时代,对不同民族,有完全不同的意义。为此,我们今天重新提出这个问题,从当代中国文艺理论构建的需要出发,提出中国方案的意义,开展深入讨论,相信一定会有新的理论建树,其意义也将在讨论中得到证明。本文试图从意大利著名理论家和小说家安贝托·艾柯两部著作的细读分析入手,看完全不同的两种观点在一个人前后不同的历史时期如何对立和转化,由个体发育的理论历史看系统发育的

---

[*] 本文原刊于《文艺争鸣》2017年第1期。
[**] 作者单位:中国社会科学院。

正确轨迹,以求在此问题上取得中国学界可以达成的最大共识。

一 开放的追索

安贝托·艾柯——著名的符号学创始人——在其早年的理论研究中,文本的开放性、模糊性,以及阐释的无限功能,成为一个重要的努力方向,为接受美学和读者中心论的形成和发展,付出了极大努力。他的《开放的作品》因此成为该领域最具影响力的典范。就是在这部著作里,安贝托·艾柯提出了诸多有关文本阐释的重要理论,对文本的开放意义和阐释的无限性给以明确的定义和标识。对于一个既定的文本而言,开放的含义是什么?安贝托·艾柯的标准提法是:"我们认为,基本上可以说,开放性——可以理解为艺术信息的基本的含糊性。"[①] 这种含糊性或不确定性,在当代艺术理论中,"已经成了作品的一个明确目标",成为"一种需要优先于其他价值而实现的价值"[②]。如此定义,亦即所谓开放性就是模糊性,提供了以下三个向度的可能追索:

其一,从书写的意义说,模糊性是指,在文本书写过程中,书写者的主要目标,就是创造令读者无法确切理解和把握的文本意义。书写本身不是要确切表达,而是要制造模糊;不是要清晰明了,而是要生产歧义;不是要单义给予,而是要多义推进。无限开放与无限阐释空间由此而生成,一旦生成则与作者再无关系。从作者自身说,书写者本人的意图就是含混的,或者本来就没有明确的意图,只有欲望在涌动和铺展。至于写什么,怎样写,绝对没有预案,书写者随心所欲地记录、播撒、散漫开去,无所谓给予或赋予文本以确切信义。用安贝托·艾柯的话说,就是"作者向欣赏者提供的是一种如有待完成的作品:他并不确切地知道他的作品将会以哪种方式完成"[③]。也正因

---

① [意]安贝托·艾柯:《开放的作品》,刘儒庭译,中信出版社2015年版,第29页。
② 同上书,第26页。
③ 同上书,第23页。

为如此,"作者完全可以放心地写作,因为他可以让人自由地演绎他的作品,因为其作品的结局也可以是不确定的,是可以摆脱选择而显现出连续的突然性"①。什么是"放心地写作"?就是不需要精心规划和设计,任由笔下人物事件无边际地生长膨胀,如乔伊斯所言,"精彩的东西自会在写作过程中出现"②。什么是"连续的突然性"?文本和故事是非连续的,是间断的、跳跃的、互不相关的,而这种间断却是连续的。由此,作品的结局当然就难以确定,且非确定的结局是确定的;这种间断和非确定造成"让人自由地演绎"作品的合法和可能。一言以蔽之,在作者那里,文本的随意性及他人的任意阐释,是有意为之的意图行为,是由目的论左右的刻意谋划,是现当代文学艺术家苦心追求的核心要义。安贝托·艾柯赞赏卡夫卡的作品就是一种非常"开放的"作品,认为卡夫卡文本中描写的诉讼、城堡、等待、刑罚、疾病、变态、酷刑,所有这些都不是只从它们的直接字面意义来理解的意象,更重要的是,这些意义是一种"附加","不是只有唯一的一种意义的含义,不是由某些百科全书确定的那种含义,它们不是在世界的任何秩序上静止不变的"③。附加的主体是谁?当然只能是书写者本人。在卡夫卡的作品中,时间与地点的非确定,故事和情节的非逻辑,人物与人物关系的飘忽错乱,给出一个支离破碎的线索让你追寻却一无所获,一个凌乱的、多面体的结构使人无所适从……然而,所有这一切并不意味着作家本人头脑发昏,完全没有自己的意图和逻辑。恰恰相反,他们的头脑是清醒的,目的十分明确,其核心和要害就是,清醒地制造混沌和模糊,有序地生产乱象和歧义,开始让他人,最后让自己彻底地不知所云。对乔伊斯的评价也是如此。他认为是作家的精心设计,让我们在《为芬尼根守灵》中"终于看到了爱因斯坦式、围绕自己折弯的世界",文本中的每一件事,每一个词,都创造无限玄机。"开头的一个词同结尾的一个词连接,因此它结束了,但正是由于结束了它才是无限的。"这种混乱的

---

① [意] 安贝托·艾柯:《开放的作品》,刘儒庭译,中信出版社2015年版,第22页。
② [美] 理查德·艾尔曼:《乔伊斯传》,北京出版集团公司2016年版,第560页。
③ [意] 安贝托·艾柯:《开放的作品》,刘儒庭译,中信出版社2015年版,第9页。

书写和文本结果,是没有意图安排的写作吗?显然不是。任何写作,意图都是在场的。对乔伊斯这样的大师而言,意图只能是更加清晰而坚定。问题的关键在于操作一个怎样的意图。安贝托·艾柯指出:"这并不是说乔伊斯的这一作品没有自己的意思:如果乔伊斯提供了某些思路,正是因为他希望别人能按照某种意思去阅读这一作品。但是,这种'意思'是一个丰富的世界,作家雄心勃勃地想使它牵涉整个的空间和时间——所有可能的空间和时间。"① 安贝托·艾柯对乔伊斯的赞赏,就是对作家开放意图的赞赏,正是这个赞赏给出了所谓现代作家与古典作家,先锋主义与古典主义、现实主义甚至是与现代主义,在书写动机上的根本差异。

其二,从文本的意义说,其模糊性和开放性的表现,即从单体词语、独立句法,到整体文本的能指和所指,都是多重的、复义的、模糊的,既无确定的语义,亦无非歧义的唯一主旨。每一个语句都以犹豫不定的诱惑,召唤不同读者感受,给出超越文本的任意补充,重构诸多差异甚至完全相反的词语和文本意义。文本以至词语都是一个浩渺的宇宙,无穷无尽的玄妙与纠缠不清的相互关系,是文本开放的基本要义。首先,是看语义的多重歧义与纠缠。可以这样判断,字典上的每一个词语蕴含都是多重的,都可以离开其适时语境,作多义的、无关文本更不要说作者意图的使用和理解。这里的多义不仅是双关,而且是无限多关,甚至是完全脱离本义,自行生产其他完全互不搭界的相对意义,由此而使词语本身模糊、重叠,纠缠不清。作为小说家的安贝托·艾柯,在长期的语言游戏中深谙此道。他指出如此做的基本手法是:"2个、3个、10个不同的词根以这样一种方式结合起来,即一个单独的词成了一个有很多意思的'结',每一个意思都可以同其他的隐喻中心相遇、相联系,这些隐喻又对新的组合开放、对新的阅读的可能开放。"② 为证明这一点,安贝托·艾柯拿但丁和乔伊斯做了比较。安贝托·艾柯认为,同是对"三位一体"的解释,尽管

---

① [意]安贝托·艾柯:《开放的作品》,刘儒庭译,中信出版社2015年版,第11页。

② 同上。

第三部分 阐释的边界

但丁用了最高尚、最艰深的概念,但是,他使用的概念是清晰的、单义的,不需要再去做复杂的辨析、联想和猜测。但丁自己也认为,他用的每一个词都是有明晰与确切含义的,这种确切的表述只能导致一种正统的解释,不可能生出更多的复义和歧义。乔伊斯则相反,在天书般晦涩的《为芬尼根守灵》当中,他故意制造混沌,制造实质性的模棱两可与多可,在形式上和词语的意义上,布撒了从局部到整体的通篇乱象,让人彻底地不知所云。为达到这个目的,他调用甚至自造无数非单义的符号,符号的连接也非单义地配给,从而使"每一个句子都旨在使基本意思具有多样的景象,使基本意思成为思想场"①。我们认为,这是一个有说服力的比较。安贝托·艾柯用对文本的实际分析,证实了所谓词语和文本的模糊性、开放性,以及理解的无限可能,来源于语义的多重混淆与纠缠,是文本开放的基点。其次,是单体句子的歧义诱惑。安贝托·艾柯继续以乔伊斯为例,指出《为芬尼根守灵》中的一段语句,以"蛮族古典难词"的多义性,将一些本无关联的场面叠加起来,连其音素的艰深和丰富,都在暗示生产新的语源,使"听觉因素同传达词汇密不可分地结合",构成"句式的总的组织安排方式",这种"句法组织上的无序",生动描写和表达着一个混乱的、多义的"混沌世界",使这个句子混乱晦涩到不忍卒读,使这个世界混乱、模糊到无法辨认。②再次,我们看整体组织和结构,在安贝托·艾柯那里,可以表达为秩序。他从彼特拉克的诗作谈起,提出"每当低俗的组织破裂时就会出现一种新式的组织,对于以前的组织来说它是一种混乱,但对于新语言中的衡量尺度来说它是一种秩序"③。安贝托·艾柯认为,古典艺术中也有打破秩序的努力,但是,这种违背正常秩序的行为,都是在明确的限度内实现的,也就是说,总体上这种打破秩序的行为和结果是并不逾矩的。当代艺术则不然,"它的主要特点之一则是,不断提出同它在其间运动的秩序相

---

① [意] 安贝托·艾柯:《开放的作品》,刘儒庭译,中信出版社2015年版,第53页。
② 同上书,第54页。
③ 同上书,第80页。

比相当高的'不确定'的秩序"①。这种新的无确定取向和规则的秩序，拥有了自己时代的创造物的全部特点，实现作品的多极化和多意义。在这个题目下，安贝托·艾柯高度主张和赞赏："存在这样一些作品，这些作品从外表上看已经完成，但这些作品对其内部关系的不断演变仍然是'开放的'，欣赏者在理解其全部刺激时必须去发现、必须去选择这些演变。"②

其三，开放的意义更充分地体现于读者的阅读和接受。"任何艺术作品事实上都不是'封闭的'，而是每一部作品外表上都是确定的，'阅读'它的可能性是无限的。"③ 面对一个既定的文本，接受者可以从既定经验和立场出发，对文本做任意方向的理解和阐释。其理解可以远离文本，与文本意义无关；其阐释可以独立于文本，与作者意图无关。这里也有两个基本方向。首先，最原始、最基本的方式是，阅读本身没有目标，阅读只是为了消遣或愉悦，并无强迫阅读以获取确切信息之意；也可以由好奇心驱使，主动了解文本到底说了什么，是个什么内容的文本，而对文本说了什么并不做意义构想，也无任何期望标准。其次，是所谓视域诉求，接受者的阅读指向明确，在文本中有意识地自觉寻找与阅读期望一致的蕴含，使文本成为作者与读者愿望一致的文本。更重要的是，这种接受愿望是不断变化的，面对同一文本，此时与彼时的追索大相径庭，"读者将会根据自己的不同心情选择他认为最简便的方式去挖掘"，"使作品以某种方式再生，使作品变得与他以前阅读时所显示的样子有所不同"④。对于这一点，安贝托·艾柯用鲜明的黑体字给予强烈的刺激，"必须避免唯一的一种意思突然强加于我们"，在他看来，接受者面对的文本，"围绕着词的空白，排版时玩的一些花样，诗的原文的空间组合，都有助于词汇发挥无限的光彩，使之含有成千上万的不同的启迪"⑤。从无限的

---

① ［意］安贝托·艾柯：《开放的作品》，刘儒庭译，中信出版社 2015 年版，第 80 页。
② 同上书，第 25 页。
③ 同上书，第 33 页。
④ 同上书，第 5 页。
⑤ 同上书，第 9 页。

意义上说，对既定文本的理解和接受是没有限定的，每一个阅读者都可以得出自己对文本的最后结论。你可以从希腊神话中读出核大战的征兆，也可以从陶渊明的诗中找到他身体残疾的证明，无论怎样空阔虚无，一切解释都是合理的，都可以被理论所证明。读者不能被文本强加，而读者却可以强加文本。最后，我们集中到一点，从专业批评的意义说，文本的开放，意味着批评家的自由，批评家可以放弃自己的专业职责，像普通读者一样随意地解释文本，其基本根据是批评的意图。这种解释无须理解，文本的意义只为虚无。就像当今一些批评那样，根本不须阅读文本，只要从既定的立场出发，操作一套理论模式，就可以有以文本名义却与文本毫无关系的解释。与普通阅读者的操作不同，批评者"使用"文本，去达到或实现他自己指向明确的政治或理论目的。瓦莱里的名言"原文的真正含义并不存在"，为这种开放性的理解和使用提供了最好的理由。安贝托·艾柯则进一步地发挥："艺术作品是这样一种装置：任何人都可以随心所欲地'使用'它，包括它的作者。"对专业批评家而言，他们所追求的开放，"是一种保留有无限含义的东西"，是"所有关于隐喻结构、关于诗作所产生的各种'含糊性'的研究"①，以及操控这些研究以实现其前置目的的理论范式。安贝托·艾柯强调："新人类应该将艺术作品不是看作基于值得欣赏的美的明显关系之上的客体，而是一种需要去深入调查的神秘的东西，一种需要去完成的任务，一种对形象的生动性的刺激。"②更进一步，为证明这个观点的正确，安贝托·艾柯搬用了现代物理学和量子力学的哲学考量说服我们。"作品的开放性和能动性要求确立不确定性和非连续性这样一些概念，这也正是量子物理学的一些概念，与此同时，这些现象又显出爱因斯坦物理学某些情况所具有的启示性形象。"③他认为，量子理论中的一些结论，譬如所谓不可测原理，可以为文本的不确定性提供根据；哥本哈根学派的

---

① [意]安贝托·艾柯：《开放的作品》，刘儒庭译，中信出版社2015年版，第10页。
② 同上书，第7页。
③ 同上书，第21页。

所谓互补性原则，可以使各种互不相关的演绎实现互补。马拉美（Stéphane Mallarmé）所鼓吹的倾向，"每一次演绎都是对作品的一种解释，而不是使这种解释到此为止；每一次演绎都是使作品得以实现，但这些演绎是互为补充的"。由此，他判断："这些理论同物理学的互补性原则同时出现可能是偶然的"，但是，安贝托·艾柯认定："根据互补性原则，不可能同时指出一个基本粒子的多种多样的活动，要想描述这些多样的活动就需要多样的模式。"① 无论他的看法是否正确合理，也无论量子力学的原则是否真正支持文本阐释的无限意义，毫无疑问，这些论述把文本的开放推送到一个新的历史位置。

二 收敛的辩驳

我们必须注意，并且要突出强调，作为符号学的创始者，安贝托·艾柯不仅是一位文艺理论家，同时也是蜚声世界的小说家，是真正的创作实践者。《开放的作品》出版12年以后，他写出了长篇小说《玫瑰之门》。这部作品一经发表，就在意大利及整个西方文学界引起巨大反响，1981年获得斯特雷加小说奖，后又在美国改编拍摄为电影，引起全球性轰动。由此，西方文学史和文论史上生出一个非常有趣的现象，吸引我们去做出探索：作为小说家，他对作品的开放态度，尤其是对他自己作品的开放态度，是与他对待别人的作品一样，同等地开放与宽容吗？他的作品开放性的强烈主张会一以贯之吗？随着历史的变迁和理论的深入，安贝托·艾柯的主张发生了根本性逆转，他人对自己作品的封闭理解，与对他人作品的无限放开，形成鲜明对照，让我们对他的开放理论生出诸多疑问。我们来看1990年，安贝托·艾柯在剑桥丹纳讲坛上，为他人对自己作品的过度阐释所做的批评与反驳，进而对开放的无限性和非确定性的激烈反抗，如何违背他过去的主张。

《诠释与过度诠释》是安贝托·艾柯本人提交的讲题，也是这次

---

① ［意］安贝托·艾柯：《开放的作品》，刘儒庭译，中信出版社2015年版，第19页。

第三部分 阐释的边界

辩论的最终文本。在丹纳讲坛上，安贝托·艾柯有三次演讲，也有三位文艺理论界的著名人物发起诘难。辩论进行了整整一天，500多人聆听了演讲和辩论。美国解构主义理论的代表人物乔纳森·卡勒参与了辩论。斯坦福大学哲学教授理查德·罗蒂给安贝托·艾柯以毫无情面的严厉批评。这次讲座和辩论在西方文论史上产生深刻影响，各种对立观点和激烈抗辩应该记入文艺理论的发展史。这不仅是因为有安贝托·艾柯、罗蒂、卡勒这样的大师参与，更重要的是，这次辩论的题目是当代诠释学所面临的重要问题，或者说是无法绕开、必须回答的原点问题。学术上的争执与论辩无所谓输赢，但是，安贝托·艾柯这时的立场与20世纪60年代初发表《开放的作品》时的立场大相径庭，不能不让人深思和反省。现在看来，安贝托·艾柯演讲及论辩的主要倾向是清晰的，一些基本观点经由他推举的大量例证加以说明，极具说服力和影响力。他提出标准作者和经验作者，标准读者和经验读者的概念，证明书写意图存在及接受者对文本理解发挥尺度有限，使开放的理论受到挑战。尤其是他的作家身份，他对自己创作企图的说明和文本具体意义的介绍，使人无法怀疑他的论点和理念的正确。安贝托·艾柯坚持一个极为强硬的立场，反对他人对自己的文本做无限的过度阐释，要求批评以文本为根据，而非天马行空地迷狂发挥。"在神秘的创作过程与难以驾驭的诠释过程之间，作品'文本'的存在无异于一支舒心剂，它使我们的诠释活动不是漫无目的地到处漂泊，而是有所归依。"① 这是安贝托·艾柯三次讲演的最后话语。

在这次辩论中，安贝托·艾柯对文本生产与理解的模糊性、无限性的批评无处不在。他用自己文本中的许多例子，极有说服力地证明开放写作与理解的荒谬。其中最有新意和说服力的论点，是他对所谓"诺斯替主义"（Gnosticism）的批评与驳斥。按照安贝托·艾柯的考证，诺斯替主义就是神秘主义。在早期基督教时期，诺斯替一词"用来指一种超理性的、直觉的知识，以及被某个神性中介所赐予，或从某个神性中介那里得到的礼物"。这个礼物具有上帝般的神性，"谁

---

① ［意］安贝托·艾柯等：《诠释与过度诠释》，王宇根译，生活·读书·新知三联书店2005年版，第95页。

得到这个礼物,谁就会得到拯救"①。由此出发,安贝托·艾柯分析了诸多诺斯替主义的表现与影响。他指出,在浪漫主义的主要原则中,在哲学非理性主义的流变中,在存在主义的悲观论述中,以至"在贵族阶层对大众社会的每一次发难中"②,都会找到这个诺斯替主义的神秘踪影。经过如此曲折的大尺度跳跃迁移,安贝托·艾柯"将神秘主义的文本诠释方法的主要特征列举出来",让人们看到,在古代神秘主义与这么多当代批评方法中,"一些令人惊异的相似之处"③。从此目的出发,他对诺斯替主义的阐释思想与方法,做了七个方面的概括,直指当代西方文论的根本性弊端,以及20世纪中期以来哲学阐释学的困境,犀利而深刻的批判,生动而尖刻的嘲讽,让人深感震撼。我们将此与他前面有关开放的主张做些比较,会从中得出新的认识。

一是关于文本开放的问题。在丹纳讲坛上,安贝托·艾柯讽刺说,在诺斯替主义者看来,"文本是一个开放的宇宙,在文本中诠释者可以发现无穷无尽的相互联系"④。在《开放的作品》里,安贝托·艾柯却热烈称赞,有如乔伊斯的作品,其中所包含的"意思","是一个丰富的世界,作家雄心勃勃地想使它牵涉整个的空间和时间——所有可能的空间和时间"⑤。这是两种完全相反的立场和态度,完全不同的认识和评价尺度。人们不禁要问,前面提到的"时间和空间"与后面强调的"宇宙",含意是否完全相同?如果是,为什么前者被批评,后者被赞扬?而且为什么是在前者被批评,在后者被赞扬?

二是关于语言的多义性问题。在讲坛上,演讲者批评如下提法:"语言不可能捕捉着一个独一无二的、前语言而存在的意义;相反地,

---

① [意]安贝托·艾柯等:《诠释与过度诠释》,王宇根译,生活·读书·新知三联书店2005年版,第38页。
② 同上书,第40页。
③ 同上书,第41页。
④ 同上。
⑤ [意]安贝托·艾柯:《开放的作品》,刘儒庭译,中信出版社2015年版,第11页。

第三部分 阐释的边界

语言的职责是表明，我们所能谈论的只是一些互相矛盾的东西的偶然巧合。"① 而在《开放的作品》中，作者却坚决主张并突出强调语言的多义性。同样是对乔伊斯的肯定："在乔伊斯那里，作者希望的是，在越来越多样的方式下欣赏这样一种信息，这种信息本身（而且也由于它的实现方式）是多义的。在这里，美学欣赏方式的典型的丰富性又加上了新形式的丰富性，即现代作家作为一种需要实现的价值而追求的新形式。"② 对此，我们也要提出疑问，在要求别人的作品开放的时候，同样是语言多义，为什么到自己的作品，就成为神秘主义，成了只是一些相互矛盾的东西的偶然巧合？一位理论大师的语言观也可以像开放的文本，是非确定的、非连续的吗？

三是关于意图之争。在丹纳讲坛上，安贝托·艾柯批评了当代的"文本诺斯替主义"："任何人，假如他急于将读者的意图强加在作者那无法得知的意图之上的话，都可以成为掌握真理的'超人'；也就是说，作者根本上就不知道他或她在说些什么，因为语言代替了他或她的位置。"③ 对否认作者意图，将读者意图强加于作品和作者，给予批评。但在《开放的作品》中，安贝托·艾柯却又肯定，艺术理论研究是通过对艺术作品的最后分析，去寻找意图所留下的痕迹。重要的是，在这个研究中，"不指出方案和结果的不对等（一部作品是想要成为什么的意图的痕迹，同时又是事实上成为什么的痕迹，尽管这两种价值并不等同）是不可能的，这事实也使瓦莱里赋予这一概念的语义等到确认"，又对明显地突出了一个以读者意图为核心，否定或消解作者意图的理论取向。面对如此矛盾的心机，我们当然疑惑，对于作者和文本意图，安贝托·艾柯到底采取一个什么样的态度？读者意图可以替代作者意图吗？如果不可以，为什么在对待别人作品，或者说在理论的一般意义上的态度和对自己作品的态度有这样大的

---

① [意] 安贝托·艾柯等：《诠释与过度诠释》，王宇根译，生活·读书·新知三联书店2005年版，第11页。
② [意] 安贝托·艾柯：《开放的作品》，刘儒庭译，中信出版社2015年版，第54—55页。
③ [意] 安贝托·艾柯等：《诠释与过度诠释》，王宇根译，生活·读书·新知三联书店2005年版，第41页。

差别?

　　四是关于文本阐释。对此,安贝托·艾柯的立场极其鲜明。"为了能从文本中'打捞'出什么东西——也就是说,从认为意义是一种幻象转化为意识到意义是无限的——读者必须具有这种怀疑精神:文本的一字一句都隐藏着另外一个秘密的意义;是词不是句子隐藏着那未曾说出的东西;读者的光荣使命在于发现,文本可以表达任何东西,但它就是不能表达作者所要表达的东西;只要有人声称发现了文本预设的意义,我们就敢肯定说,这并不是其真正的意义;真正的意义是更深一层更深一层更深一层的意义;那些为物质所束缚和奴役的生活的失败者正是那些停下来说'我懂了'的人。"① 这段话很长,但直白而精准,无须更多的说明和阐释,全部引用在这里。如此犀利的批评和揭露,我们当然赞成,但是,我们同时也要质疑,同是一个安贝托·艾柯,对别人的作品他持开放态度,而对自己的作品却持收敛立场。我们来看实例。

　　实证之一,有阐释者在《玫瑰之名》中发现了一些人物名字上的"隐喻性含义",作者自己说,他没有主动更没有执意设置这种双关,"即使作者真的设置了这样一种形态上的双关,这种双关对理解这部小说也并没有什么帮助"②。但是,在《开放的作品》里,他不是主张现代文学作品应该建立在"把象征作为一种无限交流的手段","对越来越新的反应和理解开放"吗?③ 对自己作品中的人物名字做一点新的反应,发现一点"无穷无尽的联系"④ 或者说做出一种多义而不是作者和作品本身所确定的单义解释,为什么就不可以?安贝托·艾柯不是主张"每一件艺术品,尽管是根据明确或不明确的必要的理论创作的,从实质上说仍然是对一系列潜在的阅读'开放的',每一次阅读都使作品按照一种前景、一种口味、一种个人的演绎再生

---

　　① [意]安贝托·艾柯等:《诠释与过度诠释》,王宇根译,生活·读书·新知三联书店2005年版,第42页。
　　② 同上书,第86页。
　　③ [意]安贝托·艾柯:《开放的作品》,刘儒庭译,中信出版社2015年版,第9页。
　　④ [意]安贝托·艾柯等:《诠释与过度诠释》,王宇根译,生活·读书·新知三联书店2005年版,第41页。

第三部分 阐释的边界

一次"的吗?①

实证之二,安贝托·艾柯对这个例子表示更多的无奈。"我的诠释者认为,这位在小说结尾处大喊'图书馆着火了'并因而宣告了修道院这个小小自足世界的最后覆灭的修道士,其名字里暗含'世界死亡'的意思。"② 作者做出各种各样的解释,努力证明阐释者的判断没有原始根据,因为他在给这个人物命名的时候,还不知道他后来会喊出"修道院着火了那句要命的话";这个名字本身,也就是尼古拉斯,其中既无死亡,也无世界的意思。阐释者做出如此荒唐的解释,安贝托·艾柯颇有些愤怒,质疑"我"就是作者在此时此地,在这个小说场域和阐释场域中,"'我'又是什么东西?我的意识?我的本能?我写作时头脑中所进行的语言游戏?"③ 还有更激烈的话,这里就不举证了。但核心问题仍是,按照开放的观念,这个阐释不是太平淡了吗?当代西方文论的诸多文本阐释早已不知夸张放大了多少。安贝托·艾柯不是曾经坚定地反对"作品的封闭性",而强烈主张文本、词语、形象的开放,读者应该根据自己的心情和需要去深入挖掘,"以他想要的意义来使用文本"吗?④ 怎么临到自己的作品,这个开放的原则和追索就不适用了?

实证之三,这是一个有更多一般意义的表达。上面提到过瓦莱里关于文本意义的名言。这个名言是"原文真正的含义并不存在"。对于这个象征主义"纯诗"理论的重要观点,在前后两部著作中,安贝托·艾柯的态度完全不同。在《开放的作品》中,他对 W. Y. 廷德尔关于瓦莱里的评论,给予赞扬并引申,"因为这样的评论所追求的是,把文学文本看作是一种有不断开放可能的东西,是一种保留无限含义的东西"⑤,而且应该在这种基础上来看待所有关于隐喻结构、关于诗作所产生的模糊性或含糊性的研究。但是,在后来的丹纳讲坛

---

① [意] 安贝托·艾柯:《开放的作品》,刘儒庭译,中信出版社 2015 年版,第 25 页。
② 同上书,第 86 页。
③ [意] 安贝托·艾柯等:《诠释与过度诠释》,王宇根译,生活·读书·新知三联书店 2005 年版,第 87 页。
④ [意] 安贝托·艾柯:《开放的作品》,刘儒庭译,中信出版社 2015 年版,第 5 页。
⑤ 同上书,第 10 页。

上他却激烈地批评,"在许多后现代主义的批评理论中,我们不难发现意义的'漂浮'与'游移'的观念",瓦莱里的这句名言就是一个典型代表,"是一种神秘主义的观念",这种"新的神秘论非理性主义一方面摇摆于神秘论者与炼金术之间,另一方面则摇摆于诗人与哲学家之间"。① 如此对立的看法在一个人身上集中呈现出来,对安贝托·艾柯本人而言,可能是一种理论上的进步,抑或是倒退。从目前掌握的情况看,他主张文本的无限开放在先,依彼时他的身份,更大程度上是理论家方向的认同。在丹纳讲坛时,他已完成了《玫瑰之名》《福柯的钟摆》等小说文本的书写。此时,安贝托·艾柯的认同更大程度上倾向于作家和小说家的身份。很明显,理论研究与创作实践的碰撞,更鲜明地突出在他面前。毫无疑问,创作的实践,让他对理论的认识和感受有了根本性变化。我们认为,这种变化是一种进步。因为实践对理论而言,实践是理论生成的源泉,实践引领理论,实践的品格高于理论的品格。对此,有人评论:"安贝托·艾柯是六七十年代对读者在意义生成过程中的作用最热心、最具影响力的倡导者之一。"② 然而,在其最近的著作中,安贝托·艾柯却对当代批评思潮的某些极端的观念深表怀疑和忧虑。这种忧虑集中体现于他对解构主义的批评方法的质疑。在1990年,安贝托·艾柯发表了《阐释的界限》——题目本身就表达出作者的鲜明倾向——正是在这部著作中,著者提出,当代批评中的某些方法"无异于给予读者无拘无束、天马行空地'阅读'文本的权利"。同时,他还提出新的概念,标识此类阐释为"无限衍义"(unlimited semiosis)。在丹纳讲坛上,他又努力探讨对阐释范围进行科学限定的方法,并提出"过度诠释"(overinterpretation)这一重要概念,从揭示神秘主义入手,批评"有那么一些诗学著作,其目的旨在表明诠释可以是无限的",鲜明地提出,"我真正想说的是:一定存在着某种对诠释进行限定的标准"。③

---

① [意]安贝托·艾柯等:《诠释与过度诠释》,王宇根译,生活·读书·新知三联书店2005年版,第36页。
② 同上书,第9页。
③ 同上书,第42页。

这种变化，无论是从西方文论发展的轨迹说，还是从安贝托·艾柯本人的理论演进说，都应该给我们以深刻启发。

三 开放的思潮流变

现在的问题是，为什么当代艺术家要把文本的开放性作为他们的基本目标来苦心追求，它生成与扩张的理由和动力是什么？在《开放的作品》中，安贝托·艾柯给文本的封闭以强烈批评。他将单义的、确定性的文本理解和阐释，定格于两个更宏大、更深远的历史背景之上。我们可以从这里找到回答此问题的清晰线索。

一是对人类理性的反抗。在批评中世纪的寓意理论时，安贝托·艾柯指出，以这种寓意理论为指导去解读作品，虽然也有开放的可能，阅读原文的读者知道，"每一句话、每一个形象都是开放的，都有需要读者自己去挖掘的多重意义；而且读者将会根据自己的不同心情选择他认为最简便的方式去挖掘，他将以他想要的意义来使用作品"。但是，无论怎样考量，那个时代的所谓"开放性"，与安贝托·艾柯也就是当代想要的开放完全不同。中世纪的开放性"并不意味着交流的'不确定性'，并不意味着有'无限的'可能形式，并不意味着欣赏的完全自由"，因此，这种开放必定是有限的、虚假的，在这种名义下，所谓开放"只有一定的欣赏可能"，而这种可能"是预先严格确定的、严格限定的自由，以便读者的理解反应永远不摆脱作者的控制"。[①] 更要害的是，这种单义的理解和阐释只是一种象征，体现的是一个"有序的世界，是一系列的实体和规律"[②]，是人类传统理性的根本追求。从写作的意义说，对文本的确定性理解，是由书写者以理性的方式所确立的，他创制了意图，设置了形式，规范和约束阅读者按照既定的意图去理解作品。从文本的意义说，一个有限的文本，其中的蕴含能够为阅读者所确切把握，体现了理性的清醒与透

[①] [意] 安贝托·艾柯：《开放的作品》，刘儒庭译，中信出版社2015年版，第5—6页。

[②] 同上书，第6页。

彻，理性决定了理解与文本的一致性和确定性，将模糊驱逐于理性之外。从大的背景看，主张文本创作及其理解和阐释的无限性，正是自尼采以来西方理论世界不断兴盛壮大的反理性、反本质、反逻各斯中心主义的强烈诉求在文学和艺术领域的现实表现。对此，安贝托·艾柯有一段总结性的话："在如下文化联系中，即二元价值逻辑（传统的要么是真要么就是假，要么是事实，要么就是矛盾）不再是认知的唯一可能手段，而是多元的价值逻辑大行其道，确立了诸如认知活动的有效结果是不固定的这样的观念。"正是在这样的观念的左右下，当代西方文艺理论主攻方向放在不断提出和论证"艺术作品不存在必然的、可以预见的结果，在这些艺术作品中，演绎的自由作为不一惯性中的一个基本因素起作用"①，非确定性、模糊性，无限开放与衍义等，成为西方当代文论的基本主张。

  二是对专制制度的反抗。安贝托·艾柯对文艺复兴时期的古典主义提出批评，对巴洛克的建筑风格给予高度肯定，通过两者之间的比较，区别开放和封闭所代表的不同的社会制度及社会形态，强调开放的创造和刺激意义。安贝托·艾柯认为，古典主义的方法同中世纪的文本解读方法一样，是"静态的、毫不含糊的细腻，是围绕中心展开的、用一些对称的线条和死角局限住的那种都集中于中心的空间布局手法"，这种手法是一种"本质的"的"永恒的观念"，是"由普遍秩序和存在的稳定性确保的规范化习惯"。② 而巴洛克风格却是"效果的不确定性"，"作品在不间断地发生变化"，"永远不容许有什么优先的、正面的、确定的视点"，这种风格是"现代文化和现代感的最早表现"，是对古典主义的强有力反叛，是重大的历史进步。在此基础上，安贝托·艾柯明确指出，对文本和阐释的约束或收敛，体现了一种体制，这个体制"就是帝国社会和神权社会的那种体制；阅读的规则就是独裁政府的规则，这些规则指导人的任何一个行动，为他

---

  ① ［意］安贝托·艾柯：《开放的作品》，刘儒庭译，中信出版社2015年版，第18页。
  ② 同上书，第7页。

预先确定目标,并为他提供实现目标的手段"①。由此,我们不能不说安贝托·艾柯对封闭的文本阐释理念的批评是犀利而深刻的。从中我们也可以梳理出一条线索,即当代文本批评理论的滥觞,潜伏于近代以来西方理性主义兴起并泛滥的大潮之中,生成于近代政治文明对中世纪蒙昧统治的反抗之中。

除此之外,还有两个方向的问题需要明确。一是,当代社会生活的动荡与前途的模糊性,使世人——包括理论家、文论家,恐怕尤其是后者——产生和扩张恐慌心理,更易于坠入非确定性和偶然性的盲目与迷失之中。20世纪的两次世界大战,百年多人类社会发生和遇到的复杂现象,无数前人根本无法预见、传统的科学理论和方法尚不能准确认识和解决的问题,特别是诸如气候、环境、疾病、恐怖袭击,以及其他人为造成的万千灾害和苦难,使人类命运及个体生存经常处于不稳定、不安全,无所依靠的状态。偶然性和突发性,断裂与变迁,成为更突出、更敏感的新常态。同时,随着人类认识范围的扩大,人类的困惑和迷茫不是在减少而是在增加,甚至是成指数地无限增加。人类的抗争,人类对一切未知的探索,也从未停止,其勇气和能力与日俱增。正是在这样的历史条件下,如此的存在决定了如此的意识。安贝托·艾柯有言:"也许可以肯定地认为,这种对确定的、确实的必然性的逃避,这种含糊和不确定的倾向,正反映了我们时代的危机状况;或者恰好相反:这些理论同今天的科学相一致,表现了人们对不断改变自己的生活模式和认知模式采取开放态度的积极能力,表现了人们有效地努力推进自己的选择余地和自己的新境界的进程的积极能力。"② 作为人类灵魂的文学,它要表达和反映人类自身存在的环境和状态,超越对从必然到自由的飞跃的一切束缚和规约,各种困惑和探索,万千的失败、曲折和凯旋,当然也会千折百回,疑窦重重,不确定,模糊性,多义朦胧,无限联系,仅仅提出问题,而无确切解答,由此调动激发世人奋斗精神,未尝不是进取、向上的行为,未尝不是人类社会不断进步且

---

① [意]安贝托·艾柯:《开放的作品》,刘儒庭译,中信出版社2015年版,第6页。
② 同上书,第21页。

难以绕开的必然历程，也是文学与生活同步，在人类争取自由和解放斗争中发展自己的庄严使命。对此，安贝托·艾柯以布莱希特的戏剧作品为例，说明在法国荒诞剧令人尊重和敬畏的一面。布莱希特的戏剧作品在其最严格的展示的意义上说并不提出解决办法：将由观众从他所看到的东西中得出批判性的结论。他的剧作经常结束于一种模棱两可之中，"这里不再是一种模模糊糊的温和的模棱两可或者令人痛苦的神秘的含糊，而是一种社会生存中的具体的模棱两可，是无法解决的问题的碰撞，对于这些问题必须找到一种解决办法"。在布莱希特那里，其作品正像开放的讨论一样，也是开放性的：等待找到解决办法，期待找到解决办法，但这些寻找办法的勇气和热情，必须来自公众的共同觉醒。"开放性是革命性的教育手段。"① 当然，我们也要注意，这种所谓开放与教育，其本身已蕴含它是以确定的目的和结果为最后目标的。

二是，现代科学的发展对人类理解能力和方式产生的冲击，更确切地说，是现代科学方法的复杂与多样，使人们对人类理性能力产生的误解和偏见，使违背科学精神的文本及阐释理论发生重大偏差。当代数学和物理学，特别是相对论和量子力学发展过程中提出的一系列哲学和认识论问题，给人文社会科学，给人类思维和理论方式，提出前所未有的挑战。诸如统计的或然性，海森堡的测不准原理，爱因斯坦与薛定谔的著名争论（薛定谔猫），让一些人误以为，人类认识的确定性及预测能力无法应对量子尺度的复杂现象，决定论和因果律遭遇彻底失败，文学及文本的非确定性和模糊性是一种必然。于是，各种近乎怀疑论、不可知论、相对主义、虚无主义的伪理论、伪学说大行其道，给科学的人文研究和理论建设以极大的冲击。安贝托·艾柯说："在这一时代，认识论的局势是相互矛盾的，是相互对立的，或者说是尚不协调的。于是就会出现比如说这样的情况：作品的开放性和能动性要求确立不确定性和非连续性这样一些概念，这也正是量子物理学的一些概念，与此同时，这些现象又显出爱因斯坦物理学的某

---

① ［意］安贝托·艾柯：《开放的作品》，刘儒庭译，中信出版社 2015 年版，第 21 页。

些情况所具有的启示性形象。"① 于是，文学和艺术家们的行动，呈现出与当代科学研究范围相一致的努力方向。"要设法弄清，作品的某些概念是如何同科学、心理学或者当代逻辑学的方法相一致或者明确的相互关联之下而产生的。"② 对文本演绎的自由，成为一个基本因素而发生作用，不再被认为是方向的迷失，"而是科学验证的一个不可缺少的方面，而是亚原子世界的可以验证的、不可混淆的存在方式"③。"艺术只能接受这种状况，只能努力——作为他的职责——给这种状态以形式。"④

这里还要对神秘主义的阐释与解读多说几句。前面提到在丹纳讲坛上，安贝托·艾柯用极为激烈的语言批评所谓诺斯替主义。这个主义是希腊皮尔斯基督教早期的一种宗教和哲学的思想与实践，此学说主张神秘主义的宗教顿悟与救赎，"在基督教理性主义以爱'肯定式'激发的推理模式去努力证明上帝的存在的漫长岁月中，神秘主义的信念并没有消亡。它作为一种边缘现象的炼金术士、犹太教神秘主义哲学家以及中世纪羞却的新柏拉图主义者的夹缝中艰难地生存了下来"⑤。关于它的基本主旨，安贝托·艾柯评论道："旨在表明这样一种观念：希腊理性主义所描绘的那种宇宙秩序是可以被颠覆的，我们有可能在宇宙中发现新的联系与新的关系。"⑥ 几千年来，这种宗教式的非理性追求一直徘徊和浸润于西方人文社科理论的研究与发展之中。在20世纪当代哲学的生长与演变中，其作用尤为突出。至于文论领域，安贝托·艾柯引用吉尔伯特·杜兰的观点，开列出许多人的名字，从海德格尔到荣格，从列维—施特劳斯、福柯、德里达、巴尔特，到格雷马斯、德勒兹，一大批当代著名大师，斥之为"整个现代思想体系都靠仰赫尔墨斯的鼻息而生存"的人群，锋芒直指20世纪

---

① [意]安贝托·艾柯：《开放的作品》，刘儒庭译，中信出版社2015年版，第21页。
② 同上书，第26页。
③ 同上书，第18页。
④ 同上书，第43页。
⑤ [意]安贝托·艾柯等：《诠释与过度诠释》，王宇根译，生活·读书·新知三联书店2005年版，第34页。
⑥ 同上书，第36页。

的哲学与文学理论与神秘主义的传统与联系。这不能不引起我们的深思。安贝托·艾柯的这个论点，表达了什么，又意味着什么？神秘主义是无限开放观念的思想与宗教根源，在现代科学和实践面前，难道可以久远地占据统治地位吗？

四　判断与结论

　　安贝托·艾柯的自我矛盾与自我否定，给我们以深刻启示。这些矛盾不仅鲜明体现在两个不同时期之间，就是在同一历史时期，他对阐释界限的理解和认识也一直是摇摆不定的。在《开放的作品》中，这种浮动与摇摆反复出现。譬如，尽管其主调是强调开放而抵制封闭，但他总是有意无意地制造伏笔，或者说留下退路。他说："总之，作者向欣赏者提供的是一种有待完成的作品：他并不确切地知道他的作品将会以哪种方式完成，但他知道，作品完成后将依然是他的作品而不是另一部别的作品。"① 从而肯定了作品的本质属性。尽管他力主读者可以任意阐释甚至颠覆文本，但他又补充说："运动中的作品是有可能使个人干预多样化，而不是容许随心所欲地随意进行干预：要求进行不是必然的，也不是单一的干预，容许自由地进入一个世界，但这个世界永远是作者想要的那个世界。"② 尽管他鼓吹演奏者（读者）可以另外演绎作者制造的文本，然而，无论你怎样演绎，比如，贝里奥的《长笛独奏变奏曲》任由不同的长笛演奏者来演奏，这些演奏当然永远不可能相同，事实上是在实现一种完全个人化的创作，但是，"这些演奏也从来都不是什么绝对毫无根据的"，因为"它的前提已经存在于艺术家自己提供的原有的材料之中"。③ 变异和延伸只能以这些材料为基础。所有这些，都清晰表达出，在安贝托·艾柯那里，文本的开放是有限度的开放，阐释者对文本的理解和阐释

---

　　① ［意］安贝托·艾柯：《开放的作品》，刘儒庭译，中信出版社2015年版，第23页。
　　② 同上书，第22—23页。
　　③ 同上书，第23页。

第三部分 阐释的边界

必须立足于文本。文本规定了开放的限度,决定了阐释的界限及其合法性。那种认为"意义是一种幻象转化为意识到意义是无限的","文本的一字一句都隐藏着另外一个秘密的意义;是词不是句子隐藏着那未曾说出的东西";那种以为"读者的光荣使命在于发现,文本可以表达任何东西,但它就是不能表达作者所要表达的东西"[1] 一类的极端怀疑主义与虚无主义,应该受到怀疑,应该被驱逐到合理的阐释场域之外。

应该指出,如同安贝托·艾柯这样一类的个体对于文本的开放与封闭会有不同的观点冲撞和轮番变化一样,从古希腊开始,历来就有两种尖锐对立的不同意见。各方面的理论都是充分的,不同的历史时期,各自占据着主导地位。20世纪末期至今,传统的理论被彻底颠覆,绝对开放的文本观主导了文论的生成发育。可以肯定地讲,它们都有真理的一面,都有必须予以坚持的正确理论和原则。但是,凡事不可以绝对。真理向前跨越一步就是谬误。在一个时期突出强调相对薄弱方面,甚至矫枉过正,用一面否定另一面在所难免,有时甚至是必要的。正如当下,我们撰写如此长文从指出安贝托·艾柯文本观的自相矛盾入手,更多地强调文本无限开放的非法性一样,是在今天当代西方文论无限开放理论占统治地位,并难以抗拒地导引中国本土文论构建偏离正途的语境之下,讲了一句或许也是矫枉过正的话。但是,我们今天批评绝对开放的谬误,绝对不是要回到绝对的封闭。我们从不认为文本的最后意义是单义的;从不否定读者包括批评家对文本做广义的理解和阐释。我们的主张是,文本是自在的,不能否认文本自身所蕴含的有限的确定意义;文本是开放的,不能否认理解者的合理阐释与发挥。确定的意义不能代替开放的理解,理解的开放不能超越合理的规约。我们的结论是,在确定与非确定之间,找到合理的平衡点,将阐释展开于两者相互冲突的张力之间。各自的立场都应该得到尊重,无须对具体文本阐释过程中各个方向有限的过度夸张加以过度责难。

---

[1] [意]安贝托·艾柯等:《诠释与过度诠释》,王宇根译,生活·读书·新知三联书店2005年版,第42页。

不确定关系的确定性
——阐释的边界讨论之二*

张 江**

20世纪中后期以来，以后现代主义的兴起为标志，当代一些社会与人文理论，出现了否定人类理性和认识的真理性追求的趋势。它们否定对历史、文学、社会等各类现实与非现实文本的确定性阐释，以去中心、去本质、去客观化、片面推崇理解和阐释的无限开放与任意结果为主潮，呈现了相对主义和虚无主义逐步占据主导地位的历史倾向。从理论上看，这种虚无主义思潮，除了继承由柏拉图美诺悖论提起，到休谟、贝克莱怀疑论传统，由叔本华、尼采再次扩张，再到海德格尔、德里达最后实现的解构主义高潮牵动以外；另一个重要方面，是当代自然科学的发展，主要是20世纪量子力学的生成与深化，特别是海森堡的旧不确定性原理的确证，它们为当代虚无主义理论生长与传播开凿新的路径，推动虚无主义思潮不断扩大，几近成为当代西方思想与理论发展中一种基本思维方式和方法论立场。本文拟从对不确定性原理的确定性阐释开始，对人类认识的基本目标、理解和阐释是否具有确定性追索等问题，提出自己的意见。

一 不确定原理的本质意义

认为人们对客观世界的认识是一种非确定性认识，并以此否定人

---

* 本文原刊于《学术月刊》2017年第6期。
** 作者单位：中国社会科学院。

第三部分 阐释的边界

类理性的确定性目标,一个主要根据或借口,是量子力学的测不准关系,以及由此上升概括的认识上的不确定原理。毫无疑问,量子力学的发展,特别是其中不确定原理的发现与确证,在物理学意义上说,是对传统牛顿力学思维方式及认识方法的深刻革命。在微观领域下,不确定关系彻底改变了宏观物理学的基本观点和方法,构建和展开了量子力学的全部理论与实践。通俗地概括,在经典力学概念中,宏观粒子(质点)沿一定轨道运动,如果质量为 m 的粒子所受力及初始条件($t=0$ 时的位置和速度)已知,则它在以后各个时刻的位置和动量原则上都可以得到求证,并可以此预言未来的无限过程,精准确证宏观尺度下的因果关系。但是,在微观尺度下,情况发生根本性变化。我们面对的事实是,对一确定粒子,由于其粒子性与波动性的双重性质,观测者对其进行精确度量时,不能同时得到确定的相关结果。对此现象,20 世纪 20 年代,德国物理学家海森堡从对单狭缝电子衍射试验的分析出发,推导测不准关系的数学形式:$\triangle x \cdot \triangle p \geqslant \frac{h}{2}$。量子力学发展的历史证明,这是量子力学的基本形式,是微观世界的一条重要物理规律。此形式精准表达:"微观粒子不能同时具有确定的位置和动量。[①] 如果粒子的位置精确地确定了,即 $\triangle x \to 0$,则 $\triangle P_x \to \infty$,即粒子的动量完全不能确定。反之亦然,如果精确地知道了动量 P_x,则我们对位置 x 就一无所知,粒子在 x 方向上的位置完全不能确定。如果同时确定动量和位置,它们的确定精度由不确定关系给出限制";"量子力学还可以严格证明,在能量和时间之间也存在类似的不确定关系:$\triangle E \cdot \triangle t \geqslant \frac{h}{2}$"[②] 虽然这个定理可以通过大量同类粒子的单缝实验,从系综统计上予以确立,但是,这种不确定关系并不必须与测量相联系,也就是说,这种测不准现象并非由于仪器的不精确或测量技术的不完善所造成,也不存在所谓隐变量的作用,而是微观粒子的本性所致。正是基于这一点,物理学家们把测不准关系

---

① 确切地表述,应该是"微观粒子的测量"不能同时具有确定的位置和动量,因为在无测量,即无外力干扰的情况下微观粒子具有自己确定的位置和动量,不以人的意志为转移。
② 徐克尊等:《近代物理学》,中国科学技术大学出版社 2015 年版,第 59 页。

不确定关系的确定性

上升为不确定原理。这个原理经过实验和实践的检验，证明是量子力学的一个确定性原理，从而有力地推动了当代科学技术的发展。

众所周知，对于不确定性原理，从它被提出的那一天起，就引起各方面的激烈争论。最典型、最有影响的是，以爱因斯坦和薛定谔等为代表的以决定论为信念的科学家，与玻尔和玻恩等代表的以非决定论为信念的科学家之间，进行了长达三十多年、至今也没有最后结论的激辩。爱因斯坦以"上帝不掷骰子"的著名口号为武器，对海森堡的测不准原理提出强烈质疑；玻尔以"我们不能命令上帝去作什么"为答，坚定地予以反对。爱因斯坦设计了多种思想实验与玻尔展开激烈交锋，一问一答，成为量子力学史上的精彩篇章，但终究没有形成共识。一直到20世纪50年代爱因斯坦去世，双方依然坚持各自的观点。从总的线索看，这场历史性的论辩，支持了哥本哈根学派的一系列基本观点，否定了爱因斯坦的定域实在论。测不准关系及其理论阐释为各种实验所反复确证，并在工程技术上得到广泛应用。① 我们现在的问题是，测不准关系的确定，是不是就意味着如许多人——特别是物理学领域以外的有些人——所理解和认定的那样，它本身是一个认识上的不确定原理，它的表达与推广，最终判决了人类理性与认识上的确定性追求是非法的、不可能的？对这一点我们还是回到量子力学不确定关系的本来意义上进行讨论：

第一，从海森堡的数学定义看，所谓不确定关系，是指对同一单个粒子，对其具有共轭关系的物理变量不能"同时"测准：测准了位置，就无法测准动量；测准了动量，就无法测准位置。从认识论的意义上讲，这本身就是一种确定性结论。经典力学的传统方法，可以同时测准一对共轭变量，而在微观粒子的尺度上，则只能精准测定其中一个变量，不可能同时测准两个。这是确切无歧义的，没有丝毫的模糊。正是这个结论使得20世纪量子力学的构建与展开成为可能，

---

① 对这场争论玻恩曾评价说："这是一个悲剧性的情况。普朗克对他本人的发现的革命性推论，始终保持一种谨慎的态度，而爱因斯坦更为过分，他不断用一些简单例子力图说明，放弃决定论是错误的，测不准关系也是错误的。玻尔所研究的正是这些例子……在每个例子里，爱因斯坦的反对意见都可以通过对实验情况的精细研究来驳倒。"参见[德]玻恩《我这一代的物理学》，侯德彭等译，商务印书馆2015年版，第132页。

并为 21 世纪新的理论发展奠定了基础。下面要谈到的所谓新的不确定原理就是证明。从逻辑学的意义上讲，肯定性判断是确定性判断，否定性判断同样也是确定性判断。不确定关系描述了"不可能情况"，其判断是否定的，但这种否定判断具有完备的肯定意义，即在微观条件下，同时测准某一粒子所具有的共轭变量是不可能的。很明显，此判断的意义是确定的。

第二，从量上定义，我们必须注意，测不准关系由一个不等式表达。这个不等式规定了它的有效范围。它有两重含义。其一，同时测定微观粒子的共轭变量不是完全不可能，而是有精确度限制的。"我们如果试图把量子力学的对象 q 和 p 解释为'位置'和'动量'，从而用经典术语来解释运动，则在指导'位置'和'动量'所能达到的精确度方面会有一个基本的极限。"① 毫无疑问，这依然是一个确定性判断。其二，从应用范围上说，就位置和动量的关系分析，公式 $\triangle x \cdot \triangle p \geq \dfrac{h}{2}$ "给出的极限来源为 h 不为零这样一个事实，但从宏观尺度来看 h 非常之小，正因为如此，在经典力学中这个极限就完全可以略去"。② 也就是说，测不准原理在普朗克常数以上的宏观尺度中无效。这也是确定的。因此，把测不准原理推广于宏观领域，甚至在人类理性价值与意义上推广应用，不具合法性。

第三，测不准关系的数学表达的本质含义有，在任一指定时刻，要以任意高的精确度同时测定共轭变量是不可能的。这里的核心是"同时"。其要害是，在一个确定时刻，我们可以得到一个变量的精确描述，而不能"同时"得到另一个变量的精准表达。仅此而已。但这并不意味着另一个变量不可以和不可能在另外的时间框架下被测准。同时，这种测定一个变量，且有此变量的精准结果，就为准确测定或理论假定另一个变量提供了可能。③ 21 世纪初，有人指出，"事

---

① [美] E. H. 威切曼等：《量子物理学》，《伯克利物理学教程》4，潘笃武译，机械工业出版社 2015 年版，第 16 页。
② C. Cohen-Tannoudji 等：《量子力学》2，陈星奎、刘家谟译，高等教育出版社 2014 年版，第 25 页。
③ 另一个变量的几率表达，在统计决定论的意义上，应同样视为是确定的。

实上，我们可以在以任意精度测量粒子位置之前以任意精度测量其动量，然后我们可以在（光子对粒子的）动量产生影响之前以任意精度（虽然我们仍然不确定它在测量后的动量）确定其位置和动量"。① 最近二十年来量子力学的发展，特别是量子纠缠的理论结果与应用，充分证明了这一点。不确定关系只在不能同时的意义上是有效的，离开这个限定无限推广是无效的。

第四，根本的一点是，海森堡的不确定原理本身，可以给出诸多重要的确定性结果，以实践证明自身的确定性意义。譬如，从电子的波动性出发考虑，我们可以运用不确定关系式解释"原子为什么稳定而不离解或电子不进入原子核内"，并由此确定"在微观世界中，粒子的静止概念和轨道概念不存在，它们与波动图像根本不相容，因此，谈论半径为 a 的圆周轨道运动是毫无意义的"。② 这是一个重要的结论。因为它纠正了过去人们对原子内部结构的错误认识，深刻揭示原子内部的运动规律，是人类对微观世界认识的重大进步。不确定关系和原子的定量研究也是一个很重要的证明。不确定关系破除了玻尔轨道概念全部物理上的真实性，在这个基础上，我们可以通过不确定关系确定原子的稳定性，估算氢原子大小的数量级和它的基态能量。可以说，"正是依靠不确定关系，人们才理解了原子的稳定存在"。③ 这似乎有些反讽的味道：不确定原理，确定了原子的稳定性。因此，以不确定原理证明科学及人类认识是不确定的谬论不攻自破。另外一个有趣的实例，是不确定关系在超导现象中的应用。众所周知，最早的超导现象是由荷兰物理学家昂纳斯在 1911 年发现的，但经过几十年的探索，经典电子理论只能解释绝对零度状态下金属超导现象的原因，但却无法解释在绝对零度以上某个温度时，金属的电阻为什么会突然消失。直到 1956 年，美国科学家库珀运用不确定关系，创立了所谓"库珀对"概念，提

---

① ［美］约翰·厄尔曼等：《爱思唯尔科学哲学手册》（物理学哲学）上，程瑞等译，北京师范大学出版社 2015 年版，第 389 页。
② 徐克尊等：《近代物理学》，中国科学技术大学出版社 2015 年版，第 59 页。
③ C. Cohen-Tannoudji 等：《量子力学》1，陈星奎、刘家谟译，高等教育出版社 2014 年版，第 46 页。

第三部分 阐释的边界

出了关于金属超导性的量子理论,即 BCS 理论,完全解释和描述了所有金属超导的实验结果,并因此而获得 1972 年诺贝尔物理学奖。① 这样的例子还可以举出许多,充分证明不确定性原理以其实践的力量,表明它自身的确定性意义。

我们回到爱因斯坦与哥本哈根学派的论辩。在量子力学发展的历史上,爱因斯坦的地位和作用极为特殊。一方面,他对量子力学的创立和发展做出极伟大的贡献。可以说,没有爱因斯坦,就没有量子力学。另一方面,他对量子力学许多新的进展和成果表示了坚决的反对。这集中在他对包括海森堡在内的哥本哈根学派理论的批评。特别是在著名的爱因斯坦—波多尔斯基—罗森的三人论文中,对量子力学理论的完备性提出深刻质疑。当时的爱因斯坦是少数派,他的所谓"量子佯谬"被驳斥得体无完肤,而他又拿不出更新更有说服力的实际成果战胜对手。直至进入新世纪,2003 年有人提出第二次量子革命②,量子信息研究和应用的最新成果,把爱因斯坦的佯谬变成一个量子力学的事实。③ 对此,现代科学史有过如下评论:"从 20 年代开始,爱因斯坦拒绝接受量子力学,认为它不过是对自然界的'权宜'性说明,从而使得爱因斯坦与整个物理学界产生了分歧。爱因斯坦反对的主要观点是,新物理学引进几率思想作为它的基础缺乏经典的因果性和确定性,以及由此导致的描述自然界的不完备性。"④

时至今日,面对这段历史,我们对旧的测不准原理,对爱因斯坦的猜想和判断,有了具备事实根据的新认识。根据吴国林的介绍,美国 M. Berta 等学者,根据量子信息理论和技术研究及应用实践,对不

---

① 顾樵:《量子力学》,科学出版社 2014 年版,第 358—359 页。
② 吴国林:《量子技术哲学》,华南理工大学出版社 2016 年版,前言第 1 页。
③ 所谓佯谬是指,"坚信决定论观念的爱因斯坦等著名物理学家从因果决定论或定域实在论的立场出发,对量子力学的完备性等问题提出了诘难。爱因斯坦、波多尔斯基与罗森于 1935 年提出的 EPR 佯谬认为:如果 A、B 两个微观粒子是量子纠缠的,就可以同时准确测量 A 的位置和 B 的动量,从 B 的动量又可以推出 A 的动量,等价地说,可以同时确定 A 粒子的位置和动量。进而爱因斯坦等人以此来质疑量子力学的完备性"。据吴国林《量子技术哲学》,华南理工大学出版社 2016 年版,第 282 页。
④ [美]科恩:《科学中的革命》,鲁旭东、赵培杰等译,商务印书馆 1998 年版,第 540 页。

确定原理做出开拓性研究,并给出了定量描述。这个结果表明:

> 在观测者拥有被测粒子"量子信息"的情况下,被测粒子测量结果的不确定度,依赖于被测粒子与观测者所拥有的另一个粒子(存储有量子信息)的纠缠度的大小。原来的经典的海森堡不确定原理将不再成立,当两个粒子处于最大纠缠态时,两个不对易的力学量可以同时被准确确定,由此得到基于熵的不确定原理,此理论被称为新的海森堡不确定原理。①

吴国林进一步指出:

> 熵的不确定原理最近首次在光学系统中被验证。可见,原有的不确定原理与量子信息没有联系,而量子信息的引入,特别是量子纠缠的引入,就可以同时确定一个粒子的位置和动量。当两个粒子处于最大纠缠态时,被测粒子的两个力学量可以同时被准确确定。②

我们无力预测这个结果的最新动态,也不能断言新不确定原理还需要多少更新的证据可以被最终确证。但有一点可以确证的是,到目前为止,量子力学所揭示的微观世界的基本规律,被实践反复证明是正确的。在这些实践面前,对量子力学的确定性所抱有的任何怀疑都是没有根据的。科学的因果论和统计决定论,被量子力学包括新不确定原理所证明。要特别指出的是,爱因斯坦与哥本哈根学派长期论争的要害,不仅在量子力学本身,而且是在对人类理性认识目标和结果的最终判断,即理性认识的追索与目标是确定的还是非确定的。从哲学和认识论的视角看,作为量子力学理论根基的不确定关系,是否意味着量子力学本身是以所谓测不准和不确定为最终目标和结果,进而认定科学认识和人类认识的目标,无论是对自然现象还是精神现象,

---

① 吴国林:《量子技术哲学》,华南理工大学出版社2016年版,第284页。
② 同上书,第284—285页。

都要以不确定性为宗旨和归宿,进而把相对主义、虚无主义作为人类理性和认识的基本原则,人类理性认识将永远满足和停滞于模糊和非确定状态。我们认为,对不确定原理的如此阐释与发挥,以及它对量子力学的歪曲,是哲学史上一直存在但从未占据主导地位的怀疑主义和虚无主义,对不确定原理和量子力学以及人类理性追索的误解和歪曲。正如约翰·厄尔曼所指出的:"量子物理学的情况是最奇怪并且是最困难的。普通量子力学在某些观点上比牛顿力学更确定,比如量子力学可以解决一些由解的非唯一性或解的崩溃导致的牛顿决定论的失效。但是量子力学中决定论的命运最终依赖尚未解决的解释问题。这些问题背后的驱动力是解释量子力学如何能说明准确的实验结果或者更一般地,经典世界表面上的确定性——这很讽刺,因为量子力学是最精确的物理理论。一些对这种解释的挑战性的现有回应可能会埋葬决定论,而其它回应则给了它新生。"①

二 主客体的纠缠与界线

海森堡的不确定原理,不仅对物理学,更重要的是对哲学,尤其是对主客关系的认识影响极为深刻。由于量子物理学深入到感觉不能触及的微观世界,对量子现象的探知和认识,必须依靠测量仪器对量子的观察和记录来实现,因此,"在量子现象的分析中,本质上新的特色却在于引入了测量仪器和被研究实体之间的根本差别"。② 同时,因为测量本身是由观测者的主观需要而进行的,测量仪器也由主体观测的需要所决定,主体通过观测和试验仪器与量子对象本身紧密缠绕在一起。更进一步,量子对象本身因为观测的人为扰动所产生的新的行为,其最后动因是主观授意还是客观结果?在这个论域下,主观和客观,主体和客体之间到底是什么关系,它们之间还有没有界线?客体的实际状态是不是可以为主体的知觉活动所创造?"有些哲学家,

---

① [美]约翰·厄尔曼等编:《爱思唯尔科学哲学手册》(物理学哲学)下,程瑞等译,第1648页。
② [丹麦]尼耳斯·玻尔:《哲学文选》,戈革译,商务印书馆2009年版,第227页。

还有些物理学家，认为海森堡的陈述乃是知觉主体影响其知觉对象等传统哲学观念的物理证实。他们反复地提到这个观念，以为在海森堡原理中可以看出这样的陈述：主体不能同外界严格分离开来，主客体之间的界线只能随意划定；或者说，主体在知觉活动中创造出客体"。[1] 为说明和分析这个现象，我们从主客体之间相互紧密缠绕，在观测、处理以至阐释上难分你我的角度，提出一个新的概念，即"主客体的纠缠态"，来表达两者之间的关系，并厘清它们之间的界线。如此命题，有两个方向的表述。一是主体与客体的相互关系；二是主体知觉活动对客体的主观创造。

  第一个问题，即在量子观测过程中，所谓观测主体与作为观测客体的量子对象，它们的相互纠缠之间有没有明确的、相互区分的界线，主体与客体对立的消解是否可能。在宏观物理学的框架内，观测者与观测对象之间的界限是清晰的。我们所指认的所谓科学理论所描述的对象，是独立于人的思想和认识而客观存在的。但是，在量子物理的微观状态下，由于其观测行为本身对观测对象的刺激和扰动，观测主体与对象客体的关系发生了一些异动。玻尔的看法是："在经典物理学的范围内，客体和仪器之间的相互作用可以略去不计，或者，如果必要的话，可以设法将它补偿掉，但是，在量子物理学中，这种相互作用却形成现象的一个不可分割的部分，因此，在原理上，真正量子现象的无歧义的说明，必须包括对于实验装置之一切有关特色的描述。"[2] 惠勒则明确认为，在经典世界中，观察者与观察对象之间隔着厚厚的玻璃，原则上，观察者可以获得对象的全部信息。而在量子世界中，两者之间的玻璃被彻底打碎，观察者成为实际参与者，与观察对象构成一体，不存在一个独立于观察者之外的纯粹客体，也不存在一个独立于观察对象之外的纯粹的主体。[3] 正是因为如此，有人判断："主体不能同外界严格分离开来，主客体之间的界线只能随意

---

[1] ［德］赖欣巴哈：《量子力学的哲学基础》，侯德彭译，商务印书馆2015年版，第25页。
[2] ［丹麦］尼耳斯·玻尔：《哲学文选》，戈革译，商务印书馆2009年版，第227页。
[3] 吴国林：《量子信息哲学》，中国社会科学出版社2011年版，第45页。

划定。"① 从一定意义上说，在对确定量子对象的具体观测中，观测者主体必须运用各种手段和工具，去观测量子对象的存在和运动。因为量子对象小到普朗克常数以下，其独立存在状态以外的任何观测都将对它产生不同程度的扰动。② 主客体之间以设计制备和观测工具为媒介而产生的相互纠缠，直观地表现为观测主体与被观测客体状态的共生共存，难以切割。这种现象让人们产生误解，以为主体与客体融为一体，它们之间的界线因此而消失，主体与客体共同失去自身的独立存在。但是，实际情况并不是如此。从客体的角度看，微观的量子世界是物质世界。无论单个量子对象自身多么微小，总是以其确定状态客观地存在着，并由此发生无限的组合变化，构成宏观的物质世界。从主体的角度看，人作为理性的物质体而存在，其意识是客观世界的能动反映，人的认识通过实践而发生，并通过实践改造客观世界。相对于主观以外的世界，理性的人类也是独立存在的。在量子物理学的观测体系中，主体与客体通过手段和工具构成一个统一体，但这并不意味着两者彼此就没有区分，其间隔性、独立性就此消失。观测者有意识地观测量子，量子对象无意识地被观测者所观测，这本身就确定了一种毫无歧义的主客体关系。正如赖欣巴哈所断言："量子力学的全部陈述无需引入观测者便能作出。观测工具的干扰——这肯定是量子力学所断言的基本事实完全是一个物理事件，在任何方面都不涉及作为观测者的人所发生的影响。"③ 不确定关系的出现，是由

---

① ［德］赖欣巴哈：《量子力学的哲学基础》，侯德彭译，商务印书馆2015年版，第25页。

② 对这种现象，马克斯·玻恩形象说明为："通过显微镜，你能看到一个细菌，并且能跟踪它的运动。为什么简单地使用更高倍的显微镜就不能对原子和电子做到这点呢？答案是，'通过显微镜来看'意味着要通过显微镜发送一束光或一束光子。这些光子和被观测的粒子相碰撞。如果被观测的粒子很重，像一个细菌乃至原子，那么它们实际上将不受光子的影响，所以用透镜聚集起偏转了的光子便可以给出目的物的像。但如果这个粒子是个电子，它很轻，所以在和光子碰撞的时候就要有反冲，康普顿首先直接观测到了这种效应。电子速度的改变在某种程度上是不确定的，并且依赖于物理条件，使得在此情况下也要严格满足海森堡的测不准关系。"据［德］玻恩《我这一代的物理学》，侯德彭等译，商务印书馆2015年版，第62页。

③ ［德］赖欣巴哈：《量子力学的哲学基础》，侯德彭译，商务印书馆2015年版，第26页。

于量子世界本身的性质决定的,与观测者及观测本身没有关系。无论观测者怎样干扰了被观测对象,后者的独存在都是客观的。既然如此,为什么会有人要这样讨论问题,并作出荒诞的结论?除了对量子力学的误解以外,更重要的是,要借量子力学,主要是不确定原理,来表达一种后现代的也是形而上的观念,即所谓主客体之间二元对立的消解。可惜,无论怎样强烈的主观愿望,主客体之间各自独立的存在,以及两者之间的形态与存在方式的差别,是无法消解的。

关于第二个问题,一个深度纠缠的问题,即所谓"知觉主体影响其知觉对象""或者说,主体在知觉活动中创造出客体"。① 在旧不确定原理发现者海森堡那里,这个问题就已经尖锐地提了出来。他认为,量子观测"就像我们已把一个主观论因素引入了这个理论,就像我们想说:所发生的事情依赖于我们观测它的方法,或者依赖于我们观测它这个事实"。② 赖欣巴哈表述更加直接:"假定我们看到一棵树,然后我们把头转开去。我们怎样知道这棵树在我们不去看它时仍旧在它的位置上呢?"③ 也就是说,一个客观事物,它的存在与非存在,不是由事物本身的存在而决定的,相反,是由人的主观意志,或者说由人的知觉活动所决定的。你看它,它则在;你不看它,它则不在。很显然,这是极端的唯我论的观点。从对微观量子的客观性看,量子客观不是人的直观体察能够认识的。它之所以能被人所认知,是量子理论推理的结果,是所谓"佯谬"被否定或肯定的结果。量子客观存不存在,以什么方式存在,再具体一点,它到底是粒子还是波,或者是波粒二象性,从牛顿到惠更斯,从普朗克、爱因斯坦到玻尔、费曼,一直争论不休且无定论。有的论者认为,你看它是什么,你用什么手段观察它,它就是什么。主体消灭客体的自在性,主体的意志安排,决定客体的状态和性质;客体与主体一样,有意志、有选择,预先了解主体的愿望,按照主体愿望呈现自己。主体与客体的相

---

① [德] 赖欣巴哈:《量子力学的哲学基础》,侯德彭译,商务印书馆2015年版,第25页。

② [德] 海森堡:《物理学和哲学》,范岱年译,商务印书馆1981年版,第18页。

③ [德] 赖欣巴哈:《量子力学的哲学基础》,侯德彭译,商务印书馆2015年版,第30页。

互纠缠极致于此,在宏观世界几乎为疯癫的描述,在量子世界似乎确实为真。众所周知,杨氏双缝试验证明了光的实在性。光子双缝实验与分光实验,证明了我们的测量方式对被测量的事物产生了实质性影响。更要害的是,20 世纪 70 年代,在普林斯顿纪念爱因斯坦 100 周年诞辰的专题研讨会上,著名物理学家 J. 惠勒提出著名的"延迟选择试验"。这个思想实验可以验证：1. 光表现为粒子还是波,取决于在什么时间、观测工具放置在哪里；2. 这种选择同时可以改变光子到达以前,包括几亿光年前它存在的状态。对于前一点,惠勒说："延迟选择,即我们在实验的最后一分钟才决定我们用左下的探测器,抑或用右下的探测器","这样我们就有可能作到在光子已经完成它的旅程之后,才决定它到底是经过一条路径还是两条路径而来的"①。也就是说,实验的参与,人的参与,决定了光子的未来到底是粒子还是波。对于后一点,惠勒说："在延迟选择实验中,根据我们采取的实验方式,光子的过去的行为将会受到不可挽回的影响,尽管光子的这个过去是在宇宙中还没有任何生命的时期!"② 也就是说,人后来的参与决定了光子以前的状态,决定了宇宙的状态。更进一步的解释是："被我们称之为过去的那个时空,过去的那种事件,实际上是由前不久的过去以及现在所实现的选择测量来决定的,由这些决定所实现的现象,可影响到过去,直到宇宙之始。"③ 这的确是一个实在而又玄妙的问题。对这个问题,我们应该如何认识？对惠勒的延迟选择的理论及其实验结果,我们没有能力评论。我们只是提出如下疑问：

第一,光子的性质是由实验发现的还是由实验决定的。光的波粒二象性早有定论。关于这个发现的历史无须赘言。惠勒的延迟选择实验不过重新证实了量子的粒子性与波动性不能同时存在而已。迄今为止,无论什么样的试验,无论怎样延迟和选择,关于量子的基本性质只有这两种结果,而无其他。惠勒说："测量行为还对电子的未来产

---

① [美] 惠勒：《物理学和质朴性》,方励之编,安徽科学技术出版社 1986 年版,第 4 页。
② 同上书,第 11 页。
③ 同上书,第 16 页。

生不可避免的影响。不管愿意不愿意，观察者都会发现，自己是一个参与者。在某种奇特的意义上，这是一个参与的宇宙。"① 对此，我们的回答是，参与是可能的。但参与只能通过对客观世界的精确认识和把握，通过实践，改变物质存在状态，为人类进步服务。单纯的人类意识，仅仅依靠意识，无法改变物质世界，哪怕一丝一毫。那种认为试验可以塑造量子的性质，人的意志可以改变量子的原始存在，是认知谬误。确切的表述应该是，试验决定了量子以有限方式呈现自身，不论它是粒子还是波都是其本身所具有的自在性的显现，而非人类干预的结果。我们可以试问，人类有什么手段可以塑造量子以粒子和波这两种方式以外的第三种方式存在？在惠勒的思想实验中，观测者选择在什么位置放置半反镜，决定了光子呈现的状态，这本身已经证明，是实验的干扰使它呈现了它应该呈现的状态，没有更深的出人意料的认识论上的意义。

　　第二，延迟选择是否能够决定或改变被测光子以前的自在状态和性质。试验表明，在时间选择上，放置半反镜是光子到达指定位置以前。在此之前，光子以自己的方式存在并运动着。从光子发出到其被观察之间，在此过程中，如果没有其他意外因素干扰，光子将固守自己的量子性质，并且可以用几率幅或波函数进行描述。但是，这种无法确定的状态，是光子本身所固有的，而非人的意志所赋予。惠勒的猜测，认为光子从初始状态出发，一直到被观测时是一种状态，一旦观测实现，则是另外一种状态；更重要的是，观察它现时的状态，将决定它被观察以前的存在状态和运动形式，甚至于宇宙诞生之际光子初始存在的状态，都由当下的试验所决定并改变。也就是说，人的主观意志，人的观测选择，不仅决定量子当下的状态，而且决定它以前的状态，无论它来自哪里，曾经以什么状态存在和运动。比如，一光子以粒子方式从某天体发出，运行长达5万光年，到达地球后进入人类观察系统，并碰撞到一个人工放置的波动性装置时，不仅它立刻呈现波动状态，而且把过去5万年一直呈现的粒子状态，瞬间改变为与

---

① ［美］惠勒：《宇宙逍遥》，田松、南宫梅芳译，北京理工大学出版社2006年版，第320页。

当下一致的波状态。① 事实是不是如此，宇宙是因为我们的参与而创立，在人类生成以前，宇宙在还是不在，所有这些问题我们须与惠勒言说。但是，关于量子现象，惠勒自己有个一般说法："基本的量子现象只有当它被观察到时才是一个现象"②；"在量子物理的现实世界中，没有哪一个基本现象是一个现象，直到它是一个被记录的现象"。③ 按照这个观点，延迟试验没有、也不可能观察，更没有记录被观测量子运行 5 万光年期间的全部过程，惠勒又如何确定它曾经的存在状态和运动方式的呢？就延迟选择试验本身看，当光与一个粒子性装置相碰撞时，它显示其粒子性；当光与一个波动性装置相碰撞时，它显示其波动性。也就是说，光子当下的行为，是人工干预以后的行为，人工干预只能决定光子未来的行为，且只是光子固有本性中两种状态中的一种，而不能改变它过去的、曾经的状态，也不能创生它本身没有的状态。用测量后的光子行为去推测光子过去的行为，在惠勒那里就是自相矛盾的，没有任何逻辑根据。

  现在回到主客体的纠缠问题上。上述两个现象以及对它们的阐释，特别是在人类理解和阐释的原始意义上，主体与客体的关系，到底应该如何认识和处理？在主客体关系的分割上，我们坚持，主体与客体之间的界线是分明的。主体作为理性认知的基本存在，相对于客体位居认识与阐释的主导位置。基本事实是，客体作为人类理性的对立面，是理性认知和把握的对象，它的存在和运行是人类生存的基本环境。面对未知的客体，主体认识和阐释的理性追求及其实践，是主体存在并生长的基本理由和基础条件。否认了这一点，人类精神与理性将不复存在。包括否认主体和理性意义的人，都是站在主体的立

---

  ① 对此，惠勒的确切表达是："被我们称之为过去的那个时空，过去的那种事件，实际上是由前不久的过去以及现在所实现的选择测量来决定的，由这些决定所实现的现象，可影响到过去，直至宇宙之始。此时此地所用的观察仪器，对于我们认为是过去已经发生了的事情来说，确实有一个无可回避的作用。说世界独立于我们之外而孤立地存在着这一观点，已不再真实了。在某种奇特的意义上，宇宙本是一个观测者参与着的宇宙。"据［美］惠勒《物理学和质朴性》，方励之编，安徽科学技术出版社 1986 年版，第 16 页。

  ② ［美］惠勒：《物理学和质朴性》，方励之编，安徽科学技术出版社 1986 年版，第 4 页。

  ③ ［美］惠勒：《宇宙逍遥》，田松、南宫梅芳译，北京理工大学出版社 2006 年版，第 321 页。

场，以理性的名义而有所作为。我们赞成，把量子测量系统理解成一个包括观察者在内的整体，但是在这个整体内，在观察者与被观察者之间，也就是主体与客体之间，两者的界线是清晰的。所依据的一个事实是，被观察的量子客体经过主体的观察以后扬长而去，留下的无言轨迹和印痕，由主体以各种立场作出理性的分析与阐释。其中正确的为实践提供指导，改变和顺从其特性与规律为人类服务；错误的为实践提供教训，开始新的认知的探索，直至得出最后正确的结论。两者之间的基本区别，主体的能动与客体的被动，无论主客体之间怎样纠缠，此界线永远不会消失，在这个意义上的主客体之间的对立，永远不会消蚀。关于主体知觉对客体的创造问题，我们坚持，人类只能以自己物质性的实践，能动地改造客观世界。那种认为世界上的一切都是自我主观意念的产物，世界的一切事物及他人均为"我"的表象或"我"的创造物的观点，那种以为仅凭知觉就可以改变客观事物本质和状态，把世界视作为个人感知的结果或者个人精神创造，那种以为只有自我及其意识才是唯一真实的、本原存在的观点，都是极端的主观主义和荒谬的唯我论。对量子世界的认识，尽管有无穷尽的未知等待我们探索和认识，但是，量子世界作为独立于人的意识而客观存在的事实不会改变。海森堡说："量子论并不包含真正的主观特征，它并不引进物理学家的精神作为原子事件的一部分。"[①] 惠勒自己也说："在谈论这些问题时（宇宙是观测者能与的宇宙），我们必须谨慎。首先要注意，意识和量子过程并不是一回事。我们在这里所处理的是一些具有明确涵义的事件，即用不可逆的作用和不可改变的观察所记录到的事件"意识及其作用"不能与量子现象相混淆"。[②] 赖欣巴哈指出："我们不要错用了量子力学，企图兴起一场哲学空谈，那是不符合物理语言的明晰性和精确性的。量子力学的哲学问题只能根据科学的哲学得到解答。"[③] 这是一个绝好的批评。

[①] [德]海森堡：《物理学和哲学》，范岱年译，商务印书馆1981年版，第22页。
[②] [美]惠勒：《物理学和质朴性》，方励之编，安徽科学技术出版社1986年版，第16—17页。
[③] [德]赖欣巴哈：《量子力学的哲学基础》，侯德彭译，商务印书馆2015年版，第26页。

三 阐释的神秘主义

在对量子现象,特别是对观测现象的理解和阐释上,产生了巨大的分歧和广泛的论辩。在这个过程中,我们既看到科学智慧的涌现和重要思想的提升,也看到许多非科学、非理性的臆想和诡辩,给量子力学的研究乃至人类理性及认识的进步带来的恶性冲击。其中具有典型意义的,应该是在思想领域屡遭驳斥却又不断弥漫和扩张的神秘主义阐释。诸如前面讨论过的,"主体不能同外界严格分离开来,主客体之间的界线只能随意划定;或者说,主体在知觉活动中创造出客体;或者说,我们看到的客体只是表观的事物,而事物本身则是人类知识永远把握不住的;或者说,自然界中的种种事物在它们能够进入人的意识之前一定随某些情况而变化了,等等",赖欣巴哈统统称之为"哲学神秘主义的说法",且"其中任何一种说法在量子力学中都是没有根据的"。[①] 应该指出,所谓神秘主义的认知倾向,从古希腊开始就已盛行。从根本上讲,这是因为人类对未知现象的恐惧和好奇而产生的非理性认知行为,其产生和存在具有一定的必然性。随着人类认识的不断进步,旧的未知被认识,新的未知又更大范围地出现,对更加复杂多变的客观现象的理解和阐释,更进一步,对人类科学认识结果的理解与阐释,也成为一种未知,被人们以神秘主义的立场与姿态加以理解和阐释。而且,随着科学的进步和人类辨识能力的普遍提升,神秘主义会以更精致、更"理论"的方式滋生蔓延,从而具有更大的迷惑力和煽动力,持续扰动科学的理解和阐释,以及科学的认识和理性的目标。这方面的例子很多。譬如,20世纪中后期,有人用弗洛伊德的精神分析理论,阐释牛顿经典力学产生的心理动因,就很能说明问题。美国历史学家曼纽尔评论,"万有引力是对牛顿潜意识结构的有意识的复杂表达"。他认为,牛顿能够发现万有引力,有两件事情发挥了作用。一是牛

---

① [德] 赖欣巴哈:《量子力学的哲学基础》,侯德彭译,商务印书馆2015年版,第25—26页。

顿从没有见过他的父亲，也没有在自己的母亲身边长大，万有引力"是牛顿与母亲之间的奇特关系——她（几乎）总在那里，但牛顿却无从'触及'——所造成的精神产物"。① 二是牛顿出生于圣诞节，所以在他的潜意识里，认为自己是隐喻上的上帝之子，"一名由上帝特别赋予才能的英才并且注定要提示上帝的秘密。牛顿得到了某些神启，他认为这些神启就是理解实在的关键所在"。② 类似这样的阐释，我们认为就是一种神秘主义的阐释。牛顿发现万有引力，他的生平、学历，以及家庭传统可能会产生某些影响，但总的来说，这一重大发现是科学知识的积累和经济社会发展的需要共同推动的结果。从认识论的意义看，"牛顿是一位有助于完善科学方法的伟大人物，他所使用的方法是从事实概括中发现万有引力"，而"不大可能仅仅是以一种弗洛伊德的方式诠释的牛顿幼年或童年的经历"③，更不可能是神秘主义的阐释者所暗示的那样，万有引力的发现是恋母情结的结果。

　　神秘主义的阐释不仅游荡于自然科学领域，在人文科学方面，以吸收量子力学研究成果为借口，更被该领域各方面的学者广泛推广和应用。特别是伴随20世纪中期后现代主义思潮的兴起，神秘主义成为诸多学科攻击以至放弃理解与阐释的确定性的根据。意大利著名文艺理论家、符号学创始人之一安贝托·艾柯就提出："作品的开放性和能动性要求确立不确定性和非连续性这样的概念，这也正是量子物理学的一些概念，与此同时，这些现象又显出爱因斯坦物理学的某些情况所具有的启示性形象。"④ 美国著名后现代诗人奥尔森提出："作家或诗人需要采取一种创造性的立场，这就是物理学的立场，他们必须要对事物做出测量，然而他们只能获得近似值，或者测知事物的速度，或者测知事物的位置，二者不可同时兼得，这也正是海森堡的

---

　　① ［澳］舒斯特：《科学史与科学哲学导论》，安维复主译，上海科技教育出版社2013年版，第417页。
　　② 同上书，第418页。
　　③ 同上。
　　④ ［意］安贝托·艾柯：《开放的作品》，刘儒庭译，中信出版社2015年版，第21页。

第三部分 阐释的边界

'测不准原理所阐明了的'。"① 根据前面的讨论,我们可以说,这些理解和认识是对不确定原理的误读和曲解。当然,这里也有难以识别的一面。从不确定性原理的发现及数学表达看,量子的观测及其理论阐释,在诸多方面与读者对文学文本的理解和阐释过程极为相似。这表现在:

其一,在主客体的关系上,阐释主体与文本对象之间的界线似乎可以被简单消抹。从文学阅读的一般意义上说,读者是要在文本中找到自己,以阅读个体的情感和体验为"前见",下意识地把文本中的故事和人物,紧密地贴附于自己,正如普鲁斯特所言:"事实上,读书时每个读者都在读自己。作品不过是作家提供给读者的一个类似于光学仪器的工具,它能让读者见到自己心中那些无此书他便很难见到的东西"②;"对于伊赛尔这样的批评家来说,阅读的全部意义就在于,它使我们产生更深刻的自我意识,促使我们更加批判地观察自己的种种认同。这就好像是,当我们努力阅读一本书时,我们所'阅读'的其实一直就是我们自己"。③ 毫无疑问,如此的阅读方式和过程,很容易被常人特别是被理论家们,譬如英伽登,发挥为"文本与读者融为一体,主客之分失去作用,于是意义不再是一个需要定义的对象,而是需要体验的效应"。④ 就如同神秘主义对量子力学的测量方式和结果的歪曲一样,在一个观测系统中,观测主体与客体无法区别,两者之间的界线完全消失和溶解。类似的意思,在伽达默尔那里表达为,这种消解首先起步于主体融于客体之中,也就是阐释者进入文本,在文本中消灭自己。其标准语言为"置入":"历史理解的任务也包括要获得历史视域的要求,以便我们试图理解的东西以其真正的质性呈现出来。谁不能以这种方式把自身置入这种使传承物得以讲

---

① 转引自刘象愚《奥尔森的后现代主义讨论、诗作与量子力学》,《山东师范大学学报》(人文科学版) 2002 年第 5 期。
② [法] 孔帕尼翁:《理论的幽灵》,吴泓渺等译,南京大学出版社 2011 年版,第 136 页。
③ [英] 伊格尔顿:《二十世纪西方文学理论》,伍晓明译,北京大学出版社 2007 年版,第 77 页。
④ [法] 孔帕尼翁:《理论的幽灵》,吴泓渺等译,南京大学出版社 2011 年版,第 141—142 页。

述的历史视域中,那么他就将误解传承物内容的意义。就此而言,我们为了理解某个他物而必须把自身置入于这个他物中,似乎成了一个合理的诠释学要求。"① 我们认为,对伽氏的置入理论要作两个方向的评论。一方面,从积极的意义上看,理解和阐释的基点在文本,在阐释的客观对象上,阐释主体必须立足于对象,也就是"回到事物本身"(胡塞尔语),我们才可能得到可靠、确当的阐释。另一方面,从批评的意义上看,主体无论如何置入文本,主体的独立意义不能被否定和消解。主体对阐释对象的依赖,只能以文本为出发点、立足点,这是全部阐释的最基本、最可靠的根据。以为理解文本,就要消解主体本身,把主体与客体混为一体的说法是错误的,② 我们赞成"为了理解某个他物而必须把自身置入于这个他物中",不赞成因为理解和阐释而消解主客体之间的客观区别。

其二,在阐释主体对文本的阐释上,是否有阐释再造的意义。在这一点上,读者理论走得更远。伊瑟尔的空白理论是一个重要的起点。对此观点有人概括:"文学对象既不是客观文本也不是主观体验,而是一个潜在图式,一个由空白、漏洞和不确定因素构成的潜在图示(类似于某种程序或乐谱)";"一切文本都含有大量不确定之点,比如说断层、空缺,需要我们通过阅读来修复和消解"。③ 也就是说,现代的文学文本,从根本上说是不确定的,作者有意制造和留下诸多空白和空隙,留给读者去想象、扩张、填补。譬如,女主人公的形神,只有令人赞叹的美及飘逸,却不著一字,任由读者去描画,年轻的恋者们可以按照自己恋人的形象去填补,并告知对方你就是她,或者她就是你,从而落下文本最后一个标点。从这个意义上说,文本是由读者创造的,读者操控了文本,文本的意义由读者而非作者决定。也就像有人对光子行为的解释一样,光子的行为不是光子所固有的表现,而是人的理解所决定的。从语言论的意义上看,任何一个词语的

---

① [德]伽达默尔:《诠释学》I,《真理与方法》,洪汉鼎译,商务印书馆2010年版,第428页。
② 关于相关评论可参见张江《前见与立场》,《学习月刊》2015年第11期。
③ [法]孔帕尼翁:《理论的幽灵》,吴泓渺等译,南京大学出版社2011年版,第142页。

第三部分 阐释的边界

能指可能都是多项的。不同的时代,同一词语的能指将发生很大变化,读者是不是可以任意地指令词语的意义,甚至生造出新的能指和所指?更深入一些的还有意象、反讽一类文学形式与技巧,它们的能指和所指是否也由读者无限给定?譬如,我们是否可以根据陶渊明的一句诗,认定陶老先生有生理残疾:"采菊东篱下,悠然见南山",可以证明诗人是"斜眼",为什么面对东篱,而双眸却定睛或游移于南山,这是不是有道理?接受美学还有其他一些论点构造和支持对文本的强制阐释,构造和支持主体对客体的无限霸权。但是,有人提出疑问,"伊赛尔许给读者相当程度的自由,但是我们还没有自由到可以随心所欲地进行解释。因为一个解释要想成为这一文本而非其他文本的解释,它在某种意义上就必须受到文本自身合乎逻辑的制约。换言之,作品在一定程度上决定着读者对它的反应,不然批评就会陷入全面的无主状态"。[1] 伊格尔顿同时质问:"如果文学作品不是一个包含某些不定因素的确定结构,如果文学作品中的每种东西都不确定,都有赖于读者所选择的建构作品的方法,那又会发生什么呢?在什么意义上我们才能说我们是在解释'同一部'作品呢?"[2] 所谓"一千个读者,一千个哈姆雷特"这一千个哈姆雷特哪一个或哪几个是莎士比亚的,如果都是,还需要哈姆雷特,还需要莎士比亚吗?一千个物理学家,一千个量子行为的阐释,其中绝大部分都是神秘主义的个人主观阐释,实践早已证明这些解释是错误和荒谬的。

其三,文本自身的意义是不确定的,且以不确定的阐释为阐释目的。在这个问题上,解构主义的文本观似乎走得更远。德·曼提出:"如果我们不再认为一篇文学文本可以理所当然地被认为具有一个明确的意义或一整套含义,而是将阅读行为看作是一个真理与谬误无法摆脱地纠缠在一起的无止境过程,那么,在文学史中经常运用的一些流行的方法就不再适合了。"这段话的含义非常清楚,它表达了如下一些文本观念:首先,文学文本,不是具有确定意义的独立客体,不

---

[1] [英]伊格尔顿:《二十世纪西方文学理论》,伍晓明译,北京大学出版社2007年版,第82页。
[2] 同上书,第83页。

会也不应该有确定不变的意义,更不要说完整意义。文本的意义完全经由阅读者根据自己意愿随意指定。它没有理所当然的意义,但读者的任意指定却是理所当然的。其次,文本的理解永远没有正确与错误之分。正确与错误本身的对立,也是一种不合理的二元对立,必须予以破除和消解。所谓"真理和谬误无法摆脱地纠缠在一起"就是在谋求证明真理和谬误没有区别,不要企图以确定的标准察明谁是谁非,没有所谓正确的理解与阐释,当然也没有错误的理解与阐释可言,任何不同的理解和阐释都是平等的,同价的。再次,阐释无止境。同一个历史文本,不同的时代和人群,完全可以根据当下的主观需要,做出完全不同以至截然相反的判断和结论。更确切地讲,永远没有判断和结论,只有各不相同的感受和理解,这些感受和理解可以立刻被新的东西瞬间代替,不能把文学理论和历史的研究立足于确定意义的探索和聚形上。传统的或者说过去所有被视为行之有效的方法都要抛弃,唯有这种思无定所、自我肢解、自我颠覆的解构性阐释才是正确的。

由此,我们再次回到神秘主义的话题。伽达默尔论及象征,认为现代的象征概念如果没有它的"灵知性的功能"就根本不可能理解。他说:"'象征'这一词之所以能够由它原来的作为文献资料、认识符号、证书的用途而被提升为某种神秘符号的哲学概念,并因此而能进入只有行家才能识其谜的象形文字之列,就是因为象征决不是一种任意地选取或构造的符号,而是以可见事物和不可见事物之间的某种形而上学关系为前提。"[①] 德·曼在批驳"我们坚信有可能达成可信的阐释"这样一种倾向时说:"一方面,文学不可能仅仅作为一个其指称意义可以被完全破译出来的明确的单位被人们接受","另一方面,——这是真正神秘的——不管文学形式主义的分析能力如何精确和丰富,如果没有表面上的分解,文学形式主义永远不会被允许产生"。[②] 斯图亚特·西姆在论述混沌理论及批评时说:混沌理论认为

---

① [德]伽达默尔:《诠释学》I,《真理与方法》,洪汉鼎译,商务印书馆2010年版,第110—111页。

② [美]德·曼:《阅读的寓言》,沈勇译,天津人民出版社2008年版,第4页。

第三部分　阐释的边界

"自然系统（例如天气）受着被称为'奇异吸引子'的神秘力量的控制，因此，这样的系统同时既是随意的又是先定的。这一结论威胁了我们的话语所一向赖以依靠的逻辑法则"①。所谓幽灵批评就更加直接，庞特指出："人们不断认识到，阅读行为具有神秘特性，我们在此行为中所实践的'交谈'类型必然也是'反常的'，当阅读以为自己在支持着任何'交谈'的'常规'惯例时，它其实是起了阻碍作用。"② 这样的例子举不胜举。对于当代文学理论与批评中弥漫的神秘主义，安贝托·艾柯有过极为清醒和深刻的批评。在1990年的丹纳讲座上，安贝托·艾柯对源于古希腊诺斯替主义的神秘论依然影响甚至左右当代理论，包括文艺理论的弊端，作出深刻批评。他总结了当代文论中神秘主义的七种表现，认为各种主义的阐释者，之所以热衷于神秘，在其意识深处就是以为"秘密的知识就是深刻的知识（因为只有藏在表面之下的东西才能永远保持其神秘性）。于是真理就被等同于未曾言说的东西或隐约其词的东西，它必须超越于文本的表面之外或深入到其表面之下才能得到理解。神以一种隐秘难解的方式'言说'（现在，我们不说神言说，而说存在言说）"。③ 神秘主义扩张和蔓延的结果是什么？那只能是"诠释成了无限的东西。那种试图去寻找一种终极意义的努力最终也不得不向这样一种观点屈服：意义没有确定性，它只是在无休无止地漂浮"。④ 我们冷静地回头检视，当代西方文艺理论中诸多学派、理论、方法，譬如上面举证的那些理论和观点，是不是神秘主义的光荣遗产，或者说是诺斯替主义的当代形态？⑤

我们从似乎远离当代文论的量子力学说起，经过有些漫长的叙述，落脚于对神秘主义阐释的评论，其主旨是说，对未知事物的确定

---

① [英] 沃尔弗雷斯：《21世纪批评述介》，张琼等译，南京大学出版社2009年版，第119页。
② 同上书，第352页。
③ [意] 安贝托·艾柯等：《诠释与过度诠释》，王宇根译，生活·读书·新知三联书店2005年版，第32页。
④ 同上书，第33页。
⑤ 关于安贝托·艾柯在这个问题上前后近三十年的态度变化，以及他对神秘主义的批评，我们曾作过专门分析。参见《开放与封闭》，《文艺争鸣》2017年第1期。

性认识，是人类理性和科学的根本性目标。世界在变化，视域在扩大，未知事物无限膨胀，人类理性的真理性追求也将越来越艰难。我们深刻了解和认识人文科学与自然科学的差别，也深刻了解和认识人文科学的特殊存在状态及其发展的复杂性。但是，从人类理性的本质说，真理性、确定性的追求是永远不可能放弃的。科学终将为自己开辟通向真理的道路，以科学的形态和结果呈现人类理性的力量。一切反理性、反逻辑的偏向，一切对理性的力量表示轻蔑，一切自称具有某种超理性的经验，并以为这种经验能使他人们经由一种幻觉过程得到无误真理一类的神秘主义，终究经不起时间的考验。[1] 阐释本身是人类理性行为，超越于表层的感性、印象，以及各种各样的非理性范畴，它必须以确定性、真理性追求为己任，为对自然、社会、人类精神现象的确当理解和认识开辟广阔道路。

---

[1] ［德］赖欣巴哈：《科学哲学的兴起》，伯尼译，商务印书馆2009年版，第31页。

文本的角色

——关于强制阐释的对话[*]

张　江　伊拉莎白·梅内迪
马丽娜·伯恩蒂　凯撒·贾科巴齐[**]

一　阐释学与文本的角色

张江：能够与摩德纳大学的各位专家学者就阐释学的一些基本问题进行讨论，是一次难得的机会。在此之前，我已分别与英国几所大学和意大利都灵大学的同仁就阐释学的有关问题进行了多次座谈和讨论，受到很多启发。特别应当指出的是，在与都灵大学的教授们进行交流的过程中，我们深切地感受到，在对阐释学相关问题的理解上，我们的许多想法更接近于意大利阐释学传统。大家在讨论中反复涉及的一个问题是，从20世纪80年代开始，当代西方文艺理论传到了中国，对中国文艺理论的建构和文学批评传统产生了非常重要的影响，甚至对我们的思维方式产生了深刻冲击。但是，确实有一些学者在学习借鉴西方文艺理论的过程中，理解和认识上发生了一些偏差，经常简单地照搬、照用当代西方文艺理论，强制阐释当代中国文学实践及文本。

意大利著名学者安贝托·艾柯（Umberto Eco）在中国非常有影响。1979年，他曾在剑桥大学与一些学者辩论阐释学的相关问题。

---

[*]　本文原刊于《文艺研究》2017年第6期。
[**]　作者单位：张江，中国社会科学院；伊拉莎白·梅内迪、马丽娜·伯恩蒂、凯撒·贾科巴齐，意大利摩德纳大学语言文化学院。

自 20 世纪 80 年代起，人们对安贝托·艾柯的《玫瑰之名》（*The Name of the Rose*）等小说进行了广泛热烈的讨论，并且分别从不同视角给出了这样或那样的阐释。但是，对于一些阐释和解读，安贝托·艾柯本人并不认可，对它们进行了反驳和批判，因为这些阐释、解读与他本人的想法（意图）相去甚远。基于这一情况，安贝托·艾柯提出了"过度诠释/过度阐释"（overinterpretation）这一重要概念。但是，我们在深入分析和研究百年来当代西方文论的发展和流变后发现，"过度诠释"这个概念还不足以充分表达当代文艺理论研究中诸多理论与思潮在阐释方面的根本性缺陷。按照安贝托·艾柯的说法，过度诠释主要表现在：某个读者或批评家对安贝托·艾柯小说中的某个情节、某个段落或某个人物，做出与安贝托·艾柯本人意图不相符的阐释。譬如，安贝托·艾柯有一本小说，叫《傅科摆》（*Il Pendolo Di Foucault*）。在撰写这部小说的时候，他就想过，一定会有一些读者或自作聪明的批评家在"Foucault"这个名字上大做文章，把发明傅科摆的物理学家"Foucault"与 20 世纪的哲学家、思想家"Foucault"联系起来，作出不合安贝托·艾柯本来意愿的阐释。

虽然过度诠释这一概念揭露了当代西方文艺理论存在的一些问题，但是在我看来，安贝托·艾柯所说的过度诠释主要还是指从文本本身出发，对文本本身所包含的一些内容，作出一些延伸理解。但是，在我们看来，当代西方文艺理论的基本倾向和主要方法不是过度诠释，而是"强制阐释"（imposed interpretation）。

我在提出"强制阐释"这一概念和命题之初，就作了这样的界定：所谓"强制阐释"，其基本特征在于，"背离文本话语，消解文学指征，以前置立场和模式，对文本和文学作符合论者主观意图和结论的阐释"（《强制阐释论》，载《文学评论》2014 年第 6 期）。也就是说，一个阐释者以前置的立场、前置的模式，对这个文本作符合阐释者目的与理论立场的阐释，用文本来证明其理论和立场的正确，从而将文本本身当成表达自己思想和理论的一种手段。众所周知，女权主义本身不是什么文学理论，而是以女性经验为来源和动机的社会理论与政治运动，也可以说是妇女解放与反抗男权主义的一种实践。但是，一些文艺理论家和女权主义者，为了扩大其理论的影响，将女权

第三部分 阐释的边界

主义这一社会理论征用于文学场域，创生出女权主义批评，以此对所有的经典文本进行符合女权主义主张的阐释。比如，他们可以用女权主义去重新阐释《哈姆雷特》，重新阐释古希腊的神话，或者用女权主义的主张去重新书写文学史，把是否符合女权主义主张作为评判文本和文学史的标准。再如，有的批评家用同性恋理论，把中国古代诗人屈原阐释成一个同性恋者；有的批评家利用生态理论，把陶渊明的诗阐释成具有当代生态主义内涵的诗。如果用英国著名文学理论家伊格尔顿（Terry Eagleton）的说法，我们甚至可以依照某些理论，在莎士比亚的文本当中找到关于核战争的阐释。

这种运用某个现成的理论强制扭曲或裁剪一个文本的阐释方式，与安贝托·艾柯所说的过度诠释已经完全不同了。这种阐释方式，是将阐释者的理论强加给文本，强加给作者，所以我们将其称为强制阐释。如果我们回顾一下20世纪西方文艺理论主要思潮、主要学派的发展历程，看一看那些有影响力的理论家们的著作，会发现他们的阐释方式有着明显的强制阐释的特征。强制阐释是20世纪开始出现的，然后逐步扩张泛滥，成为在当代西方文论领域具有普遍性的阐释方式。为了实现其理论目的，20世纪西方文艺理论提出了许多著名的口号与观点，比如说"作者死了"，然后否定文本本身具有相对确定的意图，接着又把批评家混同于普通读者，以为批评家可以跟读者一样，作各种背离文本的解释。其实，在这个过程中，不仅作者死了，文本死了，读者也死了。那还有谁活着呢？就只剩下理论和理论家活着了。在这一背景下，20世纪西方文艺理论的发展便进入了一个以理论为中心或理论主宰一切的时代。

当以理论为中心的时代来临时，当代西方文艺理论就彻底脱离了文学实践，理论自己制造自己，自己发展自己，自己检验自己。无论是文学理论还是批评理论，已经和文学没有任何关系，于是就出现了没有文学的文学理论和没有文学的文学批评。文学只是文学理论的一个脚注，或者不过是证明文学理论的一个工具而已。

强制阐释是一个具有一般性和综合性的概念，涉及一系列重要、基本的文学问题，如作者和文本的关系、文本的确定性和模糊性的关系、批评家和文本的关系，等等。许多文学领域的基本问题，需要我们重新认真讨论。

通过梳理安贝托·艾柯的思想发展脉络，我们发现了一个很有趣的现象。1962年，安贝托·艾柯发表《开放的作品》(*Opera Aperta*)时，主张文本阐释的无限性。二十多年后的1990年，成为小说家的安贝托·艾柯在剑桥大学丹纳讲座上，却主张对文本的阐释加以限制，并对"无限衍义"的过度诠释进行斥责。他认为一定存在某种对诠释进行限定的标准，而把自己以前曾经主张的对文本的无限诠释、无限理解斥之为神秘主义。安贝托·艾柯自己关于文本阐释观点的反复，给我们一个很深的启发：这是偶然的吗？20世纪整个西方文艺理论的发展进程是不是也是这样？而正确的或者相对正确的落脚点究竟在哪里？这些问题值得我们认真研究和探讨。

我与意大利都灵大学的几位教授也讨论过这个问题。讨论过程中，我有一个比较深刻的感觉，就是在阐释学问题上，意大利学派或者说都灵学派，有更多的合理观点。在我们看来，意大利学者提出的许多观点和想法，应该比伽达默尔、海德格尔、弗雷德里克·詹姆逊、德里达、罗兰·巴特等人更接近真理。

梅内迪： 感谢张江教授十分有趣也非常富有启发性的发言。在意大利，文学研究是以文本为中心的，文艺理论研究者对文本作了大量的深入研究。意大利的文艺理论具有明显的人文主义研究、语文学研究和"互文性研究/文本间性研究"(the study of intertextuality)倾向。当然，在意大利的文学研究领域，也还存在其他理论学派。

安贝托·艾柯、卡尔维诺(Italo Calvino)及其他著名的意大利文学家认为，文艺理论是文本的集合体或文本的总和——包括各种各样的文本、引用和多种多样的诠释。这种文艺理论以及博尔赫斯(Jorges Luis Borges)的文学批评理论产生了很深的影响。值得注意的关键词有：互文性（比如朱丽娅·克里斯蒂娃所进行的研究）、接受论（姚斯）以及对话性（巴赫金）。对于安贝托·艾柯和其他意大利学者来说，文学研究的传统十分重要。这意味着要深入地研究中世纪、文艺复兴时期以及18、19世纪的文本，尤其要注重对但丁(Dante Alighieri)、彼特拉克(Francesco Petrarca)、薄伽丘(Giovanni Boccaccio)、莱奥帕尔迪(Giacomo Leopardi)、曼佐尼(Alessandro Manzoni)与皮兰德娄（Luigi Pirandello）等著名作家的文本的研究。无论研究对象是古典文学还是当代文学，对文本本身的深入研究以及对文本的互文性研究，在意大利文学理论研究中都有着重要的地位。在意大利，文学接受论也受到语文学传统十分深刻的影响，这在安贝托·艾柯的思想中也有所体现。

近年来，意大利文艺理论界还出现了认知理论、神经叙事学等新的理论流派。它们来自美国，更关注文学的科学性与文学的认知性。因此，这些理论思潮是与意大利文本研究的传统相背离的。当然，相对于语文学与人文主义来说，这些理论思潮的影响范围是比较有限的。

关于文本的阐释，意大利学者受安贝托·艾柯理论的影响很深。不少人认为文本是开放的，可以进行多种不同的解读。但是，语文学、历史学和人文主义学派认为，每个文本都受历史与语文学背景的制约，从而对主张阐释无限自由的观点形成了遏制。比如说，在意大利，对于古典文本并没有出现过分"现代化"的阐释。

在意大利新批评理论的发展中，如何平衡文本开放阐释的优势与劣势是一个很有意义的挑战。开放阐释的优势在于文本的开放性和阐释的多样性。其劣势在于，对于理论的过度热爱，容易导致背离文本思想本质的错误解读。文学理论的健康发展，必须在极端的语文学传统与极端的文本阐释现代化之间找到一个平衡点。

应当说，安贝托·艾柯在这二者之间找到了平衡点。另一位将二者结合起来的，是博洛尼亚理论批评家艾齐奥·莱伊蒙迪（Ezio Raimondi）。他不仅保持了传统语文学的精神，重视文本的解读，而且也主张对文本进行自由开放的阐释。他对语文学的研究渊博精深，同时富有创造力。在文艺理论发展史上，人们有很长时间把重点放在作者身上，也有很长时间把重点放在读者身上。

张江：意大利这个学派的观点似乎更符合文学本身发展的需求，也比较符合我们的想法。

梅内迪：在意大利，文学研究的主线是历史语文学研究。今天我们可以说，意大利主要有三个学派：关注文本（语文学）、关注历史（文学史）以及新文学理论与新语文学相结合的多元化研究。近年来，意大利的中学对文本分析与阐释教学非常看重，增加了文本阐释的相关课程。在文学类高中，学生们会学习修辞学、文本分析、叙事分析等课程。而安贝托·艾柯和卡尔维诺所侧重的读者阐释分析与多元化阐释，则主要会在大学文学课上讲授。高中的学生更多地分析片段化的文本，而不是完整的文本。在大学里，则会有文本接受理论等课程。安贝托·艾柯和卡尔维诺更关注文本总和与文本多元化，更关注读者。

作为古典文本的研究者，我认为文本没有唯一的真相，其真相是多元的、复杂的。读者发现文本，与文本相遇，并对文本进行探索。读者受现实的影响，而现实是不断变化的，因此读者对文本的理解也是变化的。

文学批评的任务之一是从其内部本质出发，讨论文本的意义：修辞与词汇的音乐性、词语与概念的历史意义、时代的不同以及角度的改变。

文本是一个动态场，作者与读者在这里进行互动，而作者与已经存在的文本之间也有互动。研究应该向两个方向开放：文本的接受（作者与读者之间的动态关系）与互文性（文本与其他已经存在的文本之间的关系）。关系与关系之间相关联，这是巴赫金的对话性理论，而这个理论对安贝托·艾柯的影响也非常深。

批判阐释是对"处于交流中"的文本进行翻译。这一交流不会停止，总是有空白处，总是有不同的地方，解读的过程似乎从不可能停止。

作者与解读者之间的关系，从一开始就存在争议，这尤其体现在安贝托·艾柯的思想中：在姚斯1967年提出接受理论之前，安贝托·艾柯1962年发表了《开放的作品》，创建了意大利的语义学，提出了一种新的解读文学的方法。

二 何为确当合理的文本阐释

张江：您刚才说了，必须在文本阐释的语文学传统与文本阐释的现代化之间找到一个正确的平衡点。那么，这个正确的平衡点是什

第三部分 阐释的边界

么呢?

梅内迪:这需要考虑文本的语文学背景与历史背景,对文本进行不乏创造性的解读。在一定意义上,这是对多元化的折衷。比如说,我要分析一个中世纪的文本,当然可以使用现代理论,但同时,必须把文本放到中世纪的背景中来,将当时围绕在文本周围的其他文本也考虑进去。结合当时的历史语文学背景,我可以对传统理论作一些创新。

张江:如果可以有多种阐释,是不是有一种阐释更确当合理呢?在传统和现代之间有一个平衡点,那个平衡点是什么?确当合理又在哪里?

伯恩蒂:你们与我们意大利学者讨论寻找平衡点的问题,但实际上,我们西方人都说,平衡与折衷的方法应该到东方去寻找。当然,在文本阐释这个问题上,我们认为阐释可以是多样的,但还是有一定的界限。

张江:我们很愿意听听你们关于阐释界限的看法。

梅内迪:一个非常重要的例子,就是卡尔维诺的《美国讲稿》(*Lezioni Americane*)。这本书讨论了语文学传统与对文本的创造性解读。

张江:那什么是忠实于文本的阐释?

梅内迪:忠实的阐释需要考虑到文本的互文性。对我们来说,文本不是平面的,而是立体的并且有深度的。因此,正确的阐释需要尊重文本的互文性。

张江:那么,开放的阐释和无边界的阐释会不会是全面深入的阐释?

梅内迪:为了使阐释更加正确,应该考虑文本的深度,必须与历史文本结合,同时具有创造性。我来举一个具体的例子。我们来看这三个文本:17世纪塞万提斯的《堂吉诃德》(*Don Quixote de la Mancha*)、莎士比亚的《奥赛罗》(*Othello*)以及16世纪意大利小说家吉拉尔迪·钦齐奥(Giraldi Cinzio)的《一位摩尔上尉》(*Un Capitano Moro*)。这些文本是由一条叙事链条连接起来的。故事的源头在意大利,后来传到欧洲其他国家,成为整个欧洲的故事。对在意大利文艺复兴时期创作的文学作品,对其所叙述的古老的意大利故事,莎士比亚和塞万提斯作了重新阐释,或者说进行了再创作。而今天的读者,仍然能够在这些故事中看到新的东西。故事仍然是古老的故事,但它却是反映当下的,与当下的现实相联系。这种联系产生了新的真相,而这个新的真相与我们相关。读者的背景各不相同,他们的诠释也是多元性的。不过,这里所说的多元性是由文本的总和所赋予的。现在,我们有钦齐奥、塞万提斯、莎士比亚所创造的三个微观世界,这些文本的总和以及我们当下的解读。更正确的阐释需要结合这三个世界与我当下的解读。而这正是卡尔维诺在《美国讲稿》里所提到的。他的观点是,在从古典到现代的文本中寻求"轻盈性/轻逸性"(lightness)。轻盈性旨在寻求看待世界的一种新角度。由于受沉重生活的困扰,在对世界的看法上,人们形成了根本性的刻板成见,而这种成见阻碍了人性的解放。寻找轻盈性,是对于固有框架的解放,在自由想象中强调人类行为的不可预见性。我认为,绝对的正确是不存在的。更正确的阐释能尊重语文学与历史背景,但一些不完全忠实的阐释也能让文本获得重生。

张江: 您又使用了"忠实的阐释"这个概念,可以说很清晰,也很重要。那么请问,什么是忠诚或忠实的阐释,也就是说,忠诚的标准是什么?

伯恩蒂: 或许我可以从语言学的角度来说一说。对语言学家来说,哪个是更正确、更忠诚的文本解读其实并不重要。我们更加关注解读的边界在哪里,而这些边界就是文本的足迹,它们限制着文本的解读。对于一个文本可以有多种解读,但总是有底线的,因为文本有自己一定的足迹。有时我觉得自己对一些文本的解读是强制性的,因为我找不到文本的足迹。我所说的强制性,是指找不到文本足迹与证据去获得一个能说服自己的解读,而只能是退而求其次作出的一种强制性的解读。不过,对于语言学家来说,文本可以有多种方式的解读,虽然文本内部关系复杂多样,有模棱两可的成分,但边界总是存在的,由文本足迹所限制。在语言学家看来,文本是最基本的。

张江: 威廉·华兹华斯(William Wordsworth)有一句诗很有名,大意是"诗人如何不欢愉",原文为"A poet could not but be gay"。

如原文所见，他在诗句中用了"gay"这个词，因为这个词当时是指欢愉、快乐的意思。但是，当下的同性恋理论，硬要用"gay"的当代语义来阐释此句，把它说成是同性恋的意思。请问，这是不是忠诚于文本的理解？如果阐释是无限的，每个人都可以作出自己的阐释，那么阐释距离这个"忠诚"到底有多远？如果伯恩蒂教授说阐释是多层次的，但是有边界的，那么这个边界在哪里？后人对"gay"这个词作出与同性恋相关的阐释，这个阐释是忠诚于文本的吗？我同意关于阐释是有边界的说法，但是不清楚这个边界究竟在哪里。

梅内迪：张江教授提出来的这个问题非常尖锐，也非常重要，尤其对古典文本的研究者来说更是如此。在古典文本的研究中，会碰到许多古老的词汇。比如，当我们说到"宫廷文学"（letteratura cortese）时，"宫廷"（cortesia）是主题，但"宫廷"这个词需要解释，因为其含义在不同时期是有所变化的。而对于现代文本来说，词汇的含糊性变小了。虽然解读起来也会有一定的问题，但难度要小很多。在意大利，一个词的含义从古意大利语到当代意大利语是如何演变的，这方面的相关研究有很多，在意大利学界居于很重要的地位。在文学阐释中，关键的一点是要考虑到一个词的多种解释。

我再举一个例子。卡尔维诺谈到了轻盈性。那么，什么是轻盈性？是用新的方式去写作、去相信的能力。词语能轻盈地飞翔，读者也能随着想象飞翔。他用关于轻盈性的理论去分析古罗马诗人奥维德（Ovid）的作品。他把这一哲学思想应用到了拉丁文本的解读中来。奥维德本人可能从来没想到过什么轻盈性的理论，但是卡尔维诺却从这一角度出发，用奥维德的文本去阐释什么是轻盈性。他在古典文本中找到了轻盈性，也将其应用到了当代文本中。安贝托·艾柯也做着同样的事情，即在古典文本中寻找能够带来当下想象的力量。

张江：回到您刚刚说的，正确的阐释或者说忠诚的阐释需要从文本中去寻找，那么忠诚的对象在哪里？是在文本里还是在阐释者的脑袋里？如果是在阐释者的脑袋里，那么这个东西是谁给他的？您说的这个理论非常典型。阐释者的脑袋里有个思想叫作轻盈的世界，他用这个想法到古老的文本中去寻找这个世界，那么这是忠诚于文本的做法吗？文本当中真的有关于这个轻盈的世界的思想吗？还有一个问题就是，如果文本里有一个意图，是忠诚的对象，那么这个意图在哪里？这个意图是谁给的？因此，我建议过渡到下一个关键词即"意图"，讨论一下"意图在不在场"这个问题。

梅内迪： 这个题目十分有意思，我非常乐意就此作进一步探讨。

三 阐释学与对话

贾科巴齐： 这是一个我非常关注的话题。多年来，我一直从事与阐释学相关的研究。我非常高兴能与各位讨论这个话题。我在德国学习的阐释学，我所师从的德国学者跟安贝托·艾柯的主张有所不同。在我看来，语义学采用了许多科学领域的范畴和方法，而科学性在阐释中非常重要，对于文学文本的阐释更是最基本的，不论是在语文学还是在语义学的传统中都是如此。

我所理解的阐释学与20世纪的哲学思潮相关，就是将阐释看成一种自由的空间，在这里面，矛盾与冲突是不可避免的，甚至是受欢迎的。这种阐释理论的基础之一，是德国的小说理论。根据这种理论，不同的理解才是真正的理解。这看起来似乎与科学性相矛盾，但实际上并不冲突。每个人都应该以科学的态度，结合自己的认识，去发掘不同的理解，去面对阐释的冲突。因此，文本的意义在于能够激发不同的解读。但是，这些不同的解读之间需要对比与对话。这里关于真理的概念与科学关于真理的概念是不一样的。这里所说的真理，只存在于对话的过程中，存在于不同的立场中。此外，其认知维度与科学的认知维度也是不一样的。因为它旨在发掘文本里的新东西，即可以被现实化的东西。比如说，伯恩蒂提到的文本足迹是一个很重要的概念，它对于阐释学课程是非常重要的。但是，同样重要的是，要以一种开放的态度，去发现新的足迹和新的可能性。

最后，我想说一下轻盈性。一个文本是轻盈的，是因为每个读者都有可能去理解文本的一部分，而无需知道得十分全面。卡尔维诺还有一个主张，即作者就是读者。作者是其他文本的读者，而作者将这些文本带到了自己的作品当中。因此，在文本中是很难找到一个源头的。

第三部分　阐释的边界

张江：你刚才所表述的也是伽达默尔的观点，即各种各样的话语在协商中达到了协商的目的。那么，对话的目的是什么？对话的结果是什么？为什么要对话？对话的结果是什么性质的结果？

贾科巴齐：伽达默尔哲学思想的一个关键词是"经验"：在文本中获得经验，在文本中发现之前不知道的东西。这个协商的框架并不是要获得一个确定的结果，而是要保持其不可预知性。伽达默尔有一个比喻：我们行走在地平线上，在行走的过程中，我们总能看到新的东西，总能以不同的方式去看待事物，去看待文学作品。文学作品和我们一起行走，从不停歇，也不会静止在教科书的解读里。

张江：那就是说，对于一个确定的文本，比如说五百年前的那个文本，今天在座的所有人，包括您本人，今天和明天对于这个文本的解读是不确定的，今天和明天的想法是不一样的。

贾科巴齐：是的，因为文本依赖于我们的感知，依赖于我们的日常经验以及在文本中获得的经验。如果我们的日常经验发生变化，文本经验发生变化，那么我们对于文本的解读也会发生变化。如伽达默尔所言，我们一直都在行走。

张江：那就是说，对于一个文本的理解，对于一个文本的阐释，是无限的，也是没有边界的。

伯恩蒂：并不是没有边界，因为有文本和语境，以及对于文本和语境之间关系的解读。边界是存在的，但是会随着语境的改变而产生变化。

贾科巴齐：我同意伯恩蒂的看法。科学的思考方法让我们有共同的语言来进行沟通，而阐释学则让我们能抓住未来的我们、变化的我们、不同的我们以及不同的思考方式。

张江：我同意您说的，即科学的理解和阐释学的理解是不一样的。在人文科学领域，对于基本的文本，比如说对一首诗，今天的理解是这样，明天的心情变了，理解可能也就不同。也就是说，随着心情和语境的变化，文本和阐释可以被不断地颠覆。那么问题在于，这样不断变化的理解或解读有边界吗？如果没有边界，我们当然可以变化，进行任意的表述与阐释。人的经验是无限的，用无限的经验对确定的文本做无限的阐释，其合理性以至合法性是不是应该有更充分的论证？如果是有边界的，无限的阐释又该如何处理？

贾科巴齐： 阐释边界是由人们所处的条件与状况造成的。人们总是试图去寻找文本的意义，但意义存在于协商关系中。思想的边界与局限性来源于人本身。真理不是通过别人告知而获得，它要由我们自己去探索，即通过对话、协商而获得。没有冲突，就没有自由。

张江： 如果阐释是无限的、没有边界的，那么是不是还有必要在两个不同的极端之间寻找你们所说的平衡点？

梅内迪： 问题在于文本的诗性。我们的语言具有自己的诗性。如果我看到草地是绿色的，其他所有人也看到是绿色的，那么客观上草地是绿色的。这时来了一位诗人，说草地有着静谧的绿色。这当然是诗性的比喻，但能说这种感受变成一种确切的科学，是所有人都接受的吗？我不这么认为。我们都是各不相同的，因此有各不相同的感受。根据谁在阅读，以及在什么时间阅读，文本也是变化的。所以说，文学是一种不具有确定性的科学。

张江： 我同意您的看法，但您说的并不是贾科巴齐先生所说的无限性。因为按照贾科巴齐先生的说法，今天说草地是绿色的，明天可以说草地是蓝色的，后天又可以说草地滴满了鲜血。那么，对于文本自身的表达，草地到底是什么颜色的？

贾科巴齐： 这里面有一种暗示性。关于说草地是绿色或者蓝色的，我有着自己的经验，但我的这些经验是不可翻译的。为了和他人沟通，与他人达成一致，我可以用逻辑话语表达出来。因为思想状态是没有语言的，所以我用一种逻辑话语去解释，去翻译，去和他人沟通我的想法。而在这个翻译过程中，语言表达是会改变的。这也是美学文本的一个特点，它是不确定的，也是不可翻译的。我们总是需要去寻找新的翻译。

张江： 您的观点也是伽达默尔所坚持的观点。海德格尔认为文本阐释没有边界，坚持阐释无限的观点。而伯恩蒂先生的观点是传统语义学的观点，就是说对文本可以有多种阐释，但阐释是有边界的。

贾科巴齐： 阐释是向更多的可能性开放的，边界是由说话人、话语"共同体"（community）和读者来协商确定的。对自己思想的监视由他人施行，由对话施行。

张江：那您之前不是说协商是没有目的的吗？

贾科巴齐：为了能够互相对话，需要达成一致，找到共同点。虽然一开始沟通双方会有不同的意见，但看到对方的言行后，会进行思考，然后修改自己的意见。

张江：在对话当中产生边界，读者们通过对话讨论，形成一个共识，就是对话的目标。通过对话，产生对文本的大致理解与认识，这个认识就是大家认为的可能的确定意义。这就是协商对话的目标和结果，不是说没有目标和结果，也并不是没有边界，或可以作无限的解读和阐释。不知您可否就阐释有没有边界这个问题写一篇文章？

贾科巴齐：非常乐意。

张江：我在摩德纳有着与在都灵完全不同的感觉。好像这里各位学者的观点更接近德国学者的想法，或者说更多是德国的观点，伽达默尔的观点，也是安贝托·艾柯前期的观点。而在都灵，学者们所持的更多是安贝托·艾柯后期的观点。

梅内迪：我认为您说的没错，我们这里更倾向于融合传统语文学和文本接受学的观点。从整体上来说，我们的观点是多元化的。

张江：今天的讨论很有意义。其中核心的一点是，阐释是有边界的，而边界是变化的。我认为，这似乎就是一个平衡点。希望可以把它作为一个母题，通过对话等各种交流形式，继续深入讨论下去，以不断扩大我们之间以及学界同仁之间的共识。

阐释的"界"线

——从盲人摸象谈起*

丁国旗**

近读张江教授《开放与封闭——阐释的边界讨论之一》一文，受益匪浅，思考良多。文章从对意大利著名理论家和小说家安贝托·艾柯的两部著作《开放的作品》《诠释与过度诠释》的分析入手，通过两种截然相反的观点在安贝托·艾柯一个人身上的表现，试图在文本阐释的开放与封闭之间找到合理对接点。虽然张江教授在该文的最末处，谈到他的主张是"文本是自在的，不能否认文本自身所蕴含的有限的确定意义；文本是开放的，不能否认理解者的合理阐释与发挥。确定的意义不能代替开放的理解，理解的开放不能超越合理的规约"，他的结论是"在确定与非确定之间，找到合理的平衡点，将阐释展开于两者相互冲突的张力之间。各自的立场都应该得到尊重，无需对具体文本阐释过程中各个方向有限的过度夸张加以过度责难"[①]，似乎表达了一种折中的态度，但实际上他并没有在承认文本有限性的同时承认文本的无限性。"开放"并非"无限"，坚守文本阐释要有边界的立场是显而易见的。在中国，"盲人摸象"是人尽皆知的成语，比喻看问题总是以点代面、以偏概全。本文我将以"盲人摸象"的故事为例，进一步论述"文本阐释要有边界"的观点，同时以此为契机，对文本阐释的"越界"问题提出自己粗浅的思考。

---

* 本文原刊于《文艺争鸣》2017年第11期。
** 作者单位：中国社会科学院文学研究所。
① 张江：《开放与封闭——阐释的边界讨论之一》，《文艺争鸣》2017年第1期。

第三部分　阐释的边界

一　盲人摸"象"对文本阐释的启示

依据《大般涅盘经》32卷所载，几个盲人在摸象后，各自都发表了自己对"象"的看法，"其触牙者即言象形如芦菔根，其触耳者言象如箕，其触头者言象如石，其触鼻者言象如杵，其触脚者言象如木臼，其触脊者言象如床，其触腹者言象如瓮，其触尾者言象如绳"①。这里"如芦菔根""如箕""如石""如杵""如木臼""如床""如瓮""如绳"等都十分形象地说出了"象"的某一部位，然而对"象"的整体而言又都很片面，因此当他们每个人都各执己见，认为自己摸的才是真正的"象"并占有真理的时候，必然要遭到人们的嘲笑。然而，如果换一个角度看，谁又能说这几个盲人摸的不是"象"呢？他们每个人的看法虽然片面，但并没有离开"象"本身。就"象"的某一部位而言，他们说的都是正确的，正因为他们准确地说出了"象"的某一个部位，他们的结论相加，也就为最后一个完整的"象"的呈现做出了贡献。从这一角度出发不难发现，"盲人摸象"的故事为我们理解文本阐释活动提供了多方面的启示。

启示一：阐释不能离开客体。就盲人摸象而言，"象"就是客体，"摸"是对这个客体的接触，"盲人们"是这一事件的主体，而他们说出来的"如芦菔根""如箕""如石"等各种看法则可以看成是对于客体"象"的一种解释或阐释。实际上与盲人摸象相类似，在文本阐释过程中，"文本"就是客体，阐释者就是主体，阐释的过程则如同"摸"的过程，是对作为客体的文本的接触，然后便是阐释者对于文本的各种不同的解读。也就是说，文本作为客体，阐释者作为主体，阐释者通过对文本阐释而得出阐释结论，它们共同构成了一个完整的阐释过程的组成要件，缺一不可。当然，也如盲人摸象一样，虽然阐释者面对同一个客体，即同一个文本，由于每个阐释者的学识、兴趣、习惯、注意力等所限，造成了文本对每个阐释者所呈现出

---

① "盲人摸象"出自《大般涅盘经》32卷，见《新华成语大词典》，商务印书馆2013年版，第940—941页。一说出自《长阿含经》卷十九。

来的内容各有侧重,或者说每个人从文本中所看到的东西总会有差异,从而导致每个人做出了并不相同的判断,得出了并不相同的阐释。但正如盲人不管怎样去摸,所摸的至少是"象"的一部分一样,阐释者不管怎么去阐释,始终都无法离开文本这一客体,所得出的解读也一定是从文本自身的客观规定中来。文本成为阐释行为发生的根本前提,没有它,阐释从无谈起。

启示二:阐释不能离开整体。盲人摸象之所以是一个贬义的成语,盲人们之所成为被嘲笑的主角,主要原因就在于这些盲人只见树木不见森林,只知其一不知其二,只感受到了他们所接触到的,不能以整体的态度看待事物。整体性是客体的基本特性,看问题没有整体观,必然造成对客体的分割。对于作品的阐释也是如此,如果阐释者紧紧抓住作品中的某一点,或者只是作品当中某一非常不重要的细节去阐释,那阐释就会偏离主题,造成实际所做的阐释与作品关系不大,所得出的结论违背作品的本有之意。

"一千个读者有一千个哈姆雷特"并不是由于人们纠缠于作品中某一部分、某一细节,从而使之无限放大的结果,而是人们从不同的角度切入,考虑作品的整体内容,进而结合阐释者个人的知识素养、时代的审美理想等所做出的对于作品的多种可能性理解。尽管阐释的结果有所不同,但终归都可以看成是对作品的合理性阐释。因此,对作品整体的把握在阐释中显得非常重要。

启示三:阐释不能离开主体。阐释者,即阐释主体,是整个阐释活动中的能动因素。客体为何、对作品整体把握的水平,都与阐释主体的能力和素养相关。一个合格的阐释主体与作品之间的关系应该是一种"对象性"关系。关于对"对象性"关系,马克思做过比较深刻的阐述,在他看来,"对象如何对他说来成为他的对象,这取决于对象的性质以及与之相适应的本质力量的性质;因为正是这种关系的规定性形成一种特殊的、现实的肯定方式。……人不仅通过思维,而且以全部感觉在对象世界中肯定自己"[①]。这就是说,能够构成"对象性"关系的主客体,主体一定是该客体的主体,而不是任何别的客

---

① [德] 马克思:《1844年经济学—哲学手稿》,人民出版社2000年版,第86—87页。

体的主体，而客体也一定是该主体的客体，而不能是任何别的主体的客体，构成"对象性"关系的主客体之间是一种相伴而生、相互成全和肯定的关系。鲁迅先生之所以说一部《红楼梦》"经学家看见《易》，道学家看见淫，才子看见缠绵，革命家看见排满，流言家看见宫闱秘事……"①，就是因为不同的人面对《红楼梦》这部作品时，总是将个人的理解习惯和思考方式贯彻进去，以致做出符合他个人思维品性的结论来。从这里可以看出，阐释者和作品之间可以构成多种多样的"对象性"关系，这取决于对象的性质也取决于主体的性质，主体在文本阐释中的作用非常重要。

启示四：阐释不能越"界"。一个完整的阐释过程离不开客体、整体、主体这三个因素。没有客体，阐释无从谈起，没有整体，阐释将偏离主题，没有相适应的主体，对作品的解读也会走到邪路上去。不仅如此，我们还应看到，一个理想的阐释过程，一定是在客体、整体和主体三者有机结合、共同在场的前提下才能完成。违背客体、整体、主体有机统一的阐释，必然是一种"越界"阐释。譬如，离开客体的阐释，不能把握客体客观整体性的阐释，或者主体认识上有偏差的阐释，总之无论阐释三元素中哪一方出现了问题，都必然会造成阐释行为的"越界"。而"越界阐释"必然表现为"强制阐释"②，这是通过直观判断便可得出的结论。当然，客体、整体、主体的结合，随着三元素任何一种元素在场情况的不同，会呈现出多种多样的结合状态，使每一种结合都形成一种阐释。可见，客体呈现的程度、整体关联的宽度、主体把握的深度，决定各种不同的阐释有着不同的质量和价值。讨论文本的"开放"与"封闭"，都不能超越文本该有的边界。就安贝托·艾柯的两种观点看，第一种他对文本的解读所作出的"'阅读'它的可能性是无限的"③的看法的问题，在于离开了文本客体、文本整体与阅读主体三者的有机统一，过分扩大了客体主

---

① 鲁迅：《〈绛洞花主〉小引》，见《鲁迅全集》第 8 卷，人民文学出版社 2005 年版，第 179 页。
② 张江：《强制阐释论》，《文学评论》2014 年第 6 期。
③ [意]安贝托·艾柯：《开放的作品》，刘儒庭译，新星出版社 2010 年版，第 31 页。

体的无限性，而基本看不到客体的整体性。客体失却客体性，而被"含糊性""开放性""无限性"所取代，从而也就导致了整体性的全然崩溃，主体自然也就丧失了主体面对客体时应有的"对象性"关系这一原则。客体性丧失，整体性断裂，主体虽然无限自由，但阐释的三元素都处于游离状态，阐释失去了边界，自然滑向"越界阐释"即"强制阐释"的深渊，成为阐释者随心所欲的游戏。第二种对于"过度阐释"的批评，即对于文本生产与理解的模糊性、无限性的批评之所以是合理的，就在于安贝托·艾柯遵照了客体、整体与主体三者在场统一的原则。安贝托·艾柯本人作为整个事件的主体，既熟悉客体，又熟悉整体，而且很好地做到了主体对客体、整体的同情理解，构成"对象性"关系。此时，阐释的三元素均在场而且融为一体，客体是主体的客体，整体在主体把控之中，从而使阐释行为始终处于边界之内，使这种阐释成为诸多合理性阐释中的一种，而被人们所接受。

二 对"开放"与"封闭"的本原解读

从文学自身的生产逻辑来看，文学创作即文学生产本身在其创作之初，作家的创作意图或试图蕴含在作品中的情感倾向和思想价值或许是明确的。但是，在创作过程中，由于作家反映生活的方式、语言叙述的风格、塑造形象的差异等原因的限制，创作出来的作品可能并不完全与作者创作之初的意图相一致，加之不同的阅读者在生活阅历、艺术修养、理解能力、审美趣味等方面的差别，从而也造成了他们在鉴赏和评价作品时会产生不同的感受，获得不同的美感，有时甚至会有截然相反的理解。这样，也就造成了对于同样一部作品，在阐释方面的千差万别。但是不管怎么说，作为文本的作品的客观实在性才是最终决定这种千差万别的阐释的根本原因，并不能随心所欲，无限发挥。也就是说，对于合理的文本阐释而言，它必然受到客体、整体和主体共同限定的边界的制约。所谓文本的开放与封闭，也必然要在这种限定之中来讨论。文中自身的特性决定了这一切。

（一）文本"开放"的原因探析文本"开放"的原因是多方面

的。对于一部作品而言，表面上看，作为艺术创造的物态化成果，它的一切都应该是稳定的、明确的。但由于艺术所使用的介质形式，无论文字、线条、色彩等，本身都有着象征性、抽象性、多义性，这就使作品常常表现出一定的不确定性和模糊性，以一种"开放"的姿态而存在。另外，文本在消费过程中要面对不同的读者，而这些读者又有其个体的、时代的、地域的或民族的差异，从而也造成文本与消费者之间往往会有较大的张力，无形中也就增加了作品的不确定性和模糊性，使其"开放性"进一步增强。一部作品之所以能吸引不同个性、时代、地域或民族的读者产生共鸣，就是作品本身所呈现的开放性使然。造成文本开放的原因很多，本文主要从创作者、阅读者、时代、地域等几个方面略作陈述。

创作者的原因。文艺创作不是筑屋搭桥，创作者在创作的时候不会过分执着于表达上的科学性、准确性，反而为了艺术的需要，他们常常更加重视语言的张力作用，喜欢点到为止。我国古代绘画中有"计白当黑"的技法，也就是"留白"作用，目的在于给观赏者提供更大的想象和发挥的空间。用当代西方文论接受美学的观点，我们可以称之为文本的"召唤结构"。创作者在创作的时候，总会有意无意地给作品留下很多模糊的地带，给观者留下想象的空间。

读者的原因。就文艺创作的机制来看，任何文艺作品一旦创作出来，便具有了独立性，可以不再受制于创作者的原有意图，对作品的认识很大程度上也由读者（观赏者）自己的阅读体验和理解来决定。读者的个体性差异较大，每个人自其出生以来所接受的教育程度、所接触的社会生活、所形成的世界认识与价值取向以及审美能力、审美趣味等，都会影响读者对作品的理解和认识。读者的差异性，使作品在不同的人那里会有不同的呈现，从而形成不同的意义阐释，这是文本在消费过程中必然发生的现象，也是文本开放性的重要体现。

时代的原因。社会是向前发展的，作品会随着时代的发展变化而呈现出新的面貌和意义，一些经典的文艺作品之所以能够得到不同时代人们的喜欢，除了作品本身描写了人们日常生活的世态人情、普遍适用的价值情感外，一个重要的原因就是不同的时代能给人们带来不同的阅读理念、欣赏习惯、审美心态以及认知水平。作品还是那个作品，但时代变了，对作品的理解就会被赋予新的视角、新的内容，对作品的领悟也会打上时代的烙印。当然，时代的变迁最终是通过读者的阅读体验来体现的，一代有一代的风气，不同的时代所表现的差异性，必然会影响人们对于作品的阅读和认识，增强作品的开放性。

地域的原因。文学作品开放性的地域原因，主要表现为不同地域人们文化方面的差异。虽然在"全球化"时代，尤其是随着网络手机等新媒体技术的普及运用，不同地域人们之间的文化认知差距越来越小，文化容忍程度越来越高，但对于文学阅读而言，一来任何文学作品都是对某一地域、某一民族或某一具体社会人群的生活叙述，二来处于不同地域和文化之中的人们无论交往的程度有多高，其相互之间的了解和理解、文化方面的认同都无法达到完全一致。经济可以一体化，但具有极强的人文精神内涵的文化却很难一体化，这也就意味着，有着不同文化背景的人在阅读同一部作品时，必然会表现出其文化上的差异性。文化差异会使作品呈现出开放性的一面，从而接受不同的文化人群的阅读。

由这些分析可知，文本阐释的开放性，除了文本自身的原因外，还有阅读、时代、地域等方面的原因，从而使文本在与不同读者的互动中呈现出多样的形态，使作品的内容与价值不断丰富。

（二）文本"封闭"的原因探析 在阐释活动中，文本是开放的。但文本无论怎样开放，无论读者、时代、地域怎样不同，其作为一种物质性存在，对其所做的任何阐释都必须限定在文本自身所限定的边界和框架之中。作为一种客观性存在，文本的这种限定决定了对它的任何阐释都不能随心所欲，而要受到它的客观条件的制约。从这个角度说，文本又是封闭的，决定文本封闭的因素主要有以下几个方面：文本、作者、读者等。

文本方面的因素，主要指文本的语言、结构、内容等的相对稳定性。语言是用来交流的工具，而它之所以能够用于交流与沟通，就在于其字词、句式、修辞等意义的相对稳定性，它受制于语言产生的历史传统、民族习惯以及语言发生的自然环境与生活环境。这些方面的稳定性也就决定了以语言为介质的文学作品所传达出的人物环境、故事情节、人物性格等的相对明晰性。对作品的阐释离不开文本的语言、生活、情节、人物这些因素，离不开这些因素结合在一起所形成的作品整体所呈现的基本思想及情感倾向等。阐释什么，怎样阐释都要以这些因素为依托，由文本所决定。

　　作者方面的因素，主要指作者作为文本的创作者，他所创作的作品多少都要带上他个人的色彩和局限，从而使作品具有与作者之间难以割舍的关系。每位创作者的生活阅历、知识教养、性格习惯、世界观、人生观、价值观、艺术观、审美观等都是不一样的，这些不一样的东西必然要在作品中显现出来。"文如其人"指的就是这个意思。"文如其人"对创作者而言，既可以作为创作风格成熟的肯定，也可以作为创作局限的评价。

　　每个人都有其自身的局限性，生活的局限、时代的局限、表达的局限、认知的局限，如此等等，这些都会使对作品的阐释受到制约。

　　阅读方面。由于文本自身的客观性存在，读者在阅读作品时，在基本条件相同的情况下，总会对同一部作品有着大致相同的理解，这也就从读者这一层面印证了作品的封闭性这一事实。而读者的阅读作为文本封闭性的一种证明，也必将对文本阐释的基本方向和内容有所规约。阐释者或许比一般的大众读者要站得高一些，但无论站得多高，也绝不能违背对于作品应有的常识性理解。离开了这一点，再高妙的阐释怕也只能是痴人说梦，无人问津。

　　由以上所论可以看到，文本一定是开放的、"敞开的"，因为只有这样，它才能经受不同时代、不同地域人们的反复细读与体悟，从而展现其更加丰富的内涵价值与意义；同样，文本也一定是封闭的、自足的，因为只有这样，它才能作为"一个文本"被人们反复认识，并与已经发生的不同评价与理解形成一种互文与对话，从而使之成为经得起时代考验的经典之作。

三　关于文本"开放"与"封闭"的一点反思

　　对文本的阐释就像手里放飞的风筝，无论飞得多高，始终都要有一根相牵的长线，使它有所牵绊，不至于彻底离开地面。而那些断线的风筝，则如已经越界失控的文本阐释，无论是飘浮于人的视野之内，或是已经消失得无影无踪，终究已经脱离了人的控制，看起来自由自在，随心所欲，但毕竟已没有了根基，丢掉了灵魂。试想离开文本的阐释，对于文本而言，还有什么意义呢？

安贝托·艾柯在《开放的作品》中言之凿凿，"对文本的开放意义和阐释的无限性给以明确的定义和标识"，在《诠释与过度诠释》中则又"坚持一个极为强硬的立场，反对他人对自己的文本做无限的过度阐释，要求批评以文本为根据，而非天马行空地迷狂发挥"①，前后之间宛若两人。当他大谈含糊性或不确定性已经成为作品的一个明确目标，成为"一种需要优先于其他价值而实现的价值"②的时候，他和那些盲人们一样对自己的片面判断深信不疑，自认为掌握着真理。然而，真理总归需要实践的检验，当他自己的小说《玫瑰之门》被人过度诠释的时候，他才说出了"诠释活动不是漫无目的地到处漂泊，而是有所归依"③这样靠谱的话，终于看到了文本阐释的边界，看到了文本自成一体的封闭状态对于阐释的制约作用。这一现象本身就是值得我们认真思考和对待的。

世界上万事万物都处在运动变化之中，"人不能两次踏入同一条河流"，运动是绝对的，静止是相对的。如果只承认事物的运动，而看不到事物的静止，那就无法把握事物，认识事物，理解事物。因此，我们做任何事情既要看到事物的运动，又要善于在矛盾运动中去把握静止，看到运动与静止的对立统一关系。对于文本的阐释而言，这就要求我们既要看到文本的开放性，同时也要看到文本的封闭性，使阐释始终围绕文本而不是偏离文本，在客体、整体、主体有机构建的边界内展开。那些可笑的盲人们，不管怎样摸"象"，摸出了怎样的"象"，最终都没有离开"象"这一客体。仅凭这一点，他们比那些在阐释活动中随心所欲，胡乱阐释，"摸象"摸出了猪猫狗或者其他与"象"毫不挨边的东西的人，岂不要高明好多倍！那些相信阐

---

① 张江：《开放与封闭——阐释的边界讨论之一》，《文艺争鸣》2017年第1期。
② [意]安贝托·艾柯：《开放的作品》，刘儒庭译，新星出版社2010年版，第16页。
③ [意]安贝托·艾柯等：《诠释与过度诠释》，王宇根译，生活·读书·新知三联书店1997年版，第108页。

第三部分 阐释的边界

释"无极限"的人,譬如写《开放的作品》时的安贝托·艾柯,都是一群天赋眼界极高、文化素养卓群的知识精英。然而就是这些知识精英们,却反而"摸"出了其他的东西,丝毫不知盲人们其实比自己离真理还要更近一步,这到底是因为"睁眼瞎",还是别有用心,乃至故意"睁着眼说瞎话"?

分明是"摸象",却又分明摸出了别的东西,这正是张江教授在《强制阐释论》中所批判的现象。文本"封闭"有边有界,文本"开放"有节有度,阐释的存在当有永不"越界"这一底线,否则的话,那就只能说是指鹿为马、另有他图了。

阐释的边界及其可变性[*]

李 勇[**]

　　文论的兴起是20世纪西方人文学术史上的重要事件。这种文论"是西洋哲学中心瓦解后,由众多学科的新兴理论,杂合而成的一堆新学问。简单地说,它专指20世纪发展起来的诸多西方批评理论"。[①] 这种新的知识形态突破了已有学科分类界限,具有明显的跨学科特点。一方面面对西方社会文化不断出现的各种危机与问题发声批判,另一方面又对其他理论流派展开批评、驳难。这种"文论"或"西方文论"已不是传统意义上的研究文学的本质规律的文学理论,而更像是一种社会文化理论或文化批判理论。从这个意义上说,张江将20世纪西方文论的本质特征确定为"强制阐释"的确切中要害,一语中的。"强制阐释是指,背离文本话语,消解文学指征,以前在立场和模式,对文本和文学作符合论者主观意图和结论的阐释。"[②] 其最根本的特点,一是征用其他学科的理论、观点、方法来讨论文学,二是背离了文学文本,阐发其他学科的理论与观点。这不正是"西方文论"的特点吗?但是,强制阐释论对西方文论的批判同时也引出了一个文学理论元理论问题,为什么文学理论不可以征用其他学科的理论?这个问题归根到底就是:文学阐释到底有没有边界?谁来确定边界?边界是否固定不变?

---

[*] 本文原刊于《学术研究》2016年第1期。
[**] 作者单位:苏州大学文学院。
[①] 赵一凡:《西方文论讲稿续编》,生活·读书·新知三联书店2009年版,"序言"第408—409页。
[②] 张江:《强制阐释论》,《文学评论》2014年第6期。

第三部分 阐释的边界

一 "阐释共同体"与文本意义的界限

强制阐释论对西方文论中背离文学文本,盲目征用其他学科的理论观念与方法来研究文学,又借文学讨论其他学科问题的研究方式所进行的批判,涉及的是阐释学的基本问题,即如何阐释文本才是合理的、适度的。要讨论这个问题,先应回答阐释是否有一定的限度。在西方的哲学与文学理论中,特别是在解构主义等激进的理论中,这个限度已经被消解了,"那种企图限制意义生成的语境范围或是企图使作品意义生成那无休无止、不断推衍的不确定性过程停止下来的做法,已被指责为'专制主义'"。[①] 这种维护阐释的自由权利,对于阐释活动中的专制主义的担忧是不无道理的。自从新批评建立起文学研究的本体论,批判意图的谬误、起源的谬误、感受的谬误之后,剩下的就是对文学作品本身的研究了。而文学作品本身又被等同于语言形式,因而对文学文本的细读成为文学研究的根本任务。如何确定文本的意义成为一个难以解决的问题。在现实的层面上,我们也看到无数对同一文本进行不同解释的例子,这更让人对文本意义的确定性产生了疑问。更何况,从历史的角度看,不同时代的人对于文本的理解必然会出现差异。如果文学文本具有开放性特征,它要面对的是无数个不同年龄、性别、阶段、民族、时代的读者,这些读者对同一个文本的阐释应该是有所不同的。因此,去确定哪一种阐释是唯一正确的阐释似乎是不可能的,去确定文本意义的边界或阐释的界限也似乎是难以完成的任务。

然而,就像我们担心对文本意义的阐释活动进行限制会制约人的自由,并有导致专制主义的危险一样,对阐释行为不加限制,任由阐释者自由发挥也同样是有无政府主义与相对主义的危险的。这一点,新批评所说的感受谬误已经给我们充分的提醒了。主张阐释不设边界的人往往以"一千个读者就有一千个哈姆雷特"为论据,来证明文

---

① [意]安贝托·艾柯等:《诠释与过度诠释》,王宇根译,生活·读书·新知三联书店1997年版,第9页。

本意义的差异，证明文本没有一个唯一正确的意义。可是他们恰恰忘记了，一千个哈姆雷特仍然是哈姆雷特，而没有一个哈姆雷特变成堂·吉诃德，也不可能变成李尔王。从这个角度看，读者对于《哈姆雷特》的阐释仍然是有边界的。因此，阐释是有界限的，正如安贝托·艾柯很肯定地说"一定存在着某种对诠释进行限定的标准"。

　　阐释存在界限的理论依据何在？首先，从阐释对象看，文本本身应该是具有规范或限制作用的。瑙曼说："作品具有引导接受的特性，我们将它概括成为'接受指令'这样一个概念……它表示一部作品从它的特征出发潜在地能发挥哪些作用。"[①] 这种接受指令当然会对读者／阐释者的阐释活动进行约束和限制。安贝托·艾柯所说的"文本的意图"概念也许更容易被接受，因为它更合理地融入了读者／阐释者的主观因素。安贝托·艾柯认为本文意图其实是标准读者从文本中推测出来的，它不同于作者意图，是标准读者根据文本的语言结构、文体特征等按照文化的规范从文本中理解出来的基本含义，一个特定的文本在标准读者那里应该拥有相应的文本意图。反过来看，文本意图就是这个特定的文本对阐释者的约束或限制。[②] 安贝托·艾柯的这个观点从理论上证明了一千个哈姆雷特仍然是哈姆雷特，阐释的边界是受到文本的基本含义控制的。当然，对于将阐释的边界或文本的意义的决定权交给文本，可能引起读者中心论者的不满，他们否认文本可以为阐释划定边界，因为文本只有在阅读中才能产生意义，文本只有被阅读才会成为文本，没有被阅读的文字材料或其他形态的符号只是一种物质存在，不产生意义。因此，文本中的所谓接受指令或本文意图都不存在。针对这样的问题，伽达默尔的解释是有说服力的，他说："一个文本的解释者的问题是，究竟是什么存在于文本之中。"[③] 不管我们在文本中找到的是什么东西，文本总是解释的多样

---

① ［德］瑙曼等：《作品、文学史与读者》，范大灿编，文化艺术出版社1997年版，第17页。
② ［意］安贝托·艾柯等：《诠释与过度诠释》，王宇根译，生活·读书·新知三联书店1997年版，第77页。
③ ［德］伽达默尔：《文本与解释》，严平选编：《伽达默尔集》，邓庆节等译，上海远东出版社2002年版，第59页。

第三部分 阐释的边界

性的出发点，没有文本也就没有解释，文本当然就为阐释划出了界限。当然，我们也不可能对文本进行随意解释。伽达默尔说："解释的任务总是在当印刷的意义内容有争议时出现，是获得对正在宣布的事的正确理解。然而这个'正在被传达的事'并不是说话者或作者最初所说，而是，如果我是他的最初的参与说话者的话，他会试图对我说的话。"① 这个"试图对我说的话"不就是安贝托·艾柯所说的本文意图吗？我们无法找到实际的作者去追问他想要说的是什么，但是我们可以根据文化成规判断、猜测出他应该想要表达的意思，这也说明人们是以文本的构成状况去理解文本的，文本是划定阐释边界的一个重要依据。

从阐释者角度看，一些读者中心论者以读者的自由权利为依据，认为阐释是自由的，没有边界可言。其实这种观点忽略了一个重要事实，即读者和阐释者都无法随意地解释文本，除了文本对读者的制约作用之外，读者/阐释者也是有其自身的边界的。一方面，任何阐释者都有自己的前见或期待视野，而这些前见或期待视野都是文化建构的产物，每个读者/阐释者都是在一个特定的文化传统中成长起来的，其理解能力、阅读能力都要受到这个文化传统的制约，文化传统的边界就是阐释者的边界。他不可能用他不知道的观点去理解一个给定的文本。另一方面，就阐释者个人的个体存在而言，不管他的学识多么渊博也仍然有一个边界，没有一个人是全知全能的。这是人的有限性，也是阐释的有限性的依据。文化的有限性和个体的有限性制约着阐释活动，为阐释划定了一个边界。

文化的有限性和个体的有限性只是为阐释活动划定了一个最宽的边界，在实际的阐释活动中，阐释的边界其实更加有限。这种限度在哪里？任何一个阐释者都是文化建构出来的，他也有自己的有限性，但是这两个限制仍然给阐释者太多自由，如果没有其他的限制，一个阐释者仍然可以按照自己的意愿随意阐释文本。其他的限制是什么？如果我们找到这种限制，就可以为阐释活动找到一个适度的范围。这

---

① ［德］伽达默尔：《文本与解释》，严平选编：《伽达默尔集》，邓庆节等译，上海远东出版社2002年版，第64页。

种限制的基本要求就是一个人的阐释应该可以被他人认可、接受或认同。因此，这个限制就是社会群体的限制。这个群体的限制，按照斯坦利·费什的说法就是"阐释的共同体"。所谓阐释的共同体，"不是指一群拥有相同观点的单个读者，而是指拥有一群单个读者的一种观点或一种组织经验的方式，即它所假定的各种区别、理解范畴以及贴切与否的规定构成该集体成员的共同意识。因此，这些成员不再是单独的读者，而变成了集体财产，因为他们已经置身于这个集体的事业之中。正因为如此，这种由集体构成的阐释者会反过来构成基本相似的文本，当然这种相似性不应该归之于文本自身的特征，而应该归之于阐释活动的集体性"[1]。文本的意义不是某个阐释者自己相信它有什么意义就够了。阐释活动是一种社会活动，文本的意义不是由一个阐释者决定的，而是由阐释共同体决定的。这包括两层意思。其一，任何一个阐释者都是集体的成员，它隶属于一个阐释的共同体，他的阐释策略、阅读能力、前见与期待都是在集体中形成的，一旦脱离群体，阐释者对文本的解释（如果他还能进行解释的话）就会变成无人能理解的胡言乱语。其二，任何一个阐释者对文本意义的理解与解释都要得到他人的回应、支持并与他人进行交流。这样的阐释才有价值，阐释不是阐释者的私密活动，不是他个人的深思与体验，而是一种社会性活动。对一种阐释的回应与交流对话，最早可能就发生在阐释共同体内，因为使用相同或相似阐释策略的阐释者，容易得出相同或相似的结论，也就容易产生共鸣。在这个阐释的共同体中，一致的见解就变成了正确的阐释，甚至就变成了真理。一个给定的文本，在同一个阐释共同体中经过相同的阐释策略的阐释之后，得出的一致结论或见解，就成为这个文本的正确含义。这是在这个阐释共同体中达成的共识，是公认的意义。因此，阐释共同体就成为一个给定的文本的阐释的边界，阐释共同体中公认的意义就是这个文本的意义。

---

[1] ［美］斯坦利·费什：《变化》，转引自朱刚《阅读主体与文本阐释——评费什的意义构造理论》，《当代外国文学》1994年第3期。

二 不同共同体之争：阐释合理性的依据何在

虽然阐释活动的边界是由阐释共同体决定的，但是当不同的共同体面对一个给定的文本时，仍然会出现不同的阐释，其后果是文本意义的边界变得名存实亡。阐释的边界问题在此又转变成了不同的阐释共同体所阐释出来的意义的合理性问题。哪一个共同体对一个给定的文本阐释出来的意义更合理，它就为这个文本的意义划定了边界，而其他共同体不合理的阐释就会成为过度诠释，甚至变成强制阐释。

那么，到底什么样的共同体的阐释才是合理的？第一，面对一个给定的文本，阐释共同体的解释越具有普遍性也就越具有合理性。因为，如果阐释的可信度是由阐释共同体的成员所接受的共识决定的，一个阐释共同体的成员数量越多，其阐释策略的接受度也就越高，这个文本被阐释出来的意义也就得到越多的人认同。第二，阐释的合理性并不是来自于人多势众的民粹力量，而是来自于文化传统。一种阐释之所以能得到众多的支持者，不是蛊惑人心的煽动宣传的结果，而是要依据阐释背后的文化成规，它是一个文化传统所形成的稳定的观念。在这种文化成规的制约之下，阐释的共同体所形成的对于一个给定文本的阐释才会得到更多的人认同。因此，越是符合文化成规的阐释才越是合理的，文化成规也为阐释活动划出了边界。第三，并不是文化成规中所有的信条都是合理的，阐释共同体的阐释活动之所以被接受，更重要的原因还在于其阐释本身是符合逻辑的。这些逻辑的规则才是阐释是否可靠的依据。具体而言，阐释的基本逻辑规则至少包括矛盾律、排中律等基本的逻辑规律以及三段论等推论法则。就文本解释而言，应该从完整的文本来阐释，而不能断章取义，特别是当前文的意义在后文中被推翻的情况下，应及时调整对全文意义的理解与阐释，而不应忽视前后之间的意义不一致。第四，阐释活动中的逻辑除了有一般意义上的逻辑的普遍属性外，还要遵守一些特定的前提、假设或由共同体成员公认的预设。这些前提与预设是一个共同体得以成立的基本条件，不承认这些前提与预设，一个人无法成为这个共同体的成员。同样地，一旦这些前提与预设被推翻，这个共同体也就瓦解了。因此,一种阐释活动之所以能被接受,在共同体内部是遵守维护这个前提预设的结果。从共同体之外看,这个共同体所遵守的前提与预设是否具有普遍性,是否具有说服力是阐释的可信度的基本判断标准。如果它的前提就是错的,其结论就不再可信。第五,阐释的前提与预设也不是阐释共同体成员的私自约定,不是一个小团体私自定下的门规,这些预设和前提也仍然需要得到检验。如何检验?那就要看这些预设和前提与阐释活动所处的具体的语境是否匹配,是否相符。如果与阐释的语境相符,那么,这样的阐释活动就会得到那个语境中存在的其他人的认可,这样的阐释就会具有更高的可信度,也就更有普遍性。否则,处在那个相同语境中的人们就会质疑这种阐释脱离实际,脱离时代与潮流。也许在那个阐释共同体内部,成员们还可以自我陶醉,但这种阐释的接受程度毕竟有限了。当然,阐释活动与语境的匹配是在遵守上述四个条件的基础上才有意义的。尽管每一个阐释活动都是在具体语境中发生的,都逃脱不了语境的限制,但是语境不应成为决定阐释行为的唯一因素。

在文学理论中,也存在着不同的阐释共同体之间的竞争。如何判断一个阐释共同体的阐释比其他共同体的阐释更可信?文学研究中的阐释共同体数量众多,本文以文学文本阐释的基本前提为依据,将文学研究中的共同体划分为两个基本类型,一是以文学文本为研究中心,以文学文本的阅读经验为基础的审美研究,一是以社会现实为研究中心,以文学之外的其他学科理论为基础的理论研究(前文所说的西方文论研究)。在不同的阐释共同体内,各自的成员都会认为自己的阐释更可信。那么从文学理论元理论或知识论的角度看,哪一个阐释共同体的阐释更可靠?如果以我们上文所列举的五项指标为参照系,那么逐项分析下来,答案是不难找到的。

第一,从阐释的普遍性来看,审美研究对文本的阐释更接近于普通读者对文本的理解。因此,其阐释共同体成员就从少数专业人士扩大到普通读者,其接受程度也就大大提高了。因为这样的阐释者首先把自己当成普通读者来阅读文学文本,然后运用自己的专业训练所得到的鉴赏能力对文学文本进行精细的解读,发掘文本的精妙之处和言外之意,说出普通读者意会到却无法表达的意涵,引起广大读者的共

第三部分 阐释的边界

鸣。相反,那些从其他学科理论出发对文学文本的阐释,由于其专业知识的接受程度以及其本身的可信程度的原因,在普通接受者中的认可度甚至理解程度都会大受影响。一种理论、一种阐释不能被大多数人理解与接受,人们无从判断其真假,这种阐释便无所谓可信与有效。只有了解这种理论与阐释的那个共同体内的成员才能在他们的圈子内进行讨论与接受,这样的阐释不具有普遍性。它们也许是对的,但是对于大多数人来说,是属于特殊的阐释。

第二,从文化传统与文化成规的角度看,审美研究所遵守的是一种具有悠久历史的将文学作为审美现象的文化传统。尽管在文学理论的历史上,将文学作为道德教化工具的观念也有悠久的历史,但是这种功利主义文学观念也同时承认文学具有审美特性。审美特性乃是文学的根本特性,教化功能只是文学的社会效果而已。相反,从文学之外的其他学科理论出发对文学文本的阐释则难以获得这种文化传统的支持。这种阐释所依赖的其他学科理论是新兴的理论,其理论本身的可信度还存在疑问,用这样的理论来对文学文本进行阐释,其说服力难以得到保证。以精神分析学为例,弗洛伊德的精神分析理论是他个人的发明,俄狄浦斯情结是否在每个人身上都存在值得怀疑,用这种理论来解释哈姆雷特也缺少文本的基础。相比之下,哈兹里特的分析就更具有说服力。哈兹里特的阐释是建立在文本的基础上的,也是按照文化传统来进行阐释的——沉溺于思考的确会影响行动,这是人们更容易理解的道理,而不像"弑父娶母"这样的心理学理论那样令人难以置信。

第三,就阐释的逻辑性而言,两种不同类型的文学研究都同样适用。只有在具体的阐释案例中进行分析才能判断其是否符合逻辑,是否合理。但是运用其他学科理论来阐释文学文本往往会陷入方法论的困境。其一,这种理论本身的合理性有待检验,理论家在分析文学文本时常常是从文学文本中寻找例证来证明自己的理论的,这样的阐释容易陷入混乱的论证之中。为了证明自己的阐释有道理,借用了一种理论,为了证明这种理论有道理,又借用了这个例证。其二是断章取义,不顾文本的整体意义对文本的个别细节任意发挥。张江在批评强制阐释的认识路径时指出:"一方面,理论生成不从具体出发,上升为抽象，而是从抽象出发，改造、肢解具体，用具体任意证明抽象。另一方面，隔绝抽象，抵抗抽象，用碎片化的具象代替抽象，理论的统一性、整体性、稳定性遭到瓦解。"① 这些逻辑上的错位正是断章取义、任意发挥的根源。

第四，就阐释共同体的前提预设而言，对文学文本的审美阐释的前提预设至少包括以下几个方面。首先，是将文学的审美特性作为本体特征，这种审美的文学观念是对文学文本进行审美阐释的基本前提与理论依据，也是这种审美共同体得以成立的根本保证。其次，是将阅读/审美感受作为阐释文学文本的基础，阐释是在审美经验的基础上进行的，阐释活动是主体与文本之间的审美对话，主体与文本之间的关系是审美关系。再次，阐释的目标是揭示文学文本的审美意义与审美价值，解释审美意义与审美价值形成的内在机制。这三个基本的前提预设对于文学阐释而言无疑是合理的，因为它们确定了文学文本的阐释与其他文本阐释之间的根本差异，当然也与大多数读者阅读文学文本的经验相符。相反，理论研究对文学文本进行阐释的前提预设是阐释者所运用其他学科理论的观念，文学文本只是被当成其他学科需要的材料，阐释的目标也是证明其他学科的理论观点。艾布拉姆斯在批评"解构的唯物主义"时所说的就是这种文学文本阐释活动，他说："批评家将自己出于必需而发现的那种意义的预先了解带进任何文本之中，而且这种意义又具有一种永不失败的将文本任何所说之事——或没有提到的事——转化为预先确定的副文本的机制，那么，只要有了传记意义上的和历史上的信息以及足够的聪明才智，他们就能够生产出政治意义来。……这种政治方面的新派读解者也不会回避做进一步的冒险，取消掉文学作品为各个时代读者带来的种种想象方面的愉悦。"② 这种"解构的唯物主义"对文学文本的政治化阐释就是要在文学文本中哪怕是沉默之处寻找政治含义，而这种政治意义恰恰是这些批评家预先就假设存在的，文学文本只是证明他们的理论的

---

① 张江：《强制阐释论》，《文学评论》2014 年第 6 期。
② [美] M. H. 艾布拉姆斯：《以文行事：艾布拉姆斯精选集》，赵毅衡、周劲松等译，译林出版社 2010 年版，第 335 页。

材料。

第五，从语境的匹配程度看，如何来判断对文学文本的阐释是否与具体的语境吻合呢？这要看如何理解语境。语境不是一个抽象的概念，而是阐释活动所处的具体社会文化环境，是从事阐释活动的主体生活于其中的环境或生活世界，它是要靠阐释者的实际生活感受去捕捉和把握的。因此，这种具体的语境其实类似于雷蒙·威廉斯所说的"情感结构"，即以具体的生活感受为主要内容的对于一个特定时代社会生活的总体经验与整体把握。因此，对具体语境的准确把握恰恰要凭借那个时代的人对于生活细节的感知，这种感知更接近于文学的感知。这种感知文学作品中想象的世界的方式，在现实世界同样适用。阐释者可以通过这种方式感知他（她）生活于其中的世界，把握具体的语境中的特有气息。从这个意义上看，对文学文本的审美阐释更有可能符合阐释的语境，审美阐释者对于语境的把握可能是更全面更准确的。他们可在社会文化语境和文学文本之间架起沟通的桥梁。雨果在评论哈姆雷特时说："在某些时刻，如果我们摁一下自己的脉搏，我们会感到他在发烧。不管怎样，他那奇特的现实也就是我们的现实。"① 他所说的就是这种对作品的感知与阐释的语境相匹配的情形。相反，文学之外的其他学科虽然对社会文化语境的某一方面有具体深入的理论研究，但由于学科分类的限制，反而未必能对社会文化语境有全面的认知。更何况，这些学科对社会文化语境的研究与文学文本中对社会生活的表达之间存在着不能对接的现象，差异与错位是不可避免的。文学文本不是在社会文化语境中来阐释，而是放在理论的框架体系中来阐释，这样的阐释与语境之间的匹配程度反而不如审美阐释那样深入。苏珊·桑塔格在《反对阐释》这篇经典论文中说，阐释是"智力对世界的报复。去阐释，就是去使世界贫瘠，使世界枯竭——为的是另建一个意义的影子世界。阐释是把世界转换成这个世界……"② 这个另造的世界就是用其他学科的理论对世界的重

---

① ［法］维克多·雨果：《威廉·莎士比亚》，丁世忠译，团结出版社2001年版，第162页。

② ［美］苏珊·桑塔格：《反对阐释》，程巍译，上海译文出版社2003年版，第9页。

新建构，世界的鲜活的丰富性消失了。桑塔格渴望回到文学艺术文本的阅读感受之中，回到审美的阐释。

文学研究中阐释共同体之间的竞争归根到底是文学观念之争。在对文学这个概念的内涵和外延认识不一致的情况下，我们要判断哪一种观念更为合理，可靠的标准还是回到常识，回到阐释共同体的接受程度或文学观念的普遍性。将文学作为其他学科的分析材料更容易被接受，还是将文学作为一种审美现象更容易被接受？答案已经很清楚了。

三　流动的共同体：可变的边界

如果我们承认共同体之争中审美阐释共同体占有独特优势，这是否意味着，我们对于文学文本的阐释将被限定在一个狭隘的审美边界之内？文学文本的含义是否就只能是某个固定的审美含义？

对于文学文本的阐释其实仍然是开放的。我特别赞同艾布拉姆斯在提倡多元批评时采取的态度："为什么我们要相信一套理论前提就能够充分揭示一切呢——譬如关于文学的，有如此丰富的构造，结构如此复杂，所诉诸的人类兴趣以及所关联的人类关怀又如此多样，其因果与其他文化因素又如此彼此交织？我自己关于文学所能说的一切，都只能是故事的一部分而已——这个故事实际上是没有结论的，这种想法并不让我觉得困扰。"[①] 艾布拉姆斯并没有设想出一种可以解决文学的一切问题的终极理论，他愿意学习吸收任何一种阐释中具有启发意义的成分，这样的态度保证了文学文本阐释的开放性与生命力。但是这种开放的阐释又不是毫无原则的随波逐流。文学文本的阐释仍然有其边界，这种边界是文学文本阐释合理性的具体表征。这个既有开放性又有稳定的边界的阐释到底该如何解释呢？张江在解释"本体阐释"的边界时指出："'本体阐释'的内部边界是多重的，三重话语的范围决定了它们的边界。一是核心阐释的边界。对原生话语

---

① ［美］M. H. 艾布拉姆斯：《以文行事：艾布拉姆斯精选集》，赵毅衡、周劲松等译，译林出版社2010年版，第312—313页。

的阐释，构成'本体阐释'的第一边界。围绕文本的自在含义进行的阐释，与作者能够告诉和已经告诉的相一致，在核心阐释的边界之内。二是本源阐释的边界。对次生话语的阐释构成'本体阐释'的第二边界。从文本的原生话语出发，依照核心阐释的需要，对作者和文本存在的社会历史背景及源流的阐释，给核心阐释以证实，在本源阐释的边界之内。三是效应阐释的边界。对衍生话语的阐释构成'本体阐释'的第三边界，也是'本体阐释'的最后边界。受众和社会对原生话语的修正、发挥，在效应阐释的边界之内。"① 2015年8月，在广州召开的"'强制阐释论'与中国当代文论建设学术研讨会"上，张江将这个多重边界的思想概括为"阐释阈"的概念。笔者认为"阐释阈"概念既准确又形象地概括了阐释边界的可变性现象。按照笔者粗浅的理解，所谓"阐释阈"是指阐释活动中意义生产的场域。阐释者在对文本进行阐释的过程中所理解的文本的意义，形成了一个以文本的语词意义为核心的同心圆结构。中心点是对文本的字面意义的理解。第一个圆是文本的整体含义，它是由文本的文体特征所规定的一个完整的含义。第二个圆是由这个完整的含义所引发的文本所属的文化传统中的文化成规所规约的含义，是这个文本的阐释者在掌握文化了成规之后所解读出来的含义。第三个圆是阐释共同体在特定的理论预设前提之下对文本进行的特殊解读与阐释所形成的意义。由于阐释共同体的理论预设不同，不同的共同体所理解的意义也会出现差异，因此用非连续性的线段来表示，这些断开的部分表示阐释已出现脱离文本基本含义的情况。第四个圆是阐释共同体根据现实语境对文本进行的阐释，由于语境本身随着时代的变化而变化，所以这种阐释总是开放的，在阐释阈中表现为非连续性虚线画出的圆。第五个圆是个性化阐释，它是阐释者从个人的兴趣爱好出发，对文本所做的与众不同的阐释，它的开放程度最高，与文本的字面含义也离得最远，阐释的边界在此也变得最模糊，这个圆也用虚线表示。这五个同心圆构成的阐释阈只是一个示意图，它的意思是在阐释活动中从文

---

① 毛莉：《当代文论重建路径：由"强制阐释"到"本体阐释"——访中国社会科学院副院长张江教授》，《中国社会科学报》2014年6月16日。

本的字面意义往外的阐释活动越来越自由，其边界也越来越模糊，当然不同的圈层之间也有交流互动。比如个人的阐释一旦获得社会影响力，拥有一批追随者，它就可能变成一个阐释共同体，形成相对稳定的意义。阐释阈概念所揭示的是阐释活动中边界的存在状态，它是不确定的。

　　阐释的边界为什么是变动的？为什么难以用精确的条款或规则来严格限定？首先，阐释共同体本身就是可以发展变化的，而不是必须严格遵守的法律条文。同时，在阐释共同体成员之间对于共识的理解和运用都会存在差异，因此，阐释共同体成员对于同一个文本的阐释也不是完全一致的，这些阐释之间只存在一个可接受程度的问题，而不存在唯一正确的答案。换言之，在同一个阐释共同体内部，对于同一个文本的阐释存在着家族相似现象，它们有可以辨识的相似特征，却又不完全相同。这些可辨识的相似特征为阐释划出了一个边界，但又是一个不确定的边界。其次，阐释活动不是在文化真空之中完成的，阐释共同体为自己所划定的阐释阈其实只是人类文化中的一个带有乌托邦色彩的领地，它无法与其他领域完全隔离开来。一个阐释共同体无法拒绝与其他阐释共同体的交往与对话，它们之间会不自觉地进行互相对比。在西方文论史上，每一个阐释共同体的形成几乎都伴随着与其他共同体的比较甚至论战。比如新批评这个阐释共同体就以"意图谬误"概念批判了以作者为中心的阐释共同体，又以"感受谬误"概念批判了以读者为导向的阐释共同体。由此可见，阐释共同体之间的界限远不是人们所想象的那样泾渭分明。再次，阐释共同体所面对的文本也是变化的，在面对不同的文本时，一个阐释共同体所设定的基本共识也会受到重新检验。在这个意义上，阐释共同体的边界也就是它的极限，边界之外的文本与问题对这个共同体来说就变成了一种他者。这个共同体的基本假设对于那些处于其边界之外的文本可能就是无能为力的。比如在20世纪西方文学理论中，俄国形式主义与新批评这样的阐释共同体的基本共识主要是在解读现代主义诗歌的基础之上建立起来的。面对后现代主义作品，它们的解释就明显地欠缺了。最后，阐释共同体也会受到语境的影响，其阐释活动必然会随时代的变迁而变化。即使其基本共识不变，但是在不同的语境中对一个特定文本的阐释也可能不同,阐释的边界也就会随着语境的改变而发生微妙的改变,哪怕只是些微变通,边界也就松动了,不那么清晰了。说到底,阐释共同体也是历史性的,没有人能超越自己的语境。

　　阐释共同体的流动性导致阐释边界的不确定。对于阐释活动而言,这种不确定性并不是坏事,而是好事,它是阐释活动生命力的表现。但是这并不意味着我们因此而变得无所适从、人云亦云或信口雌黄。相反,我们要更加谨言慎行,要确保我们的阐释经得起诘难和质疑,阐释活动在这个众目睽睽的场域之中变得更加严谨了,阐释的边界反而更加稳固了。艾布拉姆斯说:"我并不否认,同样的文本有多个意思,但既然它们在我的关注之外,我也就并没有加以探索;我的隐含主张仅仅是,总体而言,不管它们的别种意思是什么,我所举文本是至少确定地具有我对其阐释出的意思的。"① 不管我们知道多少,知道什么,但我们知道的一定是对的。阐释活动的目标也许就在于此。

---

① [美] M. H. 艾布拉姆斯:《以文行事:艾布拉姆斯精选集》,赵毅衡、周劲松等译,译林出版社2010年版,第325页。

阐释的边界：文本阐释的有效性问题探析

张良丛　唐东霞**

　　张江指出："强制阐释是指，背离文本话语，消解文学指征，以前在立场和模式，对文本和文学作符合论者主观意图和结论的阐释。"① 强制阐释论在文本意义阐释方面指出了当代文学批评存在的基本问题，可谓一针见血。当代文学批评的确存在着强制阐释，而且呈现的状态很严重。理论先行，把文学文本当作理论验证的材料，在文学批评中常见。对此，张江提出了文学批评的伦理问题，强调了批评家的道德律令。但是，张江随后指出，"对文本阐释的公正性要求，是包含正确地指出文本的本来含义，或者由作者所表述的文本的本来含义"②。在张江的表述中，文本阐释的依据局限于作者以及由作者意图制约的文本。从文本学和阐释学来看，这种对于文本意义的观点是可商榷的。本文结合文本观念的变迁和阐释中心的转移，进一步探讨文本意义的来源，从而探讨阐释的边界、阐释的有效性问题。

一　文学意义的存在方式

　　文本阐释首先就要求证意义存在于何处。对于这个问题的回答，不同时代的文本理论有不同的答案，围绕着作品、文本、读者发生了

＊　本文原刊于《江汉论坛》2017 年第 5 期。
＊＊　作者单位：张良丛，哈尔滨师范大学文学院；唐东霞，江苏经贸职业技术学院。
①　张江：《强制阐释论》，《文学评论》2014 年第 6 期。
②　张江：《批评的公正性》，《中国文学批评》2015 年第 2 期。

多次中心转移。意义存在的中心转移显示出研究者对于文学意义理解的变化,也反映了其背后文学观念的变化。从文本观念变化看,文本逐渐走向一种开放的观念,对意义的理解也呈现出多元模式。

作品观是古典文论理解意义存在方式的文本观。"古典文艺理论称文艺作品为作品,强调的是作品与作者的关系。"① 作品的概念背后是古典文艺理论作为支撑的。作者被认为是文学活动的核心,形成作者中心论的阐释方式。作品是体现作家原意的语言编织物。作品的意义来源于作者,作者决定作品的意义。作品把阐释的目标指向作者,阅读、阐释的重点在于作者。作者是文本意义的根据,而作品不过是意义的载体。与之相关,作者成为文学意义的根源,而作品似乎无关紧要了;作品观使得研究作者取代了对作品的解析。古典文论的一些阐释方式体现出这种作者中心论的观念。如社会历史批评着重考察社会历史通过作家在作品中的体现,作家的个人经历、社会背景成为主要的阐释重点,作品成为佐证。浪漫主义批评阐释作家的才性、情感、想象等主体因素在文学活动中的作用,作品也是作家的这些品格的证明。在20世纪初期作者中心论受到批判,文本中心论就是以此为靶子而建构起来的。

20世纪初期建构的文本观是语言学转向的产物。现代语言哲学认为世界是意义构造物,而意义则是由语言编织的。与之相适应,在文学文本中,语言不再是表达意义的工具,语言本身就是文学的本体。这样,文学文本就没有必要再去作者、世界那里寻找意义,自身就是意义所在。文本中心论便自然而然地形成了。文本独立于社会历史之外,是封闭的、自足的语言系统。这种观念始于俄国形式主义,发展于新批评,在结构主义那里达到了高峰。俄国形式主义首启文本中心观。它面对的靶子首先是19世纪末以来占据文坛的社会历史批评、传记批评等作者中心论的阐释模式。俄国形式主义要摒弃文学之外的因素的干扰,追求艺术的自主性。虽然俄国形式主义并没有明确使用文本概念,但是他们将作品与作家、社会分离,确立了作品的核心位置,已经是现代文论形态的文本概念。新批评是较早使用文本概

---

① 张法:《走向全球化时代的文艺理论》,安徽教育出版社2005年版,第63页。

念的现代文论流派。新批评追求的也是文学的自律性。它所面临的首要任务便是摆脱作者的限制。新批评的先驱艾略特指出:"诗歌不是个性的表现,而是个性的偏离。"[①] 对个性的驱逐,就是剔除作者的作用,不再把文本当成作者内在因素的表达,也就是避免了批判的"意图谬见"。同时,新批评还批判了读者"感受谬见"对意义形成的误导。每一个文本都是一个意义自足体,作者意图和读者感受不能成为衡量文学价值的标准。文本是文学意义的核心,一切尽在文本中。在法国结构主义这里,文本观念更加深入一步,意义的根据在于深层的结构系统。"结构诗学的对象不是文学作品本身:它是研究文学本身,即一种特殊类型的话语特性。因此,任何一部作品都只被看作是某一个比它抽象得多的结构的实现,而且是它的多种可能的实现方式之一。"[②] 在这里,我们看到作家不再是文学意义的创造者和赋予者,一切都是深层结构决定的。具体文本只不过是言说了结构的某种可能性。文本最根本的所在不是表层的言说,而是深层的、稳定的结构。这种自足的文本观面对阐释者封闭了自身,将其根据完全放在了文本自身,文本成为阐释的中心,摒弃了作者和读者在文本阐释中的重要作用,也把文本与世界分离开来。

其后,后结构主义开始反思结构主义的文本中心论,文本内部的差异性更为重要。"我们应该从每个故事中,抽出他的特有的模型,然后经由众模型,引出一个包纳万有的大叙事结构,再反过来,把这大结构施用于随便哪个叙事。这是苦差事,竭精殚思,终究生了病厌,因为文本由此而失掉了它自身内部的差异。"[③] 文本是一种由多层意义交互起来的系统,文本的阐释不是寻找一个稳定的、不变的核心,而是意义的展开。文本中心观需要突破,这就需要新的因素介入。后结构主义理论是通过重新引进文学活动的主体—读者来完成的。读者作为文学活动的第二主体,他的差异性阅读构成了差异性文

---

① [英] 艾略特:《艾略特文学论文集》,李赋宁译,百花洲文艺出版社 1994 年版,第 11 页。

② [俄] 波利亚科夫:《结构—符号文艺学》,佟景韩译,文化艺术出版社 1994 年版,第 36 页。

③ [法] 罗兰·巴特:《S/Z》,上海人民出版社 2000 年版,第 55 页。

本的来源。在《S/Z》中，罗兰·巴特把文本分为可写的文本和可读的文本。其中，可写的文本指的是，读者可以自由发挥，参与意义构造的文本。罗兰·巴特推崇"可写的文本"，因为在这种文本中，读者成为文本意义的创造者，由于个体的差异性，必然会创造出不同个性的文本，从而获得创造性的愉悦。在《文之悦》中，罗兰·巴特又进一步把文本分为"快乐文本"和"极乐文本"，强调的都是文本的读者参与性，读者的创造性的、拆解文本而来的愉悦。在后结构主义文本观中，由于读者的引入，文本已经突破了封闭性、自足性的结构，成为一种开放性的存在。文本的意义不是固定不变的，而是随着读者的阅读发生差异性。耶鲁学派的解构主义则在文学意义阐释上进一步解构文本中心观。布鲁姆则提出误读理论，肯定了文本意义的读者阐释。阅读是个体读者的一种延异行为，包含着个体的因素，不可能还原作者原意。而且误读本身是一种创造性的行为，前人对后人的影响，就是通过后人的误读、修改来实现的。影响即误读。这种读者意义上的多种可能性，使文本已经走向了一种自我的解构，逐步走向了读者决定论。

　　文本意义的决定权交给读者并不是突然兴起的，也不是理论的自我言说，而是与真实的文学艺术活动变革有着直接联系。意大利批评家安贝托·艾柯指出，当代文学艺术出现了这种倾向：西方当代艺术家在创作中，故意给接受者留下发挥的余地。音乐作品中，作曲家不是以确定的、封闭的形式来组织作品，而是具有一种采用多种可能性的组织方式，从而给演奏者留下了发挥的余地。演奏者可以根据自己的感受理解作曲者的说明，进行真正的干预，自己决定一些音符持续时间的长短。在绘画中也是如此，如考尔德的《活动的装置》，布鲁诺·程纳里的《可活动的绘画》都是接受者可以根据自己的需要和外在的环境形成作品的呈现样态。在文学作品中，象征主义诗人马拉美通过《书》这本倾其一生都没有完成的作品给诗歌确立一种明确的准则，"一本书既没有开头，也没有结尾；最多它只是装做这样"[1]。读者可以自己随意排列，形成不同的诗歌。在这样的文本实

---

[1] ［意］安贝托·艾柯：《开放的作品》，刘儒庭译，新星出版社2005年版，第15页。

践中，读者阐释的主体性具有合法性。重视读者在文学活动中的权力，这个倾向在20世纪的文学理论中逐渐得到了响应。在现象学、接受美学等理论流派中，文本的基本构成部分就是读者。现象学美学家英加登提出，文本是一个意向性的客体，本身具有很多空白点，留待读者的填充。接受美学更进一步肯定了读者的权力，认为文本是一个召唤结构，读者的创造性阅读是作品形成的最后环节。

总之，在文本理论历史中，文本意义的存在从作者、文本到读者发生了多次转变。文本逐渐走向了开放性。尤其是互文本观念更是放大了文本的开放性。"互文本正意味着语言学模式的文本与历史的、政治的、文化的、经济的文本的相互关联"[1]，互文就使得文本之间、文本与社会文化之间的多重关系得到了肯定，打破了封闭的、确定的意义，作者、读者、文本构成了一个对话的状态。文本之外因素的关注，文本与社会、历史文化的重新链接，构成了一种新的文本。在文本观的理论走向中，文本观念逐渐走向开放，包容性越来越大。由此，在这种理论观念的视域中，对文本的理解不能完全局限于某种因素，不能自我封闭，应该秉承开放的文本观念。但是，开放性文本观并不意味着否定其他因素在文本意义建构中的作用，而应将其放在一个文本因素的系统中。

二 阐释中心的转变

文学意义的存在方式发生了作者中心、文本中心、读者中心三种转向，那么阐释理论在20世纪发生了怎样的转变？与文本观的类型一致，阐释学理论的发展也经历了这三种中心的转移。安贝托·艾柯在《诠释与过度诠释》中提出阐释活动有三种意图：作者意图、阐释者意图和文本意图。这恰恰是阐释学自身发展所寻找的三种阐释中心，也是阐释学自身形成的三种模式。

一种模式是作者意图的阐释学。这种阐释学认为，文本既然是作者写作的，文本的意义必然是作者赋予的。阐释的目的自然就是发现

---

[1] 王一川：《语言乌托邦》，云南人民出版社1994年版，第252页。

第三部分　阐释的边界

和重新还原作者意图。古典阐释学虽然形态各异，但是其坚持作者中心论倾向是一致的。阐释一词的本来含义，就是希腊诸神的信使赫尔墨斯对神的意志的阐释。其后兴起的圣经注释学，目的是通过文本语义和考古学分析，使读者理解其中隐含的上帝旨意。当然这些形态还是早期的阐释学，本身离现在的阐释学有一定的距离，但是其主旨是一致的。古典阐释学家施莱尔马赫的普遍阐释学认为，"解释的重要前提是，我们必须自觉地脱离自己的意识而进入作者意识"①。只有脱离阐释者自己的意识，才能进入作者意识，从而理解和阐释的文本意义才具有合法性。威尔海姆·狄尔泰认为："对陌生的生命表现和他人的理解建立在对自己的体验和理解之上，建立在此二者的相互作用之中。"② 狄尔泰在施莱尔马赫的阐释传统基础上进一步论证了读者阐释能够还原作者原意的哲学基础，在于作者和读者的生命共同性。正是在生命共同性的基础上，读者通过生命体验就可以还原作者赋予文本的意义。美国当代阐释学家赫什就提出阐释的基本对象就是作者意图，有效的阐释就是理解了作者意图，除此之外都是错误的。作者意图被看作鉴别阐释意义正误的标准。当然，赫什这些观点的提出，目的是对抗"反意图"论者，有一种极端倾向。作者意图的阐释学把阐释当作一种接近、还原作者原意的方法，作者意图是文本意义的根据。只要寻找到了作者意图，阐释活动就成功了。在作者意图的阐释学中，并没有把阐释者自身作为独立的个体性的存在，去考虑他的因素对阐释活动的影响，忽视了他在阐释过程中的作用，给后来的阐释理论发展留下了建构的空间。

以阐释者意图为核心的阐释学也是一种模式。这种模式来源于海德格尔。海德格尔的阐释学是一种本体阐释学。阐释学在他那里，"不再是一种神学的，或哲学的、注释学的方法，甚至不是精神科学的方法，而是一种对存在的、具体的、特殊情景的、历史的、语言的

---

① ［德］弗里德里希·施莱尔马赫：《诠释学箴言》，载洪汉鼎主编《理解与解释——诠释学经典文选》，东方出版社2006年版，第23页。
② ［德］威尔海姆·狄尔泰：《对他人及其生命表现的理解》，载洪汉鼎主编《理解与解释——诠释学经典文选》，东方出版社2006年版，第93页。

和动态的此在的昭示性理解,一种关于在显现中、显现出来的事物的初始观念的现象学"①。阐释活动不是一种方法,而是一种对此在的显现。这里已经隐含了阐释者意图的转向。其后阐释者意图的凸显在伽达默尔的阐释学那里完成了。"本文的意义超越它的作者,这并不是暂时的,而是永远如此的。因此,理解不只是一种复制行为,而始终是一种创造性的行为。"②伽达默尔强调了文本意义超越作者,是一种创造性行为。这个创造性行为就是读者的行为。可以说,伽达默尔的哲学阐释学进一步发展了读者中心论,并使之系统化。他提出阐释活动是一种创造性的活动,读者的"偏见"在阐释中具有合法性。阐释不过是作者视野和读者视野两种视野不断融合的过程,在这个过程中文本意义得到创造。作者不再是文本阐释的唯一根据,阐释活动会永远超越作者意图,显示出对阐释者意图的重视。其后,受现象学、阐释学影响的接受美学把这个问题发展到了极端,为后来的阐释理论所批判。

"在最近几十年文学研究发展进程中,诠释者的权利被强调的有点过火了。对于文学作品的开放性阅读必须从作品文本出发,因此,它会受到文本的制约。"③对于文本阐释过于强调阐释者意图的倾向,当代阐释学家认识到它的弊端。安贝托·艾柯的阐释理论批判了过度阐释的倾向。他虽然要求文本是开放的,但是其阐释必须受到文本制约,体现出文本意图的回归。法国阐释学家利科尔也认为,以前的阐释学在作者和读者之间的关系上,往往偏执一端,出现偏颇。文本是沟通作者和读者的桥梁,阐释学应该把文本视为阐释的中心。利科尔指出,在作者和文本之间有一种阐释学的距离,文本意义并不是作者赋予的。阐释的目的不是揭示文本背后的意图,"而是展示文本面前的世界,那么真正的自我理解正如海德格尔和伽达默尔想说的,乃是

---

① [英]帕尔默:《海德格尔的本体论和伽达默尔的哲学阐释学》,《安徽师范大学学报》2002年第3期。

② [德]伽达默尔:《真理与方法》,洪汉鼎译,上海译文出版社1999年版,第380页。

③ [意]安贝托·艾柯等:《诠释与过度诠释》,王宇根译,生活·读书·新知三联书店2005年版,第24页。

某种可以由'文本的内容'所找寻的东西。与文本世界的关系取代了作者的主观性关系，同时读者的主观性问题也被取代了"[1]。文本意图是利科尔阐释学的核心，阐释的目的就是要达到文本世界的彰显。当然，安贝托·艾柯和利科尔虽然重视文本意图，强调文本自身的客观性对于阐释活动的制约，但是并没有完全忽视阐释者本身的作用，只是没有过于强调。

那么，如何理解三种阐释意图？我们可以从主观和客观方面加以区分。作者意图和读者意图是主观的，而文本意图则是客观的。从阐释学的历史到当代，围绕着意义来源于主观还是客观一直在争论，并没有形成共识。因为"作者意图非常难以发现，且常常与文本的阐释无关"[2]，在当代阐释理论中，作者意图很少被重视，阐释活动的主客观成分剩下的主要是读者意图和文本意图。安贝托·艾柯就指出当代阐释论过于突出读者个性色彩，易形成"过度诠释"。他重点批评了过度阐释的问题，指出过度阐释否定了文本原意的存在，阐释过程具有很大的随意性。这是一种"妄想狂式的诠释"，应该加以防范。那么，如何理解文学活动中的读者与文本意图的关系。安贝托·艾柯的理论具有一定的合理性。他将文学活动中的两个主体——作者和读者区分为标准作者、标准读者和经验作者、经验读者。"文本意图并不能从文本表面直接看出来。……文本的意图只是读者在自己的位置上推测出来的。"[3] 文本意图需要标准读者来探究，从而穷尽文本所有的可能性。标准作者则是标准读者勾勒出来了，亦即能够创造出所有文本意义的作者。显然，这里的标准读者与接受美学的"隐含的读者"不同，"隐含的读者"是作者意图的体现者。而标准读者则是一个几乎等同于文本意义的完整体，再现的是全部的文本意图。当然，标准读者实际上是不存在的，是理想化的。而经验读者和经验作者则是阅读活动中实际存在的。在阐释活动中，经验读者是文本意义阐释

---

[1] [法]利科尔：《诠释学与意识形态》，载洪汉鼎主编《理解与解释——诠释学经典文选》，东方出版社2006年版，第467页。

[2] [意]安贝托·艾柯等：《诠释与过度诠释》，王宇根译，生活·读书·新知三联书店2005年版，第26页。

[3] 同上书，第68页。

的主体，经验读者的最完美的体现是标准读者。由无数的经验读者的无数次阐释活动，最后才能靠近标准读者。安贝托·艾柯指出文本意义的丰富性和多元性，阐释者永远无法穷尽文本的意义。但是安贝托·艾柯把这些意义又划分出一条标准："对一个文本某一部分的诠释如果为同一文本的其他部分证实的话，它就是可以接受的，如果不能，则舍弃。"[①] 阐释的最后决断因素回归到文本那里。文本意图成为阐释的决定因素，读者阐发出来的文本意义必须具有文本佐证才有效，没有文本佐证便成了过度阐释。在这种意义上，阐释学历史上的主观主义和客观主义两种观点得到调和，主观成分和客观成分形成了一种新的关系。其实阐释学中心的转移，乃至对于作者、文本和读者关系的研究，已经为当代人们如何阐释文本意义提供了基本框架。尤其是，安贝托·艾柯的"过度阐释"对于"使用文本"与"阐释文本"的区分更是与"强制阐释论"有一些内在的相通性，具有区分阐释边界的问题意识。

三　阐释的限度和有效性

张江指出："公正的文本阐释，应该符合文本尤其是作者的本来意愿。文本中实有的，我们称之为有，文本中没有的我们称之为没有，这是符合道德要求的。"[②] 文本阐释的唯一依据来源于作者的文本意义，大体上属于作者意图的阐释方式。这种观点有其合理性，肯定了作者对文本形成的决定意义，符合文学创作活动的实际。但是作者意图会完全决定阐释活动吗？作者只是文学活动的一环，阐释活动所面临的对象是一个由语言构造起来的文学文本。文本创造出来就不再完全受制于作者。作者对于阐释的影响是通过文本与阐释者潜在对话而实现的。而文本阐释更是一个历史存在，阐释具有历史性。"阐释历史性的提出，使我们认识到文本意义的阐释是一个无限的过程，

---

① ［意］安贝托·艾柯等：《诠释与过度诠释》，王宇根译，生活·读书·新知三联书店2005年版，第72页。

② 张江：《强制阐释论》，《文学评论》2014年第6期。

第三部分 阐释的边界

它随着历史的延伸而不断的生成,这就形成了阐释的无限性和开放性。……也就是说,读者的每一次阐释都不过是阐释的无限性的一个有机的构成部分,永远无法穷尽作品的意义。"① 阐释的历史性就对作者意图提出了挑战。由此,理解文本阐释问题,局限于某一因素的思维定式似乎不可能,综合考量多种因素才会更具有合理性。

卡勒提出,文本意义由意图(作者)、文本、语境和读者四个要素组成。"关于这四个要素的论证本身就表明意义是非常复杂的,难以表述的。"② 这四个要素中,语境作为文学阐释涉及的基本要素普遍存在于各种阐释学中,而其他三个要素则成为不同的阐释传统所依赖的支柱。在历史上的文本观念和阐释学理论的基础上,我们应该综合考察四要素在文本阐释中的作用。

首先,作者作为文本的创造者,作者意图制约了文本生成的样态,必然存在于文本中,是文本意义的一个有机构成部分。作者意图是文本意义来源,阐释活动首先应该重视作者意图。虽然不可能完全如古典阐释学主张还原作者原意,但是作者意图间接制约了阐释者的阐释文本意义的走向。作者意图对于文本非常重要,但是也应该指出的是作者的作用也是有限度的。"作者意图显然是我们阐释文本的重要依据,但并不是唯一依据。"③ 而且很多时候,作者与文本的关联性并没有确切的证据,难以按图索骥。其次,在整个阐释活动中,文本才是核心,是阐释活动面对的客体。文本具有意义生成的多重性,作者意图只是其中之一,其本身意义生成具有多种可能性。这与文本自身的语言构造有直接关系。文本具有明确性和含混性,就决定了文本的不确定性和确定性两种成分并存。确定性就来源于作者意图,而不确定性是随着不同情境变化而变化。阐释的目标就是在确定性的基础上发掘不确定性的意义。一千个读者有一千个哈姆雷特,但是无论阐释的结果如何,它始终是哈姆雷特。文本的制约性就得到了证实。

---

① 张良丛:《文本解释的限度和有效性》,《文艺评论》2009 年第 1 期。
② [美] 乔纳森·卡勒:《文学理论入门》,李平译,译林出版社 2008 年版,第 69 页。
③ 周宪:《文学阐释的协商性》,《中国文学批评》2015 年第 2 期。

不确定性变化的因素最为重要的是语境。正如安贝托·艾柯所言："当文本不是面对某一特定的接受者,而是面对一个读者群时,作者会明白,其文本诠释的标准将不是他或者她本人的意图。而是相互作用的许多标准的复杂综合体,包括读者及读者掌握语言的能力……即这种语言所产生的文化成规以及从读者的角度出发对文本进行诠释的全部历史。"①这种文化成规就涉及社会历史文化语境,对于批评家而言还涉及阐释的历史。

"语境包括语言规则,作者和读者的背景,以及任何其他能想象出的相关的东西。"②语境是不作为显在的因素出现的,它是阐释的潜在因素。读者所处的语境,乃至作者所处的语境,都使文本意义发生不断的变迁。最后,读者作为阐释学主体,其在文本意义生成中的作用是不言而喻的。从表面上看,阐释活动就是读者和文本之间相互作用的结果。由此考察读者本身阐释意义的条件也成为分析阐释有效性的基本条件。在阐释学理论中,读者受到的制约就是历史性因素。伽达默尔的"先入之见",姚斯的"期待视野"都指出了读者具有客观的、先在的理解前提。阐释的差异性与共识性也都与这种前提有直接关系。

从总体上看四种要素:作者是文本的创造者;语境是阐释活动的场景,伴随着阐释活动的始终;文本是核心,沟通作者和读者;读者是阐释的主体,潜在地与作者对话。作者、文本、语境、读者四种要素同时存在于阐释活动中,构成一个统一的整体。理解文本意义的来源必须综合考量四种要素,不能单独偏于一端。尤其在当前的新媒体文学创作中,文学活动的要素更是发生了新的变化。例如在网络文学中,作者的创作不是封闭的,也不是完成整个作品后才给读者阅读。网络文学是在一个虚拟网络社区中来创作的,每一天完成一定的量来给读者阅读。在创作过程中,作者一边写,读者一边看。作者在写作

---

① [意]安贝托·艾柯等:《诠释与过度诠释》,王宇根译,生活·读书·新知三联书店2005年版,第72页。

② [美]乔纳森·卡勒:《文学理论入门》,李平译,译林出版社2008年版,第40页。

第三部分　阐释的边界

之余也会看看读者的评论，或者把写作大纲发给读者征求意见。读者也会通过各种方式把自己的意见反馈给作者。尤其是网站编辑也会通过各种方式指导作品的写作方向。也就是说，网络文学的创作中，作者、读者还有"文学中介人"构成一个系统，文本意义的塑造变成了一个共同体。因此，对于文本意义的来源更难以确定为一个因素了。

那么，在明白文本意义来源的共同体后，我们怎么样判断文本阐释的边界和有效性？这也是"强制阐释论"所提出的问题。张江明确反对"用理论阐释文本，对文本做无边界、无约束的发挥"①。张江击中了当前文本阐释存在的关键问题。文本意义的生成是无限的，阐释活动也是无限的，虽然不存在唯一正确的阐释，但是存在阐释的边界。在四要素中，作者和语境只是潜在地发挥作用，而读者和文本则是具体的。确立文本阐释的边界，首先应该在二者之间寻找。在文本意义的结构中，我们可以将其区分为两种成分：读者解读出的意义是主观成分，作者提供的文本材料是客观成分。主观成分应该受制于客观成分。也就是说，读者阐释出的意义是在与文本的对话中实现的。在肯定读者主体作用的同时，必须以客观的文本作为验证的最后依据。对此，安贝托·艾柯提出文本阐释的"证伪"原则：虽然无法证明何种阐释是准确的，但是可以证明何种阐释是错误的，其标准就是文本自身。对于这一点，我们赞成张江的观点，一切要以文本为依据，文本自身就是阐释的边界。

确立了文本阐释的边界，还需要确立一下什么样的阐释才是有效的，是不是只有从文本中解读出作者的原意才是有效的，其他的解读都是无效的？在《阐释的边界》中，张江重申了"突出强调对作者意图和文本自在含义的积极追索"②作为阐释有效性的依据。在我们看来，这个划分是狭窄的。我们认为，阐释的有效性指的是文本意义解释的合理性，而不是唯一性。不管是意义还是意味，凡是能在文本中找到依据的阐释，都是有效的。由此来看，这个有效性并不是局限

---

① 张江：《批评的公正性》，《中国文学批评》2015 年第 2 期。
② 张江：《阐释的边界》，《学术月刊》2015 年第 9 期。

于作者意图,而是包含着作者、文本、语境和读者四要素的综合。当代的阐释理论虽然强调一种因素,但是都能认识到其他因素的作用,认识到阐释的复杂性。当然,阐释者发现作者意图的阐释是有效的,无可挑剔的。但是这里有一个核心问题:如何确定作者意图,作者解说自己的意图了吗?很明显,我们大部分时候很难找到作者提供的阐释文本的材料。由此,对于绝大部分作品而言,寻找作者原意似乎是不可能的。作者意图的重建就只能是一种理论的言说。文本的意义主要是给阐释者提供了一个基本框架,意义就是在这个框架中衍生的。所以,对于文本阐释而言,最后的根据就是文本自身,去寻找作者意图是费力不讨好的事情。

另外,文本开放性结构决定了意义的多元性。排除了安贝托·艾柯所说的那些作者故意留空白的作品,就文本自身而言,文本意义的呈现并不是明白无误的、确定无疑的,它是以意象或形象的方式呈现出来的。这里就具有了许多模糊性、不确定性。"一件艺术作品,其形式是完成了的,在它的完整的、经过周密考虑的组织形式上是封闭的,尽管这样,它同时又是开放的,是可能以千百种不同的方式来看待和阐释的,不可能是只有一种解读,不可能没有替代变换。对作品的每一次欣赏都是一种阐释,都是一种演绎,因为每次欣赏它时,它都以一种特殊的情景再生了。"① 文本自身的开放性,就决定了阐释者本身会根据语境的不同去阐释文本意义。只要他的阐释在文本中能找到依据就是有效的。在现在的文学场域中,我们不能以作者意图的合法性,去封闭文本自身,否定根据文本阐释的有效性。如《小二黑结婚》中的三仙姑形象就随着文化语境的变迁而发生变化。在中国文化语境中,她是一个老来俏的、为老不尊的家伙;而在美国语境中则被阐释成个性解放的典型。这两种阐释都是有效的,因为文本自身的人物性格特点符合这种阐释意义。

---

① [意]安贝托·艾柯:《开放的作品》,刘儒庭译,新星出版社 2005 年版,第 19 页。

游移的边界
——论文学阐释的开放性*

黄 莎 周计武**

鉴于诸多跨学科的"场外"理论被广泛运用于文学阐释活动中，当代文论理应以一种开放的态度、容纳多元的理论视野进行文学阐释，而不是固守文学阐释的边界，即文学阐释应当坚守文学本体的纯粹性与独立性，避免偏离文学研究。文学阐释指向文学活动及其作品，因而具有相对固定的边界。但是，作为人的一种精神创造活动，文学会伴随社会历史语境的变化而改变，本质上是开放的、历时性的人的生命存在活动。这就决定了以文学活动为对象的文学阐释必然会打破不同理论间的边界限制，以游移的、多元的视野不断超越已有的文学边界，生成文学创造和鉴赏的新的可能性，拓展文学活动的场域。因此，阐释在文学的本源上没有固定的边界，不存在绝对的区分与强行的区隔。正是基于文学创造和文学阐释的开放性、包容性和创造性，文学才能够呈现出丰富、多样、永恒的价值和魅力。

一 文学性——文学阐释的边界？

德国哲学家海德格尔指出，"边界乃是某物借以聚集到其本己之中的东西，为的是由之而来以其丰富性显现出来，进入在场状态而显

---

* 本文原刊于《南京社会科学》2016 年第 12 期。
** 作者单位：南京大学艺术学院。

露出来"①。这意味着,边界首先是事物得以确定自身的规定性,使事物成为自身所是的东西。借助于边界,事物得以相互区分,获得自身的存在形态。不过,边界也是事物丰富性得以显现出来的基础。文学阐释的界定有狭义、广义的相对区分。狭义的文学批评专注于文本自身的形式结构、艺术本体与审美特性的法则。广义的文学批评涵盖广泛的社会、经济、政治、历史、文化等诸范畴的内容。由此,自然导向了人们对文学阐释"场内理论"与"场外征用"界限的争议。近年来,一些学者对当代文论中存在的"强制阐释"现象提出了批评。所谓"强制阐释",是指阐释者"背离文本的话语,消解文学指征,以前在立场和模式,对文本和文学作符合论者主观意图和结论的阐释"。其基本特征是:"第一,场外征用。广泛征用文学领域之外的其他学科理论,将其强制移植到文论场内,抹煞文学理论及批评的本体特征,导引文论偏离文学。第二,主观预设。论者主观意向在前,前置明确立场,无视文本原生含义,强制裁定文本意义和价值。第三,非逻辑证明。在具体批评过程中,一些论证和推理违背基本逻辑规则,有的甚至是逻辑谬误,所得结论失去依据。第四,混乱的认识路径。理论构建和批评不是从实践出发,从文本的具体分析出发,而是从既定理论出发,从主观结论出发,颠倒了认识和实践的关系。"②

显然,这种争论涉及文学的边界、文学阐释的边界、文学理论的边界等文学批评的基本问题。解答这些问题,首先需要厘清文学存在的本源——文学在人的生命活动中的存在及其展开过程,继而依据文学的存在特性界说文学阐释的性质和领域,再通过文学阐释的过程促进文学理论的拓展和创新。

学界同仁大多赞同文学是人的一种精神存在方式,是人类具有审美属性的语言艺术活动及其作品。对于文学活动,艾布拉姆斯曾将其构成概括为由艺术家、作品、世界、读者等要素相互联结而成的框

---

① [德] 马丁·海德格尔:《依于本源而居——海德格尔艺术现象学文选》,孙周兴译,中国美术学院出版社2013年版,第3页。
② 张江:《强制阐释论》,《文学评论》2014年第6期。

架,并依此生发了批评家从这些要素的不同方面展开的艺术批评。① 文学理论史上,俄国形式主义理论强烈地突出了文学研究的"文学性"取向,认为"文学研究的对象不是文学,而是文学性,是使一个特定作品成为文学作品的东西"。② 在他们看来,文学性是文学文本区别于非文学文本的特殊语言和形式特征的总和,所以文学阐释关注的重点不是文学的社会文化内容,而是文学的形式特征,各种文学性语言的运用手法和文学的审美特性。文学批评家苏珊·桑塔格针对当代文学理论研究中存在的某些脱离文本阅读甚至过度阐释的现象,明确举起"反对阐释"的旗帜。她指出:"现在重要的是恢复我们的感觉。我们必须学会去更多地看,更多地听,更多地感觉",并得出了"为取代艺术阐释学,我们需要一门艺术色情学"的结论。③ 当然,桑塔格"反对阐释"所呼唤的并不是世俗意义上的"色情",而是呼吁文学批评要面向艺术的感性之美。勒内·韦勒克等人强调,文学的本质在于它的"想象性""虚构性"和"创造性",文学是具有独特审美性质与价值的艺术品。他们在《文学理论》中区分了外部研究与内部研究,主张从文学存在方式的声音层面、意义层面、所表现的事物的层面,以一种综合的视点来透视作品。可见,韦氏的文学理论在强调"文学性"的同时,也提倡文学阐释的整体性原则。

　　文学活动本质上是一种自由的精神生产。它以诗性的语言来表达生命体验的价值和意义,言情"必沁人心脾",写景"必豁人耳目"。这种直观的审美特质,具有超越世俗价值、解蔽人的生存状态和自由生命活动的深刻意义。这种意义不是作者对现实在场者的机械临摹,而是基于多样性的生活情感的体验、生命本真的沉思与历史文化的反省。文学性就在这种体验、沉思与反省中以美的语言形式表达出来。鉴于此,我们认为,文学文本是文学阐释的基座与切入口。

　　作为创造性审美活动的结晶,文学文本既凝结了作家及其时代的

---

① [美] M. H. 艾布拉姆斯:《镜与灯——浪漫主义文论及批评传统》,郦稚牛等译,北京大学出版社2015年版,第4—5页。
② 周宪:《文学理论导引》,高等教育出版社2014年版,第18页。
③ [美] 苏珊·桑塔格:《反对阐释》,程巍译,上海译文出版社2003年版,第17页。

精神原质，也建构了一个自由开放的审美世界。文学性会随着历史的进程、社会的变迁、文化的发展而变化。在电子文化时代，技术与文学的联姻，使文学性溢出了文学活动的范围，广泛存在于社会生活的各个领域之中，文学与非文学的界限变得日益模糊。余虹等学者从当代生活的总体语境切入，探讨了思想学术、消费社会、媒体信息与公共表演等领域内不同的文学性表征，指出多维度的文学性问题不再局限于单一的形式美学与结构特性，而必须与政治经济、社会历史、宗教文化等问题紧密结合起来加以研究和分析。[①] 正是文学性拥有这种开放的、不确定的性质，我们才能从中寻得文学审美更为广阔的革新和创造。

同时，阐释者与文本之间的联系不是知识性的、纯粹理论性的，而是一种阐释者与文本、作者之间更为亲密的情感交流、同情理解、论辩言说等沟通对话关系。文学批评对文本的阐释，首先不是阐释者对文本的任意主观判定，其次也非孤立地对文本本身进行所谓的客观探索，而是要把文本在当时境域中的存在意义揭示出来，要把文本在历史延续中对于人的生命存在价值的多维度阐发出来。正是在欣赏者、阐释者与作者不在场的交流对话过程中，他们之间的"视域融合"才使得作品的生命力得以延续和拓展，才使得文学活动的普遍价值得以彰显，才构成了文学创造和体验的完整世界。

因此，根本不存在绝对森严的壁垒。所谓"场内理论"与"场外征用"的边界命题，要求文学阐释须针对文学对象，要求阐释者对文本不作断章取义、生硬裁度的主观任意阐释，这些都具有合理性。但是，"场内"与"场外"的区隔是基于狭义文学性理解而人为划出的界限。在当代中西文论中，何属"场内"？何属"场外"？例如，捷克裔法国作家米兰·昆德拉自认他的小说中不带"政治"与"性"的意味，是纯粹的文学创作，建议读者与批评者以"纯"文学的视角看待。然而，读者与阐释者的感受和言说却截然不同。就这位作家小说的主题和特色而言，文本本身便带有鲜明的"政治"因素以及

[①] 余虹：《文学的终结与文学性蔓延——兼谈后现代文学研究的任务》，《文艺研究》2002年第6期。

对"两性关系"的深切思索,由此凸显了人存在的普遍价值和意义,舍此,昆德拉小说独特的文学性恐怕就很难谈起。自然地,人们对昆德拉小说的阐释就不可避免地染上了"政治"与"性"的元素。这些元素没有存在于自治的"文学性"中,却被学界与读者广泛接受。由此足见,合理的阐释揭橥的应该是文学存在意义的本源,表达的是文学存在方式的多元开放特征,而非纠结于狭义的文学界说的排他性、专门性以及赫施高扬的"作者意图"之中。

同理,在狭义文学边界的视线下,若以女性主义与后殖民批评等作为理论来源,采取挪用、转用与借用的手法去阐释文本,即被视作为现实政治、社会文化服务的"场外征用"的表现形式之一,而非对文学文本自身特质的关注。然而,在对理论的运用与阐释的实际中,不可能生硬地划定作品本体结构形式与作品情感思想内容之间绝对的二元对立关系。因为,文学性圆融于作品本体的结构形式与社会历史文化内容的结合之间,它以作品自身为本体依托,承担着显现其存在本质的"形象"或者是一种更为深沉的思想。女性主义理论本身就是一种建构性的理论,用来阐释文本能够积极地促使人们注意到潜藏在文本背后的力量,使之主动寻求文本中秘而不宣的"意义"。这种"场外征用"如果理解深入,运用恰当,反而能在立足于文本的基础上,深刻地揭示出一部分男权社会中被遮蔽的历史文化沉迹。例如,许多"女性主义批评"将埃莱娜·西苏提倡的"身体书写"①运用到文学阐释之中,试图通过一种身体的姿态去高调呈现妇女的生存境况和心理状态,用以对抗按照男性的标准去界定女性的"常识和规范"。如此激进的先入立场,似乎不可避免地形成前述的"强制阐释"问题,导致误读文本。然而西苏真正坚持的不过是一种"文体的解放",是一种足以直击心灵的真实"切身体验",更是一种新的文学生产关系和艺术表达方式。诚如美国学者拉尔夫·科恩评价西苏时所说的那样:"她以一种新的方式撰写理论,揭示写作是如何将她本人与其他人联系在一起的,写作是如何将她自己、与她的家庭、文

---

① [法]艾蒙娜·西苏:《美杜莎的笑声》,载张京媛主编《当代女性主义文学批评》,北京大学出版社1992年版,第201页。

化、种族身份、性别、异化感以及她对超越语言的神秘感意识，成为不可或缺的一部分的"。① 西苏《美杜莎的笑声》等作品中真正蕴含的思想也是如此。女性主义批评介入文学的初衷并非企图强行将其理论硬套到文本上，而是希望能从大量的细节描写中，挖掘出文本中隐含的性别意识和文化观念。

事实证明，导致当代文论偏离文学的应是断章取义、指鹿为马或牵强附会的各种主观任意的阐释行为，而非对文学存在的本源特性和本真价值的追求。不管是采用文学的或别的理论视角，若是能够找到文本的文学存在的本源特性和本真价值充分显现、深刻阐发的方法，就不应被归于"强制阐释"的范围。由此看来，"强制阐释"不完全等同于曾经引起学界重视的"过度阐释"。"过度阐释"仍然发生在文学场，具有强制阐释的某些外部表征。二者皆是用一种阐释主体的世界观去阐释另一个文本世界，都体现出阐释者对于文本的主观性建构立场，由于试图不遗余力地去挖掘作者创造、文本理解乃至读者接受环节中潜藏的各种意义，因而缺乏严谨的学术理性逻辑与科学的研究论证精神。所不同的是，"过度阐释"仍然视文学文本为理论分析的对象，因而极易产生一种类似"独白"的内化倾向；而"强制阐释"所涉范围更广，不同于"过度阐释"极力向内探索的概念，它明显涉及场外理论和方法的建构等问题，且在实际运用中也存在着某些主观武断地套用理论、脱离或曲解文本的做法。这样做的后果，可能会造成苏珊·桑塔格在《反对阐释》中担忧的局面："就一种业已陷入以丧失活力和感觉力为代价的智力过度膨胀的古老困境中的文化而言，阐释是智力对艺术的报复。"② 但是，如果把当前文学阐释理论的"场外征用"列于问题之首，笼统地认为将其他学科理论"强制移植"进文论场，会不利于坚守文学本体的纯粹性与独立性，便是将"场内"与"场外"的"边界"固定化了。

合理的文本阐释，应该同时具有意义创造的可能性和边界的相对

---

① ［美］拉尔夫·科恩：《文学理论的未来》，程锡麟等译，中国社会科学出版社1993年版，第17页。

② ［美］苏珊·桑塔格：《反对阐释》，程巍译，上海译文出版社2003年版，第9页。

约束性的辩证特征。我们强调阐释边界的相对性，正是说明文学意义与文本价值从一元到多元变迁的现况。文学阐释的边界是开放的、游移的，因而生成了多种阐释并存的、理想的学术论争空间。这绝不是说阐释者可以任意对文本进行歪曲理解和偏颇评论。正如安贝托·艾柯所言，"一定存在着某种对诠释进行限定的标准"。[①] 但这个标准并不是指文学与非文学的严格划分和绝对界定，而是视其运用的理论与方法有没有深刻挖掘出文本真正的意义与价值为前提。所以，对文本进行阐释，运用女性主义批评是合理的，采用福柯关于知识与权力的视角也无可厚非，而选取文化研究的诸多理论亦在情理之中。这些所谓的"外来理论"与所谓的文学本体理论的区别，莫过于有的阐释模式注重于对文本形式结构的思考，有的醉心于知识话语权的解构，有的着力于解蔽意义、身份等涵盖更广的社会文化实践。这些都影响了文学性的建构与发展。我们不能把反对主观任意阐释与运用场外理论对文本进行的合理阐释混同起来。反对主观任意阐释的意见无疑是正确的，但对于场外理论运用的看法则有商榷的余地。

按照乔纳森·卡勒的观点，理论原本就具有一种跨学科的性质。文学理论及其研究和运用自然也是如此。再加上不同的时代，不同的背景，不同的动因，可能会造成某些"非文学"的文本带有文学性。[②] 随着时代的变迁，人们对文学创作与阅读批评的立场也因社会文化的变化而变化，浸染上一种新的对生命存在的感悟，由此生发出一种新的时代精神特质，从而以旺盛的生命力不断地扩散着文学理论原有的边界。

二 边界——文学阐释的游移与延展

目前，学界关于"场内理论"与"场外征用"的研讨，其实也

[①] [意]安贝托·艾柯等：《诠释与过度诠释》，王宇根译，生活·读书·新知三联书店1997年版，第48页。

[②] [美]乔纳森·卡勒：《文学理论入门》，李平译，译林出版社2008年版，第19—20页。

是一场针对文学阐释边界的商榷。其中，主张文学阐释专属于文学理论与批评的观点，带有一种指向内聚的纯粹性。这类观点认为，"理论的成长，更要依靠其内生动力。这个动力，首先来源于文学的实践，来源于对实践的深刻总结"。① 若在赞同此类论点的基础上，试图为"场外理论"争得合法性，则带有一种外散的倾向。后者认为，"有些场外理论完全可以和文学理论深度融合，因为这些理论虽然缘起于场外，但是它却与文学有密切关联，这就导致了这些场外理论天然具有文学阐释的有效性"。② 不过，如前所述，不管被征用的理论与采取的批评路线是内聚还是外散，只要其阐释遵循文学的本真特性，能够揭示文学活动创造的意义和真实价值，都理应归属于文学阐释那广阔而丰富的疆域。

边界一词，首先指引人们联系时间和空间的概念。自启蒙哲学以来，理性的认知是以科学知识为核心的。理性将人作为主体、万物作为客体，逐渐形成主客二元对立的思想，这是一种超时间的抽象理性。文学阐释如果运用这样的知识理性，以纯粹知识论的态度审视文本，只能达到一种所谓固定不变的事实，面临一个比较狭窄的对象。众所周知，康德向人们宣称了世界本体（"物自体"）的不可知性；胡塞尔以超越的态度暂且搁置外部世界，进一步引导人们的认识指向精神的世界；海德格尔则指出，人和事物都是时间中的存在，正因为人具备了从有限中窥探无限的能力，才拥有了时间性的意识，才能认识到我们在时间之中，即在世界之中。由此，从空间上看，边界的意义不局限在划分、区隔和限制，它更"不是某物停止的地方，相反，正如希腊人所认识到的那样，边界是某物赖以开始其本质的那个东西"。③ 它代表着包容事物的那个本质的开始和延伸。

文学阐释的边界以时空结合的形式存于世界之中，存于社会之中，存于现实之中，存于人生之中，不应以传统的知识论来硬性分

---

① 张江：《关于场外征用的概念解释——致王宁、周宪、朱立元先生》，《清华大学学报》（哲学社会科学版）2015年第2期。
② 周宪：《场外理论的场内合法性》，《探索与争鸣》2015年第1期。
③ ［德］马丁·海德格尔：《依于本源而居——海德格尔艺术现象学文选》，孙周兴译，中国美术学院出版社2013年版，第67页。

割。文学阐释的边界所代表的是一种特有的文学存在意义与价值，它由聚集极为多元的文学存在方式而成，要求文学呈现人的自由生命活动的丰富多样的本质，具有无限生成的可能性。文学阐释是人的意识活动，是人的精神世界的反映，有着和文学创作同等高度的位置，它与文学创作同样具有独特的审美属性与结构特质。从表面特征看，文学阐释的边界似乎有着内外之别，但这种内外之别实质上亦可被打破、被延伸。例如，"场外理论文学化"的立场就认为理论在归属、服务对象与方式上应为文学服务，其实已注意到阐释边界的相对性问题，有了更为包容的细分。不过，此论述在总体上却仍然带有"场内"与"场外"绝对分割的性质。因为，它实则包含这样几重意思：其一，理论的应用指向文学并归属于文学；其二，理论的成果落脚于文学并为文学服务；其三，理论的方式是文学的方式。① 足见"场外理论文学化"的新解，仍然囿于文学与非文学的二元对立之中。再次以女性主义批评为例。我们认为，女性主义文学批评不能仅仅局限于分析作品中的文学意义，还须挖掘那些人们异常熟悉的文学文本，其中往往蕴含着由于种种隐蔽的因素而被遮掩了的社会文化思想与价值。比如，人们对《简·爱》中桑菲尔德阁楼上的疯女人的形象阐释，已从早期象征的"疯狂与可怕"走向"反抗与解放"的隐喻。被剥夺了话语权与自由的伯莎·梅森似乎从一开始就被束缚在阴暗之中，来烘托女主角坚定争取平等的积极态度。然而，细读文本，不难发现，伯莎·梅森不仅是父权包办婚姻的受害者，也是夫权绝对统治下的被压迫者。她在小说中几近失语，只能采取激进的行为为自己被抛弃、被禁闭的严苛生存状况进行悲壮的反抗。她爱憎分明，报复的对象与行动极有针对性，很难用罗切斯特主观陈述的"疯"去对她做出独裁式的界定。若失去女性主义批评的视角，我们就会非常遗憾地忽略小说文本深藏的这条暗线。因为，它暗示着女性主体的分裂与矛盾，尤其是在作者夏洛蒂生活的那个不赞成女性写作的时代里，女性作家们不得不采取一种隐晦的手法，去表达女性灵魂深处所蕴藏的疯狂与叛逆，而这正意味着女性开始突围，开始走向寻找自我形象、

---

① 张江：《场外理论的文学化问题》，《探索与争鸣》2015 年第 1 期。

确立自我身份的艰难历程。① 正是走出了女性文本表层意义的束缚，我们才能从阐释中分析出文本潜意识所蕴含的两性形象与关系，以及对后世两性文学创作的不同影响。"疯女人"阐释形象的变化，突出了文本中长期被人们"习惯性"遗漏的意义，将蕴含在文本中的当时人们的两性观念如实托出。这种理论批评的视角远不仅是一种文化实践的表征阅读，更是试图恢复文本的原初语境中深含的意义，建构文本中尚未被领略和验证的多种可能性。这种可能性无疑具备文学性。

　　文学及其阐释总是隐含着对于本体的深切反思，带有一种超越自身的文化张力。如果人们要求阐释必须专注于文学理论自身，希望场外理论必须服务于纯文学，则似乎带有一种将阐释对象审美化、理想化的倾向。其实，即使那些所谓的专属于文学理论与批评的文本，在各部分协调一致、蕴含着无功利目的的愉悦之外，仍然不可避免地带有诸如道德教化、讴歌自由、宣扬爱情等各种意识形态的功效。阐释的边界，自然也不能将其非凡的生命力局限于一个类似绝对化的纯粹维度之中。毕竟，文学阐释的边界不能用自然科学"符号化""程式化"的形态来进行专属意义上的孤立划分。如果人为地缩小原本属于这个奇妙而无垠的边界，那么文学阐释的生命力便会苍白失血，渐渐枯萎。

　　"场内"与"场外"之间那种绝对明确的界限在文学阐释中是不成立的。试想，在对文本进行理论分析与学术批评之时，如果纯粹沿用文学理论对文学文本主观任意的解释，难道就没有"强制阐释"的嫌疑了么？面对一首激情荡漾的抒情诗歌，若用文体形式分析的手法硬性将其分节研究，就能穷尽文本真实所含的情感与意义了吗？而符号学的运用，能够挖掘文本中作为现象存在的符号对于文本创作及其接受把握的经验和意义；后殖民理论的运用，可揭示文本中有意识或无意识建构的文学叙事模式；诸如结构主义与解构主义理论也产生了较大的文学批评影响。这些理论阐释能为文学创造服务，便可运用

---

① 刘燕、刘晓：《分裂中的女性形象：简·爱与疯女人》，《妇女研究论丛》2004年第4期。

其中；同理，专属于文学的理论视角若不能为文学创造服务，强行用一家之词曲解文本，也不能被视为恰当的阐释。这正好说明现代文学阐释发展的倾向，并非重于场外、场内理论来源的划分，而在于它们能否体现文学文本的文学性存在的意义和价值。

不恰当的阐释势必会带来文学性的消解。解决之道不是简单划界，而是尊重文学特性，有针对性地选取合适的阐释方法与理论视角。我们看待文学理论的研究，不管是场内理论还是场外理论，若能显示文学文本的丰富意蕴与深刻价值，都可被纳入文学阐释的边界之中。那些观念先行，强行以主观欲念硬套多种理论以释文本的言语行为，才属于应被批判的阐释方法。例如，有些读者通过安贝托·艾柯的小说《福柯的钟摆》，联想到法国哲学家米歇尔·福柯的案例[1]，与其说是认定福柯的思想等场外理论不能应用到文学阐释中去，或是没有更好地为文学本身服务，毋宁说是正好证实了那种歪曲文学性阐释的要害。因此，文学阐释没有绝对的边界。"场内"与"场外"等命题的划分，其问题提出方式的真伪，值得我们大家进一步思考。

三 阐释的不确定性——文学阐释对知识理性的超越

阐释的边界是难以确定的、游移的。伴随文化现代性从分化向去分化、从一元向多元的转变，文学阐释也经历了从相对确定的模式向不确定性的演变。这种演变，在性质上并不是反理性的，而是在理性思考的基础上对人的本质力量的深刻反省，即以一种感性的、多元的、超越的态度去看待知识和理性。

在阐释学发展的过程中，自宗教改革时期新教徒挑战天主教会的权威，"按照上帝的意图"对《圣经》作出不同理解开始，到弗里德里希·施莱尔马赫疾呼"误解才是常态"的口号，再到将阐释认作视域融合的过程，并为"前见"和"偏见"大声辩护，乃至晚年转

---

[1] 张江：《关于"强制阐释"的概念解说——致朱立元、王宁、周宪先生》，《文艺研究》2015年第1期。

变态度视阐释学为一种诗性的想象力或想象艺术的伽达默尔那里[①], 现代的阐释方法早已不是追究意义的传统程式。受后现代理论思潮的冲击和影响, 阐释倾向于一种对阅读信念的执着, 反抗所谓绝对权威的角度和立场。如果我们理解得没错, 那种注重于文体本身的语言学分析模式, 希望能用专属于文学或专为文学服务的范式去阐释所有的文学文本, 其实是一种比较客观化、专业化的方法论。然而对于文学文本的阐释, 客观化的表征其实不过是主观精神的生命符号的外化。正是这种生命存在的真实呈现, 才如实揭示了人的生命存在价值的丰富性, 展现出阐释的不确定性与多元性, 才更符合人文学科研究的意义。

我们关注的重心不应是如何森严地划分阐释的理论来源界限, 即哪些理论可用于文学批评, 哪些理论不可用于文本阐释; 而是首先要理解文学本质的存在特性与文学阐释真正的边界。真正伟大的文学作品与值得反复阅读的文本都包含着超越时空的审美特性与多重价值。阐释的边界实则是一个将人心灵的小宇宙和文本的审美世界, 与无垠广袤的大宇宙紧密关联起来的社会时空。面对文本的种种不确定性和层层深埋的意义, 阐释者运用哪一种理论, 采取何种视角在文学本源上是没有限制的, 而应当以开放的心态去鼓励、包容所有的合理阐释。我们应注意真正的症结所在, 杜绝用本末倒置的主观理念去硬套文本的错误阐释言行。因此, 阐释者应充分重视文本话语及其理解的历史流变, 以及与当下社会语境的关联。阐释应当始于生命体验的激励, 立于逻辑明晰的理性, 最终达到超越的意蕴。

面对文学不确定性的理解, 阐释者必须坚持从文本出发的基本路线, 从文学自身与本体中概括、归纳出鲜明的观念, 以发掘出一定理论视角下文本所显现的真义, 从文本中得出结论而不是相反。例如, 一些女性主义批评家将凯特·肖邦的《一小时的故事》推为代表女性主义思想的名篇杰作, 申丹却从对文本整体的把握出发, 进行大量细致的分析研究, 再考察作者的生平和日记之后, 得出该文本并非是

[①] 洪汉鼎:《作为想象艺术的诠释学(上)——伽达默尔思想晚年定论》,《河北学刊》2006年第1期。

第三部分 阐释的边界

"男权压迫女性的性别政治,而是婚姻枷锁与单身自由之间的关系,且对女主人公既有同情又无不反讽,对独立自由也态度矛盾"[①] 的结论。表面看来,申丹采用文本叙事分析的手法,批评某些女性主义批评阐释的牵强附会,符合用场内的文学理论纠正场外非文学理论的看法。然而,申丹的文本细读带有深厚的女性主义批评意识,既揭示了以往的曲解,也反映出文本对女性那微妙复杂心理的捕捉与刻画,呈现出特定年代背景下女性看待婚姻和自由的矛盾心情,这是其通篇阐释里不容否认的事实。即便采取专属于文学叙事的分析,申丹文章中女性意识的浮现仍是非常强烈的。那是因为不管阐释者使用何种模式,文本已将其真义和价值悄然托出。这是一种超越阐释者个体理性的真实写照。

事实上,每位阐释者都持有自己的理念,不可能做到消除所有的前见与偏好,保持绝对的客观。对于文本意义不确定性的合理阐释,恰恰产生于对文学本体的反复阅读与检验,从而树立起合理的阐释立场——文本是证明所有观念与立场成立的最原始和最真实的材料。因为"'本质'(的概念或观念)不是从知觉中'推论'出来的,而是'呈现'或('显现')出来的"[②]。合理的阐释就是要试图理解文学的本质特性与文本的真实意蕴。

综上可见,无论是文学、文学阐释,还是文学理论的边界都是游移的、开放的,是可自由穿越的。文学阐释应以文学文本为中心,以开放、包容的心态细读文本,尽可能挖掘文本多层次的文学意义。创造性的误读和场外理论的合理征用内在于文学阐释的逻辑之中。我们不应固守边界,以幻想的纯文学立场来排斥场外理论,压抑创造性的解读。当然,我们同样反对强制性的理论套用、主观预设和不合理的文学解读。

[①] 申丹:《叙事文本与意识形态——对凯特·肖邦〈一小时的故事〉的重新评价》,《外国文学评论》2004 年第 1 期。

[②] 叶秀山:《思·史·诗——现象学和存在哲学研究》,人民出版社 1988 年版,第 87 页。

艾柯反对艾柯：阐释的悖论与辩证的阐释

宋 伟

近年来，文学阐释问题不仅成为国内学术界广泛讨论的热点议题，也引起了国际学术界的关注。围绕"强制阐释论"这一核心论说，张江教授发表了一系列相关文章，延展辐射出文学创作与接受等诸多重要议题。最近，张江教授在《文艺争鸣》2017年第1期又发表了《开放与封闭——阐释的边界讨论之一》，就何为阐释、阐释的意义以及阐释的边界等问题，进一步拓展了"强制阐释论"的相关议题。在本文中，张江教授以意大利著名小说家和批评家安贝托·艾柯的两部著作《开放的作品》和《诠释与过度诠释》为文本分析对象，对其在不同时期呈现的几乎相互对立、相互矛盾、相互否定的观点进行理析，试图透过安贝托·艾柯在如何阐释文本上出现的"自我矛盾和自我否定"现象，寻求文学阐释问题的方法和路径。张江教授在文章的开始就明确地指出："本文试图从意大利著名理论家和小说家安贝托·艾柯两部著作的细读分析入手，看完全不同的两种观点在一个人前后不同的历史时期如何对立和转化，由个体发育的理论历史看系统发育的正确轨迹，以求在此问题上取得中国学界可以达成的最大共识。"[①] 与张江教授以往过于宏阔的论述不同，《开放与封闭》以具体文本为辨析对象，且紧扣安贝托·艾柯在文学阐释问题上的自我冲突抵牾，更为有力地

---

* 本文原刊于《文艺争鸣》2017年第11期。
** 作者单位：东北大学人文艺术研究中心。
① 张江：《开放与封闭——阐释的边界讨论之一》，《文艺争鸣》2017年第1期。

为其"强制阐释论"提供了新的佐证。因而,该文可以视为张江教授在文学阐释问题上进一步深入反思的拓展性理论成果。

"艾柯反对艾柯",或可以将其称之为"文学阐释上的艾柯自反",在文学阐释学史上应该说是一个非常有意思且值得认真思考的"典型"理论事件。此理论事件缘发于1990年安贝托·艾柯应剑桥大学"丹纳讲座"之邀作以"诠释与过度诠释"为主题的专题讲演和辩论,三位到场的辩论学者是:美国著名新实用主义哲学家理查德·罗蒂、美国著名解构主义文学批评家乔纳森·卡勒以及曾任法国巴黎第三大学文学教授的克里斯蒂娜·布鲁克-罗斯。讲演开篇,安贝托·艾柯就直接亮出了自己的观点,认为"在最近几十年文学研究的发展进程中,诠释者的权力被强调得有点过了火"[①] 之后,对阐释可"无限衍义"、阐释即"误读"给予了批评,指出其"过度阐释"的弊端。令人感兴趣的是,作为《开放的作品》的作者,安贝托·艾柯曾经积极主张作品阐释的开放性,在此他一反自己以往的观点而为"文本意图"和"作者意图"辩护。安贝托·艾柯的观点自然会引起主张后哲学文化的罗蒂和解构主义理论家卡勒的反对,一场关于阐释的论辩在所难免。

在此,我们不去裁判这场论辩的对错是非,也无须表明立场拥护谁或反对谁,更不去评判罗蒂和卡勒等人的辩驳是否有力,我们重点关注的是"艾柯反对艾柯"这一"文学阐释学意义上的自反现象"本身。也就是说,让我们最感兴趣的是"艾柯反对艾柯"这一事件本身所蕴含的阐释学意义究竟是什么。仅仅关注这一事件本身,这意味着什么?即仅仅关注这一事件的当事人安贝托·艾柯而尽量不去裁定论辩双方的孰是孰非,关注其进入文学阐释情境所出现的"自反性现象"。即便是针对安贝托·艾柯本人,我们也尽量不去评判究竟是安贝托·艾柯前期《开放的作品》所持观点对,还是后期《诠释与过度诠释》的主张对。因为,在我们看来,与其说纠结于安贝托·艾柯前后判然有别的不同观点,不如就安贝托·艾柯的"自反性现

[①] [意]安贝托·艾柯等:《诠释与过度诠释》,王宇根译,生活·读书·新知三联书店1997年版,第28页。

象"——即自我否定或自相矛盾的现象本身进行透析。这种理论演进路径，似乎与张江教授有所不同。在《开放与封闭》中，张江教授似乎自始至终都透露出一种鲜明的理论诉求，即试图在安贝托·艾柯观点的前后改变中，确定出一个正确的选项，而这个正确的选项应该就是安贝托·艾柯后期的观点主张："在这次辩论中，安贝托·艾柯对文本生产与理解的模糊性、无限性的批评无处不在。他用自己文本中许多例子，极有说服力地证明开放写作与理解的荒谬。"[①]

诚然，当我们面对一个问题、一种观点或一种理论学说时，总是需要做出"对与错、是与非"的判断选择，而这种理论诉求或冲动显然来自"非此即彼"的传统思维方式。因为，没有了这种追求"对错是非"意识，所谓知识真理的探寻也就丧失了基本的前提，这几乎成为一种知识建构的"自明性"原则。也正是这种"自明性"所建构的惯性，导致我们形成"非此即彼、非黑即白"的思维方式，而且，一旦将这种思维方式过于机械化或凝固化，便使我们逐渐弱化处理复杂矛盾的能力。众所周知，世界万物纷纭复杂多变，有的清晰、简约、确定，靠逻辑知性思维可以对其加以明确的把握；而有的则模糊、混沌、不确定，单靠逻辑知性思维就难以明确地把握。按照老庄、维特根斯坦和海德格尔的观点说就是"可言说"和"不可言说"的分别。

虽然，面对"不可言说"的世界，人类的思维、逻辑和语言显得有些无能为力，但思想并未因此停下它的脚步，依然在"说不可说"之话，依然在"思不可思"之事。这就出现了思维、逻辑和语言如何面对模糊、混沌与不确定的问题。显然，在模糊、混沌与不确定面前，一般意义上的"知性思维"逻辑就显得无能为力了。或许，理解了这一点，我们才可能理解当代哲学尤其是当代西方哲学为什么会变得越来越驳杂纷乱难以把捉。

还是让我们回到"艾柯反对艾柯"这件事情上来吧。阐释学的历史似乎已经表明，"阐释"这件事情还真不是一件容易说得明白的事，这是因为，"阐释"这件事情是难以用"知性思维"逻辑加以明

---

① 张江：《开放与封闭——阐释的边界讨论之一》，《文艺争鸣》2017年第1期。

第三部分 阐释的边界

晰把握的。以"安贝托·艾柯反对安贝托·艾柯"为例,文学阐释可以说是充满了矛盾、歧义与悖论。安贝托·艾柯既是理论批评家又是小说家即文学文本的写作者,以他的理论学养和文本经验,不至于在不同观点与立场之间两极摆渡,以至于"举起左手反对右手,又举起右手反对左手"——即自己反对自己。这确是一个充满矛盾、充满悖论的"自反性"现象。这个现象说明了什么?它说明了"阐释"尤其是"文学阐释"是一个充满矛盾悖论的事情。

我想,说"阐释"尤其是"文学阐释"是一个充满矛盾悖论的事情,应该会得到大多数人的认同。也就是说,承认"阐释"的矛盾悖论性,甚至承认"阐释"的自反性,可以获得多数人的认同。这样,这种认同便构成了我们面对这一问题的一个基本前提。而这一前提一经确认,接下来的事情就应该是如何解决这个矛盾悖论的问题,即如前所说如何运用"知性思维逻辑"的方式离析出事情的是非曲直,判别孰是孰非。我想这正是安贝托·艾柯也包括张江教授面对矛盾悖论时所试图努力解决的理论动因和思考路径。但是,问题可能恰恰就出在此处。在我看来,仅仅承认阐释"充满矛盾悖论"的前提是不够的,至少我们不能在仅承认这一前提之后,就急于按惯有的思维去解决这个疑难。这样说,可能会让人不知所从,面对"矛盾悖论"而不去解析判别,那何谈知识的反思和获得?何谈问题的解决和明了?别急,在此我们稍稍停留一下,不急于去解析,而是直观一下"矛盾悖论"本身,即直观一下"安贝托·艾柯反对安贝托·艾柯"这一事情本身。那么,我们直观到的事情本身是什么?简单地说,就是"悖论"——"阐释的悖论"。这是一个显而易见的事实,"悖论"如此这般地摆在我们面前,它究竟意味着什么?我们该如何理解并对待它?这或许为下一步解析它而需要做的具有方法论意义的前提性反思工作。

伴随"强制阐释论"讨论的逐渐深化,人们越来越认识到文学阐释学问题的复杂性。从哲学方法论角度看,文学阐释及其相关议题牵连到哲学阐释学的诸多基本理论问题,而且,这些问题的辩难理析更进一步地牵连到如何看待当代哲学思维方式的基础方法论问题。具体而言,即如何进行悖论性思考方式的问题。

艾柯反对艾柯：阐释的悖论与辩证的阐释

"悖论"可以说是一个古老的哲学问题。从文献记载看，古希腊时期就出现了"芝诺悖论"，到当代又出现了"罗素悖论"等，令无数哲人耗尽了神思。大致上说，从芝诺到罗素基本上是在逻辑命题或语言命题的框架内看待悖论问题，这一思路预设了事物或语言应该符合逻辑的规则，而悖论则是因语言或逻辑的矛盾混乱所造成。这样，解决悖论的关键在于清除语言逻辑的混乱，以使之摆脱混乱而明晰确定起来。广义地说，这种进路是将"悖论"纳入"知性思维"框架内来思考的一种思维方式，其预设的前提是事物或语言正常的状态应该是符合逻辑且可以明晰确定的，而"悖论"显然是一种非正常的状态，因而悖论几乎等同于荒谬。正是在这样的理解前提下，诸多哲人才坚信可以通过严密的逻辑辨析破解这个难题，殚精竭虑地攻克"悖论难题"，其结果如维特根斯坦所说的那样，对于不可说的东西，我们只能保持沉默。

康德和黑格尔依然不得不面对"矛盾悖论"的问题。在康德那里，悖论被表述为"二律背反"："当理性一方面根据一个普遍承认的原理得出一个论断，另一方面又根据一个也是普遍承认的原理，以最准确的证明得出一个恰好相反的论断，在这样的情况下，理性迫使自己泄露了自己隐蔽的辩证法。"① 但康德并未将悖论视为理性逻辑的异在之物，而是将其视为理性本身的产物，他说："这种相互冲突不是任意捏造的，它是建筑在人类理性的本性之上的，而且是不可避免的，是永远不能终止的。"② "二律背反"让作为理性主义者的康德意识到了"理性的限度"。或许我们可以说，没有"悖论"，没有"二律背反"，就不会有黑格尔的"辩证法"。在康德那里，悖论建筑在理性的本性之上，黑格尔则直接将悖论视为概念的产物："有多少概念发生，就可以提出多少二律背反。"③ 较康德更进一步的是，黑格尔在悖论中发现了否定性，发现了辩证法，并对"知性思维"与

---

① [德]康德：《任何一种能够作为科学出现的未来形而上学导论》，庞景仁译，商务印书馆1997年版，第123页。
② 同上书，第12页。
③ [德]黑格尔：《逻辑学》，贺麟译，商务印书馆1976年版，第200页。

"辩证思维"进行了区分。黑格尔反对用知性思维的方式理解辩证法。在他看来,以知性思维来看待辩证法,就是孤立地看待事物的规定性,即便它将各种规定性置于某种关系之中,"但仍然保持那个规定性的孤立有效性"①。因此,不能用知性思维方式理解或替代辩证思维方式。真理不外是通过直接性的否定性而回到自身的,而辩证法则是"在对事物的肯定的理解中同时包含对现存事物的否定的理解"②。从此意义上说,辩证法也就是悖论,而辩证思维方式也就是悖论性的思维方式。虽然,黑格尔高度重视悖论,试图以"辩证思维逻辑"超越"知性思维逻辑",但依然在"思维逻辑"亦即广义的"知性思维"或"概念哲学"的范畴内解决"悖论"的问题。

"悖论"究竟是一种语言、逻辑与思维现象,还是一种实践、体验与生存现象?如果我们抛却"知性思维"方式来理解"悖论",就会发现:"悖论"构成一种生存状态,而语言、逻辑与思维只不过是这种悖论性生存状态的另一种表达形式。这是一个重要的翻转:从语言、逻辑与思维,翻转到实践、体验与生存,在这一翻转中,"悖论"回归其生存本体论的意涵。在这一翻转中,"悖论"瓦解了语言逻辑先在的形而上学。这也就是说,不是语言逻辑的混乱才导致悖论、自反、矛盾的出现,而是生存境遇的矛盾悖论才导致非逻辑、不确定、多义性、歧义性的出现。这意味着,单凭语言逻辑的清洗无法克服或解决"矛盾悖论"的难题。至此,我们不得不面对的是"悖论存在"的生存本体论事实。正是有了这样的前提,阐释学才能够从认识论、知识论或逻辑学的框架中解放出来,进而成为一种生存论意义上的现代阐释学。

显然,面对悖论性存在这一事实,以往那种"知性思维"意义上的破解方法势必失效,这就需要我们以"悖论性"的思维方式来反思"悖论性"生存境遇。从哲学阐释学层面看,悖论性思考成为当代阐释学的主要思想范式;从文学文本学的层面看,悖论性表征成为当代文学的主要表达方式;从文学批评的层面看,悖论性揭秘成为当

---

① [德]黑格尔:《小逻辑》,贺麟译,商务印书馆1980年版,第176页。
② 《马克思恩格斯选集》第2卷,人民出版社1995年版,第112页。

艾柯反对艾柯：阐释的悖论与辩证的阐释

代批评的主要理论诉求。于是，当人们面对悖论、背反、自反、矛盾、不确定、模糊、多义、歧义等状况时，不再有"阐释的焦虑"，也不急于用逻辑规定性去清理所有的不确定性，以判定出"孰是孰非"。人们开始尝试以一种不确定的方式来阐释和反思不确定性，以悖论的方式来阐释和反思悖论性，正如当代批评家杰弗里·哈特曼所说那样：写作乃是超越文本界限的行动，是使文本不确定的行动，而"当代批评的宗旨就是不确定性的阐释学"。

在我看来，安贝托·艾柯以其"艾柯反对艾柯"再一次呈现了"不确定性的阐释学"，无论他如何有力地否定了《开放的作品》时期的观点，无论他如何拥有"作者意图"和"文本意图"的解释权，也无论他以后可能会再一次反对自己，都确真地呈现出"不确定性阐释学"或"悖论性阐释学"情状。

美是难的，美的阐释也是难的。不确定而要阐释确定，充满悖论而要阐释明晰。这确是当代阐释学所必须面对的难题。也许，对我们来说，如何学会悖论性地思考问题，依然还有很长的路要走。特别值得注意的是，张江教授在文章的最后写下了一段极具辩证意味的思考，体现出"辩证阐释学"的理论意向。他说："我们今天批评绝对开放的谬误，绝对不是要回到绝对的封闭。我们从不认为文本的最后意义是单义的；从不否定读者包括批评家对文本做广义的理解和阐释。我们的主张是，文本是自在的，不能否认文本自身所蕴含的有限的确定意义；文本是开放的，不能否认理解者的合理阐释与发挥。确定的意义不能代替开放的理解，理解的开放不能超越合理的规约。我们的结论是，在确定与非确定之间，找到合理的平衡点，将阐释展开于两者相互冲突的张力之间。各自的立场都应该得到尊重，无须对具体文本阐释过程中各个方向有限的过度夸张加以过度责难。"① 这就是"辩证阐释学"，其理论底蕴无疑是马克思的辩证思维方式。张江教授这段富有辩证意味的论述，是否预示着"辩证阐释学"乃是解决"阐释的悖论"的一种恰当方法？对此，我们充满期待。

---

① 张江：《开放与封闭——阐释的边界讨论之一》，《文艺争鸣》2017年第1期。

第四部分

批评伦理

批评的公正性*

张 江**

各位先生：

按照强制阐释论的文本顺序，我们讨论批评的公正性问题。我认为，对文本和作者的强制阐释，违背了批评的伦理，失去了批评应有的公正性。"从道德论的意义上说，公正的文本阐释，应该符合文本尤其是作者的本来意愿。文本中实有的，我们称之为有，文本中没有的我们称之为没有，这符合道德的要求。"① 这是我曾经说过的话。现在看起来需要深入讨论一下。

我相信各位先生一定会提出质疑：什么是作者的本来意图，什么是文本中的实有？文本的多义性和多元性是文学的基本特征和魅力。作者的意图，从20世纪初俄国形式主义开始，就被各种思潮流派彻底否定了。到今天这个时代，还提如此古老而呆板的问题，是不是一种倒退？但是，文本到底是什么，作者在不在场；在文本中应该找到什么，专业批评与读者感受是什么关系，作为非常基本的文学原点问题，尽管已经争论几千年了，却依然纠缠不休。强制阐释，用理论强制文本，对文本作无边界、无约束的发挥，从作者和文本的角度说，是不是合理的？这次讨论，我们先放下理论，找一个当代的批评文本，来说明我的认识。各位先生都知道，南非著名作家 J. M. 库切，不仅小说写得好，两次获得布克奖，2003年获得诺贝尔文学奖，而

---

* 本文原刊于《中国文学批评》2015年第2期。
** 作者单位：中国社会科学院。
① 张江：《强制阐释论》，《文学评论》2014年第6期。

第四部分 批评伦理

且他的评论也很好。他有一篇发表在《纽约书评》上关于犹太诗人保罗·策兰的评论,给了我很多启示。现代主义界定策兰的诗,称为"隐逸",大体应该是晦涩的意思。库切解读了策兰死后发表的无题诗,对文本理解中作者意图的作用作了精当的说明。为把来龙去脉说清楚,我必须引用这首诗。

你躺在一种伟大的倾听中,
被灌木长满着,被雪花纷飞着。

到嬉闹,去哈弗尔河,
到肉钩去,
红苹果立起界桩
从瑞典——

礼物桌来了,
它翻倒一个伊甸园——

那男人变成一个筛,那夫人
必须游泳,那大母猪
为她自己,为无人,为每一个人——
兰韦尔运河不低语一句。
没什么
　　停止。①

对于这首诗,策兰到底要说什么?没有人能懂。作为一个犹太作家,他的生活背景是清楚的。他的一切作品都会被人们与他的经历联系起来。而且毫无疑问,他的诗,他的小说,一定会被童年因遭受法西斯血腥迫害而留下的阴影所笼罩。这首诗很隐晦,诗人到底在说什

---

① 转引自〔南非〕J. M. 库切《内心活动》,黄灿然译,浙江文艺出版社2010年版,第121—122页。

么?库切说:"很难说。"如果没有诗人自己的说明,没有人能懂策兰要表达什么。但重要的转折是,有人得到了诗人自己向批评家提供的资料。"那个变成'筛'的男人是卡尔·李卜克内西,在运河内游泳的'那夫人……那大母猪'是罗莎·卢森堡。'伊甸园'是建在上述两名行动分子1919年遭枪杀地点上的一座公寓楼的名字,而'肉钩'则是在哈弗尔河畔的普勒塞这个地方吊死那些在1944年策划暗杀希特勒的人的吊钩。"如此,我们才恍然大悟,作为强烈反对和抵抗德国法西斯对犹太民族迫害的策兰,在写一首"对德国右翼的凶残继续存在着和德国人对此保持缄默的悲观评论"。而库切强调"有了这些资料"[①],人们才能认识到这一点。这里有三个问题值得讨论。第一,按照接受美学的说法,比如伽达默尔的观点,艺术作品的存在类似于游戏,它不是一个摆在那里的东西,它存在于意义的显现和理解之中。对于一个文本,"所有理解性阅读始终是一种再创造和解释"[②]。这就是说,对于文本,不需要也不应该有所谓本来的意义,其全部意义可以任由阅读者去理解,正是这种理解,重新创造了文本,文本才得以实现,其存在才有意义。但是,对策兰作品的解读,库切却问"这首诗在最基本层面上讲什么"。然后又千方百计地找到根据,来证明作品说的是什么,告诉阅读者如何正确地理解作品。作为作家、批评家,起码在这首诗的解读上,库切不接受接受美学的美妙。这难道是库切在现代阐释学面前的保守吗?第二,按照接受美学的上述理解,作品显现的意义并不是作品本身的意义,而是读者所理解的意义,并且正是读者的理解使作品得以存活,那么,策兰的这首诗被法西斯主义者理解为对反犹浪潮的赞许,是不是也应该得到承认,或者说诗人自己也要认同并赞许?诗作中"那夫人""那大母猪"的言语,如果阅读者不把握诗作的本来意蕴,不懂"他在用卢森堡其中一个谋杀者的声音来称呼一个死犹太女人的尸体"[③],反而

---

① [南非] J. M. 库切:《内心活动》,黄灿然译,浙江文艺出版社2010年版,第122页。
② [德] 伽达默尔:《真理与方法》上卷,洪汉鼎译,上海译文出版社1999年版,第210页。
③ [南非] J. M. 库切:《内心活动》,黄灿然译,浙江文艺出版社2010年版,第125页。

把它看成是策兰对卢森堡的侮辱,在读者心中,在文学史上,策兰会是一个什么形象?第三,按照伽达默尔的观点,对作品的存在而言,作者的意图没有意义,进一步说,作者就没有什么意图,理解和解释并不是为了追寻作者的创作意图。"正如所有的修复一样,鉴于我们存在的历史性,对原来条件的重建乃是一项无效的工作……这样一种视理解为对原来东西的重要的诠释学工作无非是对一种僵死意义的传达。"① 但是,我们看到,库切给予我们的阐释,全部依赖于作者的意图。没有作者的意图,没有作者提供的资料,且不说理解,就是作品本身,它的生产和流传都将失去可能。作为一个坚定地反抗对犹太民族压迫的犹太诗人,他的诗可以没有自己的意图,或者说他意图可以不在他的诗作之中吗?如果像伽达默尔所说,这种意图的理解只是"一种僵死意义的传达",那么策兰的这首诗,这种很难被别人理解甚至误解的诗,为什么还会存在于今天?只有传达了这个意图,我们才理解文本的意义,才进一步奠定策兰"二十世纪中期欧洲最卓越的诗人"的地位;② 由此才有可能产生了这样的现象:"即使在策兰生前,就已发展了一门以研究策兰为基础的学术生意","这门生意如今已扩大成一个工业"。③

讨论了这些问题,我们似乎可以有一个答案。作为确定的文学文本,它有没有一个存在于自身、可以为阅读者确切理解的意义?通过库切对策兰这首诗的解读,我们应该明确回答:有。当然,阅读者可以从文本中找到或得出自己的理解,这些理解可以是多义的。但是,这并不能推翻确定文本的确定含义。哪怕因为年代久远,因为时势变化,人们已难以找到和真正理解。意义丢失了,并不意味着没有。就像你曾经有过的思想,后来不再提起,或者被人误解,这个思想就变成没有一样,这是自觉的虚无主义。对于作者意图,也是同样的回答:有。没有作者的意图就没有文本的生产和存在。你可以离开意图

---

① [德]伽达默尔:《真理与方法》上卷,洪汉鼎译,上海译文出版社1999年版,第218—219页。

② [南非]J.M.库切:《内心活动》,黄灿然译,浙江文艺出版社2010年版,第138页。

③ 同上书,第131页。

去理解和剪裁文本，可以否定作者意图对文本的决定作用，但是，作者就在文本里，若隐若现，丝丝缕缕，抹不去，割不断的。你说找不到，或者说找到了也没有意义，这个可以，但是，这不能否定意图的存在，也不能否定意图对文本生产和存在的作用。关于作者意图对理解文本有没有意义，回答同样是：有。理解作者的意图，是理解文本本来意义的关键。你可以说读者的理解不一定非要和作者相同，如伽达默尔所言，"创造某个作品的艺术家并不是这个作品的理想解释者"①。从接受美学的角度可以如此强调，但是，从文本的自在性和本体性而言，有且只有作者的意图能够确当地阐释文本的本来意义。这里的三个"有"，是存有的意思。全部文本及文本的本来意义全部来源于此"有"。至于离开文本作多义理解和阐释，肯定阅读者对文本的再创造意义，无视作者的存在而突出读者的作用，都是可以接受的。但仅因为如此，否定文本的"有"，是掩耳盗铃。就如上面反复提到的伽达默尔，他在对这首描写罗莎·卢森堡的诗进行解读的时候，写了一句这样的话："任何有德国文化背景知识且接受能力强、思想开放的读者，都能够在无须协助的情况下明白策兰诗中重要的因而应明白的东西，并说上述背景资料相对于'该诗（本身）知道的东西'而言，应居于次要地位。"② 伽氏的话很明白。在阐释具体文本的时候，他的观点和他的一贯立场不尽一致：一是，作品中有应该明白的东西。这意味着他已经承认，文本中具有一种我们称作"意义"的东西。二是，对这个意义，因为它是重要的，读者应该去理解。三是，有这样一个具有相同知识文化背景，接受能力强，思想开放的读者群体，对文本的理解应该是相同的。毫无疑问，这同伽达默尔一贯立场不同，甚至是相悖的。我们不再重复伽达默尔的话了。用网上的话说"人艰不拆"吧。顺便说一句，这种基本立场同具体文本阐释方式相矛盾的现象，在当代西方文论的各种思潮、学派、大师

---

① ［德］伽达默尔：《真理与方法》上卷，洪汉鼎译，上海译文出版社1999年版，第249页。

② 转引自［南非］J. M. 库切《内心活动》，黄灿然译，浙江文艺出版社2010年版，第123页。

第四部分 批评伦理

那里，是经常可以见到的。

再进一步的问题是，文本制造者的意图他本人知不知道。这是当代各种否定作者意图重要性的文论强调的理由：文本制造者号称自己并不知道要写什么；本意是有要写的东西，实际却写了另外的东西；意图或许存在，但在制作过程中发生了变化，他迷了路，"原想走到一个房间，结果却撞到了另一个可是却更好的房间中"[①]；更有甚者，本来就没有意图，随便写出也是个作品。这些都可以理解。一些感受也是事实。写作本是最具创造力的行为。尤其是文学创作，形式上就是虚构，是故事，它不以认知为目的，更不是要求真。文本制造过程中，制造者的思想情感不断变化，这种变化可能是跳跃的、非连续的，甚至不是理性所能把控的。但是，我想确认的是，无论什么理由，无论什么结果，当文本制造者把自己的作品交给读者时，他知不知道自己写定的文本表达了什么？他自己是不是可以说，我不知道自己写了什么？特别是一些比如意识流小说，一些晦涩隐逸的诗歌，一些所谓心理剧，是不是作者自己也不知道给了读者什么？我的态度是，只要你是作家，理智是健全的，就一定知道自己写出了什么，给予了读者什么。尽管弗洛伊德说作家都在做白日梦，但写作行为，一定是理性操控的，精神病患者的呓语记录，不是供人进行文学阅读的文本。所谓非理性的描写，比如意识流的非意识流淌，更是制造者的理性精心制造的。荣格有话："我们关于无意识所说的任何东西，其实也就是意识对于它所说的东西。性质上完全不可知的无意识是通过意识并根据意识的术语来加以表述的。而这是我们唯一所能做的事情。我们不可能走出这一点。我们应当经常在心里记住这一点，把它作为我们没有烦恼的最后批评标准。"[②] 在这方面，尤奈斯库的荒诞派戏剧实践及其理念，也是很有说服力的证明。尤奈斯库坚决主张戏剧创作的虚构本质与非理性本质，认为荒诞戏剧强调以非理性的手法

[①] ［俄］亚历山大·赫尔岑：《赫尔岑论文学》，辛未艾译，上海译文出版社 1989 年版，第 50 页。

[②] ［瑞士］荣格：《分析心理学的理论与实践》，成穷、王作虹译，生活·读书·新知三联书店 1991 年版，第 3—4 页。

虚构非理性的存在，并把这种虚构表现为舞台的直观。他的《椅子》、《秃头歌女》，舞台上完全都是非理性的安排，没有丝毫的理性干预。在表演过程中，他自己都无法预料演员会有什么发挥和表达。应该说这是作者无意图，或者说根本无法把握作者意图的最好典型了。然而，尤奈斯库却说："不按照剧本演戏，如果所根据的剧本，是没有意思的、荒诞无稽的、喜剧性的，那么在舞台上就能表现出一场严肃、庄严、有气势的戏。"① 看起来虚构是无意识的，但无意识本身却是有意图的。这个意图就是要描述人类的空洞无物，一切意义的虚无。无论不可预知的舞台上表现出什么，这个意图都是"有"的。意图就在舞台上，就在作者的文本里，而且无处不在。这让我更加坚定：文本是有本来含义的。这个本来含义由作者给予，哪怕是最离谱的荒诞派戏剧。文学批评可以对文本作多重阐释。各种各样的理论可以为多重阐释开辟道路和空间。但不能因此而否定文本的本来含义，否认作者意图的存在。阐释是多元的。多重阐释，只要合理且证据充分，应该给予支持。寻找文本的本来含义，佐证于作者的本来意图，也是合理的，当然同样需要证据充分。所谓"反本质主义"的提法，本意是反对拆解二元对立，而实际结果是，制造了新的对立。本质与反本质的对立就是新的二元对立，而且是一个普遍的哲学范畴的对立。我从来都认为，二元对立是客观的，是物质和精神现象存在与运行的基本方式。但是，这种对立不是绝对的，在科学的思维框架下，对立的双方是相互转化的。在一定条件下，曾经强势的一方将转化成弱势，曾经弱势的一方将上升为强势，并且永无止境。宇宙及其生命就在这种转化中繁衍进步。

现在可以回到今天问题的初始了：对文本的阐释有没有恰当的伦理标准或者道德律令。首先要说明，这里伦理和道德，是指批评的伦理和道德。这或许是一个新的提法，它主要是指：专业的文学艺术批评应该遵守的道德律令。各位先生，请注意，这里说的是"专业的文学艺术批评"，而不是一般读者感受。简单的，如当下盛行的"红包

---

① ［法］欧·尤奈斯库：《戏剧经验谈》，载袁可嘉等编选《现代主义文学研究》，中国社会科学出版社1989年版，第623页。

批评"；批评家因为个人的恩怨而任意褒贬作品，丧失公正立场，等等，都不符合批评伦理的要求。我们要讨论的是，对文本阐释的公正性要求，是否包含正确地指出文本的本来含义，或者由作者所表述的文本的本来含义。我认为，这是专业批评家的伦理责任。文学不以"真"为本。但是，文学批评一定有求"真"的责任，这个"真"是文本的本来含义。专业批评家有客观揭示文本本来含义的责任。否定和放弃这个责任，是对批评伦理的侵害。特别是在强制阐释的意义下，为了证明阐释者的前置结论，将阐释者意志强加于文本，以论者的意志决定阐释，这明显违反批评伦理的道德律令。当然，这与对文本作多元化理解和阐释是完全不同的两件事情。一般阅读的多元结果与专业批评的确当阐释也是完全不同的事情。对此，我们在下一封信中再专门讨论。

文学阐释的协商性

周 宪

张江先生：

您的第八封信，从一个全新的角度深入讨论了文学批评家的"批评伦理"问题。这个问题的确非常重要，正像每个职业或行当都有其职业规范一样，文学批评家所从事的文学批评或理论研究，亦有内在的职业规范、责任和取向。批评家的确需要认真思考"批评公正性"问题。张先生对"批评公正性"提出了两个要件——对文本原义和作者意图的尊重。一个批评家如果对这两个要素连起码的尊重都没有，那就会丧失"批评公正性"，因为这样做隐含了把文学批评变成主观臆测游戏的潜在危险。

文学理论家和批评家的"公正性"其实也是一种职业道德的规定，这是从事这一工作的基本前提。教师要有教育道德，科学家要讲求科学伦理，艺术家亦有艺术伦理，有些底线是不能突破的。一旦突破道德底线，所从事的工作就失去了规范和章法。张先生对"批评公正性"有两处不同的界定。一是具体内涵的规定："从道德论的意义上说，公正的文本阐释，应该符合文本尤其是作者的本来意愿。文本中实有的，我们称之为有，文本中没有的我们称之为没有，这符合道德的要求。"另一处是从总体性上来界说："我认为，这是专业批评家的伦理责任。文学不以'真'为本。但是，文学批评一定有求'真'的责任，这个'真'是文本的本来含义。专业批评家有客观揭示文本本来含义的责

---

* 本文原刊于《中国文学批评》2015年第2期。
** 作者单位：南京大学艺术学院。

任。否定和放弃这个责任，是对批评伦理的侵害。"前一个界定说的是对文本原义和作者意图的尊重，后者说的是更为形上的求真取向。

张先生的这些精彩论述引发了我的思考，在此，我想进一步深化这一问题的讨论，并谈谈自己的一孔之见。

首先，批评家之"批评公正性"所要求的责任是多重的，批评家介于文学作品与其作者之间，因此，尊重作者并努力探寻作者意图乃是批评家的本职工作。尊重作者就必须搞清作者文学创作的实际情况，他为何写、怎么写、写得怎样，这些理应成为批评家研究文本的具体工作。张先生在这方面有深入讨论，这里不再赘述。

其次，批评家还是一个处于文本和读者之间的"中间角色"，他的工作带有"传送带"和"风向标"的功能。"传送带"功能是把批评家对文本意义和价值的解读与理解传递给读者；"风向标"的功能则是指出特定作品在特定文学语境中的风格趋势和历史传承关系。对于文学批评来说，其公正性除了对作者的尊重之外，还应该包括对读者的尊重。这一尊重又包含了更多的内容，一是批评家不能把自己理所当然地视为真理的拥有者，进而把读者当作被教化的对象。如何平等地与读者交流沟通是批评家必须持有的立场；二是尊重读者并善于倾听读者的声音。这就是说，对特定文本意义的阐释工作并不是由批评家一人独自完成的，而是在批评家与读者的互动中完成的。这样说并不是要求批评家每写一篇评论都要和广大读者一起讨论，而是说批评家的每一次批评实践，都要设身处地地设想特定文本的读者的存在，考量读者可能的各种反应，并把自己的批评视作一个与读者协商的过程。这样做，批评家就会自觉地反思自己的每一个结论，从而避免了独断论倾向；三是当批评家发表了自己的批评论述后，应注意和收集读者的批评反应，进而修改和完善自己的看法。这表明，文学研究并不是天马行空式的个人思想历险，而是在一个复杂的社会文化语境中与广大读者交流的产物。尤其是在互联网时代，批评的读者即时讨论变得简便易行。一种批评话语一旦见诸媒体和网络，便会引来各种不同的反应、批评和争论。这使得批评家有更大可能征询和接纳读者的意见。对批评的批评已成为当代文学研究的"新常态"。如果批评家没有对这个"新常态"的自觉，是无法做好文学批评工作的。

最后，批评家的责任还包括对同行的尊重。批评家或理论家的文学研究是在文学场内展开的，但他并不是自言自语或自说自话，而是在一个批评家共同体内从事自己的职业工作。因此，参照文学研究共同体内其他人的意见，也是其批评公正性的要件。同时，任何一个批评家的研究，都会受到文学研究共同体所共有的观念和范式的制约。诗人艾略特在其《传统与个人才能》一文中曾形象地指出，任何一位作家的文学创作，都处于两个历史传统之中，一个是欧洲文化的历史传统，一个是本国的文学传统，没人能脱离这两个传统来从事文学活动。这个原理用于解释文学批评和文学理论研究也同样有效。即是说，每位批评家首先是在自己所属的文化和学术传统中来从事文学研究；其次，今天文学与文化的全球化进程，使得任何批评家都不可能在一个全然封闭的环境中写作，来自不同文化的理论和观念必然会通过"旅行"而影响到特定语境中的理论与批评。于是，一个批评家与共同体及其全球化的互动，便成为其文学批评的必要条件，与其说文学批评是一个个人行为，不如说是一个交互主体性的关系产物。

说到这里，无非是想强调一个想法，那就是文学批评及其理论研究的关系性和互动性。文学批评及其理论研究是一个受制于多重社会文化因素的智力行为，因此我们必须充分注意到其协商性特点。否则，我们就会把文学批评工作简单化，甚至会放大批评家的个人能力和看法。

至此，另一个问题又接踵而至，那就是张先生文章所强调的作者意图与文本意义阐释之间的联系。按照张先生的看法，作者的意图是特定文本的意义的根据，搞清作者意图，文本意义的阐释也就迎刃而解了。显然，任何一个诗人或作家的写作总是一个意向性行为，总是有特定的目的和意图。从常理上说，我们必须搞清作者写作的意图，为阐释其文本寻找一些来自作者的基本信息。但实际上，作者意图并不是一个不证自明的东西等待批评家去发现。通常的情况是，作者并未留下任何有关其写作意图的文字，蛛丝马迹中也无法寻找确凿意图，于是批评家只好根据作者的其他相关材料来推证其意图，这里就有各种意想不到的可能性出现。即使作者留下了一些有关其特定创作意图的文字，也还存在一个如何理解的问题。特别是不同的社会政治文化情境，会导致作者言说的不同策略。或正话反说，或反话正说，或用隐晦表述，或用春秋笔法，或用反讽修辞，这些都是常见的情况。再次，关于特定作品的作者意图，作者不同场合还会给出不同的说明，某个场合是这么说的，另一个场合却那么说了，作者自己对自己作品写作意图的解释也存在差异。最后，我们还必须注意到，有些作家关于自己意图的表述与其作品的实际情况存在不同程度出入，甚至差异悬殊，这样的情况并不少见。综上所述，作者意图是一个非常复杂的信息系统，并不是一个简单明了确实可信的事实，用于阐释文本时需要仔细甄别和辨析。

也许正是因为作者意图的复杂性，所以当代西方文学理论和批评中有一个显著的"反作者意图说"的趋向。从俄国形式主义到英美新批评，再到法国后结构主义，我们可以看到一个显著的"去作者意图"的"三部曲"。俄国形式主义者率先提出文本阐释要祛除关于作者生平纪实考察的传记研究方法，他们笃信文本是一个独立的意义载体。英美新批评秉承了艾略特的"诗歌逃避情感说"，直接亮出了"意图谬误说"，认为文学批评所面对的是文本自身，而不是写作它们的那些作者的主观精神状态。按照新批评的理解，作者意图是文本阐释的误导性因素，应该在文学研究中坚决排除出去，批评家的注意力应放在文本上而不是作者身上。到了法国后结构主义，尤其是巴特举起了"作者死了"的大旗，他断言，传统的把文本意义阐释权威诉诸作者的批评已经过时，因为那是一种"父亲—上帝式"的观念，即把文本的意义单一来源归结为作者，他就像是一个文本意义的权威拥有者，成了宰制文本意义的"父亲—上帝"。在巴特看来，文本一经产生便脱离作者而成为一个有自己生命的载体，它处于现实的语言活动之中，意义可以被不断地生产。所以，"作者之死"暗含了两个结论：其一，作者之死是读者诞生的前提，当那个控制文本意义阐释的作者消失时，当那种"父亲—上帝式"的偶像被打碎时，读者才具有生产自己意义的可能性；其二，多代替了一，即复数的、无限多样的读者取代了唯一的作者。从作者之死到读者诞生不是一个简单的角色替换，而是文本意义具有唯一来源的观念被颠覆了，文本有唯一正确意义的观念被抛弃了。这就打通了文本阐释开放性和多元性的通道，一个文本只有一个唯一正确意义阐释的观念，日益让位于一个文本有多重意义阐释可能性和开放性的观念。所以，作者意图论不再是文学批评及其理论阐释之圭臬。

从作者意图的复杂性到反意图说，文学理论观念的发展一再表明，文学研究是一个高度协商性的精神劳作，这也是文学研究作为人文学科之特性的表现。当然，像英美新批评和法国后结构主义那样偏激地拒斥作者意图是值得警惕的。我认为，作者意图显然是我们阐释文本的重要依据，但并不是唯一的依据。因此，两方面的偏执都应该予以警醒。一方面是巴特式的完全拒斥作者意图的观念；另一方面，是把作者意图当作文本唯一意义来源的看法，正确的理解应该在这两种观念之间。毫无疑问，作者意图对其文本阐释具有相当的重要性，但同时需要指出的是，作者意图只是特定文本意义阐释的根据之一，但绝不是唯一的根据。文本意义的构成是一个复杂的网状结构，包含了许多要素及其关系。如果我们这么来理解，就改变了作者意图具有唯一权威性的观念，更加转向读者理解阐释的多重性，并把作者意图融入了更多复杂关系的考量。换言之，从文学研究的协商性角度说，决定文本意义的要素是复杂多样的，除了作者意图之外，还有其他诸多要素需要关注和分析。这就意味着文本意义的阐释是作者、文本、批评家、特定语境、读者反应等多重要素相互作用所形成的协商性产物。

这里我们不妨考察一下作者意图论的代表人物赫什的理论，不难发现，这位高举"捍卫作者"大旗的批评家，在解释作者意图的作用时很谨慎，表述也很复杂。在他看来，文学中的符号与作者用符号表示意义并不是同一回事，因为意义是有关意识的而非符号。他进一步指出，文本其实有变与不变两个方面，变的是不同时代和文化中读者对它的不同理解，而不变的则是作者原本要在文本中所表达的意图。前者是相对于不断变化着的读者的一种关系，亦即文本对读者的 significance（意味），后者则是某种确定的文本之 meaning（意义），它源自作者创作文本时的意图。[①] "意味"和"意义"是一个颇有创

---

① 赫什写道："我在1960年首次提出了文本解释的两个层面之间的分析性差异。一个是固定不变的意义，另一个是对变化开放的意味。" E. D. Hirsch, Jr., "Meaning and Significance Reinterpreted", *Critical Inquiry*, Vol. 11, No. 2, Dec. 1984.

意的区分，这表明赫什充分注意到了文本意义及其阐释的复杂性和历史性。他强调两者的差异，"意义可设想为一个自身同一机制，它的边界是由一个原初的言语活动所确定的，而意味则可以设想为这个自身同一的意义和别的什么之间所形成的某种关系"①。这就是说，虽然文本有一个源于作者意图的原初意义，但在其历史流传过程中会发生许许多多的变异，因而形成读者所把握到的各式各样的"意味"。批评家和读者对文本的阐释和理解往往集中于不断变动的"意味"范畴内，而那个文本的原初意义则是他们努力趋近而又无法达到的彼岸。"解释者的基本任务就是在自己身上重现作者的逻辑、态度和文化传承，简言之，就是重现作者的世界。"② 但在我看来，重建"作者的世界"大抵是在趋近文本"意义"的持续旅途中。

回到张先生强调的库切对策兰一首诗的解释。碰巧策兰透露了一些有关该诗的相关信息，库切据此对此诗做了特定阐发。这也许是一个偶然性的个案，文学史上绝大多数作品都缺乏策兰这样"亮底牌"的信息。如果我们找不到作者直接言明自己写作意图的文献资料，那批评家还能做什么并如何做呢？从文本出发来推测或提出假说显然是一个可能的路径。更进一步，从策兰自己为该诗所提供的某些信息来阐释此诗，库切的说法是唯一正确的解答吗？还是只是一说而已？在库切给出了某种分析后，对这首诗的批评研究工作就此终结了吗？我想，随着对策兰研究的深入发展，随着更多的材料和史实的发现，新的解说的可能性会不断呈现出来。这就是文本开放性的内在逻辑，也是阐释开放性的内在逻辑。

说到这里，我想再次重申一个看法：文学批评或文学理论研究乃是解释共同体内以及与复杂语境间的协商性活动。所谓协商性，是指不同要素之间的某种关系性，它表明阐释活动是经过某种交流、讨论或争辩而产生的，其结果更像是恩格斯所说的某种"平行四边形"的合力状态，即不同阐释所达成的某种协商性状态。文本意义作为一

---

① E. D. Hirsch, Jr., "Meaning and Significance Reinterpreted", *Critical Lnguiry*, Vol. 11, No. 2, Dec. 1984.

② E. D. Hirsch, Jr., "Objective Interpretation", *PMLA*, Vol. 75, No. 4, Sep. 1960.

种非规整的网状结构，乃是多种解释相互交流作用的产物，是交互主体性的协商之产物。在这一协商性的构架里，有无数节点彼此交织。不同的解释主体带着各自的文化和理解进入，又与其他解释主体发生关联，进而形成某种关联性的更广阔的理解。在这样的网状结构中，文本意义的探究不会有绝对真理式的判词，也没有盖棺定论式的结论，更没有独断论的地位。所以我说，协商性是批评家和文学理论家们践履自己职业道德的当然路径。

批评的公正性和阐释的多元性

王 宁

张江先生：

读了您的这封信，我深受感动。您确实在自己认准的道路上义无反顾地前行，并沿着这条思路走下去。您在信中不仅进一步阐发了您先前的见解，而且又提出了一些值得我们进一步讨论的新问题。我对此也有许多想法，其中有些与您的看法不尽相同，在这里提出来和您讨论。

较之您的前几封信，我感到您在这封信中的观点十分明确，与当今的文学批评伦理学密切相关，也即文学批评究竟有无真正的公正性，文学作品的意义究竟是确定的还是多元的？如果是确定的话，究竟谁掌握作品的意义，是作者还是批评家还是读者？您在信中举了一些例子来说明您的观点，您认为，我们在讨论了这些问题后，似乎可以有一个回答。您以提问的方式指出，作为确定的文学文本，它有没有一个存在于自身、可以为阅读者确切理解的意义？您通过考察库切对策兰的一首诗的解读来说明您的观点的正确性。显然，在您看来，我们应该针对这个问题给予明确的回答：有。然后，您又指出，当然，阅读者可以从文本中找到或得出自己的理解，这些理解可以是多义的。但是，这并不能推翻确定文本的本来含义。您在得出这个结论后又怀疑自己是否回到过去的老路上去了。这就说明，无论是作者还是批评家都不可能穷尽一部蕴含深邃的伟大的文学作品的全部含义，

---

* 本文原刊于《中国文学批评》2015年第2期。
** 作者单位：上海交通大学人文艺术研究院。

批评的公正性和阐释的多元性

这样也就为文学批评家/阐释者提供了可据以进一步阐释的广阔的空间。因此就这一点而言，我与您的观点有一些不同，在此提出来就教于您。既然您是以提出问题的方式来阐发您的观点的，我在此也就以回答的方式来和您讨论。

首先，您提出，文学批评究竟有无真正的公正性？我的回答是应当有，但在实践中是很难做到的。我在前一封信中也指出，英国的文论家伊格尔顿在《文学理论导论》中早就指出，所有的文学都具有政治倾向性，因而作为文学批评，政治倾向性也是不可避免的。确实，在伊格尔顿长期的批评生涯中，他素来以批评的尖锐性和文笔的犀利性而著称，甚至对他的导师威廉斯和美国的同行詹姆逊的批评也毫不留情。这当然也使他个人树敌过多，在欧洲学界颇遭非议。我这里仅举一个例子，即使对像伊格尔顿这样一位有着很大理论建树和学术影响的理论家的评价，人们也很难做到公正。美国的学术界最先承认他的成就，由于他在英语文学理论界的影响，他先当选为美国艺术与科学院的外籍院士，之后才得到英国学界的承认，当选为英国学术院的院士。我曾经在欧洲科学院的会议上问过我的那些欧洲同行院士，为什么伊格尔顿没有当选为欧洲科学院院士？难道他的水平不够高吗？或者说他的影响不够大吗？对于前者无人可以否定，但对于后者则有人说，他在英语世界确实影响很大，但在英语世界以外的一些欧洲国家的影响就小多了，甚至他的著作都未被译成那些国家的语言。但即使如此，他也比一些入选的欧洲科学院院士的影响要大得多。最后，一位比较公正的同行院士向我说了真话，人们不喜欢他，因此就不提名他。我想这句话倒是道出了实情：批评家和院士也是人，他们都有自己的立场和偏好，这些立场和偏好不仅会影响到他们阅读和理解一部文学作品或理论著作，甚至会影响他们对一个作家或学者作出客观的评价。因而就这一点而言，我们虽然提倡批评的公正性，但事实上却很难做到。当然，除了政治立场和政治倾向性外，还有一些学术政治因素在起作用。

既然从事文学批评的人难以避免政治立场和政治倾向性，那么他们在批评实践中就难以避免一定的政治倾向性和个人偏好，他们在批评实践中就不可能做到真正的客观和"公正性"。诚然，在马克思主义创始人看来,越是优秀的作品其政治倾向性就越是与其艺术手法结合得完美,当然,这是一种理想的境界,很多人是难以做到这一点的,因而就给自己带来一些麻烦。比如说,塞尔曼·拉什迪的《撒旦诗篇》被公认为写得十分出色,他本人还一度被提名为诺贝尔文学奖候选人。但是由于该作品"政治不正确"而在伊斯兰国家被禁,他本人甚至被一些极端分子追杀。后殖民理论家赛义德也是如此:一些保守的学者认为他是"恐怖教授",应该被赶出哥伦比亚大学,但校方却对他十分重视,给了他"大学讲席教授"(university professor)的荣誉,他本人也当选为美国现代语言学会(MLA)的主席和美国艺术与科学院院士。而他的另两位后殖民理论同僚——斯皮瓦克和巴巴却被排斥在英美两个最高的科学院或学术院的殿堂之外,其理由也是因为一些院士不喜欢他们。又比如,乔伊斯这位意识流小说大师的巨著《尤利西斯》现已被公认为现代意识流小说的经典作品,但是由于它大段赤裸裸的性描写和对性意识的张扬而在一段时间内被禁,乔伊斯本人直到去世前也未见到自己的这部巨著被接受和欣赏。等到这部著作率先在法国开禁时他已经去世,所以他也就无缘得奖。所有这一切都说明,一个作家也许出于文学的良知试图在自己的作品中"客观""公正"地描写人物和事件,但实际上却总会违背自己的初衷:或者出于自己个人的原因,或者是批评界对他的不理解,如此等等。就这一点而言,我认为,文学作品的意义不应该也不可能由作者一人掌握,作者毫无疑问掌握作品的大部分"原意"(meaning),但却无法控制它的"衍生义"(significance)。因此在我看来,作品的意义应该由作家本人和读者/批评家共同掌握,这样就会避免阐释学和接受美学学者走向另一个极端了。

应该承认,接受美学的崛起有着一定的背景,如果我们考察接受美学于20世纪60年代崛起的时代背景和批评氛围,我们就不难理解为什么这些理论家要强调文学阅读和批评中读者的作用了。因为他们注意到,以往的文学批评和文学研究或者如同传记批评家那样试图在作者的生平传记中搜索与作品人物的相似之处,因而会得出作品在某种程度上就是作者自传的缩影之结论。而在强调文学的社会——历史作用的批评家看来,文学作品必然反映特定的时代精神和社会历史状

批评的公正性和阐释的多元性

况，因此这部分批评家很容易将一部作品当作某种社会历史文献来阅读。而在形式主义者，尤其是英美新批评派看来，一部作品的意义就在文学的文本之内，而其他一切外在的因素都不能说明文学作品的意义。持上述这几种立场的批评家和研究者往往都走向一个极端，或者强调作者的因素，或者强调作品所赖以生存的社会因素，或者强调作品本身的自满自足性，他们都忽视了读者的参与对作品意义的建构。正是在此背景下，接受美学才挑起了论战，弘扬被长期压抑的读者的作用。这正好说明了我早先的判断：每一种现代西方文论都强调自己的立场，理论家往往倾向把自己的立场推向一个极端，而正是在极端处他们的真理和谬误才同时表现出来。而后来的批评学派则从他们的谬误出发提出自己的反驳。整个西方现当代文论就是这样的一种否定之否定式的扬弃，接受美学当然也不例外。不知您意下如何？当然，我也注意到，您并没有像他们那样走向另一个极端，而是在强调作者掌握原意的同时，也承认，阅读者可以从文本中找到或得出自己的理解，这些理解可以是多义的。但是，这并不能推翻确定文本的确定含义。这一点，我也同意，并且加以进一步推进：只有通过作者和批评家/阐释者的共同努力，才能使我们把握原作的意义。这样我们的看法又趋于一致了。

毫无疑问，正如您所指出的，文本应当有其本来的含义，因此我们在英文中用 meaning 这个词来表达，这个本来的含义由作者给予，因此又叫作原意。但是由于文学作品一旦发表，作者就无法再对它施加任何影响了，因此这部作品又具有广泛的社会性和可解读性。越是蕴含深邃的作品其原意就越是不确定，它所能产生出的衍生义就越是多元。读者/阐释者可据此读出的意义在英文中用 significance 来表达。我们可以设想，如果一部作品的意义仅仅掌握在作者本人手中，只有作者才对之拥有解读权，那么这部作品就不可能成为伟大的作品，更不可能引起来自不同学派的一代又一代批评家的阅读和阐释。此外，又有谁来鉴定读者对作品意义的把握是否正确呢？人们一般会认为，原作者是最好的鉴定人。我认为这只有部分的正确性。有两种情况可以将这一看法颠覆掉：第一，假如作者早已去世，我们便死无对证了，但尽管如此，我们又可以反问道：作者的话真的可信吗？如同作者本人的自传并不十分可信一样，他/她常常会把自己的好的方面大加渲染，而把自己人格的阴暗面隐去不谈。因而我们接下来提出的第二个问题就是：是否每一个作家都能够出于公心而说出真话，有些作家为了标榜自己作品的独创性，会有意不提曾对自己有过影响和启迪的前辈或同辈作家或理论家，即使是一些大家也在所难免。我这里仅举一个例子：美国的小说家福克纳是公认的蜚声文坛的意识流小说大师，他早年曾对乔伊斯的创作很感兴趣，并在新奥尔良参加过一个学习组，讨论过弗洛伊德等人的理论。但是当记者采访他时，他在大谈自己所受到的美国19世纪浪漫主义文学影响的同时，却闭口不提曾受到乔伊斯和弗洛伊德的启迪。对此，美国学者柯林斯经过仔细调研，在一篇论文中以大量的事实披露了福克纳对乔伊斯的借鉴和对弗洛伊德理论的创造性运用。① 实际上，作为一位有着巨大成就的小说家，福克纳即使承认自己曾受惠于上述两位作家或理论家，也不会影响自己作品的独创性。这一事实也说明了，对于作家自己的陈述我们不能全信。作为文学研究者，我们还要通过仔细阅读文本，从文本中发现其中的外来影响和作家本人的独创性。

我也同意您的这一看法，哪怕是最离谱的荒诞派戏剧也蕴含有作者本人的意图。自然，文学批评家可以对文本作多重阐释，并且各种各样的理论也可以为这样的多重阐释开辟道路。但是，不能因此而否定文本的本来含义，否认作者意图的存在。因为阐释是多元的，多重阐释，只要合理且证据充分，就应该给予支持。寻找文本的本来意义，佐证于作者的本来意图，也是合理的。就这一点而言，兼顾作者的原初意图和后来显示在文本中的意义，再加之读者通过阅读而发掘出的意义，我们就可以得出一部作品的较为完整的意义了。不知您认为这样是否可行？

您还在信中进一步指出了另一个问题，文本制造者的意图他本人知不知道？这是当代各种文论都会强调的理由：文本制造者号称自己并不知道要写什么；本意是有要写的东西，实际却写了另外的东西；

---

① 这方面可以参见［美］卡帕维尔·柯林斯《〈喧哗与骚动〉中的内心独白》，收入拙著《文学与精神分析学》附录，人民文学出版社2002年版，第289—308页。

意图或许在此，但在创作过程中发生了变化，他迷了路，走到了另一个方向。这种情况确实是客观存在的，作者也许出于文学的良知将此披露出来，也许是有意隐蔽自己的真实意图，好让读者在做出解读时不限于所谓的"意图谬误"。这些都是完全可能的，但我还是认为，作者说不知道要写什么东西并不重要，重要的是看他/她实际上写出了什么。只有作者写出的作品可以告诉我们一切，我们的评论也只有基于对文本的阅读。

最后，您在信的末尾略微提到了文学批评伦理学问题，并以提问的方式指出，对文本的阐释有没有恰当的伦理标准或者道德律令？在您看来，首先要说明，这里的伦理和道德，是指批评的伦理和道德。可惜您没有进一步深入展开。我这里略作些发挥：

所谓文学批评伦理问题，应由三个方面来组成：（1）作者的伦理，也即作者在从事文学创作时，不仅要有一个明确的目标：究竟为谁而写作？是写给自己看呢，还是写给广大读者看？或者只是写给少数文学研究者看？这样他就会依循自己的既定目标使作品的写作朝着这个方向去发展。如果是写给自己看的话，他就完全可以不考虑读者的接受和批评家的评价等因素，只是抒发自己的写作欲望，或者表达自己内在的情感。中国古代的不少文人就有使作品藏之名山的传统，西方也有这样的作家，例如美国著名的女诗人狄金森一生写了几百首诗，但她生前从不发表这些诗作，只是在死后才由别人发现了她的这些诗，从而认为她是美国19世纪最伟大的女诗人之一。还有就是20世纪的一些现代主义诗人，他们的写作是为了表现自我，以满足自己写作的冲动。这样的作家不为名不为利，从事文学创作完全是因为喜欢文学，试图从文学创作中找到一定的愉悦和满足。（2）阅读和接受伦理，也即文学作品在问世后，首先会遇到读者的阅读和接受，这就涉及阅读和接受的伦理问题。在阅读和发掘特定作品的意义的过程中，读者可以采取两种截然不同的方法：其一，尊重原作者的本来意图，在阅读过程中一方面探讨作者的真实意图，另一方面则把读者的感受加进去，最终使得作品的意义趋于完满；其二，不顾原作创作的时间和地点，只根据读者自身的经验和期待视野来推演作品的意义，使作品的意义符合读者本人的阐释，这就是所谓的强制性阐释，也就是我们一直予以批判的东西。这后一种方式显然有违基本的阅读伦理。（3）批评的伦理，也即在从事文学批评时应遵守的道德准则。这方面也有两种截然不同的方法：其一，以文本为主，以一种特定的批评立场和视角对文本进行符合其内在规律的解读，最后得出的结论使作者和广大读者信服，应该说这是一种理想的批评；其二，以理论先行，预设一个批评的立场和视野，以文本作为证明自己理论正确的材料，最后通过强制性的阐释使得文本的意义符合批评家的先在结论。这无疑也是一种强制性的阐释，也是我们从事批评时应该注意克服的。如果说，前一种强制性阐释只是一般读者的个人感受的话，所产生的影响有限；而后一种强制性阐释则会造成更大的影响，尤其是出自一位著名批评家的著述就会对读者起到某种误导的作用。这无疑也是有违基本的批评伦理的，有鉴于此，弘扬一种文学批评的伦理在当下是十分必要的。不知您意下如何？

批评的伦理

张 江

各位先生：

从伦理的意义上讨论强制阐释，对文学批评有一个律令视角的规范，是一个不成熟的想法。为开展这个讨论，上封信中我做了一些铺垫，即公正阐释的基点是承认文本的本来意义，承认作者的意图赋予文本以意义，严肃的文学批评有义务阐释这个意义，告诉读者此文本的真实面貌。在此基础上，才有对文本的多元理解和阐释，才能够对文本做出更合理更深刻的解析和判断，实现对文本历史的、当下的发挥和使用。尊重文本，尊重作者，在平等对话中校正批评，是文学批评的基本规则，是批评伦理的基本规则。

我先说明，批评伦理是对职业批评家专业批评的规范。因此要首先界定职业批评家与普通读者的区别、专业批评与读者理解的区别。有一种观点说，批评家也是读者，而且首先是读者。读者对文本的理解决定文本的存在及其意义，由此，追寻文本的本来含义和作者的本来意图，对文本的阐释是多余的。这种说法表面上看起来有些道理。广义地说，批评家当然也是读者，大家共同阅读同样的文本，在阅读中理解和阐释文本。但是，职业批评家不是普通读者。普通读者的阅读，是个人的感受和经验，其过程为单一个体的欣赏和习得。他的感受可能是独到并深刻的，也可能具有相当普遍的代表性，甚至具有理论发声的巨大潜能。普通读者使文本具有广大的生命力，使文本在阅

---

* 本文原刊于《求是学刊》2015年第5期。
** 作者单位：中国社会科学院。

读中被传承并成为经典。写作者要以读者的理解为准绳，在读者反应中得到启示，根据读者包括所谓"解释群体"的共同感受，努力调整和丰富其写作。但是，个体的、独立的感受，以至"解释群体"的共同认识，都与专业的文学批评有本质的差别，不可以随便混同。从普通读者的角度看，个体的感受性反应不能为经典定位。关于《红楼梦》的读法，鲁迅说："经学家看见《易》，道学家看见淫，才子看见缠绵，革命家看见排满，流言家看见宫闱秘事……"① 我很难判断，鲁迅说的这些"家"和"子"，他们的"看见"，是不是也可以因为是读者的接受而视作专业批评，进而决定《红楼梦》的经典意义？以这些感受为要准，《红楼梦》到底应该是什么，是经还是道，抑或就是革命的宣言书，或者就是秘事流言？万万千千的读者，可以从不同的角度去理解文本。个人的经历和前判断将有力地左右他对文本的认识。这类完全被个人情感和思想决定的观感和印象，只能是阅读感受而非文学批评。个体如此，那么群体读者呢？费什提出"有知识的读者"，这些读者能够熟练掌握作品文本所使用的语言，具有充分的语义知识，具有丰富的文学能力，同时由于作为主体的读者意识是"社会和文化思想模式的产物"②，他们对文本的理解将会趋于一致，而不会产生那种"有一千个读者，便有一千个哈姆雷特"的现象。尽管如此，解释群体，或者说有知识的读者的群体理解就是完全一致，也不能代替专业批评。更何况这里有一个明显的矛盾：群体理解果真能够趋于一致，那接受美学所主张的读者多元理解又在哪里呢？如果这种群体的一致理解就能代替文本的自在含义以及意义，代替文本制造者的本来意图，那么专业的文学批评何以存在，它的学科意义又在哪里呢？我们是不是可以这样讨论，专业批评家不是普通读者。受过专业训练的批评家应该对文本有专业的辨识和阐释，不能用读者甚至是"有知识的读者"来替代专业批评家。从理论上讲，

---

① 鲁迅：《〈绛洞花主〉小引》，载《鲁迅全集·集外集拾遗补编》，人民文学出版社1981年版，第147页。

② ［美］费什：《这堂课有没有文本？》，载费什《读者反应批评：理论与实践》，文楚安译，中国社会科学出版社1998年版，第57页。

把接受美学简单地看成读者决定一切，读者的感受决定并创造文本意义的看法是不准确的，是对这个重要理论的极大误解。考察接受美学的历史，姚斯率先提出读者在文学生产中的意义，读者决定文本的意义。伊瑟尔则有一些不同，提出了真实读者和隐含读者的区别认为隐含读者决定作品的结构。他反复强调："如果我们要尝试理解文学作品引起的反应和影响，那就必须考虑存在这样一种读者——我们没有任何方法预先确定他的性格和历史地位。在没有找到更贴切的术语之前，我们可以称之为隐含读者。"① 但是，无论隐含读者对文本的理解和传播如何重要，他们的倾向性甚至可以决定作品的发挥效应，然而，"这些倾向性并不是由外在的经验现实决定的，而是由文本本身设定的"②。这就是说，读者重要，读者的倾向性也很重要，但归根到底，文本的自在含义，也就是所谓倾向性，还是由文本自身规定的，而不是由读者和他们的意图所规定。费什则更进一步。他明确提出，读者反应批评的方法是细致地考察读者的阅读经验，也就是要"对读者在逐字逐句的阅读中不断作出的反应进行分析"。"这方法的基本出发点是'减速'阅读经验，以便使读者在他认为正常的时刻没有注意到，但确会发生的'事件'在我们进行分析时受到注意。"③ 这段话的意思应该是明白的，我们可以做出这样的理解：第一，读者在文本阅读中会不断地产生反应，但这种阅读也应该是"逐字逐句"的，暗含阅读是认真的，有批评性的；第二，这些反应不能简单地对待，比如就把它们混同为严肃的文学批评，而必须对这些反应进行分析，由此上升为专业的文学批评。从逻辑上分析，读者阅读有自己的反应，就明确了读者反应和文学批评的区别，对读者反应进行分析，就明确了读者的阅读经验不是现成的文学批评。职业批评家的责任不是简单地阅读和反应，而要对读者的阅读经验作出自己的专业判断，对文本作出以读者经验为基础的专业批评。不能因为读者在文本意义

---

① Iser, *The act of Reading*, London & Henle: Routledge & Kegan Paul ltd, 1978, p. 34.
② Ibid., p. 35.
③ ［美］费什：《读者中的文学：感受文体学》，载费什《读者反应批评：理论与实践》，文楚安译，中国社会科学出版社1998年版，第139页。

第四部分 批评伦理

构建中有所作用,就定义读者反应就是文本意义,就是文学批评。更何况伊瑟尔的读者还是上面分析过的"有知识的读者",而不是一般的大众读者。从一般社会分工意义上理解,批评能够成为一种职业,这是文学发展到一定水平,劳动自然分工的结果。这里显然有一种契约的意义。文本是需要有读者的,而文本一旦被读者阅读,就一定产生反应。反应影响作者,作者改进和完善创作。创作与批评的区别由此而发生。这应当是文学批评生成的根源。但在这个阶段,没有专业批评和批评家的存在。只有当文学进一步发展到如下程度:即普通读者无法确当理解文本的复杂含义,文本制造者的经验需要专业化提升和总结的时候,社会才会有新的分工,产生批评这个专业,有人以职业批评而谋生。从这个意义上讲,以此行业为生是有前提的,也就是它能深刻介入文学生活,能够给文学创作以有效指导,并能够广泛引领阅读。否则,它不可能产生,就是勉强产生了也要消亡。在总的社会分工体系中,没有闲人可以存在,没有难以持续发生作用的专业存在。只有文学批评能够真正发挥作用,职业批评才能够生存并繁衍。

这就有了批评伦理的提起,也就是批评专业的伦理及专业批评家的伦理问题。社会分工决定了任何行业都要有自己的伦理规则,这个规则既约束行业中人遵照规则办事,也为行业中人的活动提供自由。费希特在他的伦理学著作中专题研究和论述了一些职业,譬如文学艺术家、国家官员等专门职业的道德,强调了职业道德的必然性。对于学者,他强调"严肃热爱真理是学者的真正道德。他们应当确实发展人类的知识,而不应当愚弄人类",是坚持追求真和善,而非"用华丽的言辞讲一些似是而非的东西,或进而坚持和维持他们脱口而出的错话"。他判断:"只有真的东西和善的东西才能在人类社会中万古长存,而假的东西不管在起初讲得多么漂亮,却总会烟消云散。"① 批评的伦理应该以什么为核心?这是一个全新的命题,需要学界的认真讨论。但是,有一个基本规则是可以确定的。批评应该从文本出发,尊重文本的自在含义,尊重作者的意义表达,对文本作符合文本意义和书写者意图的说明和阐释。这并非排斥批评者从当下语境和理

---

① [德]费希特:《伦理学体系》,梁志学等译,商务印书馆2007年版,第378页。

论要求出发，对文本作符合目的的阐释和发挥，但是，这必须是在尊重文本和作者基础上的有限阐释，是批评者个人对文本的使用和借用，不能把批评者意图强加于文本，特别是作者，把批评意图当作文本意图和作者意图。对批评意图与文本及作者意图相区分，不要把批评意图强加于文本及作者，是批评伦理的基本要求。做到这一点是需要一些规范约束的，起码需要有"严肃热爱真理"的"学者的真正道德"，需要"确实发展人类的知识，而不是愚弄人类"的自律。毫无疑问，批评的伦理也与批评者的理论追求紧密地缠绕在一起，这常常使批评偏执于理论的追求而忽视伦理的规范。有人对20世纪西方文论的状态做过分析，认为："迄今为止，所有传统上视为'经典'的文学作品都已经被研究透了；要想在此领域取得成功、要想出人头地，其首要条件是必须不断创新，不断标新立异。"[①] 特别是在美国学术界这个充满激烈竞争、追求新的时尚的"大市场"中，大批的年轻学者，要生存和发展下去是非常困难的。这就造成理论界、文学批评领域突出的伦理问题，即追求理论和批评的真与善被视为落伍，追求新和奇被视为前卫。为了个人形象和利益，为了名气和影响，对文本和文学，对历史和传统，对一切学说和观点给予彻底的解构和消损，成为基本的生存方式。对此，柯里尼尖锐地指出："所有试图使用一套'后人文主义'话语以对传统人文主义话语进行颠覆的努力都必然表达着某种对于人类经验的态度：这种态度只能被称为'伦理的'态度。即使是对'意义的开放性'的偏爱，对'权威诠释'的遗弃，以及随之而来的对'永无止境的自我创新'的推崇，对'墨守成规的本质论'的贬抑，实际上都求助于某种价值判断，不管这种价值判断是如何隐而难见。"[②] 很显然，这些价值判断并不是从读者出发的，也不是以读者的身份行动的。这是职业批评家谋生的方式，是追求利益的价值索求。（这也可以从职业伦理的角度证明职业批评家与读者的区别。）

[①] ［英］柯里尼：《诠释：有限与无限》，载［意］安贝托·艾柯等《诠释与过度诠释》，王宇根译，生活·读书·新知三联书店2005年版，第22页。

[②] 同上书，第23页。

写到这里，应该对强制阐释的伦理表现作出一点评论。作为一种理论和批评方式，强制阐释的目的在于，用前置立场与结论规范和制约文本，将原本并不存在的意义强加于文本，目标是实现对理论和立场的证明。它背弃了文本，背弃了作者的存在，用虚无主义的态度重新结构文本。创新也好，多重理解也好，都不是目的，证明自己才是要义。强制阐释不是从读者出发的，也不是以读者身份确证自己，而是以立场和结论强加读者的姿态自立。既不尊重文本，也不尊重作者，更没有读者观念，唯一具备的就是强制的立场。这应该是同正当的批评伦理规则完全相悖的。向读者和公众说明文本的本真含义，是文学批评的义务，是文学批评家的义务。履行这个义务是伦理的要求。义务结果的不同，比如是多元的不同的阐释，是理论的方法问题，不受伦理规则的约束。但是，在理论上，在规则上，文学理论的职责必须界定，不能因为可以和应该对文本做不同理解的多元阐释而无视和否定文学批评应该履行的基本义务。一个具体的批评如何显示伦理的规范要求？首先应该是批评的出发点。批评家可以对一个文本做出自己的理解，但这个理解是基于文本的，是尊重文本和文本写作者的。对文本做出阐释者自己的发挥，去符合其哲学或其他什么学的目的，是不符合文学批评的伦理规范，但并不意味着它违背一般的伦理要求和其他学科的伦理规范。

我们应该讨论一下所谓自在含义与多元理解的关系。这涉及批评伦理的应用问题。从文本理解和阐释的复杂性说，不能简单地认为追寻文本的自在含义就符合批评伦理规范，而追寻文本的多元理解就违背批评伦理。在我看来，从职业批评的角度说，违背批评伦理的最根本问题，是以强制阐释的方式把批评家的理解强加于文本。无须刻意遮蔽，我坚持文本的生产有它自己的本来含义。这个含义可以做多样理解，可以不符合作者的本来意图，但是，这个本来含义是自在的。文本一旦付梓，其意义铭刻其中，无法改变。认识和揭示这个本来含义，是批评家基本和首要的职责。说寻找文本自在含义就是本质主义，就是把现象和本质对立起来，这难以令人信服。文本的本来含义镶嵌于文本的字里行间，表达着生产者的本来意愿。文本生产者就是要把他的意图通过文本告诉他人，否则，他的写作本身没有意义和价值。如此说来，作者的意图不应该看作本质，也不是所谓材质。如果要说本质，诸如作家的写作意图，其文学和社会学目的，文本所蕴藏的政治与文化背景等，才更有本质的味道。更深一点的，文本的历史渊源、思想、是谁的负载、文本生产期共时及历时的社会影响等，也更接近所谓本质的追索。很明显，文学批评只是聚焦于文本自身，比如像新批评那样琐碎于词语与句子，很难对社会历史及人类思想进步发生更大的作用。如果把致力于文本以外的研究统统打入本质主义，那历史的和现实的文学理论及其批评，都是应该在被打倒之列了。反对本质主义最激烈的解构主义不是本质主义吗？它企图推翻二元对立的根据就是，事物的本质不是二元对立。这本身似乎还是在寻找本质。接受美学不接受文本的自在含义，要求读者以自己的理解创造文本，这好像也是把作者和读者完全对立起来，在制造作者——读者之间的二元对立。在这个意义上讲，本质主义没有错误，寻找本质是一切理论得以创造和实现的基本动力，根本无法摆脱。文学批评的伦理要求，应该包括向他人说明和阐释文本自在含义的职责承担，包括对文本和文学本质探索的道义承担。当然，这并不意味着，坚持对文本的本质理解就是符合批评伦理的。这里的要害是，追寻本质是正当的，但不能把批评者的意图和结论强加于文本。强制阐释的方式就是，把阐释者自己的文本理解强行推定于文本，强制阐释者的理解就是文本的含义，就是阐释者的理论立场和模式。这种阐释，无论是一元设定还是多元理解，都违背正当的批评伦理。同时，应该说明，正当的多元阐释并不都是违背批评伦理的。我认为，对文本的阐释并不只遵循一种伦理规则。当某些批评家意图借助文本表达其政治和文化立场时，这种批评超越了文学范围，其批评目的也不在文学本身，它遵循的伦理规则，不是文学批评伦理能够规范和制约的。它应该有自己的伦理范围。最明显的，借用文学做政治动员，使用文本做政治阐释，阐释者要遵循的就应该是政治的伦理，而非文学阐释和批评的伦理。都是一家之言。不知各位先生会有何样的激烈批评。

阐释的有效性和文学批评伦理学[*]

王 宁[**]

张江先生：

　　读了您的这封来信，我感到您的意思已经表达得更加明确了。原来您本人并不试图反对对一部文学作品作多元阐释，而只是想提请人们注意，要在承认该作品作者的本来意图的基础上再进行这样的阐释，我当然也同意这个观点。但我同时也认为，正如您所言，尊重文本，尊重作者，在平等对话中校正批评，是文学批评的基本规则，是批评伦理的基本规则。我想这应该是比较理想化的一种文学批评，也即即使是非常专业化的批评家或文学研究者，也应该同时尊重文本，尊重作者和读者。但是，作为一个独立的读者和有着鲜明的理论视角的批评者，批评家当然可以不必对读者盲从，但却至少应该把读者所表达的意图作为自己作出批评性判断的依据之一。因此在阅读一部作品时，批评家就要综合考虑文本本身内在的含义、作者说出或流露出的意图以及各方面读者的不同解读，最后作出自己的独立判断。如果做到这一点，那就不会被人说成是"强制阐释"了。既然如此，我们就须对作品的本来含义，也即原意（meaning）和读者读出的衍生义（significance）作出区别。这也是阐释学的一个基本法则。因为无论是作者本人还是专业的或业余的读者或批评家，都无法穷尽一部作品的全部意义。不同的作品所可能蕴含的不同层次的意义也远远不尽相同：一部粗俗的作品其意义一下子就可以被读者读出甚至很快就穷

---

[*] 本文原刊于《求是学刊》2015年第5期。
[**] 作者单位：上海交通大学人文艺术研究院。

尽；而一部内涵丰富、意境悠远的作品，尤其是诗歌，则会促使不同时代的读者和批评家反复阅读和玩味，甚至围绕某句诗行或某个意象而争论不休，因而对该作品的解释和研究就有可能成为一门学问，例如西方的莎学界对莎士比亚十四行诗的解读和中国的红学界对《红楼梦》中的诗词的解读等就属于这一类。对于前者，我们可以说，作者的原意也许就是该作品的全部意义；而对于后者，我们则认为，它的全部意义应由原作者、读者以及专业批评家和研究者通过仔细的阅读和深刻的理解后共同完成。不知您以为如何？

当然，正如您在信中所指出的，普通读者的阅读，主要基于个人的感受和经验，其过程为单一个体的欣赏和习得的过程，并不对阅读本身具有任何普遍的指导意义和影响。当然，如果这个普通读者群体比较大，而且在社会上有一定的影响，情况就有所区别了。比如说，我作为一位曾经的插队知识青年，阅读那些描写与自己亲身经历相关的作品时就感到十分亲切。虽然由于工作关系我现在很少阅读中国当代文学作品，但当我读到那些描写知青题材的作品时尤其备感亲切，仿佛作品中描写的一些故事就曾经发生在我身边一般，我如果就此发表一些批评文字，就会很快地得到与我有着相同经历的读者的共鸣和响应。由于知青群体是一个有着广泛社会影响的大的群体，其中不少人在国家层面和地方都担任领导职务，也有些则是著名高校和科研机构的领导或学科带头人，还有些人本人就从事文学创作或理论批评工作，因此我们这个群体发出的意见就会产生较大的社会影响，甚至对广大读者对该作品的理解起到某种导向性的作用。而对于我们的子女这一辈人而言，他们就觉得很不以为然，甚至还会不懂事地去质疑某部小说中描写的事情是否真的发生过，是否只是一种文学的虚构或想象，如此等等。因此正如您所言，有着亲身经历的读者的感受可能是独到和深刻的，也可能具有相当普遍的代表性，甚至具有理论发生的巨大潜能。但另一方面，也正如您所认识到的，上面提及的只是个体的、独立的感受，以至"解释群体"的共同认识，并不能代表所有的读者，甚至都不能代表大多数读者，但即使如此，这也与专业的文学批评有着本质的差别，因为它们仅适用于一部分读者，我们切不可将其随便与权威的专业批评相混同。

我这里想补充的是，即使从事同一题材的文学的研究或批评，特定的读者群体也会随着时间的推移而发生一些变化。我这里仅举另一个亲身经历的例子。1995年，我应邀出席了在日本东京举行的一次重要的国际会议，会议的总主题是"希望的未来：纪念第二次世界大战胜利五十周年"。出席会议的除了一些专家学者外，还有多国在朝或在野的政要，我记得当时在会议上发表演讲的捷克前总统哈维尔和日本前首相宫泽喜一：前者虽然在战时还年幼，但依然对战争的残酷有着刻骨铭心的记忆，后者则作为1951年出席日美《旧金山条约》签字的日本代表团中最后一个在世的成员，对那场战争给包括日本人民在内的世界各国人民带来的巨大灾难有着亲身的感受。这两位前政要的演讲都对战争的发动者予以了谴责，并呼吁维护世界永久的和平。而日本的诺贝尔文学奖得主大江健三郎的发言则以一位著名作家的身份呼吁世界人民为消除战争和实现永久的和平而努力。有少数年龄更长的老人则对战争有着深刻的记忆，他们以自己的亲身经历鞭挞战争的罪恶。那次是我第一次出席我的专业以外的高层国际会议，至今仍印象深刻。

2014年，我又应邀出席了在美国加州举行的纪念一战爆发百年学术研讨会，出席会议的几乎都是世界各地的人文社会科学学者，而且文学和史学界的学者居多。大家的发言也体现了各自不同的风格：史学家以大量的图片和资料更多地从学术和历史的角度去追踪战争留下的影响和后果；文学界的学者则大都宣读自己的论文，通过解读战争文学来谴责战争，呼吁实现人类的永久和平。但没有一个发言者对那场战争有着直接的感受和经历。这就说明，随着时间的推移，有着直接经历的读者将逐渐淡出，而对留下来的经典的战争文学作品的解读则越来越趋向专业化和学术化。阐释者一般都与这些作品保持一段距离，将其当作研究和解读对象来考察。我的发言题目是从质疑普遍主义开始，从文学和文化的角度讨论了一战留给我们的巨大遗产，并由此生发出自己对于当今世界主义话语的建构。[①] 我举这个例子的目的是要说明，随着一部作品留存的时间愈益久远，读者与其中所描写的事件的距离也就越来越大，

---

① 我的发言已改写成中文，题为"一战百年的反思：走向多元取向的世界主义"，发表于《华中师范大学学报》2015年第5期。

对之的研究和解读就越来越专业化和学术化，而非基于个人的感受。同样，正如您在信中所问到的：如果读者群体的理解果真能够趋于一致，那接受美学所主张的读者多元理解又在哪里呢？如果这种群体的一致理解能够代替文本的自在含义以及意义，代替文本制造者的本来意图，那么专业的文学批评何以存在，它的学科意义又在哪里呢？我认为这个问题问得好。这说明您已经走出了作者意图的迷误，进入了作者和读者共同完成作品的解读的更高的境地。既然您已经引出了接受美学的话题，我想就这个话题再多说一些。

我们都知道，接受美学的哲学基础是阐释学，在接受美学那里，文学产品被区分为文本和作品：前者是作者生产出来但未经读者接受和阐释的"半成品"，故谓之"文本"，因而它不能被等同于一部具有丰富审美文学性的作品；后者则是经过了读者的阅读和批评家的阐释，其意义已经逐渐彰显出来了，它给人以教益和审美愉悦，因此它应该被称为文学作品。接受美学对这二者的区别是想更加强调读者的能动阐释作用，因此接受美学同时关注文学史的写作和文学作品的阐释。在接受美学看来，文学史曾作为指向文学理论的一种"挑战"之面目出现，这尤其体现在其代表人物汉斯·罗伯特·姚斯（Hans Robert Jauss）的论文——《文学史对文学理论的挑战》[*Literaturgeschichte als Provokation*, 1967；英译文刊载于美国的《新文学史》(*New Literary History*, 1970) 第二卷，题为 "Literary History as a Challenge to Literary Theory"] 中。该文从读者接受的角度出发，提请人们注意这一事实，即在历代的文学史撰写过程中，读者的因素一直受到忽视，这是不公正的。因此接受美学理论家在指出这一点的同时，强调指出，在阐释一部作品时，应该考虑读者对该作品的接受因素。只有考虑到读者的接受因素在构成一部文学史的过程中发挥的重要作用，这部文学史才是可信的和完备的。接受美学的另一位代表人物沃尔夫冈·伊瑟尔（Wolfgang Iser）则更加注重阅读过程中"隐含的读者"的重要能动作用，认为如果没有读者的这种能动的接受，一部作品的意义是不完整的。这对当时新批评的客观主义态度和结构主义的科学方法无疑是一个反拨。

毫无疑问，姚斯和伊瑟尔分别从不同的角度向传统的忽视读者作用的文学史写作和文学阅读与阐释提出了挑战，他们的发难为我们从

第四部分　批评伦理

一个新的角度建构一种新文学史写作范式和文学阅读视角奠定了基础。正如姚斯针对把文学的进化与社会历史的过程相联系的做法所质疑的，"如此看来，把'文学系列'和'非文学系列'置于包括文学与历史之关系结合部，而又不使文学以牺牲艺术特征为代价……不也是可以办到吗？"① 显然，姚斯等人的接受美学理论并不是出于反历史的目的，而是试图把文学的历史从与社会政治和意识形态的密切联系中剥离出来，加进文化和形式主义的因素，以强调文学作品的文学性和审美功能，反对所谓的"历史客观主义"。实际上他们的这种历史观也在后来美国崛起的新历史主义那里得到了响应。伊瑟尔和姚斯的努力一样，只是视角有所不同，他更重视阅读过程中读者—阐释者的能动解释作用。他认为，文学作品不同于其他写作的一个重要特征就在于，作品中所描绘的现象与现实中的客体之间不存在紧密的关联作用。一切文学作品都有某种程度的不确定性，也即其字里行间都有许多"空白"。不管作者是有意还是无意留下的这些空白，都在实际上为读者的阅读留下了巨大的阐释空间，因此读者出于个人的体验和期待视野完全有可能去通过自己的阅读填补这些空白，从而建构出新的意义，最终使得"文本"成为"作品"。这应该是接受美学理论家的重要贡献，同时他们的努力尝试对我们今天重新审视既定的文学经典进而提出重构经典的积极策略仍有着重要的启迪意义。在这里应该指出的是，接受美学的挑战不仅之于文学史的编写，同时也对比较文学的影响研究模式予以了刷新。今天的比较文学学者在考察一国文学对另一国文学的影响时，往往更注重另一国文学对一国文学的能动"接受"和创造性建构。例如易卜生在中国的创造性接受和中国语境下的易卜生主义的建构就是这样一个例子。②

---

① Hans Robert Jauss, *Toward an Aesthetic of Reception*. trans., Timothy Bahti, Minneapolis: University of Minnesota Press, 1982, p. 18.
② 关于易卜生在中国的接受和建构，参阅拙作《作为艺术家的易卜生：易卜生与中国重新思考》，《外国文学研究》2003 年第 2 期；以及英文论文 Wang Ning, "Reconstructing Ibsen as an Artist: A Theoretical Reflection on the Reception of Ibsen in China", in *Ibsen Studies*, Vol. III, No. 1, 2003; "Ibsen Metamorphosed: Textual Reappropriations in the Chinese Context", in *Neohelicon*, 40 (2013) 1.

您的信中还涉及了文学伦理学的问题，这在当前也有着重要的意义。我认为，文学批评伦理学应该体现在三个方面。第一是阅读伦理学。正如您在信中所言，专业批评家不是普通读者。受过专业训练的批评家应该对文本有着专业的辨识和阐释，不能用读者，甚至是"有知识的读者"来替代专业批评家。因此这就势必要求专业批评家遵守一定的伦理道德操守。也即他既要遵循文学阅读的基本规则，紧扣文本，通过对文本的细读来发现那些隐于文本之内以及文本之背后的空白，将作者未完成的东西一一完成；同时作为读者，他也不能越俎代庖式地把作者创作时根本没有想到的或者文本中也没有任何踪迹的东西强加给作品，这样他就违反了阅读的伦理。第二是阐释伦理学。也就是说，文学阐释也是一种批评的形式，而且是一种高级的批评。正如我在前面所说，阐释者应在综合考虑作者意图、文本内容和读者接受等各方面的因素后，再加之自己的感受和能动性理解，作出自己的批评性判断，而不是那种理论先行、立场前置的"强制性阐释"。我认为这应该是阐释伦理学的基本出发点。第三也就是批评伦理学。我之所以强调这一点是因为在当下的中国批评界，确实存在着违反批评伦理道德的现象。比如说一部作品问世后，该作者总是希望批评家为自己歌功颂德，而不愿听到批评的意见，甚至对一些从学术角度对该作品进行理论阐释的批评文字也不大欢迎。我自己就有这样的体会。20世纪90年代和21世纪初，我曾写过一些关于当代文学批评的文章，后来一些作家的新书发布会就邀请我出席，并要我发言。我的原则是只要我乐意出席，就说明在我看来这部作品是重要的，至少具有一定的原创性。但这与作者的期待仍有一段距离，他们希望我对作品的意义和价值作出符合他们期待的评价，而这恰恰是我不愿轻易做的事。这可能与我所受到的学院派批评的训练有关。由于我拒绝这种"红包批评"，我也就不再受到更多的邀请了。这反倒使我对中国当代文学的考察和研究更加客观且具有更多的理论和学术含量。我始终认为，批评不一定非要作出褒贬分明的价值判断，一个主攻文学的专业批评家之所以介入对一部作品的阐释，这本身就说明，他对这部作品是比较看重的，这就是他对该作品价值的一种认可。同样，对一个理论家也是如此。比如说，您最近与美国解构批评理论家米勒的一系列对话就说明了这一点。您为什么要与米勒进行对话而不与其他人对话？这说明在您的心目中米勒是一位大师，他的作品值得细读和研究。当米勒接到您的来信时，他也要考虑一下究竟值不值得与您对话，因为他会接到许多来自世界各地的学者的来信。他这样一位年近九旬的老人，肯定不可能一一回复，更不可能花很多的时间进行理论上的讨论了。至于你们在理论观点上是否一致并不重要，而且实际上，通过阅读你们的通信，我已经发现，你们的切入点和观点都有很多不同。我认为这就是你们进行对话的基点和意义。[①] 因此，在您看来，读者固然重要，读者的倾向性也很重要，但归根到底，文本的自在含义，也就是所谓倾向性，还是由文本自身规定的，而不是由读者和他们的意图所规定。我也有这样的同感，即您在承认读者意图的同时，并不排斥读者的多元阐释和解读，只是认为，正确的解读必然不会远离文学作品的自在含义，只有那些强制性的阐释才毫不顾及作品的自在含义。但是我要问的是：谁来判断文学作品的自在含义？仅仅依赖于作者的自述显然是远远不够的，而且作者本人的解说也不可全信，只能作为我们理解作品时的必要参考。但是作家写出来的白纸黑字则是我们进行解读和阐释的出发点。在这一点上我们的看法是一致的。

最后，您再次重申了您对强制阐释的批判。作为一种理论和批评方式，强制阐释的目的在于用前置立场与结论规范和制约文本，将原本并不存在的意义强加于文本，目标是实现对理论和立场的证明。它背弃了文本，背弃了作者的存在，用虚无主义的态度重新结构文本。显然，照上述这种方法，对文学作品的阐释就不是正确的方法，即使从职业批评的角度说，这也违背了批评伦理的最根本问题，因为它以强制阐释的方式把批评家的理解强加于文本，也即以批评家自己的理解和阐释来代替文学作品的意义。对这样的批判我也是赞同的。

[①] 关于张江与米勒对话的中译文，参阅《文艺研究》2015 年第 7 期和《文学评论》2015 年第 4 期。

关于批评伦理问题的再思考*

朱立元**

张江先生：

  读完您这封信，发现它竟然写于"出访欧洲旅途之中"，您这种执着于真理追求和理论探索的精神，令我既感动又钦佩。我最近忙于公私事务，就很难集中思想和精力来回复您，可能写得有些杂乱，还望谅解。

  可能您写这封信时还没有读到我上一封信，所以有些问题似乎没有得到您的直接应答。这里，我想就三个方面的问题，将我的观点作一些重申和拓展。

  首先，您将批评伦理学的重点放在尊重文学作品的文本和作者身上，认为"公正阐释的基点是承认文本的本来意义，承认作者的意图赋予文本以意义，严肃的文学批评有义务阐释这个意义，告诉读者此文本的真实面貌"，进而强调"尊重文本，尊重作者，在平等对话中校正批评，是文学批评的基本规则，是批评伦理的基本规则"。我觉得"尊重文本，尊重作者"固然重要，但是您没有同时强调尊重广大读者阅读文本的感受和评论，没有同时把尊重读者及其文学阅读也作为"批评伦理的基本规则"，甚至是更加重要的规则。这就有一定的片面性。作为一个文学批评家，如果只注意尊重作者，而轻视、忽视甚至漠视、无视读者及其极为丰富多彩的阅读，那在批评伦理方面可能是更大的失误。我注意到您在信中比较多强调批评家对读者的引

---

* 本文原刊于《求是学刊》2015年第5期。
** 作者单位：复旦大学中文系。

第四部分 批评伦理

领、指导和提升，而较少顾及对读者阅读的关注、倾听和吸收。这样，您提出的批评伦理的基本规则，在我看来，就存在着某种片面性，至少是不够全面的。这可能与您对接受美学某些基本观点不太认同有一定联系。您完全正确地指出，"从理论上讲，把接受美学简单地看成读者决定一切，读者的感受决定并创造文本意义的看法是不准确的，是对这个重要理论的极大误解"，此言甚是，我完全赞同。只是在您的近两封信中，多少存在着对接受美学的某种贬低的倾向。接受美学当然存在这样那样的不足，但是其历史贡献和现实意义是应当充分肯定的。王宁兄在回信中已经作了精辟的论述，此处不再啰唆。不过，您信中对费什"读者反应批评"的方法的解释，我觉得有误解的成分。费什的基本观点是完全否认文本意义是作者的意图，认为文本意义是通过读者阅读时不断做出的反应过程建构起来的；文本的意义与作者无关，归根到底是由读者的阅读经验产生的；批评就是对读者这种不断反应的阅读经验的客观、忠实的描述。这里的读者当然不是指普通读者，而是指像他自己那样有知识、有代表性的批评家。同时，费什的批评方法明确否定了价值判断，他说，"我的方法的目标不是评价而是描述"，只是"客观地"描述自己的感受、体验。所以，就此而言，费什的"读者反应批评"可以简单地归结为批评家对自己个人的阅读经验的忠实描绘，虽然他深信这种描述必定具有普遍性。需要指出的是，费什的这种观点由于把文学文本的意义完全归结为读者的阅读经验，彻底否定和消解了作者对文本意义产生的主要作用，从而把接受美学推到了极端，即使在美国也受到许多批评。但是您却将费什的某些言论作为作者意义论的佐证，恐怕不一定合适。更重要的是，您进而将尊重文本和作者等同于尊重作者赋予作品的"原意"，即尊重文本作者原意（意义）的"自在性"，要求批评家在求解作者原意的基础上才能开展多元化的阐释。这恐怕就值得商榷了。

诚然，您正确地指出，"批评的伦理应该以什么为核心？这是一个全新的命题，需要学界的认真讨论"，但您同时强调"批评应该从文本出发，尊重文本的自在含义，尊重作者的意义表达，对文本作符合文本意义和书写者意图的说明和阐释"，并以此作为批评伦理的

"一个基本规则",一个开展文学批评的伦理前提,这实际上已经为批评伦理确定了尊重作者意义这个唯一的中心。如前所说,我认为这至少是不够全面的。我理解您是想以此来批评强制阐释把批评者意图强加于文本,特别是作者,把批评意图当作文本意图和作者意图的做法。这固然完全正确,但是,您的上述基本观点我不完全认同。我在上一封信中已经对您的观点提出了不同意见,主要是:第一,文本的意义不等于也不能归结为作者的创作意图或者"原意",它本身应当远远大于作者的"原意";况且,作者的意图或者原意原本是极为丰富复杂又变动不居的,不仅批评家难以把握,连作者自己都难以确定;而且,没有也不可能有一种衡量检验批评家发掘出的作者原意是否正确、可靠的客观、唯一的标准。第二,一般说来,了解作者原来的创作意图,固然有助于批评的阐释,但是也不是非要不可的必要条件,特别是在上述种种难以把握和确认作者意义的情况下更是如此。第三,因此,批评的主旨和任务主要不在于寻找作者的原来意义。我们不应当因为当代西方批评界出现某些明显歪曲作品主旨的强制阐释,就把批评的主要任务转移到寻找作品主旨(不等于作者原意),进而寻找和还原作者的原意上来。据此,我仍然坚持认为,把批评伦理的中心和主要任务确定为尊重文本作者原意(意义)的自在性,还原作者的原意,不仅在理论上难以成立,而且在批评实践上不具有可操作性。

这里,我想以雅克·拉康《论〈窃信案〉》这篇著名论文为例,说明文学文本意义的流动性、不确定性和开放性。在该文中,拉康用一种新的结构精神分析方法对爱伦·坡的短篇小说《窃信案》文本进行了独特的分析。小说的基本情节可能众所周知:王后收到匿名信,她不愿国王过问此事,就在藏信不及时,故意将信放在桌上,果然,国王没有在意;但大臣在旁将此信调包后拿走,王后见之也不能声张,只好叫警长去追寻;警长在大臣私宅仔细搜查,毫无结果;王后又改聘侦探丢潘去破案,丢潘换一思路,以"欲盖弥彰"的道理,在大臣家文件架的显眼之处找回该信。该故事有两个相似的结构,拉康用两个三角形来表示:

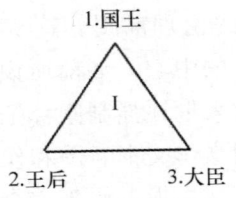

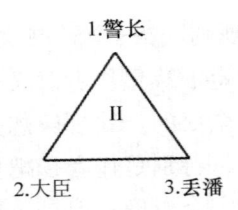

```
    1.国王                    1.警长
      ╱╲                       ╱╲
     ╱ Ⅰ╲                    ╱ Ⅱ╲
    ╱____╲                  ╱____╲
2.王后    3.大臣         2.大臣    3.丢潘
```

  拉康认为，在两个三角形中，处于一号位的人可视为一种纯客观的立场，国王和警长都只看到了事物表象，实则是假象；处于二号位的人则可视为一种纯主观的态度，王后和大臣分别利用了一号位人物的无知，两人都认为唯有自己掌握了秘密，看到了事物内在的方面；而处于三号位的大臣和丢潘处于更优越的地位，他们不但看到了事物内部，并知晓一号位、二号位人物之间的尴尬和侦破过程。关键在于，拉康对此作了独特的精神分析，认为这个过程就像精神病中重复强迫症一样出现两次，只是每次人物所处的位置并不同。小说情节的核心是那封匿名信，它象征着语言交流被延长或中止，或象征着能指可以脱离所指自由漂浮的独立性，能指在不断漂浮中凡被赋予新的意义就一概吸收进去。信的失而复得，使那位窃信的大臣成为此情节中基本的语言回旋处境中的一种功能，他和其他所有人物都无自身的本质和性格，而他们的存在只源于他们在语言状态或象征秩序中所处的位置。这是拉康从读者角度对作品语言效果的精神分析。由此，拉康得出结论：失窃的信如果作为能指只能是一种不确定的"漂浮的能指"，它实际上并无真正的主人；它的重复性和开放性表明，作品文本并无固定的原意，它也无需固定的所指，它的流失、传递过程，是文本意义从一个符号向另一个符号延伸的无限"意指"过程。它表明能指是在不断传递中、在无意识结构中产生了作用，形成了意义；文本意义就存在于能指（信）的漂浮过程中。①

  我们当然不必迷信拉康的结构精神分析方法，但是，他的分析至少告诉我们，文学文本的意义不能仅仅归结为作者固定不变的、自在的原意，它应该是文本意义从一个符号向另一个符号延伸的无限"意

---

  ① ［法］拉康：《文集》，瑟伊出版社1966年版，第11—61页。

指"的开放过程,应该是作者的意义与读者在接受、阅读过程中不断感受、经验到的意义紧密结合在一起的。不知道您是否认可这一点?王宁兄文中肯定您"已经走出了作者意图的迷误,进入了作者和读者共同完成作品的解读的更高的境地",我倒是希望如此,可眼下还看不出来,事实上他的判断恐怕并不符合您的基本思想吧。

其次,无论中外,文学批评的实际情况是,批评的对象无非是当代的文学作品与过去时代的文学作品两大块。当代作品除了刚刚发表马上进行评论以外,过了一段时间也成为"过去时"了。所以后面这一块即过去时代的作品往往在数量上和被关注度上都成为文学批评的主要对象。批评家面对这种对象时,存在着不同程度的时空距离,必然造成阅读语境的千变万化。在这种情况下,寻找、发现和还原文本的作者"原意",不仅是不可能的,而且是不必要的。这并非不尊重作者,恰恰是在阅读、接受的历史链的不断延伸过程中,经历了一代又一代的大浪淘沙,一些杰出、优秀的文学作品得以超越历史时空,其经典的地位逐步得到确立,而大批平庸的作品则或早或迟被淘汰,文学作品生命力的长短就决定于此。这种一代一代读者群体的历史选择是最公正无私的。归根结底,这才是对文本与作者最大的尊重。对莎士比亚作品的批评是如此,对《红楼梦》的研究也是如此。西方的莎评、莎学历经400年而不衰,中国的红学200余年来也蔚成大观,历久弥新,便是明证。中国现代文学史上鲁、郭、茅、巴、老、曹经典作家地位的形成和确立,也是几十年来中外文学批评家无数阐释、评论综合起来的合力作用的结果。20世纪80—90年代,在"重写文学史"的旗帜下,经过批评界的重新阐释和评价,沈从文、张爱玲等作家的成就得到了充分的肯定,其在文学史上的地位由二三流上升到一流。由此可见,对作家及其作品的尊重,主要不在于寻找、阐释文本的作者原意,而在于对其思想、艺术成就的客观公正的阐释和评价。

关于这一点,我想从《诗经》阐释中一个很小的角度谈一点看法。我最近读到好友刘毓庆教授的一篇好文章《怎样读〈诗经〉》,给我启发良多。文章多处引用理学大师朱熹读《诗》的方法。一是缩短与《诗经》的时间距离,把它看作就是自己或同时代人作的。

即如朱熹所说,"读《诗》且只将做今人做底诗看","读《诗》正在吟咏讽诵,观其委曲折旋之意,如吾自作此诗,自然足以感发善心"。这样就能将自己之心比古诗人之心,真正"进入角色"。二是必须排除私意杂念,平心静气,虚怀若谷地反复涵咏,朱熹云:"读《诗》之法,只是熟读涵泳,自然和气从胸中流出,其妙处不可得而言,不待安排措置,务自立说,只恁平读着,意思自足。须是打迭得这心光荡荡地,不立一个字,只管虚心读他,少间推来推去,自然推出那个道理。"朱熹读《诗经》的这两条经验之谈,指明了阅读、理解、阐释、评论《诗经》的方向,乃在于深入作品的内里,细心聆听和体悟《诗经》各篇的内在精神和意义,而不必孜孜以求其作者的原意,事实上,这种原意根本不可能找到。值得注意的是,朱熹也强烈反对对《诗经》作任何强制阐释,他曾批评一位友人道:"今公读《诗》,只是将己意去包笼他,如做时文相似,中间委曲周旋之意尽不曾理会得,济得甚事?"① 我觉得,这应当成为支持您的强制阐释论的一个传统资源。当然,也应当看到,实际上朱熹自己对《诗经》的阅读和批评似乎也不见得完全遵循这些方法。比如《诗经·国风》第一首诗《关关雎鸠》,今人一般以为是描写民间年轻男子求爱的诗,是一首爱情诗,但是朱熹却从政治、伦理的角度解读为"后妃之德"。《诗集传》中朱熹解释道:"淑,善也。女者,未嫁之称,盖指文王之妃大姒为处子时而言也。"② 这从思想文化史的广度看也许不无道理,但是从文学作品(诗歌)角度论,就不免有他自己批评的"只是将己意去包笼他"的强制阐释之嫌。

再次,您严格区分了职业批评家与普通读者的界限,提出"要首先界定职业批评家与普通读者的区别,专业批评与读者理解的区别",而且从社会分工的高度加以论证,为以往所未见,令人耳目一新。一

---

① 以上朱熹言论的引文皆见《朱子语类》卷八十,参见刘毓庆《怎样读〈诗经〉》一文,《中华读书报》2015年5月20日第8版。
② "关雎三章,一章四句,二章八句。孔子曰:'关雎乐而不淫,哀而不伤。'愚谓此言为此诗,得其性情之正,声气之和也。盖德如雎鸠,挚而有别,则后妃情之正,固可以见其一端矣。"朱熹:《诗集传》卷第一,赵长征点校,中华书局2011年版,第2—3页。

般说来，这是必要的，也是合理的。但通观全篇，我觉得您对职业批评家的界定似乎狭隘了一些。比如笼统将鲁迅说的读《红楼梦》的那些"家"和"子"一概都排除在专业批评之外，恐有不妥。因为以蔡元培为代表的将《红楼梦》读作"排满"的政治小说那一派，就属于"革命家"读者，但不能不承认其中有人也属于职业批评家的行列。您还认为"受过专业训练的批评家应该对文本有专业的辨识和阐释，不能用读者，甚至是'有知识的读者'来替代专业批评家"，这实际上将包括接受美学和读者反应批评的代表人物伊塞尔、费什等人也排除在职业批评家的圈外。还有，包括你我在内的主要从事文学和美学理论研究的学者，不以文学批评为职业，但偶尔也参与文学批评活动，是不是也很难纳入职业批评家的队伍呢？而且，在中国，中外文学系的大批教师，虽有研究中外文学或者中国古代和现当代文学之对象上的区分，但是广义上说，都应该属于文学批评家的范围，您说对不对？总之，我认为，我们不宜将批评家的圈子划得过于狭小。

而且，这样的严格划圈，还有将职业批评家与广大读者割裂开来之嫌。诚然，如您所说，普通读者个体的、独立的感受，以至"解释群体"的共同认识，都与专业的文学批评有本质的差别，不可以随便混同。但是，即使专业的批评家对作品也首先要以一个普通读者的身份，从个体的阅读感受和体验出发，才能逐步展开专业的批评，而不是一开始就凌驾于普通读者之上，居高临下、指手画脚地评头论足。这样的批评虽然"专业"，却往往不得要领，不见得比普通读者高明多少。您说普通读者"个体的感受性反应不能为经典定位"，恐怕值得推敲。一个或者若干普通读者的感受固然不足道，但是大批普通读者组成一代又一代的"解释群体"，恰恰是"为经典定位"的主力军。职业批评家只有重视普通读者的阅读经验，善于从中吸取丰富的营养，才有可能把普通读者的阅读经验上升到具有普遍性的理论高度，反过来指导普通读者的阅读。因此，过于严格地区分职业批评家与广大读者，有可能将二者割裂开来，而使职业批评家陷于孤立的危险。这是我们需要加以警惕的。

最后，顺便要谈一下文学批评的伦理范围问题。您批评强制阐释时指出,"当某些批评家意图借助文本表达其政治和文化立场时,这种批评超越了文学范围,其批评目的也不在文学本身,它遵循的伦理规则,不是文学批评伦理能够规范和制约的","最明显的,借用文学做政治动员,使用文本做政治阐释,阐释者要遵循的就应该是政治的伦理,而非文学阐释和批评的伦理"。对此,我总体上赞同。不过,我认为似乎也不宜将二者的界限区划得过于清楚,因为文学与政治的关系本来就是十分密切的,有时是难以分割的。毛泽东的《讲话》就明确把文艺创作看成是执政党的政治路线的工具,把二者的关系看成是齿轮与螺丝钉的关系。当然,这是为特定历史条件下的特定政治需要决定的。但是,中外文学史告诉我们,文学与政治、与意识形态的密切关系乃是不争之实,在各个时代都是一致的,虽然有密切程度上的差别。所以,我觉得把文学伦理与政治伦理一刀两断似乎也不甚妥当。不知您以为然否?

如何"强制",怎样"阐释"?
——重建我们时代的批评伦理[*]

李遇春[**]

毋庸讳言,中国当代文学批评在我们这个消费主义时代里陷入了困境。一个是商业消费主义,作为媒体批评的文学批评也不幸卷入其中,要么是红包批评或吹捧式批评,要么是黑色酷评或棒杀式批评,其实都是为了吸引眼球,都围绕着所谓视觉经济学这个中心,都把文学批评当成了消费主义时代的文化消费品。再一个是学术消费主义,作为学院批评的文学批评如今日益被学术消费体制所捆绑,置身学院的文学批评家被越来越严苛的学术数字化管理模式所宰制,文学批评因此而沦为没有灵魂的学术消费品。当然,这两种消费主义文学批评模式在当下的中国文坛已经开始合流,由此导致中国当代文学批评的现状乱象丛生,日渐失去了文学批评原本应该具有的有效性或公信力。这种乱象背后的原因当然是多方面的,需要我们当下的中国文学批评家不断地反躬自省,除了看得见的表象上的经济消费动因之外,究竟还有哪些看不见的深层的思维方式或批评模式上的因素,它们在暗中制约着我们的批评生态或批评伦理的重建和发展?

正是在这个意义上,张江先生提出的"强制阐释论"显示出了一种强大而少见的理论穿透力,它直抵我们时代的文学批评内在症结,对于中国文学批评伦理重建乃至于整个中国文学批评生态的重建都具有十分重要的指导意义。按照张江先生的解释,"强制阐释是指,背

---

[*] 本文原刊于《文艺争鸣》2015 年第 2 期。
[**] 作者单位:华中师范大学文学院。

离文本话语,消解文学指征,以前在立场和模式,对文本和文学作符合论者主观意图和结论的阐释"①。这是一种脱离了客观文本实际的主观主义批评模式,它强行按照批评家的主观意图或文学理念来宰制或阉割文本的客观蕴含,因此必然陷入反文学的文学批评的泥淖。作为一种特殊的人文学科形态,文学批评和文学研究有其自身的特殊学术规律,我们不能强行征用其他人文社会科学的理论和方法,不经改造而直接套用在文学批评或文学研究领域中,那样只会最终取消了文学批评和文学研究的独立性,导致其陷入学术合法性危机。因为顾名思义,文学批评首先必须是"文学"的批评,不能把文学批评变成哲学理论、心理学理论、文化理论、社会学理论、政治学理论、传播学理论的理论集散地或试验场。一种非文学的人文社会科学理论必须经过符合文学创作实践的理论改造,才能进入文学批评或文学研究领域中来,否则强行进入后就会导致"强制阐释"的文学批评危机。诸如现代性理论、精神分析理论、女权主义理论、权力话语理论、符号学理论、现象学理论之类,都需要经过符合文学创作的理论改造,才能正常地发挥其作为文学理论的功能,而这一文学性的理论改造的过程必然是一种创造性的理论再生产,它不是简单的理论嫁接或拼贴,不是简单的拉郎配式的理论交叉或学科交叉,而是必须把普遍性的理论与特殊性的文学熔冶一炉,继而创造出有独特生命力的文学理论或批评方法。而以上所提到的西方现代诸多人文社科理论与方法,并非每一种都得到了文艺理论家的成功改造,而且也并非每一种改造后的文艺理论都具有理论的普适性,事实上恰恰是它们各自都有自身的理论弱点,如果强行征用,必将导致削足适履或胶柱鼓瑟的尴尬情形。而这种强行征用西方现代时髦理论(文艺理论和非文艺理论)的行径在当下中国文学批评界可谓大行其道,许多批评家固执于先在的主观预设,彻底颠倒了理论与实践的关系,一切从理论出发,从理论到理论,以理论为阐释的前提,同时也以理论为阐释的指归,由此陷入西方人所谓的"阐释的循环",让文学批评沦为无效的语言的空转。这就是当下中国文学批评的基本症结之所在。

---

① 张江:《强制阐释论》,《文学评论》2014年第6期。

如何"强制",怎样"阐释"?

提到"强制阐释",有人会联想到"过度阐释"和"反对阐释"。这三个概念之间的差异需要辨析。"过度阐释"或"过度诠释"是意大利符号学家安贝托·艾柯提出来的一个概念。20世纪90年代末,安贝托·艾柯的《诠释与过度诠释》被译介到国内,后来就有国内学者据此而反思中国当代文学批评或者中国现当代文学研究中的"过度诠释"问题,并得出结论说:"现当代文学经过这样种种色色的社会文化思想的实验操作,无疑已由一个鲜活的形象世界,变成了一座僵死的资料仓库,经过这样一个资料化的过程,现当代文学无疑也就部分地失去了它的艺术生命。"① 显然,安贝托·艾柯所反对的"过度诠释"不仅在西方文学批评界存在,而且在中国文学批评界更为泛滥,因为中国当代文学批评理论大抵来源于西方现代批评理论,属于西方现代批评理论在中国文学批评界的一种派生或衍生形态,故而西方现代批评理论中原发性的"过度诠释"病灶,一经传播并感染到中国当代文学批评界,势必作为继发性的文学批评流行病而不断蔓延,其后果比在西方文学批评界所导致的更严重,也更广泛。按照安贝托·艾柯的说法,文学诠释应该"在'作品意图'与'读者意图'之间保持某种辩证关系"②,而且必须接受"本文的制约",不能越过"诠释的界限",否则就会导致"过度诠释"。不难看出,安贝托·艾柯的"过度诠释"是从诠释的结果立论的,而张江的"强制阐释"是从阐释的方式立论的,二者立论的角度不同,其理论的内涵和外延也会不一。"强制阐释"的后果不仅包括安贝托·艾柯所谓的"过度诠释",而且还应包括安贝托·艾柯所忽视的"不及诠释"等后果。中国古人说"过犹不及","过度阐释"与"不及阐释"都不是"科学"("客观")和"道德"("公正")的阐释。当批评家无中生有的时候,他是在"过度阐释";但当批评家视而不见的时候,他又在"不及阐释",因为此时的他囿于主观理论预设,故而对不符合其理

---

① 於可训:《对现当代文学研究中"过度诠释"现象的反思》,《文学评论》2006年第2期。
② [意]安贝托·艾柯等:《诠释与过度诠释》,王宇根译,生活·读书·新知三联书店1997年版,第77页。

论诉求的文本意图视而不见,由此导致人为的对文本的意义损耗。无论"强制阐释"带来的是"过度诠释"还是"不及诠释",都是不科学的和不道德的阐释。真正意义上的文学阐释应该是客观而公正的阐释,它通过合理的方式挖掘文本的意蕴,在作品意图和读者意图之间保持良性的辩证关系,由此带来文本的意义增值,而"过度诠释"带来的是文本的意义膨胀,"不及诠释"带来的是文本的意义贬值或削减。

不仅如此,安贝托·艾柯的"过度诠释"与张江的"强制阐释"这两种理论所提出的历史语境也是大不相同的。对于安贝托·艾柯而言,他之所以反对"过度诠释",是因为在20世纪这个西方人所谓的"批评的世纪"里,他深感批评理论的恶性膨胀,已完全凌驾于创作之上,许多西方文学理论不再是对具体的文学创作经验的理论提升和理性总结,而是异化成了理论家自言自语的理论生产机器,这样的文学理论已沦为理论怪胎。置身于现代西方理论界从现代阐释学到接受美学再到读者反应批评的理论谱系中,安贝托·艾柯清醒地意识到了这种以读者为阐释本位的文学批评模式业已陷入危机,现代西方批评界所大力鼓吹的"作者之死"其实不过是言过其实的哗众取宠,而那种拔高"接受主体"地位的论调最终必将导致"读者之死",甚至是"文学之死",因为读者的自我膨胀终将威胁到作者的自我没落,真正的文学也将因此而日渐沦丧。其实,合理和公正的文学批评应该是作者与读者的对话,在对话中构成主体间性,在对话中达成视界融合,在对话中实现文本意义的生产与再生产,而不是通过"强制阐释"的"非民主"批评模式,对文本的意义进行暴力式的扩张或削减,所以反对"强制阐释"其实也就是为了重建新的文学批评伦理。与安贝托·艾柯站在西方现代文学批评理论谱系内部自我反思"过度诠释"不同,张江是站在当代中西文学批评交流中的西方中心主义批判的立场上反思"强制阐释"的,也就是说,张江的"强制阐释论"的提出与20世纪90年代以来中国国内日渐强势的后殖民主义理论思潮有关,包括张江在内的许多国内文学批评家和理论家都在不断地反思西方现代批评理论在中国的理论扩张和话语殖民,他们试图立足中国文学的本土经验来提炼具有中国特色的文学批评理论和方法,而不是一味地照搬照抄西方现代批评理论和方法,他们为中国文论界的集体失语痛心不已,有识之士甚至开始理论突围,企图对中国古代文论进行现代转换,但遗憾的是至今鲜有成功者。张江敏锐地意识到了当下中国文学批评的症结之所在,他提出"强制阐释论"主要是为了给中国当代文学批评松绑,把那些长期压抑和捆绑中国文学批评的西方理论绳索解开,大胆指出现代西方文艺批评理论各流派的自相矛盾和不合逻辑之处,以此消除国内批评家对西方批评理论的集体无意识崇拜心理,继而回到中国语境,回到文学文本,回到中国文学经验(当然这是一种中西文明冲突与遇合之后的中国文学经验),以期在此基础上重建中国当代文学批评伦理和批评理论生态,像巴赫金和萨义德那样通过活生生的文学经验提炼出有生命力的文学理论。

说到这里,有必要区别"强制阐释"与"反对阐释"这一对概念。美国女性批评家苏珊·桑塔格在20世纪60年代提出"反对阐释"的概念,这比安贝托·艾柯提出"过度阐释"早了将近三十年,但他们都是建立在反叛西方现代以读者为阐释本位的批评理论谱系的基础上的。不同的是,安贝托·艾柯在反对"过度阐释"的同时并不反对"适度阐释",即客观而公正的不脱离文本意图的阐释。而桑塔格则走得更远,她明确提出"反对阐释"。这种绝对化的反阐释立场[1]是建立在她对所有阐释的意识形态性质的不信任的基础上的,所以她把阐释的意义世界贬称为"影子世界"[2],而她在《疾病的隐喻》中所要做的事情就是彻底祛除阐释的魅影。桑塔格是一个典型的后现代主义者,主张解构意义及其滋生的意识形态,而且她受到了法国人福柯的知识考古学和权力话语理论的影响,视一切阐释为话语构型,而反对阐释也就是拆解阐释所建构的权力话语或意识形态。她明确指出:"曾几何时(高级艺术稀缺的时代),阐释艺术作品,想必是一

---

[1] 苏珊·桑塔格在《反对阐释》中声明自己并非反对一切阐释,但她认为"当今时代,阐释行为大体上是反动的和僵化的",她把艺术阐释者形容为"吸血鬼",进而赞成艺术家在创作中"逃避阐释",而且她主张的阐释主要是对艺术作品的文本形式进行分析,反对对作品内容的阐释。参见[美]苏珊·桑塔格《反对阐释》,程巍译,上海译文出版社2003年版,第6—15页。

[2] [美]苏珊·桑塔格:《反对阐释》,程巍译,上海译文出版社2003年版,第9页。

个革命性、创造性的举措。现在不是这样了。我们现在需要的绝不是进一步将艺术同化于思想,或者(更糟)将艺术同化于文化。""现在重要的是恢复我们的感觉。我们必须学会去更多地看,更多地听,更多地感觉。""我们的任务不是在艺术作品中去发现最大量的内容,也不是在已经清楚明了的作品中榨取更多的内容。我们的任务是削弱内容,从而使我们能够看到作品本身。""现今所有艺术评论的目标,是应该使艺术作品——以及,依此类推,我们自身的体验——对我们来说更真实,而不是更不真实。批评的功能应该是显示它如何是这样,甚至是它本来就是这样,而不是显示它意味着什么。"① 对于桑塔格而言,在所谓20世纪的批评的时代里,文艺批评不再是革命性和创造性的劳动,而是陷入了机械的知识复制和再生产,文艺批评被各种体系化的知识所包裹和裹挟,我们的批评家已经丧失了对艺术作品的感受力,他们总是主观而固执地去开掘或榨取文本的剩余价值或剩余意义,而不知道如今的批评重要的不是做加法而是做减法,重要的是回到文本、回到体验,揭示艺术作品被包裹或被遮蔽的真相。与桑塔格绝对化的"反对阐释"相比,张江反对的只是"强制阐释",因为张江是相信并捍卫文本的意义的,他坚信对作者意图或文本意图的阐释是文学批评的要务,读者意图或批评家的意图并不能取代作者意图和文本意图。在桑塔格的视域中,张江依旧未能拒绝阐释的诱惑或意义的诱惑,而在张江的视域中,桑塔格为了反对过度阐释和话语膨胀,结果把婴儿和洗澡水一起给泼出去了。总之,张江要反对的是"强制阐释"(包含安贝托·艾柯所谓的"过度阐释"),即非文学性的阐释,至于不脱离文学文本的、客观而公正的文学性阐释,张江不仅不反对,而且是强烈拥护并且深切召唤的,由此可见张江捍卫文学和文学批评的赤子之心。

其实,"强制阐释"不仅是一个理论概念,还是一个历史范畴。在中国当代文学批评史上,"强制阐释"在不同的历史时期会以不同的历史形态或隐或显地存在着、演变着。20世纪50—70年代是中国

---

① [美]苏珊·桑塔格:《反对阐释》,程巍译,上海译文出版社2003年版,第16—17页。

当代文学批评发展的第一个历史时期,这个时期的中国文学批评话语内部存在着某种分裂性和悖谬性:一方面是政治话语对于中国当代文学批评的"中国化"形态或"民族化"方向的大力倡导,比如毛泽东从延安以来到新中国成立以后一直在提倡"古为今用、洋为中用",他希望中国作家能够创造出为中国老百姓所喜闻乐见的具有"中国作风"和"中国气派"的作品,而且包括周扬等人在内的党内文艺批评家也曾经公开呼吁"建立中国的马克思主义的文艺理论和批评"①,也就是希望建立中国形态的或曰有中国特色的马克思主义文艺理论与批评,这可以说是新中国早期对文艺批评界流行的"强制阐释"批评模式的抵制;但另一方面,由于中国化的马克思主义文学批评理论形态在当时并没有真正地建构成型,因为当年的主流文学批评家基本上还是套用经典的马克思主义文艺理论和批评方法来阐释中国文学文本,包括古代文学经典作品和现实中不断涌现的当代文学作品,故而不可避免地会出现不同程度的"强制阐释"现象。著名者有,当年的"两个小人物"——李希凡和蓝翎就是直接套用马恩列斯的经典文论来重新阐释《红楼梦》,以此对所谓资产阶级权威红学家——俞平伯发起文艺批判。②他们主要借用恩格斯论巴尔扎克和列宁论托尔斯泰的行文思路和论断,认为曹雪芹的世界观像巴尔扎克和托尔斯泰一样充满了矛盾性,即他们都陷入了没落的剥削阶级思想与新兴的民主主义思想之间的冲突,故而一方面为颓败的封建贵族阶级唱了一曲挽歌,另一方面又为新起的民主力量唱了一曲赞歌。据此他们认为《红楼梦》的文本意图是揭示中国封建社会及其地主阶级必然灭亡的历史命运。而俞平伯断言《红楼梦》的主题是所谓情场忏悔录,是曹雪芹以自叙传的形式书写个人的情感悲欢和家族的兴衰际遇。这种主题阐释被判定为典型的反马克思主义的资产阶级唯心论的阐释。应该说,李希凡和蓝翎对《红楼梦》所做的阶级论阐释有其

---

① 1958年7月31日至8月6日,河北省举行文艺理论工作会议,周扬在会上做了题为《建立中国的马克思主义的文艺理论和批评》的讲话。载《文艺报》1958年第17号。
② 李希凡、蓝翎:《关于〈红楼梦简论〉及其他》,《文史哲》1954年第9期。《文艺报》1954年第18号转载。

合理性,但如果以此否定俞平伯对《红楼梦》所做的自传性或个人化阐释的合理性,那就带有"强制阐释"的色彩或性质了。因为此时的文学批评已经陷入了"唯阶级论"阐释,所导致的后果必然是弱化或简化了《红楼梦》的意义世界,这显然不符合这一伟大的文学经典的客观实际情形。事实上,在那个政治化的年代里,不仅《红楼梦》遭到了"强制阐释",而且其他古典文学名著也大都未能幸免,甚至连古人的山水田园诗也要被纳入阶级论阐释模式中。如同《红楼梦》被阐释为中国封建社会地主阶级四大家族的腐朽灭亡史一样,《西游记》被阐释成了以孙悟空为代表的地下被压迫者对天上统治者的阶级斗争叙事,《水浒传》更是被阐释成了典型的封建社会统治阶级和被统治阶级之间的直接对垒,《三国演义》的拥刘反曹立场则因为正统的封建主义保守立场而遭到批判。至于在当年的现实题材文学作品的批评中,像这种唯阶级论的政治阐释模式就更多了。这种"强制阐释"现象的存在,其中隐含了20世纪50—70年代中国文学批评话语体系内部的裂隙,即中国化的文学批评理想与客观现实尚未能实现之间的差距。

20世纪80年代以降,随着改革开放大幕的拉开,中国当代文学批评开始进入极力推崇西方现代文艺批评理论的西化时期。伴随着文学批评西化时代的到来,中国当代文学批评的中国色彩日渐淡化,曾经在50—70年代受到主流意识形态推崇的文艺民族化和中国化方向则遭遇冷落。在这个西化的文学批评时代里,"强制阐释"的大流行比之上一个历史时期有过之而无不及,只不过是由一元化的"强制阐释"走向了多元化的"强制阐释"而已。在20世纪80年代的中国当代文学批评界,文学研究的"方法热"和"观念热"不断升温。根据新的批评方法和新的文学观念而进行的"重写文学史热"也在不断地制造文学热点[①],包括茅盾、丁玲、何其芳、赵树理、柳青、郭

---

① 1982年《当代文艺思潮》创刊,该刊相继推出《美学与文艺学的现代化问题》《文艺学与现代科学》等专栏,《文艺报》《文学评论》《文艺理论与研究》等刊物相继设立《文艺特征与新方法》《文学研究方法创新笔谈》《新方法与文艺探索》等专栏;《文学评论》1985年第4期开始推出《我的文学观》专栏;《上海文论》1988年第4期开始推出《重写文学史》专栏。

小川等在内的经典左翼文学家不断地被新的文学观念和新的批评方法所拆解或曰祛魅,与之相对应的则是周作人、沈从文、废名、张爱玲、钱钟书、师陀等曾经被现当代文学史冷落的自由主义作家又被根据新的批评方法和新的文学观念所重评、重构或复魅。而在这一祛魅与复魅的现当代文学重构过程中,各种纷至沓来的西方现代批评理论,包括哲学、美学、心理学、文化学、社会学乃至自然科学的理论释放出强大的理论原动力。举凡精神分析批评、神话原型批评、现象学批评、英美新批评、俄国形式主义批评、结构主义批评、解构主义批评都在一时之间猛然涌入中国文学批评界。中国的文学批评家们甚至还来不及好好地理论消化就仓促披挂上阵。他们欢快地挥舞着各种西方文学批评理论的刀枪剑戟大开杀戒,将古往今来的中国文学文本肆意肢解乃至恶意扭曲。虽然其中也有少数批评家能做到庖丁解牛的娴熟与逍遥,但大多数则陷入了在文学场域外征用理论的"强制阐释"的陷阱。一个极端的例证是,在 1985 年前后,甚至连系统论、控制论、信息论、耗散结构、熵等现代西方新兴自然科学的理论和方法也被强行植入中国文学批评实践之中,中国文学批评由此沦为西方现代理论的演兵场或竞技场。及至进入 20 世纪 90 年代以后,随着市场经济时代的开启,新一轮的中国文学批评西化运动进一步扩张,除了 20 世纪 80 年代引进的各种现代西方文论依旧不衰之外,女权主义、新历史主义、后殖民主义、文化研究等西方理论话语再度横扫中国文学批评界,以至于不少中国文学批评家开始反思和警醒中国文论的失语症问题。诚然,我们今天已经很难再界定一个纯粹的中国或中国性,因为离开了世界和西方的中国是不可能存在的。但这并不能成为我们放任自己的园地变作西方文论的跑马场的理由。因为西方文论大都来自西方理论家对西方文学创作的理论提升和理性总结,虽然也有不同程度的普适性,但毕竟不能照搬照抄、简单移用至中国文学实践,归根结底还是需要中国文学批评家从中国文学经验中去创造新的文学批评理论形态。未来的中国形态的文学批评理论学派或流派,并非是拒绝西方文论的中国复古形态,而是能够融会中西、打通古今的新型中国文论话语体系。它能够根治我们的"强制阐释"批评病灶和所谓中国文论失语症。唯其如此,我们看到,继王瑶等人倡导中国文学研究的现代化之后，章培恒等人开始转而倡导中国文学古今演变研究，钱中文和童庆炳等人开始倡导中国古代文论的现代转换①，这一切都是为了把中国当代文学批评或文学研究从20世纪80年代以来的那个"去中国化"的批评时代里扭转过来，这一批评时代的反拨可以称之为"再中国化"，它不是为了回归20世纪50—70年代相对闭关锁国的"中国化"文学批评时代，而是创造一种立足当下中国文学经验的、熔中外古今文论于一炉的"再中国化"文学批评时代。前者是一个单调的"中国化"批评时代，后者是一个复调的"再中国化"批评时代，这就是两个批评时代的本质区别。而张江的"强制阐释论"的提出，正好回应了新世纪中国文学和文学批评发展中要求"再中国化"的内在呼唤，它必将引发更多的中国文学批评家开启中国文论的重建之路。

　　然而，问题在于，破除"强制阐释"之后的中国文学批评出路在哪里，所谓的"中国化"或"再中国化"的具体路径如何，这都是摆在中国当代文学批评家面前的艰难课题。"强制阐释"并非绝对地反对阐释，因为一切文学批评都离不开阐释，离不开意义的发现和生产，问题的关键不在于废除阐释，而在于把握好阐释的限度，保证阐释的客观性和公正性。这就要求批评家必须处理好阐释与实证之间的关系。"阐释与实证，并不是一个对立的范畴，而是一种体用关系。阐释为体，实证为用。"② 所有客观而公正的阐释，都必须建立在实证的基础上，而实证又包含了三种维度或三种方式：其一是"形证"，即必须立足于文本的审美形式分析来阐释文本的意义，任何脱离了审美形式分析的文本意义阐释都是场外阐释或非文学性的阐释，其论证必然是缺乏说服力的，因为"形证"是不可或缺的内证，是文学阐释的最核心的因素。其二是"心证"，即必须立足于作者的显

---

① 王瑶主编：《中国文学研究现代化进程》，北京大学出版社1996年版；章培恒等主编：《中国文学古今演变研究论集》，上海古籍出版社2002年版；钱中文等主编：《中国古代文论的现代转换》，陕西师范大学出版社1997年版；童庆炳：《中国古代文论的现代意义》，北京师范大学出版社2001年版。

② 於可训：《西部作家精神档案》，李遇春（序），商务印书馆2012年版，"序言"第2页。

在意图或潜在意图,也就是作者投射在文本中的精神世界或意义世界来做心理分析,任何撇开了作者意图的纯文本分析也是缺乏说服力的,那样只会跌入读者意图的"感受谬误",或者成为拒绝意义阐释的抽象形式剖析。而在"心证"的过程中,任何哲学流派的精神或心灵理论都必须转化为作者的艺术心理世界的有机构成部分之后才能进入文学阐释过程,否则就是强制性的场外理论征用。其三是"史证",即必须立足于作者和作品存在的整体外部社会历史文化语境来阐释文本的意义,而不能简单地割裂作家作品与外部历史语境之间的有机联系,因为一切文学作品都是特定社会时代环境的产物,脱离了"外证"的"内证",同样也会缺乏阐释的力量。只有建立在实证("形证""心证""史证")基础之上的阐释才是客观而公正的阐释,符合我们时代所呼唤的批评伦理。而且也只有在这种建基于实证的文学阐释中,我们才能在具体而鲜活的中国文学创作实践中去抽象或提炼出属于中国文学经验的文学理论范畴及文学批评方法。所谓开创中国当代文学批评的"中国化"或"再中国化"进程,并非拒绝西方批评理论和方法,也非全面复归中国古代文学批评理论和方法,而是力主在融会中西古今的基础上创造中国批评家所独有且又有普适性的文学批评范畴和方法。就像当今许多亚裔批评家在欧美主流文学理论批评界所成功地做到的那样,也像许多中国古代文学理论批评家所曾经做到的那样,在融会佛理的基础上创造出为中国所独有而又有普适性的文学批评理论和方法。这当然是对中国批评家也是对中国作家的巨大考验,因为只有在"中国化"或"再中国化"的中国文学创作经验中,才有可能提炼出中国形态的文学理论范畴和文学批评方法。

文学批评的阐释伦理

熊海洋　周计武[**]

2014年《文学评论》第6期上发表了张江《强制阐释论》一文。随后，这篇文章成为文学理论界谈论的焦点。对于强制阐释，张江如此定义："强制阐释是指，背离文本话语，消解文学指征，以前在立场和模式，对文本和文学作符合论者主观意图和结论的阐释。"然后，他又指出强制阐释的四个基本特征，即场外征用、主观预设、非逻辑证明、混乱的认识途径。[①] 显然，前两个特征是强制阐释的最重要特征，也成为讨论的热点。这两个特征并不局限于西方文论和批评领域，也涉及中国当代文学批评领域。文学阐释的语境不同，文学批评的路径与方法也会不同。因此，在谈论强制阐释的时候，需要回到文学理论与批评所置身其中的文化语境。只有如此，我们才能历史地看待这个问题，而不是在纯粹逻辑的层面上自我循环，从而避免将这个概念无限地推到古今中外。强制阐释虽然隶属于由来已久的阐释难题的家族之中，但是它却有着自己独有的特点。这个独有的特点根植于晚近的文学艺术的实践之中，只有充分地展开这个实践，才能充分地理解强制阐释，也才能找到强制阐释的解决之道。然而，这种历史化的要求，并非接着要伴随一个合理化。相反，我们认为在历史化基础上的文学批评应把理解的周详和批判的精准相结合。

---

[*] 本文原刊于《学术研究》2015年第8期。
[**] 作者单位：南京大学艺术学院。
[①] 张江：《强制阐释论》，《文学评论》2014年第6期。

一 历史语境中的强制阐释

在谈论强制阐释的时候,有论者就敏锐地指出,强制阐释并非是一种新的现象。相反,在西方的哲学思维中似乎就有着强制阐释的冲动:"主体独立于对象并设定对象,这一单向的设定决定了主体对对象的理解与阐释。这使得二元论的主体阐释,在设立何者为对象时便成了一种强制性选择。"① 因此,赫施对作者"含义"的强调,桑塔格以"艺术色情学"反对"艺术阐释学",安贝托·艾柯对"过度阐释"的谈论,萨义德在"理论的旅行"中对"批评意识"的强调,乃至布鲁姆对各种"憎恨学派"的批评,都被迅速地梳理成一条强制阐释的路径。宏观地看,这些理论家所提出的问题都或多或少涉及强制阐释,但是,将这些理论放回各自所置身其中的文化语境来看,似乎又与强制阐释有所不同。

例如赫施,当他谈论"解释的有效性"的时候,正是英美新批评风行整个北美大陆,在文学批评界占据主导地位之时。英美新批评的理论家们继承了 T. S. 艾略特的"非个人化"理论,发展出"意图谬误说",对作者意图论、传记式文学批评方法大加挞伐,并将作者完全放逐出解释的园地,归诸文学的外部研究。对此,赫施认为,正是这种否定作者在决定文本含义的决定性地位的论调,导致了"没有任何一个评判解释之正确性的合适的原则的存在"。② 这样,整个理解都陷入了"混乱的民主"的状态之中。为此,赫施区分了含义(Sinn)和意义(Bedeutung)。他认为含义是一种意识现象,一种意向性客体,就是作者的意图,而"意义永远是含义与某事物的关系,而从不会是某事物之中的含义,意义始终含有着构成某人词义与不构成某人词义之事物间的某种关系,尽管这种关系与作者本身或与他的

---

① 高楠:《理论的批判机制与西方理论强制阐释的病源性探视》,《文学评论》2015年第3期。
② [美]赫施:《解释的有效性》,王才勇译,生活·读书·新知三联书店1991年版,第12页。

对象又有些相关"。① 这样，意义的多样性就有了一种确定性的根基，即"含义"。不过，英美新批评在排除作者意图论的背后，有着一套语义自律论作为自己的基础。赫施反驳道："'含义'是一件意识的事，而不是一些语词的事……在人的意识之外不存有任何一种意义世界。"② 可见，无论是英美新批评，还是赫施，他们讨论的主题还是文学含义的解释问题，还是围绕着文学这个中心的。更为吊诡的是，赫施指责的语义自律论，似乎与张江所追求的文学的"具体特征和审美价值"颇为接近。

可见，张江的强制阐释论在西方近来的阐释难题的序列中应该有着自己独有的所指。从张江所举出的强制阐释例子中，例如生态批评、女性主义批评等等，不难看出，他所指的应该是晚近，尤其是文化研究——卡勒所谓的"理论"的实践③——兴起之后的西方文论领域的情况。20世纪60年代大概是西方文学理论的一个分水岭。之前已经出现的各种理论由指向文学转而指向了文化政治领域。在这种文化政治的实践中，进而发展出了形形色色被称为"理论"的东西，如意识形态论、精神分析学、批判理论、后殖民主义、女性主义批评、生态主义批评、文化符号学等等。质言之，批评的聚焦之处发生了转移。这种转移表现在批评的对象上，就是有无审美形式的问题。这种区别在阿多诺与马尔库塞身上表现得非常明显。在阿多诺那里还存在着艺术审美形式的维度，可是到了马尔库塞那里，艺术形式作为一种与"文明"不同的"文化"，只能在"灵魂"④领域得以藏身，对于外在的文明是一种否定，但"灵魂正是以这种否定性质，才在今天，成为资产阶级理想的忠贞不渝的捍卫者。灵魂使屈从具有尊严"，⑤ 因此，这种文化说到底有着某种肯定的性质。基于这种认识，

---

① [美] 赫施：《解释的有效性》，王才勇译，生活·读书·新知三联书店1991年版，第74—75页。
② 同上书，第12页。
③ [美] 卡勒：《文学理论入门》，李平译，辽宁教育出版社1998年版，第45页。
④ 马尔库塞这里的"灵魂"其实相当于近代德国思想中"文明"与"文化"这一范畴中的"文化"。
⑤ [美] 赫伯特·马尔库塞：《审美之维》，李小兵译，广西师范大学出版社2001年版，第19页。

他主张"艺术通过让物化了的世界讲话、唱歌甚至起舞，来同物化作斗争"。① 这恰恰就是20世纪60年代各种艺术实践的共同逻辑。这种文学艺术实践的变化，冲击了自律的艺术体制，从而也冲击了审美形式本身。随着艺术自律体制的破坏，艺术与日常生活的界限消失了。在这种文化语境中，理论才伸展向艺术领域。因为这种艺术刻意强调它就是日常生活中的"物"，因此文学研究才走向了文化研究。

如果严格地区分开文学研究与文化研究的话，那么，在文化研究领域似乎并不存在强制阐释的问题。文化研究的诸种对象——吸血鬼迷信、流行音乐、商业电影、威士忌、购物中心——显然没有什么审美形式，只是一些"物"而已。它们不是精神对象化的产品，只是一些技艺与物质质料的编织。拿张江的话来说，这些文化研究的对象本身并没有什么"文学指征"。因此，处理这些对象并不涉及强制阐释问题。强制阐释出现的关键就在于，这一套文化研究的批评模式被生硬地挪用到它力所不及之处：审美形式。例如，有论者指出的肖瓦尔特用女性主义的观点来研究《哈姆雷特》就是一个最典型的例子。除了颠倒主次人物，在细节上强作附会之外，肖瓦尔特的批评也丝毫没有注意到《哈姆雷特》全剧所独有的精神深度和审美形式。其实，这种从一个独特的视角来评论文学作品做法看似非常新颖，却常常绕过了审美形式的羁绊，轻松地抵达了自己的结论。这种绕道的批评操作就是强制阐释的一个重要的表现形式。尽管目前文学理论所借鉴的很多理论资源都是来自场外的，如我们所熟悉的马克思主义、现象学、精神分析和结构主义无一不是来自其他学科的理论，但是，不能因此就说它们都是强制阐释，只有当这种理论执着于文化研究的批评模式而无法与文学的审美形式对话的时候，才会出现强制阐释。强制阐释既不能归罪于理论本身，也不能无限扩张到别的文化语境之中，它只是一种在当今文化语境下的对理论进行错误运用的批评或阐释现象而已。

---

① ［美］赫伯特·马尔库塞：《审美之维》，李小兵译，广西师范大学出版社2001年版，第237页。

二 强制阐释的中国之旅

尽管强制阐释论主要是针对晚近的西方文论，但是很多论者都已经意识到这种情况并不局限于晚近的西方，也是中国文论和批评领域普遍存在的现象。自20世纪80年代以来，我国在大量引进西方文论的同时也出现了强制阐释，而且在某些情况下，比西方表现得更为严重、更为复杂。西方的文化理论在研究流行音乐、商业电影、同性恋等领域的时候，并不涉及审美形式问题，因而也不会出现强制阐释问题。但是，这些理论一旦输入中国，问题就变得复杂起来。在我们的文学作品研究领域，用女性主义的方法研究《红楼梦》的例子不胜枚举，用精神分析解读唐代诗歌的例子也不罕见。所有这些都和西方的某些批评一样，是用文化理论来生硬地处理有着审美形式的文学作品。我们很难想象《红楼梦》里邢夫人和王夫人与女性意识有什么关联，这种女性意识又与整个作品的精神内涵和审美品质有什么关联。此外，在没有审美形式的大众文化领域，我们的情况也比较复杂，这既见诸这种大众文化本身，也见诸我们独特的问题意识上。我们如何在中国制造的大众文化上保持清醒的判断力，如何理解这种大众文化所置身其中的文化语境，以及这种语境所提出的问题？因为中国的文化产品还不单纯是什么意识形态强加的、商品拜物教的逻辑下的产物，更不单纯是工人阶级自己的、持不同意见的、具有颠覆性的文化。正是这种复杂的情形，才使得这些外来的文化理论与我们的大众文化之间的连接，如果不是一种强制阐释，至少也带有某种隐喻的色彩。而文化理论与中国的大众文化之间隐喻的连接机制一旦开动，就会沿着"四体演进"的逻辑推进："这样就形成了从隐喻开始，符号文本两层意义关系逐步分解的过程，四个修辞格互相都是否定关系：隐喻（异之同）→提喻（分之合）→转喻（同之异）→反讽（合之分）。"[①] 到最后，理论与现实由合到分，各自封闭在自己的领域自说自话，甚至二者之间会形成一种反讽关系。

---

① 赵毅衡：《符号学：原理与推演》，南京大学出版社2011年版，第218页。

展开来看，中国文学与文化批评领域的强制阐释，其实更多地源于我们对理论缺乏相应的批评意识，也源于我们缺乏理论应有的现实感。缺乏批评意识，让我们对外来的理论所置身其中的文化语境缺少必要的洞察，因而从一开始就将这种理论当作一种仿佛超历史的逻辑，而无法向中国的现实开放；缺乏现实感，让我们对自己的问题没有回应甚至感知能力，因而从一开始我们的现实就是黑暗沉默的，而无法面对理论提出自己的诉求。这两种情况相互作用还会产生这样一种情况：问题不是从现实中提出的，而是从理论中生产的。这样，真正的问题就被伪问题遮蔽了。关于这一点，我们只需想一想来自美国的族群理论、酷儿理论在中国的旅行现状就足够了。因此，强制阐释旅行到中国的文化语境中就变成了一种双重形态：既缺乏对理论本身的批评意识，也缺乏理论应有的现实感。前者让理论变得封闭和专横，后者让这种封闭和专横的理论绝缘于现实的问题，从而最终失去理论应有的实践品格，让理论由活着的思想变成了死亡的装饰。

如果说中国的文化研究存在着自己独有的问题，可以另当别论，那么西方和中国文学研究似乎面临着共同的困难：如何积极地吸收文化理论的资源，以与文学的审美形式对话。强制阐释的处理方式无疑是让人失望的。这也就提醒我们需要寻找一条综合文化理论与审美形式的道路。但是，这种综合又是困难重重的。因为，文化理论与审美形式有着不同的哲学根源。前者根源于哲学社会学的思路，从制度层面以在外的眼光打量文学的功能，属于文学的外部研究；后者则根源于哲学人类学的思路，从人心的层面以在内的眼光研究文学的特性，属于文学的内部研究。综合二者，也就意味着要找到一种由人心到制度，由形式到社会，由属性到功能的中介。强制阐释的问题就是功能绕过属性，社会遮蔽形式，制度罔顾人心。因此，文学中形式与社会的因素如何统一起来，才是解决强制阐释的关键。而这种统一显然需要一个中介环节，而且这个环节在文本的形式领域有其根基。尽管有论者指出目前西方文论已经以一种很强劲的势头走向一种综合性、总体性批评的道路，[①] 遗憾

---

① 陈定家：《文本意图与阐释限度——兼论"强制阐释"的文化症候和逻辑缺失》，《文艺争鸣》2015年第3期。

的是，目前并不能清晰地看到这种综合性的、总体性的研究是如何解决上述问题的。但是，这种解决问题的方向无疑是开放的，有积极的建设意义。

三 本体阐释、有用性与张力论

国内学者对强制阐释主要有三种看法。第一种看法，是张江自己提出的。他在一次接受采访中表示，针对强制阐释，他主张走向一种"本体阐释"："'本体阐释'是以文本为核心的文学阐释，是让文学理论回归文学的阐释。'本体阐释'以文本的自在性为依据。原始文本具有自在性，是以精神形态自在的独立本体，是阐释的对象。"① 这里的本体阐释，其实要求的就是承认文本作为一种自在的意义结构，是一种独立本体。这种本体阐释很容易让人想起兰色姆（Ransom）的本体论批评。但是，张江认为，本体阐释与英美新批评派的本体论并不是一回事。本体阐释并没有将文本封闭起来，并没有抛弃作者和效应这两个层面，只不过后二者必须以文本为核心，必须建立在文本之上。这种综合向来都是一个诱人的难题。因为文本内的意义结构与文本外的社会政治之间到底是一种什么关系，二者到底通过什么方式连接起来，以及如何将这种关系落实到文本之中，都还是一个亟须讨论的问题。回顾百年来的西方文论，可以看出，大多数时候这种综合与其说是一种现实的批评操作，不如说是一种善良的希望。

第二种看法认为，强制阐释论暗含着文化民族主义的内容，与20世纪90年代的"失语症"，以及政治上的文化自信等论调有着某种内在的精神联系。不论这种理解的根据是否坚实，至少强制阐释论的确揭示了当代西方文论领域所存在的诸多问题。深受西方文论影响的中国文学研究，自然也不能自外于这些问题。只是，对这种问题的反应，容易走入极端而变成一种文化民族主义。这种文化民族主义，存在着将自己的问题转嫁到解决这些问题的方法之上的危险。惮于想象

---

① 毛莉：《当代文论重建路径：由"强制阐释"到"本体阐释"——访中国社科院副院长张江教授》，《中国社会科学报》2014年6月16日。

中的文化民族主义,这种观点认为西方文论的"理论成色与认识论基础"才是问题的要害所在。① 所谓"理论成色",主要还是着眼于有用性,即这种理论的有效性和阐释力。不难看出这种有用性与由来已久的"拿来主义"之间的紧密关联,因此,这种看法有助于破除理论拜物教倾向,也凸显了理论的现实感。但这种现实感与文本的审美特性之间的关系在"拿来主义"那里并不明确,因此,强调"拿来",强调"理论成色",其实也有着一个潜在的危险,即过于突出有用,而忽略了文本自身的特殊性。

第三种看法认为:"文学乃是一个博大精深的世界,它包含形式特征和审美价值,但却不止于形式特征和审美价值。文学是文学,但不止于文学。"② 在当今的文化语境中,我们无法自闭于审美形式或文本本位,因为我们不能无视半个世纪以来各种社会历史理论对文学研究的贡献。即便回到学理层次,以文本为本位的英美新批评,也没有完全排斥社会历史方法的研究成果,而在必要的时候要撕掉形式的"紧身衣"。③ 基于上述对文学的理解,这种观点认为我们需要在这两种方法之间保持"必要的张力"。④ 这样,关于文学的两个维度的统一性就第一次得到了真正的谈论。我们可以称之为"张力论"。张力论强调,阐释其实是两个主体之间的精神对话。"强制阐释乃是研究者对文本的单向支配和曲解,缺乏来自文本的特殊性对研究者的前置立场的修正和改变",⑤ 避免强制阐释的方法就在于在保持自己的价值立场的同时,能与阐释对象保持一种积极的对话关系。张力结构在这里就表现为一个主体间的关系,因此这种观点也就从阐释伦理的高度找到了解决强制阐释的有效途径。与这种阐释伦理的发明相适应,这种观点接着回到西方文论的历史语境中重新审视强制阐释。它认为强制阐释的对象其实是 60 年代以后逐渐兴起的被称为"理论"的东西。这样,一系列对子随之浮现:"审美理想主义"与"政治实用主

---

① 昌切:《强制阐释与当代西方文论的要害》,《文艺争鸣》2015 年第 4 期。
② 周宪:《场外理论的场内合法性》,《探索与争鸣》2015 年第 1 期。
③ 赵毅衡:《重访新批评》,百花文艺出版社 2009 年版,第 91 页。
④ 周宪:《场外理论的场内合法性》,《探索与争鸣》2015 年第 1 期。
⑤ 周宪:《前置结论的反思》,《学术研究》2015 年第 4 期。

义","本质论"与"建构论","作品本身"与"理论本身","向心"与"离心"。面对这种不同范式间的对峙，论者援引黑格尔的思想提出了一种综合："当我们今天反思文学理论的当代发展，关注文学理论的创新和重建问题时，决不是简单地回归传统的文学性研究范式，也不是不加批判地跟随建构论的范式，而应该站在更高的水平上反观两种理论范式各自的长处和局限。文学研究作为人文学科的重要组成部分，就像一个各种力所构成的'场'，这些力相互作用错综纠结，最终形成一个协商性的张力结构。"① 这样，这种观点就首先在逻辑上，接着在历史上对强制阐释论进行了具体的理解，并进一步夯实了其解决的方案。这种"对话"和"张力"，其实将整个问题转移到了文本的结构与阐释伦理这两个紧密相关的问题上了。

四　形式、伦理与社会

如何看待一个文学文本，也是这场强制阐释讨论的中心议题之一。大多数论者认为文学文本是整个社会生活的反映，不仅仅有审美的价值，而且还有别的功能和价值。同时，他们也都承认文学文本审美特征的优先和核心地位。但是在一个文学文本中，这些以审美为核心的价值系统究竟是如何分布的呢？审美价值源于文本的形式层次，而别的价值，如认识价值、文献价值、娱乐价值都应该属于文学作品的质料层次。形式具有整一、封闭和有机的特征，是文学文本的灵魂。那么，什么是形式呢？笔者认为卡西尔的说法是颇有启发性的。他继承康德的论断，认为"这三个层次：即是说，物理存在之层次，对象表现之层次和位格表达之层次，乃决定了'作品'之为'作品'"。② 这三个层次简单说来就是物质技巧、形式和精神。这里的形式其实就是指作品这种精神对象化的产品的外观。它既不是纯然的精

---

① 周宪：《也说"强制阐释"——一个延伸性的回应，并答张江先生》，《文艺研究》2015年第1期。
② ［德］卡西尔：《人文科学的逻辑》，关子尹译，上海译文出版社2004年版，第71页。

神,也不是具体的技巧,而是一种既活在人心中又外观化到感性质料上的有秩序的表象。这种形式既是感性的又是高度精神的,因此,在文学理论上有着不同的名字:"形象"、"想象"、"表象",等等。

那么,这种审美形式与社会、政治理论之间又是什么关系呢?康德认为,"美是德性—善的象征",① 席勒则从人的内心的表象的存在状态角度推进了这一命题。美的形式与道德之间的隐秘关联在黑格尔那里有了更直接的表述:"美是理念的感性显现"。② 所谓"感性显现"即是感性的"假象"(schein)。因此,到了黑格尔那里,艺术的形式与道德的密切关联被清晰地揭示了出来:精神在实践领域获得定性(determinacy)就是伦理道德,在艺术领域获得定性就是美的形式。也可以说,形式与德性之间其实是同一条树根长出的不同的枝条。这种关系让道德价值区别于其他的价值,而与审美价值在根本上产生了关联。如果说其他的价值与形式之间还是一种无机的关系,那么,道德价值与形式之间却是一种有机的联系。可以用一个例子说明其他价值、道德价值与形式的关联。例如,在研究《红楼梦》中的民俗学因素时,这些因素的载体都是这部作品中的质料部分,这些因素肯定与这部伟大作品的审美形式没有多大关联;但是,研究这部作品的审美形式的时候,就自然会涉及这种审美形式所暗示、所趋向的道德内容,一种黑格尔所说的"取消一切特殊性而得到一个渺茫的无限——东方的崇高境界"。③ 也就是说,别的价值并不是形式的有机部分,而道德却与形式紧紧地绑缚在一起。在某种程度上,这种道德精神还直接参与了作品审美形式的构成,提升了这些形式的价值品格。因此,同样是杜甫的诗,同样是描写花鸟虫鱼,"感时花溅泪,恨别鸟惊心"与"穿花蛱蝶深深见,点水蜻蜓款款飞"的格调就有一定的差别。可见,尽管文学本身是一个很复杂的现象,是一个"审美,但又不止于审美"的现象,但是这些不同的特性之间的关系并不

---

① [德]康德:《判断力批判》,邓晓芒译,人民出版社2002年版,第200页。
② [德]黑格尔:《美学》第1卷,朱光潜译,商务印书馆1996年版,第142页。
③ [德]黑格尔:《哲学史讲演录》第1卷,贺麟、王太庆等译,商务印书馆2013年版,第128页。

是平行的。认识、娱乐、史料等价值并不参与审美价值的生成，并不是形式的不可或缺的部分，只是文学作品的无机的价值或特性；而道德价值却与审美价值有着某种有机的关联，康德将之理解为"暗示"、"象征"，黑格尔将之理解为"假象"。真正与文学文本的审美形式有关系的其实就是道德德性。因此，文学文本的结构至此也才明确起来，即审美形式以及与它有着有机联系的道德德性。

到此为止，我们似乎还没有接触到理论所津津乐道的社会、政治、文化层面。但是，只要我们回顾一下实践哲学，就可以轻易地看到二者之间的密切关联。在古希腊的哲学规划中，政治学不过是一门比较高级的实践哲学。① 柏拉图谈论城邦的政体时，就明确地指出这些政体所依赖的道德德性。这个见解一直持续到黑格尔那里，从道德过渡到伦理，再由伦理的精神推出家庭、市民社会和国家。② 可以说，这种思路几乎是所有建设性的思想家的共识。因此，不存在没有德性基础的政治、社会和文化。很难想象，一个号称"社会"、"文化政治"的理论，居然丝毫不涉及道德德性。③ 在笔者看来，对这种道德德性的忽略，既让这种文化理论侵入到文学这种高度精神化的产品中，做了强制阐释，从而败坏了我们对美的感觉，也让这种所谓的批判在毫无任何建设性之余，变得千篇一律，浅薄乏味。因此，重新凸显文学的审美形式与社会政治之间的一个过渡环节，或它们共同的基础——道德德性——对我们理解强制阐释问题或许很有必要。从这个观点看来，强制阐释其实就是各种社会政治理论，绕过审美形式，直接去处理文学文本，结果只能落实到文本的质料和技巧领域。这样，无法从文本的审美形式那里领悟到真正的和普遍的道德精神，以与自己的德性基础对话，最终这种社会政治批评就忽略掉了自己的善的根

---

① [古希腊] 亚里士多德：《尼各马可伦理学》，廖申白译注，商务印书馆2013年版，第6页。
② [德] 黑格尔：《法哲学原理》，范扬、张企泰译，商务印书馆2014年版，第173页。
③ 当然，这些理论也有其类似道德的概念，即"意识形态"。但是，其意识形态理论"不过是一种伪装成诊断的又一组病症而已"。参见 [美] 阿拉斯戴尔·麦金太尔《追寻美德：道德理论研究》，宋继杰译，译林出版社2011年版，第138页。

基，而沦为一种对诸种差异——理性与生命，文明与文化，普遍性与意识形态，男性与女性，文化与自然，白人与有色人种，等等——的指认和站队。可见，强制阐释论所揭示出来的理论的问题主要集中在这两个方面：在对象上，绕过文本的审美形式；在主体上，忽略了自身的善的根基。

要解决强制阐释这种文学批评理论的顽症，就需要从上述两方面入手。关于前者，多数论者基本都得出了相当积极的答案："对话"。对话只能发生在两个精神主体之间，具有某种人与人之间的实践关系。正如亚里士多德所言："友爱与公正相关于同样的题材，并存于同样一些人之间。……他们在何种范围内共同活动，就在何种范围内存在着友爱，也就在何种范围内存在公正问题。"① 换言之，我们需要正义和友爱地对待一个有着审美形式的文本。所谓正义地对待一个文学文本，就是以正确的方式去与之对话，用审美的方法来对待审美的形式。用各种社会政治理论去强行征用文学文本，其实是一种施加于文本的暴力，是一种绕开物质技巧的主人——审美形式——进行巧取豪夺的"盗窃"，是一种最典型的不正义。而友爱同样是一个非常重要的议题。在梳理清楚与文学的审美形式之间的正义的秩序之后，就能够真正地理解文本。在此基础上，阐释主体与文学文本的审美形式之间产生相互的修正：审美形式既能以想象扩大着道德的基础，也同时暗示、象征着某种道德精神，因此，就会促使阐释主体及其所持的社会政治立场趋向于善；另一方面阐释主体的道德心也时时在测量着审美形式的精神深度，对其提出种种善良的期待。所以，当一个人友爱地对待一个文学文本时，他就希望这个文本能够好，他也因此得到了一种善，一种快乐。正是在这个意义上，亚里士多德才说"爱着朋友的人就是在爱着自身的善"。② 友爱地对待一个文本并不是一项冒昧的请求，相反，在某种程度上，这是古代圣贤的共识。孟子在论述"尚友"时就有这么一段话："孟子谓万章曰：'一乡之善士，斯

---

① ［古希腊］亚里士多德：《尼各马可伦理学》，廖申白译注，商务印书馆2013年版，第245页。

② 同上书，第238页。

友一乡之善士；一国之善士，斯友一国之善士；天下之善士，斯友天下之善士。以友天下之善士为未足，又尚论古之人。颂其诗，读其书，不知其人，可乎？是以论其世也，是尚友也.'"① 可见，在孟子那里，就已经注意到与"诗"、"书"中的精神主体友爱地相处。而这种精神主体与审美形式可以说是一而二，二而一的。正义和友爱地与审美形式互动对话，反过来，也可以说与文本中精神主体的意识进行对话。因此，日内瓦学派的乔治·布莱才说"一切批评都首先是，从根本上也是意识批评"。② 面对拥有审美形式的文学文本，正义与友爱始终是与之"共同生活"的一项伦理律令。

  正义和友爱地对待文学文本，还有另一个层次的要求。这个层次其实是以前一个层次——与文学文本的审美形式保持一种积极的对话关系——为基础的。这种对话并非目的本身，也并非是一个封闭的圆圈中的游戏。对话自身还附带着某种功能，这种功能让文学走出精致的自恋，从而具有某种社会介入的维度。但是，这种社会介入并不像各类文化理论那样，站在文学之外，对文学文本做某种征用。因为，这种介入在文学的审美形式上有其根基，甚至可以说，介入是这种审美形式的必然的逻辑结果。文学文本的审美形式是以一种象征、暗示方式趋向于道德德性的精神，而这种道德德性的精神就是各种社会政治理论的根基。因此，文学的审美形式自身所暗示、象征的道德德性一直在修正和充实着各种社会政治理论。在这种意义上，阐释者与阐释对象之间的对话的确是一个相互修正和相互调节的过程，或者说，不是社会政治理论应该征用文学，相反，它们应该向文学学习，倾听文学审美形式暗示的道德精神。当然，只有能够以正义与友爱的原则对待文本，尊重文本审美形式的有机整一性，才能真正地领悟到它所暗示、象征的道德精神。反过来，阐释者的社会政治立场也并非机械地由这种普遍的道德精神所修改，它也会反过来审视文学形式。健康的文学阐释，就会使二者处于一种对话和互动的状态之中。

---

  ① 杨伯峻：《孟子译注·万章下》，中华书局2005年版，第251页。
  ② ［比利时］乔治·布莱：《批评意识》，郭宏安译，百花洲文艺出版社1997年版，第287页。

强制阐释这种现象产生的根源在于文学阐释伦理的颠覆。具体说来，就是不能以正义的方式对待文学文本的审美形式，也不能以友爱的方式与之对话；随之而来的就是，无法领悟这种文学审美形式所暗示、象征的道德德性。这样，对文学的阐释就只能堕落为一种强制阐释，对文学的理解就只能在功利与唯美之间摇摆。与之针锋相对，我们需要复兴古典哲学给予我们的教导，重新提出、审视和思考文学批评的阐释伦理问题。只有理顺与文学文本的实践联系，才能期待文学文本的功能从根基开始就是正义的。而这种由审美形式到社会功能的推导，并不意味着社会功能是被动的。相反，这种社会功能是随着文化语境的变迁而不断流动变化的，但是审美形式及其暗示、象征的道德精神却具有某种超越性。这种变与不变，现实与超越，正是文学文本的张力结构的哲学基础，也是二者之间进行对话的前提。